千華數位文化
Chien Hua Learning Resources Network

考前充分準備 臨場沉穩作答

千華公職資訊網
http://www.chienhua.com.tw
每日即時考情資訊 網路書店購書不出門

千華公職證照粉絲團 f
https://www.facebook.com/chienhuafan
優惠活動搶先曝光

千華 Line@ 專人諮詢服務

☑ 有疑問想要諮詢嗎？
歡迎加入千華 LINE @！

☑ 無論是考試日期、教材推薦、
勘誤問題等，都能得到滿意的服務。

☑ 我們提供專人諮詢互動，
更能時時掌握考訊及優惠活動！

防制洗錢與打擊資恐專業人員測驗

 一 辦理依據

依據「銀行業及電子支付機構電子票證發行機構防制洗錢及打擊資恐內部控制要點」、「證券期貨業防制洗錢及打擊資恐內部控制要點」、「保險業防制洗錢及打擊資恐內部控制要點」、「農會漁會信用部防制洗錢及打擊資恐內部控制要點」規定辦理。

二 報名資格

(一)銀行業及電子支付機構、電子票證發行機構之防制洗錢及打擊資恐專責主管、專責人員及國內營業單位督導主管。

(二)證券期貨業之防制洗錢及打擊資恐專責人員、專責主管及國內營業單位督導主管。

(三)保險業之防制洗錢及打擊資恐專責主管、專責人員及國內營業單位督導主管。

(四)農會、漁會之防制洗錢及打擊資恐專責主管、專責人員、信用部及其分部督導主管。

(五)依洗錢防制法指定之非金融事業或人員。

(六)對防制洗錢與打擊資助恐怖主義之相關法規與領域有興趣者。

三 報名費用

每位應考人報名費用為新台幣800元整。

四 報名方式

(一)個人報名:一律採個人網路報名方式辦理,恕不受理現場報名。

(二)團體報名:團體報名方式僅適用於同一機構10人(含)以上集體報名,團體報名機構先行統一建檔與繳款。

五 112年測驗日期及辦理機構

依正式簡章公告為主。

 六 測驗科目、時間及內容

節次	測驗科目	測驗時間	試題題數	測驗題型及方式
全一節	防制洗錢與打擊資恐法令及實務	90分鐘	80題	・60題四選一單選題 ・20題複選題 (每題全對才給分) ・採答案卡作答

七 測驗科目及內容

(一)防制洗錢與打擊資恐政策及法令解析

　　1.國際防制洗錢及打擊資恐概述

　　2.國際防制洗錢及打擊資恐組織與措施

　　3.我國防制洗錢及打擊資恐政策與法令

　　4.我國銀行業防制洗錢及打擊資恐政策法令與執行重點

　　5.我國證券、期貨暨投信顧業防制洗錢及打擊資恐政策法令與執行重點

　　6.我國保險業防制洗錢及打擊資恐執行重點

(二)防制洗錢及打擊資恐實務與案例

　　1.國際洗錢及資恐態樣與案例

　　2.我國洗錢態樣與案例

　　3.金融機構防制洗錢及打擊資恐執行實務(銀行篇)

　　4.金融機構防制洗錢及打擊資恐執行實務(證券、期貨暨投信顧篇)

　　5.金融機構防制洗錢及打擊資恐執行實務(保險篇)

 千華數位文化股份有限公司

新北市中和區中山路三段136巷10弄17號

TEL: 02-22289070　FAX: 02-22289076

目 次

Part 01 防制洗錢與打擊資恐政策及法令

Part 02 法規重點彙編

Part 03 最新試題解析

Day 06 銀行、金融雇員招考試題

Day 07 台灣金融研訓院防制洗錢與打擊資恐專業人員測驗

本科準備要領，CP值爆高！

有志投身金融業的朋友，洗錢防制法大概會是注定要面對的法科了！這個新興的考試科目開始在銀行業、郵政招考及金融基測（FIT）眾多考科中展露頭角，起因便不得不談到2016年的兆豐金，因違反洗錢防制法遭紐約州金融服務署（DFS, New York Department of financial service）處以臺灣金融史上最高罰款1.8億美元，當時DFS認為，兆豐紐約分行有六大問題：內控不佳、有疑似洗錢的可疑匯款紀錄未依洗錢防制申報、對客戶的實地查核執行不切實、風控政策不明、稽核季報未依規定送回總行、漠視金檢報告結果等。

如此多具體的缺失被具體的指出，有鑑於此教訓，國內便開始加緊洗錢防制法規的修正腳步，此後幾年洗錢防制相關法規一直都是金融法界討論的熱門議題。

筆者針對近年銀行招考和防制洗錢與打擊資恐專業測驗的題目進行分析，結果發現主流的法條題還是佔了70%以上，這也表示只要「熟讀法條」，就有七成以上的題目可以拿分！而剩下不到30%的考題，透過本書整理的重點概念和題目解析，相信可以有效建構洗錢防制的概念，讓大家有效掌握答題的思路和方向。

本科的準備方式，建議在理解各洗錢防制主體的基礎架構後，接著瀏覽法條及標示重點，快速對各法規條文有「大致印象」後，就開始刷題。

如此才能確實找到記憶薄弱之處，再以「詳讀」方式把心力集中在頻出考點上，相信第二次讀起來會有種熟悉感，不會太吃力，在最後階段的時候，我們應該就會發現除了特別冷僻的考點，反覆出現的關鍵名詞和量化數字，其實就是那些部分，透過上述的「循環複習技巧」，利用本科拉高分數平均必然是大家CP值最高的作法。

而有志於郵政考試的朋友，相信看過110年考題後，就知道用歷年銀行跟臺灣金融研訓院的招募考題作為複習題庫，根本就不用擔心這科啦！

再來提供一點選擇題型的作答技巧，包括：

- 選項中若有**相近的敘述**，則**其一可能是正解**；同理，當**有選項天差地遠、有矛盾時**，便是**二擇一**。

- 語氣過於**絕對的敘述**常常是**用來送分**的。

- 以上皆「**是/非**」的選項，往往**就是答案**。

- 在不確定答案的情況下，再次檢查時**避免更改**最初所猜的答案。

- 選項出現的機率**沒有一定，不建議全部猜一樣的**（例如全猜C），也盡可能**使用刪去法**減少選項，耐著性子一點一滴增加正確率。

最後再次提醒各位，考古題是用來寫跟培養答題意識的，不是拿來看看、拿來背而已！而考試的超水準發揮，只會來自於平時扎實的基本功，預祝各位就此金榜題名。

	至少考出10次以上的法規條文，熟背CP值爆高！ (依出題頻率排序，加粗體的考出20次以上)	
1	洗錢防制法	§5、§2、§7、§3、§9、§18
2	資恐防制法	§4、§5
3	金融機構防制洗錢辦法	§3、§2、§10、**§6**、§5、§4、§15、§12、
4	人壽保險業防制洗錢及打擊資助恐怖主義注意事項範本	**附錄態樣**、§4

(6)　本科準備要領，CP值爆高！

	至少考出10次以上的法規條文，熟背CP值爆高！ (依出題頻率排序，加粗體的考出20次以上)	
5	中華民國銀行公會銀行防制洗錢及打擊資恐注意事項範本	附錄態樣、 §4、§9
6	銀行評估洗錢及資恐風險及訂定相關防制計畫指引	§2、§3
7	中華民國證券投資信託暨顧問商業同業公會證券投資信託事業證券投資顧問事業防制洗錢及打擊資恐注意事項範本	§2
8	銀行業及其他經金融監督管理委員會指定之金融機構防制洗錢及打擊資恐內部控制與稽核制度實施辦法	§6、§8
9	洗錢防制物品出入境申報及通報辦法	§3
10	證券期貨業及其他經金融監督管理委員會指定之金融機構防制洗錢及打擊資恐內部控制與稽核制度實施辦法	§5、6

概 述

一、相關名詞定義

(一)洗錢（Money Laundering）：

1. 定義：

所謂洗錢（Money Laundering）是指將某些特定犯罪（如毒品槍枝走私、組織犯罪、恐怖活動、政治收賄等）之犯罪所得，透過藏匿或掩蓋之行為，使其難以被辨識出真正來源或原本型態，以便公然且合法的使用。

「洗錢」一詞，有一說是於1930年代，因美國芝加哥的犯罪集團首腦卡彭（Al Capone）都會將其集團犯罪所得，向國家財稅單位解釋為係來自於旗下連鎖洗衣店（Laundry Shop）經營所得，由於洗衣店多為現金交易，確實難以查帳，更遑論將卡彭治罪；另有一說是，洗錢能作為正式術語係因1970年代的「水門案」（Watergate scandal），當時美國各大媒體報導使用了此詞彙，因而普及使用。

我國洗錢防制法對於洗錢定義如下：

(1)意圖掩飾或隱匿特定犯罪所得來源，或使他人逃避刑事追訴，而移轉或變更特定犯罪所得。

(2)掩飾或隱匿特定犯罪所得之本質、來源、去向、所在、所有權、處分權或其他權益者。

(3)收受、持有或使用他人之特定犯罪所得。

2. 洗錢三階段：

階段名稱	內容	舉例
Placement 處置、放置	化整為零，目的是為了將犯罪所獲得的大量利益，分成多筆多樣的小額交易，融入	小額存款、外幣存款、買貴金屬、或珠寶等等。

階段名稱	內容	舉例
Placement **處置、放置**	合法金融或非金融體系，以規避系統監控或啟動警示。	小額存款、外幣存款、買貴金屬、或珠寶等等。
Layering **多層化、離析、 分離、分層、 培植、攪動**	層層掩飾，目的是為了模糊化資金來源，透過形式合法的手段，製造繁複的交易狀態，將財物變換為與原本截然不同的型態，讓監管單位難以辨識及溯源。	將現金轉換為票據、虛擬貨幣、透過避稅型離岸金融中心匯款、複雜交叉持股、跨國電匯等。
Integration **整合、融合、歸併**	歸併彙總，目的是為了將已為合法資金外觀之犯罪所得，大額重新進入合法經濟體系中，完成洗錢行為。	投資生意、購置房地產、購買奢侈品等。

3. **洗錢的危害：**
   (1) 對金融體系的影響：
   　洗錢的標的是來自於罪犯所從事的非法活動營收，不屬於正常經濟範圍；而如果犯罪所得的非法資金可以輕易進入任一金融機構漂白，則該機構的法律、專業及道德基礎會受到深刻的質疑，進而影響消費者對所有金融機構、甚至是監理機關失去信任，對相關產業造成巨大創傷。
   (2) 對經濟發展的衝擊：
   　洗錢會對資本流動及匯率造成超出預期的衝擊，變化的波動幅度可能變得相當劇烈、難以預測，此會導致經濟體系不確定性上升、風險增高，在不健全的經濟成長情況下，時間一久更有可能引來組織集團犯罪。

(3)對組織犯罪的助長：

　　最壞的情況下，犯罪組織滲透、操控金融機構，透過投資取得許多經濟活動的控制權（公營事業、水、電、交通等），且會有政治賄賂收買官員等情形，進而影響國家治理。

(二)**資恐**（Financing of terrorism）：

1.**定義**：「資恐」是「資助恐怖份子、團體或恐怖活動」之簡稱，為何會將洗錢防制加入打擊資恐元素，要從2001年說起。當時防制洗錢金融行動工作組織（簡稱FATF）發布8項打擊資助恐怖份子的特別建議，並將打擊資恐增列為組織宗旨之一；兩者的關聯性在於同屬金流秩序的規範措施，洗錢防制目的在於避免犯罪份子坐享不法利益、打擊資恐則可遏止恐怖主義盛行跟恐攻犯罪發生，故重點都在針對金流秩序。

　　既然打擊資恐重點在「資助」，意即係針對將金流不當利用於資助恐怖主義者，故資助的對象必須有特定才能加以限制規範，我國資恐防制法便有明定資助對象之國內與國際名單。

2.**指名措施**：

	我國法源：資恐防制法	內容
國內名單	§4	(1)涉有恐怖活動之行為或計畫。 (2)或基於國際合作需要指定。 (3)經審議會決議、並由主管機關公告。
國際名單	§5	(1)聯合國安全理事會資恐決議案指定。 (2)聯合國安全理事會反武擴決議案指定。 (3)亦須以主管機關公告為必要。
區別重點		除名方式： 國內名單之除名，透過審議會審議程序即可；國際名單之除名，非經聯合國安全理事會除名程序，不得為之。

3. **目標性金融制裁：**

(1)定義：

即透過制裁名單之指定，針對制裁對象斷絕其一切財產或財產上利益之支配可能（亦有人稱其為「斷金流」），藉此使其社會活動力下降，而有助於遏止恐怖主義蔓延。

(2)人道措施：

為基本人權維護及對善意第三人之保障，在目標性金融制裁措施下，仍可酌留生活必需之財物或利益、管理財物之必要費用、善意第三人債權之保護等。

(三) FATF 40 Recommendations：

國際上大多以防制洗錢金融行動工作組織（簡稱FATF）所提出的40項建議為基礎，作為各國制定國內洗錢防制和打擊資恐活動相關政策的指引。詳細內容見後「三、FATF 40項建議及內容簡述」說明一節。

(四) AML/CFT：

原文是Anti Money Laundering/Countering the Financing of Terrorism（also used for combating the financing of terrorism.）中文是「防制洗錢打擊資助恐怖主義」。

(五) **非營利組織：**

非營利組織（Non-Profit Organizations，簡稱NPO）在全世界都扮演重要的社會服務或慈善公益角色，但也多有被恐怖組織利用的原因：

1. 非營利組織容易獲得民眾信任，可被恐怖分子或恐怖組織利用，作為公開募款管道。

2. 有些非營利組織是跨國性或世界性組織，提供極佳的國際作業及資金移轉平台。

3. 各國法令雖有不同，但是通常對非營利組織的成立條件與營運監理要求比較寬鬆。

4. 許多非營利組織享有賦稅優惠，更是一大誘因。

5. 非營利組織可依設立宗旨，公開地在特定族群或宗教社區中活動。

6. 有些人基於宗教或慈善目的捐獻現金，不會堅持非營利組織必須開立收據。

7. 有些非營利組織設有匿名現金捐款箱，可以不開收據。

8. 許多金融機構或其員工，對非營利組織極為友善，於作業上會給予方便或協助。

9. 非營利組織之間的跨國資金移轉通常不會特別引人注目。

10. 恐怖組織甚至可以掛羊頭賣狗肉，以合法的非營利組織掩飾非法的恐怖活動，跨國公開營運。

二、國際防制組織

(一) **防制洗錢金融行動工作組織**（Financial Action Task Forceon Money Laundering, FATF）：

「防制洗錢金融行動工作組織」成立於1989年7月，由七大工業國（G7）峰會在法國巴黎設立總部，旨在打擊國際洗錢犯罪，設立相關規範與策略。

該組織所制訂之「四十點建議」（Forty Recommendations）及「關於恐怖主義財源之九點特別建議」（Nine Special Recommendationson Terrorists Financing）為國際反洗錢工作之準則。

我國雖非FATF會員，惟自2006年起以**「亞太洗錢防制組織」（APG）會員身分參與**FATF會議。

(二) **艾格蒙聯盟**（Egmont Group, EG）：

「艾格蒙聯盟」，係各國金融情報中心基於FATF第29項建議：「各國應設立金融情報中心，作為統一受理及分析疑似洗錢或資恐交易報告及其他有關洗錢、相關前置犯罪及資恐有關資訊之國家機關，並分送分析結果。」，於1995年在比利時布魯塞爾之艾格蒙宮決議設立。

EG的秘書處設於加拿大多倫多，聯盟旨在透過情資交換、訓練及專業分享等領域來加強國際洗錢防制之合作，提供各國洗錢防制及打擊資助恐怖份子之平台。

我國是在1998年6月第六屆年會時加入，現行會籍名稱為（Anti-Money Laundering Division）AMLD, Taiwan。

(三)**亞太洗錢防制組織**（The Asia/Pacific Groupon Money Laundering, APG）：

「亞太洗錢防制組織」成立於1997年，為區域性防制洗錢組織（FATF-Style Regional Body, FSRB），秘書處設於澳洲，旨在有效執行及強化國際打擊洗錢犯罪及資助恐怖份子之國際標準。該組織有五大主要功能：

1.**相互評鑑**：

藉由會員國間相互評鑑，評估各國遵循防制洗錢及打擊資恐標準之程度。

2.**技術協助與訓練**：

協調及提供技術協助與訓練，幫助各國改善並遵循防制洗錢及打擊資恐達全球標準之程度。

3.**洗錢及資恐態樣研究**：

進行洗錢案件的研究及分析，將相關犯罪案件的趨勢、手法、風險及威脅報告，提供會員國與一般大眾參考。

4.**參與制定全球防制洗錢及打擊資恐政策**：

參加國際間金融監理界活動，於制定防制洗錢及打擊資恐國際標準的過程中，代表亞太地區提供意見。

5.**作為與民間機構的溝通平台**：

提供防制洗錢及打擊資恐的國際發展資訊予民間機構，並鼓勵民間機構與FSRB互動。

我國為創始會員之一，自2011年起參與APG提供其太平洋島國會員及觀察員提升防制洗錢及打擊資助恐怖份子能力之計畫。

(四)**亞太區追討犯罪所得機構網絡**（Asset Recovery Inter-Agency Network of Asia/Pacific, ARIN-AP）：

「亞太區追討犯罪所得機構網絡」成立於2013年，秘書處設在韓國首爾，旨在促使該網絡成為亞太各國交換司法互助情資、提高司法互助效

能，並掃除犯罪資產返還障礙。我國法務部於2013年獲韓國大檢察廳公函邀請派員出席大會，於2014年以Chinese Taipei名義成為正式會員。

三、FATF40項建議及內容簡述

(一)AML/CFT POLICIES AND COORDINATION防制洗錢及打擊資恐政策與協調

1. Assessing risks & applying a risk-based approach.
   以風險基礎方法（Risk-Based Approach, RBA）評估風險：
   風險評估及風險基礎方法之應用，各國應分辨、評估並瞭解國內的洗錢與資恐風險。

2. National cooperation and coordination.
   國家間內外的合作與協調：
   (1)各國應針對其所辯識之風險，建置全國性、足以解決的防制洗錢及打擊資恐政策，並定期檢視風險。
   (2)各國應指定一機構或設立一協調機制，負責督導相關政策（我國於2017/03/16成立「行政院洗錢防制辦公室」）

(二)MONEY LAUNDERING AND CONFISCATION洗錢與沒收

3. Money laundering offence.
   洗錢罪刑化：
   各國應將洗錢行為立法視為犯罪行為。

4. Confiscation and provisional measures.
   沒收和暫時性措施：
   (1)各國應立法授權主管機關，以不損害善意第三人權益為前提，凍結、查封或沒收由犯罪行為所得之財物及其孳生利益、或洗錢行為所孳生的利益。
   (2)主管機關應具備權責以對沒收標的進行辨識、追查與估價；或得採取凍結、查封等暫時性措施，來防止財物的交易、移轉或處分等脫產行為。

(三) TERRORIST FINANCING AND FINANCING OF PROLIFERATION**資恐與資助擴散**

5. Terrorist financing offence.
   資恐罪刑化：
   各國應將資助恐怖主義立法視為犯罪行為。

6. Targeted financial sanctions related to terrorism & terrorist financing.
   針對資助恐怖份子和恐怖主義之目標性金融制裁：
   各國應遵循聯合國安全理事會關於防止及遏止恐怖主義與資恐主義的各項決議，對指定制裁之個人或團體實施金融制裁行動，配合凍結其資金或其他資產。

7. Targeted financial sanctions related to proliferation.
   針對武器擴散有關的目標性金融制裁：
   各國應遵循聯合國安全理事會關於防治、阻絕與干擾擴散巨大毀滅性武器本身及其資助行為的決議，採取各項金融制裁行動。

8. Non-profit organisations.
   非營利組織：
   各國應檢視其管理非營利組織等團體，相關的法律及規定是否完備，並確保其不被洗錢者及資恐者所利用。

(四) PREVENTIVE MEASURES**預防措施**

9. Financial institution secrecy laws.
   金融機構保密法規：
   各國應確保其金融機構保密相關法規，對執行防制洗錢工作行動須配合之40項建議不會造成影響。

◎Customer due diligence and record keeping
客戶審查與紀錄留存

10. Customer due diligence.
    客戶盡職調查：
    (1)確認客戶身分。
    (2)金融機構應禁止客戶以匿名或假名開戶。

(3) 要求金融機構應於下列情形，執行客戶審查：

A. **建立業務關係。**

B. **執行超過一定門檻的臨時性交易。**

C. **有疑似洗錢的電匯行為。**

D. **對客戶真實身分有疑問時。**

E. **具有疑似洗錢或資恐表徵態樣、行為時。**

(4) 各國可透過立法或其他可行方式，要求金融機構配合執行特定的客戶審查措施，例如辨識實質受益人、客戶為法人時需瞭解其股權與控制結構，查明瞭解客戶建立業務關係之目的與本質。

11. Record keeping.

紀錄保存：

(1) 金融機構應將所有國內外的**交易紀錄至少保存5年**，並確保在主管機關要求時可立即提供。

(2) 金融機構應留存所有在進行客戶審查時，所取得的官方身分文件副本、帳戶檔案與業務信件，且在帳戶關閉或臨時性交易結束後，**至少保存5年**。

(3) 金融機構之留存紀錄，必須是足以據此重建個別交易；所謂「足夠據以重建個別交易」的認定標準是指「於必要時可以作為起訴犯罪行為之證據」。

◎Additional measures for specific customers and activities
針對特殊客戶與活動的特別措施

12. Politically exposed persons.

重要政治性職務人士（簡稱PEPs）：

(1) 金融機構必須對PEPs進行除一般客戶審查外，不論其身分為客戶本人或實質受益人，都應另採取以下措施：

A. 採用風險管理系統機制來判定客戶或實質受益人是否擔任PEPs。

B. 獲得高階主管批准後，方能與其建立業務關係。

C. 採取確認客戶財富與資金來源的合理措施。

D. 強化且持續地監控相關業務關係。

(2)適用於擔任PEPs的各項強化審查措施,也適用於其他家庭成員及有密切關係之人。

13. Correspondent banking.

通匯銀行(又稱代理銀行、往來銀行、關係銀行等):

與通匯銀行往來,本即具有一定程度的洗錢風險,故金融機構對於有從事跨境通匯業務之銀行與其他類似的機構,除一般客戶審查外,應採取強化措施。

14. Money or value transfer services.

匯款服務(簡稱MVTS):

各國必須具備有效的監控系統,且應採取相關措施確保提供MVTS的自然人或法人(包括代理商),都必須取得執照或註冊登記。

15. New technologies.

新興科技運用:

各國與金融機構應辨識與評估新科技的洗錢及資恐風險,金融機構應於推出新產品、或新作業方式、或採用新科技前,對洗錢及資恐相關風險進行評估,並採取適當措施以控管或降低風險。

16. Wire transfers.

電匯:

(1)電匯是洗錢者經常使用的洗錢工具,且部分金融機構為協助客戶洗錢,會刻意遮蔽匯款人及受款人資訊。故各國應確保金融機構在電匯及相關訊息上,落實登載規定、且與匯款人及受款人實際相符正確資訊。

(2)各國應確保金融機構能夠監控電匯交易,在處理電匯業務時,應對指定制裁的個人與團體執行必要的凍結並禁止進行交易。

◎Reliance, Controls and Financial Groups
協力廠商、內部控制與金融集團

17. Reliance on third parties.

依賴第三方之防制措施:

(1)金融機構得藉由第三方來執行建議客戶審查,或在符合相關標準的情況下仲介業務;但金融機構對客戶審查措施,仍應負最終責任。

(2)金融機構應能立即取得第三方執行客戶審查所取得之必要資訊。

(3)金融機構應採取適當措施以確保當其提出要求時，第三方必須能立即提供客戶審查之身分資料與其他相關文件。

18. Internal controls and foreign branches and subsidiaries.

內部控制及國外分支機構和子公司：

(1)如為金融集團，應以集團性的資訊分享角度，來規劃防制洗錢及打擊資恐的政策與程序。

(2)金融機構應確保海外分支機構與持有多數股權的分支機構，採行與母國集團總公司相同的防制洗錢及打擊資恐措施。

19. Higher-risk countries.

高風險國家：

各國應要求金融機構針對「高風險」國家或地區之自然人、法人的業務關係與交易，採取強化的審查措施。

◎Reporting of suspicious transactions
陳報可疑交易

20. Reporting of suspicious transactions.

申報疑似洗錢或資恐交易：

(1)強烈鼓勵金融機構申報可疑交易報告。

(2)當金融機構懷疑某些資金為犯罪所得，或與資恐有關，皆應被要求依法陳報。

21. Tipping-off and confidentiality.

揭露與保密：

各國應鼓勵可疑交易報告之申報，但也須禁止相關洩密。除針對可疑交易為申報者，免除其業務上應保守秘密之義務；另一方面公務人員、金融機構從業人員應依法禁止洩漏可疑交易報告或相關資訊，違反者處罰之。

◎Designated non-financial Businesses and Professions（DNFBPs）
指定之非金融事業或人員

22. DNFBPs：Customer due diligence.

客戶盡職調查：

指定之非金融事業或人員於某些特定情況下，應適用客戶審查與紀錄保存的相關要求：

(1)賭場：當賭客進行等於或高於指定門檻金額之金融交易時。

(2)不動產經紀業：不動產經紀為客戶進行不動產交易時。

(3)貴金屬或寶石交易商：與客戶進行現金交易金額等於或高於指定門檻金額時。

(4)律師、公證人、會計師為客戶準備或進行下列交易時：

　　A.買賣不動產。

　　B.管理客戶金錢、證券或其他資產。

　　C.管理銀行、儲蓄或證券帳戶。

　　D.有關提供公司設立、營運或管理之資金籌劃。

　　E.法人或法律協議之設立、營運或管理以及買賣事業體。

(5)信託或公司服務提供業為客戶準備或進行下列交易時：

　　A.擔任登記成立法人的代理人。

　　B.擔任或安排他人擔任公司董事或秘書、合夥之合夥人或在其他法人組織之類似職位。

　　C.提供公司、合夥、信託、其他法人或協議註冊之辦公室、營業地址、居住所、通訊或管理地址。

　　D.擔任或安排他人擔任信託或其他類似契約性質之受託人或其他相同角色。

　　E.擔任或安排他人擔任實質持股股東。

23. DNFBPs：Other measures.

特定非金融事業和人員（其他措施）：

有關前述第18至21的建議要求，適用於指定非金融事業和人員，包括：

(1)律師、公證人、其他獨立法律專業人士、會計師。

(2)貴金屬與寶石交易商。

(3)信託與公司服務提供者。

以上人員在執行特定工作時，如遇有客戶現金交易達指定門檻，或有疑似洗錢、資恐交易時，應進行可疑交易報告陳報。

(五) TRANSPARENCY AND BENEFICIAL OWNERSHIP OF LEGAL PERSONS AND ARRANGEMENTS**法人與法律協議的透明度及受益所有權**

24. Transparency and beneficial ownership of legal persons.

法人透明度和實質受益權：

各國應採取相關措施，防止法人被濫用於洗錢或資恐活動。金融機構應須辨識法人實質受益人和控制權資訊，確保於主管機關於需要時，可即時取得準確的資訊；另外特別針對具有合法權限可發行不記名股票、或不記名認股權證、或允許名義股東或名義董事的國家，應採取有效防制措施，以確保不會被濫用於洗錢或資恐活動。

25. Transparency and beneficial ownership of legal arrangements.

法律協議的透明度和實質受益權：

要求各國應強化防止法律協議被利用於洗錢或資恐活動，主管機關應確保於需要時，可即時取得或查詢到關於任意信託之**信託人**、**受託人**及**受益人**等的準確相關資訊。

(六) POWERS AND RESPONSIBILITIES OF COMPETENT AUTHORITIES AND OTHER INSTITUTIONAL MEASURES**主管機構的權限、責任與其他制度化措施**

◎Regulation and Supervision
監管

26. Regulation and supervision of financial institutions.

金融機構之規範與監理：

各國應確保金融機構有受到適當且必要的監督，且有效地執行FATF的建議，以防止犯罪和被利用於洗錢或資恐活動，且不應准許空殼銀行的設立或持續營運。

27. Powers of supervisors.

監理機關的權力：

主管機關應有足夠的權限進行適當的監控與監理，包括可以進行檢查，以確保金融機構有遵循防制洗錢及打擊資恐的規定，並有權對未遵守相關規定的機構施以各種警告、罰款、撤回、限制、暫停金融機構營運許可等裁罰性處分。

28. Regulation and supervision of DNFBPs.

指定之非金融事業與人員之規範與監理：

指定之非金融事業與人員（如賭場、不動產經紀、貴金屬寶石商、律師、會計師等等）應接受相關管理與監督措施，以確保遵守防制洗錢及打擊資恐措施，以賭場為例，該制度至少應包括：

(1)賭場應持有執照。

(2)主管機關應採取必要的法律或監管措施，防止犯罪者或其集團持有賭場多數股份或控制權。

(3)主管機關應確實監督，賭場有遵循洗錢防制與資恐打擊方面相關規定。

◎Operational and Law Enforcement
營運與執法

29. Financial intelligence units.

金融情報中心：

各國應設置金融情報部門（簡稱FIU），作為國家受理與分析「可疑交易報告」及「其他關於洗錢或資恐等訊息」之角色，並將相關結果進行發布。

註：我國金融情報中心是「**法務部調查局**」。

30. Responsibilities of law enforcement and investigative authorities.

執法與調查機關之責任：

各國應確保有關執法與調查機關，可在國家的洗錢防制與打擊資恐政策架構下，落實進行洗錢和資恐活動之調查；且這些部門單位應主動進行調查，確保主管機關能即時有效識別、追查和採取行動（如凍結或沒收財產），必要時也能進行跨國合作。

31. Powers of law enforcement and investigative authorities.

執法與調查機關之權力：

有關的執法與調查機關，應有足夠權限獲得一切可用於調查、起訴等必要資訊，且可以強制手段取得或查明金融機構、指定之非金融事業或人員與其他自然人或法人持有的帳戶、紀錄，或搜索個人與場所、查封與扣押證物等。另各國也應確保有關機關能夠適用各種調查技術（包括秘密行動、攔截通訊、數位調查、控制帳戶等）。

32. Cash couriers.

現金攜帶（跨境）：

各國應就「跨境運送貨幣」和「可轉讓不記名票據」採取措施（如申報系統或揭露機制）。另各國應確保主管機關有權限，在懷疑與洗錢、資恐活動有關時，可進行阻止、限制或沒收。

◎General Requirements

一般性要求

33. Statistics.

數據統計：

各國應確實留存及統計洗錢防制與打擊資恐有關紀錄，包括行動效率、調查後起訴及定罪等相關數據。

34. Guidance and feedback.

指引與回饋：

主管機關、監理機關和各職業公會應制定指引、準則並提供反饋機制，此有助於金融機構、指定的非金融企業、以及專業人士在採取洗錢防制和打擊資恐行為時，有全國性的統一依據。

◎Sanctions

制裁

35. Sanctions.

制裁：

各國應制訂有效且合乎比例原則的制裁措施，以對未遵循或違反洗錢防制及資恐打擊規範者，進行包括民事、刑事、行政方面的制裁與處分。

(七) INTERNATIONAL COOPERATION國際合作

36. International instruments.

國際公約：各國應立即採取洗錢防制與打擊資恐之措施，加入並充分執行，1988年《維也納公約》；1999年《制止向恐怖主義提供資助公約》；2000年《巴勒莫公約》；2003年《聯合國反腐敗公約》。另也鼓勵批准和實施其他相關國際公約，例如歐盟2001年《網絡犯罪公約》；

2002年《美洲反對恐怖主義公約》；以及2005年《歐盟關於清洗、搜查、扣押和沒收犯罪收益和資助恐怖主義行為》。

37. Mutual legal assistance.

司法互助：

各國應制定適當的法律作為跨國司法合作的依據，並應酌情建立加強合作的條約，或安排或其他機制。

38. Mutual legal assistance：freezing and confiscation.

司法互助（凍結與沒收）：

各國應確保能及時回應來自其他國家的司法互助請求，包括配合針對洗錢財物來源、洗錢收益等凍結、查封與沒收等行動。

39. Extradition.

引渡：

各國應採取一切措施確保不會被指控為提供資恐者、或恐怖分子、或恐怖組織安全庇護所，應在有引渡請求時，積極有效的在適當情況下優先排序，監控進度，不得有不當的延誤。

40. Other forms of international cooperation.

其他形式的國際合作：

(1)各國應確保其主管機關能夠在洗錢防制與打擊資恐活動的國際合作上，迅速有效地提供最廣泛的合作。

(2)各國應授權其主管機關使用最有效的手段合作。如需要進行雙邊或多邊協議，如簽署備忘錄（MOU）時，各國政府應盡可能的即時協商與簽署。

(3)主管機關應有明確的渠道或機制，讓資訊可進行有效傳遞及執行或配合其他類型的協助。

四、洗錢防制法最新修正預告

(一)法務部於2021年12月28日預告，針對2019年APG第三輪相互評鑑中，我國被指出之缺失及建議做相對應的法規修正。

(二) APG第三輪相互評鑑內容

　1. 為自己洗錢類型之洗錢定義不夠全面。

　2. 偷渡犯罪未納入洗錢前置犯罪。

　3. 法律針對信託關係受託人規範不足。

　4. 罰鍰範圍未符比例原則。

　5. 控制下交付僅限於毒品犯罪。

　6. 建議加強監理機關和執法機關與私部門之間的聯繫和接觸。

(三) 本次修正草案要點簡述

　1. §2：修正洗錢行為的定義。

　2. §3：增修本條特定犯罪之範圍。

　3. §5：新增「虛擬資產」、「虛擬資產服務提供者」、「或其他依其業務特性、交易型態易為現金洗錢犯罪利用之事業或人員」，並授權法務部會同中央目的事業主管機關為本項指定之範圍，「一定金額」之指定，應因應社會情況彈性調整。

　4. §10-1：增訂信託服務業相關規定及違反義務之處罰。

　5. §11：修正洗錢或資恐高風險國家或地區之定義文字。

　6. §12：明定旅客或隨交通工具服務之人員，未申報外幣、香港或澳門發行之貨幣沒入範圍，僅限於超過金額部分。

　7. §12-1：增訂海關查獲扣留違法物品及得提供擔保申請撤銷扣留之法律依據。

　8. §12-2：增訂海關得免提供擔保向法院聲請假扣押或假處分之規定。

　9. §14：修正一般洗錢罪刑度，以符罪刑相當原則，並使洗錢罪與前置犯罪刑度脫鉤。

　10. §15：修正特殊洗錢罪之構成要件。

　11. §15-1：增訂無正當理由交付金融帳戶予他人從事洗錢行為之刑事犯罪。

　12. §16：加重法人責任，並增訂一定前提下，減輕及免除其刑之規定。

13. §17：增訂基於防制洗錢目的而為之資訊交流或共享。

14. §18：修正本法擴大沒收之範圍。

15. §21：增訂我國權責機關簽訂防制洗錢以外之條約或協定，將取得資訊作為防制洗錢或打擊資恐目的使用。

16. §21-1：增訂為偵辦洗錢犯罪，偵查及司法警察機關執行控制下交付之規定。

五、精選試題

(　　) **1** 下列何者非為洗錢防制法制定之目的？　(A)打擊犯罪　(B)穩定金融秩序　(C)配合國家金融政策　(D)強化國際合作。

　　解 (C)。依洗錢防制法第1條：為防制洗錢，打擊犯罪，健全防制洗錢體系，穩定金融秩序，促進金流之透明，強化國際合作，特制定本法。

【108年合作金庫、109、110年彰化銀行】

(　　) **2** 下列何者非資恐防制法之立法目的？　(A)維護國家安全　(B)穩定金融秩序　(C)保障基本人權　(D)強化資恐防制國際合作。

　　解 (B)。依資恐防制法第1條：為防止並遏止對恐怖活動、組織、分子之資助行為（以下簡稱資恐），維護國家安全，保障基本人權，強化資恐防制國際合作，特制定本法。

【107、109年防制洗錢與打擊資恐測驗】

(　　) **3** 下列何者非屬洗錢防制法所稱之洗錢行為？　(A)意圖掩飾或隱匿特定犯罪所得來源，或使他人逃避刑事追訴，而移轉或變更特定犯罪所得　(B)掩飾或隱匿特定犯罪所得之本質、來源、去向、所在、所有權、處分權或其他權益者　(C)社區居民籌募現金集體購買樂透彩券，將贏得之金錢捐給非營利慈善組織　(D)收受、持有或使用他人之特定犯罪所得。

解 (C)。依洗錢防制法第2條：本法所稱洗錢，指下列行為：

一、意圖掩飾或隱匿特定犯罪所得來源，或使他人逃避刑事追訴，而移轉或變更特定犯罪所得。

二、掩飾或隱匿特定犯罪所得之本質、來源、去向、所在、所有權、處分權或其他權益者。

三、收受、持有或使用他人之特定犯罪所得。

※社區居民籌募現金集體購買樂透彩券，將贏得之金錢捐給非營利慈善組織，並未涉及犯罪，自非洗錢行為。

【109年防制洗錢與打擊資恐測驗、110年中華郵政、彰化銀行】

( ) **4** 洗錢防制法所稱特定犯罪所得，指特定犯罪而取得或變得之財物或財產上利益及其孳息。下列敘述何者正確？ (A)特定犯罪所得之認定，不以其所犯特定犯罪經有罪判決為必要 (B)特定犯罪所得之認定，須以其所犯特定犯罪經偵查起訴為必要 (C)特定犯罪所得之認定，須以其所犯特定犯罪經有罪判決為必要 (D)特定犯罪所得之認定，不以其所犯特定犯罪經犯行查獲為必要。

解 (A)。依洗錢防制法第4條：

1 本法所稱特定犯罪所得，指犯第三條所列之特定犯罪而取得或變得之財物或財產上利益及其孳息。

2 前項特定犯罪所得之認定，不以其所犯特定犯罪經有罪判決為必要。

【108年合作金庫、109年彰化銀行、110年防制洗錢與打擊資恐測驗】

( ) **5** 依洗錢防制物品出入境申報及通報辦法規定，有被利用進行洗錢之虞之物品，係指超越自用目的之下列何者？ A鑽石 B寶石 C白金 D白銀 (A)僅A、C (B)僅A、B、C (C)僅A、C、D (D)A、B、C、D。

解 (B)。洗錢防制物品出入境申報及通報辦法第2條第2項：本辦法所稱有被利用進行洗錢之虞之物品，指超越自用目的之鑽石、寶石及白金。

【107年第一銀行、109年防制洗錢與打擊資恐測驗、110年彰化銀行】

(　) **6** 經聯合國安全理事會指定之制裁名單，下列敘述何者正確？
(A)指定制裁個人、法人或團體，永遠不得除名　(B)指定制裁個
人、法人或團體之除名，應經法務部調查局同意　(C)指定制裁
個人、法人或團體之除名，應經資恐防制審議會決議　(D)指定
制裁個人、法人或團體之除名，非經聯合國安全理事會除名程
序，不得為之。

解 **(D)**。資恐防制法第5條第2項：前項所指定制裁個人、法人或團
體之除名，非經聯合國安全理事會除名程序，不得為之。

【108年合作金庫、109年彰化銀行、110年防制洗錢與打擊資恐測驗】

(　) **7** 有關政府於防制洗錢的角色，下列何者正確？　(A)各單位間洗錢
防制與打擊資恐的任務應維持機密，不應相互分享資訊　(B)不
同單位對於洗錢防制與打擊資恐的任務各有專精，應妥善分工而
不宜由單一權責機關統籌協調　(C)一個國家具備嚴謹及周延的
政策、法律、監理與執法系統，就能保證防堵洗錢或遏止資恐
(D)各國的防制系統一定要保持彈性、隨時更新。

解 **(D)**。參考行政院洗錢防制辦公室107年國家洗錢及資恐風險評估
報告中，即有提到相關的洗錢防制與打擊資恐作為，需更具彈性
且切合政府、執法部門，以及在新法架構下所納入高達數萬計之
金融與非金融機構等相關產業人員之務實需求，加上因應國際標
準之變異、國際與國內洗錢與資恐等態樣變化，是以防制系統一
定要保持彈性、隨時更新。
另依《防制洗錢與打擊資恐政策及法令解析》一書第一章第五
節：「…一個國家如果具備嚴謹及周延的政策、法律、監理與執
法系統，能否保證可以防堵洗錢或遏止資恐？根據過去的實際經
驗，答案是否定的。洗錢者總會發揮創意，找出任何國家的防制
漏洞，然後趁虛而入。各國的防制系統一定要保持彈性、隨時更
新，以因應洗錢者的新洗錢手法。…」（來源：台灣金融研訓院
編輯委員會，防制洗錢與打擊資恐政策及法令解析，財團法人台
灣金融研訓院，2018年，第2版，頁17。）

【108、110年防制洗錢與打擊資恐測驗】

( ) **8** 為配合防制洗錢及打擊資恐之國際合作，有關金融目的事業主管機關得對洗錢或資恐高風險國家或地區所為措施，下列敘述何者錯誤？ (A)令金融機構強化個人資料之保護措施 (B)令金融機構強化相關交易之確認客戶身分措施 (C)限制或禁止金融機構與洗錢或資恐高風險國家或地區為匯款或其他交易 (D)採取其他與風險相當且有效之必要防制措施。

解 **(A)**。依洗錢防制法第11條第1項：為配合防制洗錢及打擊資恐之國際合作，金融目的事業主管機關及指定之非金融事業或人員之中央目的事業主管機關得自行或經法務部調查局通報，對洗錢或資恐高風險國家或地區，為下列措施：
一、令金融機構、指定之非金融事業或人員強化相關交易之確認客戶身分措施。
二、限制或禁止金融機構、指定之非金融事業或人員與洗錢或資恐高風險國家或地區為匯款或其他交易。
三、採取其他與風險相當且有效之必要防制措施。

【109、110年防制洗錢與打擊資恐測驗、110年彰化銀行】

( ) **9** 洗錢防制法所稱特定犯罪，其所觸犯之法律，不包括下列何者？ (A)刑法 (B)票據法 (C)破產法 (D)廢棄物清理法。

解 **(B)**。依洗錢防制法第3條：本法所稱特定犯罪，指下列各款之罪：
一、最輕本刑為六月以上有期徒刑以上之刑之罪。
二、刑法第一百二十一條第一項（不違背職務之受賄罪）、第一百二十三條（準受賄罪）、第二百零一條之一第二項（支付工具電磁紀錄物之行使罪）、第二百六十八條（圖利供給賭場或聚眾賭博罪）、第三百三十九條（普通詐欺罪）、第三百三十九條之三（違法製作財產權之處罰）、第三百四十二條（背信罪）、第三百四十四條（重利罪）、第三百四十九條（普通贓物罪）之罪。
三、懲治走私條例第二條第一項、第三條第一項之罪。
四、破產法第一百五十四條、第一百五十五條之罪。

五、商標法第九十五條、第九十六條之罪。

六、廢棄物清理法第四十五條第一項後段、第四十七條之罪。

七、稅捐稽徵法第四十一條、第四十二條及第四十三條第一項、第二項之罪。

八、政府採購法第八十七條第三項、第五項、第六項、第八十九條、第九十一條第一項、第三項之罪。

九、電子支付機構管理條例第四十四條第二項、第三項、第四十五條之罪。

十、證券交易法第一百七十二條第一項、第二項之罪。

十一、期貨交易法第一百十三條第一項、第二項之罪。

十二、資恐防制法第八條、第九條之罪。

十三、本法第十四條之罪。

【106年合作金庫、109年彰化銀行、109、110年防制洗錢與打擊資恐測驗】

(　) **10**　「洗錢防制法」所稱「指定之非金融事業或人員」，在律師、公證人、會計師為客戶準備或進行哪些交易時適用？

解　依洗錢防制法第5條第3項第3款：本法所稱指定之非金融事業或人員，指從事下列交易之事業或人員：

三、律師、公證人、會計師為客戶準備或進行下列交易時：

(一)買賣不動產。

(二)管理客戶金錢、證券或其他資產。

(三)管理銀行、儲蓄或證券帳戶。

(四)有關提供公司設立、營運或管理之資金籌劃。

(五)法人或法律協議之設立、營運或管理以及買賣事業體。

【109年第一銀行、臺灣金控、防制洗錢、110年防制洗錢與打擊資恐測驗】

Day 02 銀行業防制洗錢及打擊資恐 政策執行重點

一、基礎架構

(一) **金融機構（洗錢防制法§5I、II）：**

1. 銀行。
2. 信託投資公司。
3. 信用合作社。
4. 農會信用部。
5. 漁會信用部。
6. 全國農業金庫。
7. 辦理儲金匯兌、簡易人壽保險業務之郵政機構。
8. 票券金融公司。
9. 信用卡公司。
10. 保險公司。
11. 證券商。
12. 證券投資信託事業。
13. 證券金融事業。
14. 證券投資顧問事業。
15. 證券集中保管事業。
16. 期貨商。
17. 信託業。
18. 其他經目的事業主管機關指定之金融機構。
19. 辦理融資性租賃、虛擬通貨平台及交易業務之事業，適用本法關於金融機構之規定。

(二) **指定之非金融事業或人員（洗錢防制法§5III）：**

1. **銀樓業。**
2. **地政士及不動產經紀業從事與不動產買賣交易有關之行為。**
3. **律師、公證人、會計師為客戶準備或進行下列交易時：**
   (1) 買賣不動產。
   (2) 管理客戶金錢、證券或其他資產。
   (3) 管理銀行、儲蓄或證券帳戶。
   (4) 有關提供公司設立、營運或管理之資金籌劃。
   (5) 法人或法律協議之設立、營運或管理以及買賣事業體。

4.信託及公司服務提供業為客戶準備或進行下列交易時：
(1)關於法人之籌備或設立事項。
(2)擔任或安排他人擔任公司董事或秘書、合夥之合夥人或在其他法人組織之類似職位。
(3)提供公司、合夥、信託、其他法人或協議註冊之辦公室、營業地址、居住所、通訊或管理地址。
(4)擔任或安排他人擔任信託或其他類似契約性質之受託人或其他相同角色。
(5)擔任或安排他人擔任實質持股股東。
5.其他業務特性或交易型態易為洗錢犯罪利用之事業或從業人員。

(三)**風險基礎方法**（Risk-based Approach, RBA）：
風險基礎方法是有效實施FATF 40項建議與相關準則的前提，有效的風險基礎方法將可協助國家建立法規方法，並反應出其銀行業的性質、多樣性及成熟度、以及其風險概況。
是以銀行運用風險基礎方法，配合已發現之洗錢及資恐風險，擬定相對應的預防與或降低措施，進一步有效分配其法令遵循資源、組織其內部控制和內部架構，以及實施政策與程序以遏阻並偵測洗錢及資恐風險的方法。
銀行風險評估應考量的因素，包括：業務性質、規模、多樣性及複雜度、目標市場、屬高風險等級的客戶數、機構營運所在地、銷售通路、內部稽核與控制等事項。
風險評估結果作為銀行制定抵減風險政策與程序之基礎，應由高階主管核准，相關政策、程序、措施及控制方法皆應配合風險評估，並應定期檢討更新。

(四)**客戶審查**（Customer Due Diligence, CDD）：
即「確認客戶身分」，是洗錢防制的基礎，金融機構不得接受客戶以匿名或使用假名建立或維持業務關係，需瞭解客戶本人或非自然人客戶背後之實質受益人身分，以進一步評估交易風險。

本部分重點有：

1. 確認客戶身分時機：金融機構防制洗錢辦法§3②。
2. 確認客戶身分要求：金融機構防制洗錢辦法§3④。
3. 對於法人、團體或信託受託人之額外審查措施：金融機構防制洗錢辦法§3⑤～⑦）。
4. 重要政治性職務人士（Politically Exposed Persons, PEPs）：金融機構防制洗錢辦法§10。
5. 依賴第三方執行辨識及驗證客戶身分：金融機構防制洗錢辦法§7。
6. 例外於未完成確認客戶身分時，建立業務關係之情形：金融機構防制洗錢辦法§3⑨。
7. 婉拒建立業務關係或交易之情形：金融機構防制洗錢辦法§4。

(五) **紀錄保存：**

1. **洗錢防制法：**§8。
2. **金融機構防制洗錢辦法§12：**
   (1)應保存的資料項目。
   (2)足以重建個別交易，以備作為認定不法活動之證據。
   (3)應確保能夠迅速提供。
   (4)至少保存**5年**。

(六) **大額通貨及可疑交易申報：**

1. **洗錢防制法：**
   (1)§9、§10：
   　A.申報對象→法務部**調查局**。
   　B.違反之罰則。
   (2)§12：
   　A.申報對象→**海關**。
   　B.申報物品：一定金額、有價證券、黃金及其他有洗錢之虞之物品等
   　C.違反之效果：沒入、罰鍰、退運之各情形。

2.**金融機構防制洗錢辦法**：
(1) §3：
A.無法完成確認客戶身分相關規定程序。
B.懷疑某客戶或交易可能涉及洗錢或資恐。
(2) §10：**重要政治性職務人士**的高風險情形對應。
(3) §13：一定金額案件的申報方式、申報期限（交易完成後**5個營業日內**）。
(4) §14：免申報類型。
(5) §15：疑似洗錢或資恐交易之申報方式、申報期限（核定後**2個營業日內**）、明顯重大緊急之情形、特別注意交易未完成者亦同。

(七)**內控制度**：
1.**三道防線**：
(1) 第一道防線：資深管理人員擔任督導主管（負責辨識、評估並持續管理風險）。
(2) 第二道防線：機構應設置專責單位或主管、其等應盡的職責（訂立及建立整體風險管理政策與制度）。
(3) 第三道防線：稽核洗錢防制及打擊資恐計畫之落實及有效性（負責查核與評估前兩道防線）。
2.**員工任用及訓練**：
(1) 觀察員工表現有無異常。
(2) 專責主管、人員及督導主管應於**充任後3個月內**符合之資格條件。
(3) 需配合在職訓練之人員與時數。

二、自律規範

(一)**中華民國銀行公會「銀行防制洗錢及打擊資恐注意事項範本」**（108/04/23版）

第1條
本範本依「**洗錢防制法**」、「**資恐防制法**」、「**金融機構防制洗錢辦法**」、「**銀行業及其他經金融監督管理委員會指定之金融機構防制洗錢**

及打擊資恐內部控制與稽核制度實施辦法」及「**金融機構對經指定制裁對象之財物或財產上利益及所在地通報辦法**」訂定。

第**2**條

1 銀行依「銀行業及其他經金融監督管理委員會指定之金融機構防制洗錢及打擊資恐內部控制與稽核制度實施辦法」第六條規定建立防制洗錢及打擊資恐之內部控制制度，**應經董（理）事會通過**；修正時，亦同。其內容應包括下列事項：

一、依據「**銀行評估洗錢及資恐風險及訂定相關防制計畫指引**」（附件），訂定對洗錢及資恐風險進行辨識、評估、管理之相關政策及程序。

二、依該**指引**與**風險評估結果**及**業務規模**，訂定防制洗錢及打擊資恐計畫，以管理及降低已辨識出之風險，並對其中之**較高風險，採取強化控管措施**。

三、監督控管防制洗錢及打擊資恐法令遵循及防制洗錢與打擊資恐計畫執行之標準作業程序，並納入自行查核及內部稽核項目，且於必要時予以強化。

2 前項第一款洗錢及資恐風險之辨識、評估及管理，應至少涵蓋**客戶、地域、產品**及**服務、交易或支付管道**等面向，並依下列規定辦理：

一、製作**風險評估報告**。

二、考量所有風險因素，以決定整體風險等級，及降低風險之適當措施。

三、訂定更新風險評估報告之機制，以確保風險資料之更新。

四、於完成或更新風險評估報告時，將風險評估報告送**金融監督管理委員會**（以下簡稱金管會）**備查**。

3 第一項第二款之防制洗錢及打擊資恐計畫，應包括下列政策、程序及控管機制：

一、**確認客戶身分**。

二、客戶及交易有關對象之姓名及名稱檢核。

三、帳戶及交易之持續監控。

四、通匯往來銀行業務。

五、**紀錄保存**。

六、**一定金額以上通貨交易申報**。

七、**疑似洗錢或資恐交易申報及依據資恐防制法之通報**。

八、指定防制洗錢及打擊資恐專責主管負責遵循事宜。

九、**員工遴選及任用程序**。

十、持續性員工訓練計劃。

十一、測試防制洗錢及打擊資恐制度有效性之獨立稽核功能。

十二、其他依防制洗錢及打擊資恐相關法令及金管會規定之事項。

4　銀行如有分公司（或子公司）者，**應訂定集團層次**之防制洗錢與打擊資恐計畫，於集團內之分公司（或子公司）施行。內容包括前項政策、程序及控管機制，並應在**符合我國及國外分公司（或子公司）所在地資料保密法令**規定之情形下，訂定下列事項：

一、為確認客戶身分與洗錢及資恐風險管理目的所需之集團內資訊分享政策及程序。

二、為防制洗錢及打擊資恐目的，於有必要時，依集團層次法令遵循、稽核及防制洗錢及打擊資恐功能，得要求分公司（或子公司）提供有關客戶、帳戶及交易資訊，並應包括異常交易或活動之資訊及所為之分析；必要時，亦得透過集團管理功能使分公司（或子公司）取得上述資訊。

三、對運用被交換資訊及其保密之安全防護，包括防範資料洩露之安全防護。

5　銀行應確保其國外分公司（或子公司），在符合當地法令情形下，**實施與總公司（或母公司）**一致之防制洗錢及打擊資恐措施。當總公司（或母公司）與分公司（或子公司）所在地之最低要求不同時，分公司（或子公司）**應就兩地選擇較高標準者作為遵循依據**，惟就標準高低之認定有疑義時，**以銀行總公司（或母公司）所在地之主管機關之認定為依據**；倘因外國法規禁止，致無法採行與總公司（或母公司）相同標準時，**應採取合宜之額外措施**，以管理洗錢及資恐風險，**並向金管會申報**。

6　在臺之外國金融機構集團分公司或子公司就第一項第一款及第二款應依據「銀行評估洗錢及資恐風險及訂定相關防制計畫指引」訂定

之洗錢及資恐風險辨識、評估、管理相關政策、程序，及防制洗錢及打擊資恐計畫所須包括之政策、程序及控管機制，若**母集團已建立不低於我國規定且不違反我國法規情形者**，在臺分公司或子公司**得適用**母集團之規定。

7　銀行之**董（理）事會**對確保建立及維持適當有效之防制洗錢及打擊資恐內部控制負**最終責任**。**董（理）事會**及**高階管理人員**應瞭解其洗錢及資恐風險，及防制洗錢及打擊資恐計畫之運作，並採取措施以塑造重視防制洗錢及打擊資恐之文化。

第 **3** 條
本範本用詞定義如下：

一、**一定金額**：指**新臺幣五十萬元（含等值外幣）**。

二、通貨交易：單筆現金收或付（在會計處理上，凡以現金收支傳票記帳者皆屬之）或換鈔交易。

三、建立業務關係：係指某人要求銀行提供金融服務並建立能延續一段時間的往來關係或某人首次以該銀行的準客戶身分接觸銀行，期望此關係延續一段時間的往來。

四、客戶：為與銀行建立業務關係的人（包含自然人、法人、團體或信託）或經銀行認可辦理臨時性交易之人。通常並**不包括某一交易的第三方**。例如，在付款的電匯交易中，匯出匯款行並不會視此筆匯款交易之收款人為其客戶。

五、**臨時性交易**：係指民眾到非已建立業務關係銀行辦理之交易，包括**現金匯款**、**換鈔**等交易。

六、**實質受益人：指對客戶具最終所有權或控制權之自然人，或由他人代理交易之自然人本人，包括對法人或法律協議具最終有效控制權之自然人**。

七、**風險基礎方法：指銀行應確認、評估及瞭解其暴露之洗錢及資恐風險，並採取適當防制洗錢及打擊資恐措施，以有效降低此類風險。**依該方法，銀行對於**較高風險情形應採取加強措施，對於較低風險情形，則可採取相對簡化措施**，以有效分配資源，並以最適當且有效之方法，降低經其確認之洗錢及資恐風險。

八、交易有關對象：指交易過程中，所涉及之銀行客戶以外之第三人，
　　例如匯出匯款交易之受款人，或匯入匯款交易之匯款人等。

第 4 條
確認客戶身分措施，應依下列規定辦理：

一、有以下情形之一者**應予以婉拒**建立業務關係或交易：

(一)疑似使用**匿名、假名、人頭、虛設行號**或**虛設法人團體**。

(二)客戶**拒絕提供**審核客戶身分措施相關文件，但經可靠、獨立之來源
　　確實查證身分屬實者不在此限。

(三)對於由代理人辦理之情形，**且查證代理之事實及身分資料有困難**。

(四)**持用偽、變造身分證明文件**。

(五)出示之身分證明文件**均為影本**。但依規定得以身分證明文件影本或
　　影像檔，輔以其他管控措施辦理之業務，不在此限。

(六)提供文件資料**可疑、模糊不清**，不願提供其他佐證資料或提供之文
　　件資料**無法進行查證**。

(七)客戶**不尋常拖延**應補充之身分證明文件。

(八)建立業務關係之對象為**資恐防制法指定制裁之個人、法人或團體**，
　　以及**外國政府或國際組織認定或追查之恐怖分子或團體**。但依資恐
　　防制法第六條第一項第一款至第三款所為支付不在此限。

(九)建立業務關係或交易時，有**其他異常情形**，客戶**無法**提出**合理說明**。

二、**確認客戶身分時機：**

(一)與客戶建立業務關係時。

(二)進行下列臨時性交易：

　1.辦理達**一定金額以上交易（含國內匯款）**時。多筆顯有關聯之交易
　　合計達一定金額以上時，亦同。

　2.辦理**新臺幣三萬元（含等值外幣）以上之跨境匯款**時。

(三)發現**疑似洗錢或資恐交易**時。

(四)對於過去所取得客戶身分資料之**真實性或妥適性**有所懷疑時。

三、確認客戶身分應採取下列方式辦理：

(一) 以**可靠、獨立來源**之文件、資料或資訊，辨識及驗證客戶身分，並保存該身分證明文件影本或予以記錄。

(二) 對於由代理人建立業務關係或交易者，**應確實查證代理之事實**，並依前目方式辨識及驗證代理人身分，並保存該身分證明文件影本或予以記錄。

(三) **辨識客戶實質受益人**，並以合理措施驗證其身分，包括使用可靠來源之資料或資訊。

(四) 確認客戶身分措施，應包括瞭解業務關係之目的與性質，並視情形取得相關資訊。

四、前款規定於客戶為個人時，至少取得下列資訊，以辨識其身分：

(一) 姓名。

(二) 出生日期。

(三) 戶籍或居住地址。

(四) 官方身分證明文件號碼。

(五) 國籍。

(六) 外國人士居留或交易目的（如觀光、工作等）。

五、針對依據銀行客戶洗錢及資恐風險評估相關規範辨識為**高風險**或**具特定高風險因子**之個人客戶，於建立業務關係時應至少取得下列任一資訊：

(一) **曾使用之姓名**或**別名**：曾使用之姓名如結婚前使用之姓名、更名前使用之姓名。

(二) **任職地址、郵政信箱地址、電子郵件地址**（如有）。

(三) **電話**或**手機號碼**。

六、第三款規定於客戶為法人、團體或信託之受託人時，應瞭解客戶或信託（包括類似信託之法律協議）之業務性質，並至少取得客戶或信託之下列資訊，辨識及驗證客戶身分：

(一) 客戶或信託之名稱、法律形式及存在證明。

(二) **規範及約束法人、團體或信託之章程或類似之權力文件**。但下列情形得不適用：

1. 第七款第三目所列對象，其無第六條第一項第三款但書情形者。
2. 團體客戶經確認其未訂定章程或類似之權力文件者。

(三) 在法人、團體或信託之受託人中擔任**高階管理人員**（高階管理人員之範圍得包括董事、監事、理事、總經理、財務長、代表人、管理人、合夥人、有權簽章人，或相當於前述高階管理人員之自然人，銀行應運用風險基礎方法決定其範圍）之下列資訊：
1. **姓名**。
2. **出生日期**。
3. **國籍**。

(四) 官方辨識編號：如統一編號、稅籍編號、註冊號碼。

(五) 法人、團體或信託之受託人**註冊登記之辦公室地址**，及其**主要之營業處所地址**。

(六) 境外法人、團體或信託之受託人往來目的。

七、第三款第三目規定於客戶為法人、團體或信託之受託人時，**應瞭解客戶或信託之所有權及控制權結構**，並透過下列資訊，辨識客戶之實質受益人，及採取合理措施驗證：

(一) 客戶為法人或團體時：
1. **具控制權之最終自然人身分**（如姓名、出生日期、國籍及身分證明文件號碼等）。所稱具控制權係指直接、間接**持有該法人股份或資本超過百分之二十五者**，銀行得請客戶提供股東名冊或其他文件協助完成辨識。
2. 依前小目規定未發現具控制權之自然人，或對具控制權自然人是否為實質受益人有所懷疑時，應辨識有無透過其他方式對客戶行使控制權之自然人。必要時得**取得客戶出具之聲明書**確認實質受益人之身分。
3. 如依前二小目規定均未發現具控制權之自然人時，銀行**應辨識高階管理人員之身分**。

(二) 客戶為信託之受託人時：應確認**委託人**、**受託人**、**信託監察人**、**信託受益人**及**其他可有效控制該信託帳戶之人**，或與上述人員具相當或類似職務者之身分。

(三)客戶或具控制權者為下列身分者，除有第六條第一項第三款但書情
　　形或已發行無記名股票情形者外，**不適用**第三款第三目**辨識及驗證
　　實質受益人**身分之規定：

1. **我國政府**機關。
2. 我國**公營事業**機構。
3. **外國政府**機關。
4. 我國**公開發行**公司或其子公司。
5. 於國外掛牌並依掛牌所在地規定，應**揭露其主要股東**之股票上市、
　 上櫃公司及其子公司。
6. 受**我國監理**之金融機構及其管理之**投資工具**。
7. 設立於我國境外，且所受監理規範與防制洗錢金融行動工作組織
　 （FATF）所定防制洗錢及打擊資恐標準一致之金融機構，及該金融
　 機構管理之投資工具。銀行對前開金融機構及投資工具需留存相關
　 文件證明（如公開資訊查核紀錄、該金融機構防制洗錢作業規章、
　 負面資訊查詢紀錄、金融機構聲明書等）。
8. 我國**政府機關管理之基金**。
9. **員工持股**信託、員工福利儲蓄信託。

八、與銀行建立業務關係之客戶，**驗證客戶及其代理人與實質受益人**身
　　分之方式：
(一)以文件驗證：
1. 個人：
　(1)驗證**身分**或生日：取得附有照片且未過期之**官方身分證明文件**，
　　 如身分證、護照、居留證、駕照等。如對上述文件效期有疑義，
　　 應取得大使館或公證人之認證或聲明。另實質受益人前述資料得
　　 不要求正本進行驗證，或依據銀行內部所定作業程序，請法人、
　　 團體及其代表人聲明實質受益人資料，但該聲明資料應有部分項
　　 目得以公司登記證明文件、公司年報等其他可信文件或資料來源
　　 進行驗證。
　(2)驗證**地址**：取得客戶所屬帳單、對帳單、或官方核發之文件等。

2.法人、團體或信託之受託人：取得**公司設立登記文件**（Certified Articles of Incorporation）、**政府核發之營業執照**、**合夥協議**（Partnership Agreement）、**信託文件**（Trust Instrument）、**存續證明**（Certification of Incumbency）等。如信託之受託人為洗錢防制法第五條第一項列示之金融機構所管理之信託，其信託文件得由該金融機構出具之書面替代之，惟該金融機構所在之國家或地區有第六條第一項第三款但書者不適用。

(二)有必要時，可另行以**非文件資訊驗證**，例如：

1.在帳戶開立後，以**電話或函件聯繫**客戶。

2.由**其他金融機構**提供之資訊。

3.**交叉比對**客戶提供之資訊與其他可信賴之公開資訊、付費資料庫等。

九、依據銀行洗錢及資恐風險評估相關規範辨識為**高風險或具特定高風險因子之客戶**，應以加強方式執行驗證，例如：

(一)取得寄往客戶所提供住址之客戶本人／法人或團體之有權人**簽署回函**或辦理**電話訪查**。

(二)取得個人**財富及資金來源**資訊之佐證資料。

(三)取得法人、團體或信託受託人**資金來源及去向**之佐證資料，如主要供應商名單、主要客戶名單等。

(四)**實地訪查**。

(五)取得**過去銀行往來資訊**並照會該銀行。

十、銀行**完成確認**客戶身分措施**前**，**不得**與該客戶**建立業務關係**或進行**臨時性交易**。**但**符合以下各目情形者，得**先取得辨識客戶及實質受益人身分之資料**，並於建立業務關係後，再完成驗證：

(一)洗錢及資恐**風險**受到**有效管理**。包括應針對客戶可能利用交易完成後才驗證身分之情形，採取風險管控措施。

(二)為**避免**對客戶業務之**正常運作**造成**干擾**所必須。

(三)會在**合理可行**之情形下**儘速完成**客戶及實質受益人之**身分驗證**。如未能在合理可行之時限內完成客戶及實質受益人之身分驗證，須終止該業務關係，並應事先告知客戶。

十一、銀行如允許客戶未完成身分驗證前建立業務關係，則**應採取相關的風險管控措施**，包括：

(一)訂定客戶身分**驗證完成期限**。

(二)於客戶身分驗證完成前，營業單位**督導主管應定期檢視**與該客戶之往來關係，並定期**向高階主管報告客戶**身分驗證**處理進度**。

(三)於客戶身分**驗證**完成前，**限制**該客戶之**交易次數**與**交易類型**。

(四)於客戶身分**驗證完成前，限制**該客戶**不得**將款項**支付予第三人**，但符合以下各條件者不在此限：

　1.無洗錢／資恐活動疑慮。

　2.該客戶之洗錢／資恐之風險等級屬低風險。

　3.交易依銀行內部風險考量，所訂核准層級之高階管理人員核准。

　4.收款人之姓名／名稱與洗錢或資恐名單不符。

(五)對所取得客戶或實質受益人身分資料之真實性、妥適性或其目的有所懷疑時，不適用前一目但書。

(六)前款第三目「**合理可行之時限**」銀行應以風險基礎方法依不同風險等級訂定。釋例如下：

　1.應在建立業務關係後，不遲於**30個工作天內**完成客戶身分驗證程序。

　2.倘在建立業務關係**30個工作天後，仍未能完成**客戶身分驗證程序，則銀行**應暫時中止**與客戶的業務關係，及避免進行進一步的交易（在可行狀況下，將資金退回原資金來源則不在此限）。

　3.倘在建立業務關係**120天後，仍未能完成**客戶身分驗證程序，則銀行**應終止**與客戶之業務關係。

十二、客戶為法人時，應以檢視公司章程或請客戶出具聲明書之方式，瞭解其是否可發行無記名股票，並對已發行無記名股票之客戶採取下列措施之一以確保其實質受益人之更新：

(一)請客戶要求**具控制權**之無記名股票股東，應通知客戶**登記身分**，並請客戶於**具控制權股東身分發生變動時**通知銀行。

(二)請客戶於**每次股東會後**，應向銀行更新其實**質受益人**資訊，並提供持有無記名股票達一定比率以上股東之資料。但客戶因其他原因獲悉具控制權股東身分發生變動時，應即通知銀行。

十三、銀行於確認客戶身分時,應運用適當之風險管理機制確認客戶及其實質受益人、高階管理人員是否為現任或曾任國內外政府或國際組織之重要政治性職務人士:

(一)客戶或其實質受益人若為**現任國外政府**之重要政治性職務人士,應將該客戶**直接視為高風險客戶**,並採取第六條第一項第一款各目之強化確認客戶身分措施。

(二)客戶或其實質受益人若為**現任國內政府**或**國際組織**之重要政治職務人士,應於與該客戶建立業務關係時,審視其風險,嗣後並**應每年重新審視**。對於經銀行認定屬高風險業務關係者,應對該客戶採取第六條第一項第一款各目之強化確認客戶身分措施。

(三)客戶之**高階管理人員**若為**現任國內外政府**或**國際組織**之重要政治性職務人士,銀行應考量該高階管理人員**對該客戶之影響力**,決定是否對該客戶採取第六條第一項第一款各目之強化確認客戶身分措施。

(四)對於**非現任**國內外政府或國際組織之重要政治性職務人士,銀行應**考量相關風險因子後評估其影響力**,依風險基礎方法認定其是否應適用前三目之規定。

(五)前四目規定於重要政治性職務人士之**家庭成員**及**有密切關係之人**,**亦適用**之。前述家庭成員及有密切關係之人之範圍,依洗錢防制法第七條第四項後段所定辦法之規定認定之。

(六)**第七款第三目第一小目至第三小目**及**第八小目**所列對象,其實質受益人或高階管理人員為重要政治性職務人士時,**不適用**本款第一目至第五目之規定。

十四、確認客戶身分其他應遵循之事項:

(一)銀行在與客戶建立業務關係或與臨時性客戶進行金融交易**超過一定金額**或懷疑客戶**資料不足以確認身分**時,應從政府核發或其他辨認文件確認客戶身分並**加以記錄**。

(二)應對委託帳戶、由**專業中間人**代為處理交易,要**特別加強確認**客戶身分之作為。

(三)應加強審查**私人理財金融業務客戶**。

(四) 應加強審查**被其他銀行拒絕**金融業務往來之客戶。

(五) 對於**非「面對面」**之客戶，應該施以**具相同效果**之**確認**客戶**程序**，且必須有特別和足夠之措施，以降低風險。

(六) 以網路方式建立業務關係者，應依本會所訂並經主管機關備查之相關作業範本辦理。

(七) 對採委託授權建立業務關係或建立業務關係後始發現有存疑之客戶應以**電話、書面**或**實地查訪**等方式確認。

(八) 採函件方式建立業務關係者，應於建立業務關係手續辦妥後以**掛號函復**，以便證實。

(九) 在不違反相關法令情形下，銀行如果得知或必須假定客戶往來資金來源自貪瀆或濫用公共資產時，應不予接受或斷絕業務往來關係。

(十) 銀行對於**無法完成**確認客戶身分相關規定程序者，**應考量申報**與該客戶有關之**疑似洗錢或資恐交易**。

(十一)銀行懷疑某客戶或交易可能涉及洗錢或資恐，且合理相信**執行確認**客戶身分程序**可能對客戶洩露訊息**時，**得不執行**該等程序，而**改以申報**疑似洗錢或資恐交易。

(十二)其他建立業務關係應注意事項悉依銀行內部作業規定辦理。

十五、有以下情形得依契約約定為下列之處理：

(一) 對於有第一款第八目情形，銀行得拒絕業務往來或逕行終止業務關係。

(二) 對於**不配合**審視、**拒絕**提供實質受益人或對客戶行使控制權之人等資訊、對交易之性質與目的或資金來源不願配合說明等客戶，銀行得**暫時停止**交易，或暫時停止或終止業務關係。

十六、對於有**第一款第八目**所述建立業務關係或交易對象情形，銀行應依洗錢防制法第十條申報疑似洗錢或資恐交易，如該對象為資恐防制法指定制裁之個人、法人或團體，銀行並應於知悉之日起不得有資恐防制法第七條第一項行為，及依資恐防制法規定辦理通報（格式請至法務部調查局網站下載）。銀行若於前述對象受制裁指定前已有**資恐防制法第六條第一項第二款及第三款**情事，則應依資恐防制法向**法務部**申請許可。

第 **5** 條

銀行確認客戶身分措施，應包括對客戶**身分之持續審查**，並依下列規定辦理：

一、應對客戶業務關係中之交易進行詳細審視，以確保所進行之交易與客戶及其業務、風險相符，必要時並**應瞭解其資金來源**。

二、應定期檢視其辨識客戶及實質受益人身分所取得之資訊是否足夠，並確保該等資訊之更新，特別是**高風險**客戶，應至少**每年檢視一次**，除前述客戶外，應依風險基礎方法決定檢視頻率。

三、對客戶身分辨識與驗證程序，得以過去執行與保存資料為依據，**無須**於客戶每次從事交易時，**一再辨識及驗證**客戶之身分。**但**銀行對客戶資訊之真實性或妥適性**有所懷疑**、發現客戶**涉及疑似**洗錢或資恐交易，或客戶之交易或帳戶之運作方式出現與該客戶業務特性不符之**重大變動**時，應依第四條規定對客戶身分**再次確認**。

第 **6** 條

第四條第三款及前條規定之確認客戶身分措施及持續審查機制，應以風險基礎方法決定其執行強度，包括：

一、對於**高風險**情形，應**加強確認**客戶身分或**持續審查**措施，其中至少應額外採取下列強化措施：

(一) 在建立或新增業務往來關係前，銀行應取得依內部風險考量，所訂核准層級之**高階管理人員同意**。

(二) 應**採取合理措施**以**瞭解客戶財富及資金來源**。其中資金來源係指產生該資金之實質來源（例如薪資、投資收益、買賣不動產等）。

(三) 對於業務往來關係應採取強化之持續監督。

二、對於來自洗錢或資恐高風險國家或地區之客戶，應採行與其風險相當之強化措施。

三、對於**較低風險**情形，得採取**簡化措施**，該簡化措施應與其較低風險因素相當。但有下列情形者，不得採取簡化確認客戶身分措施：

(一)客戶來自未採取有效防制洗錢或打擊資恐之高風險國家或地區，包括但不限於金管會函轉國際防制洗錢組織所公告防制洗錢與打擊資恐有嚴重缺失之國家或地區，及其他未遵循或未充分遵循國際防制洗錢組織建議之國家或地區。

(二)足資懷疑該客戶或交易涉及洗錢或資恐。

銀行得採行之簡化確認客戶身分措施如下：

一、**降低**客戶身分**資訊更新之頻率**。

二、**降低持續性監控之等級**，並以合理的金額門檻作為審查交易之基礎。

三、從交易類型或已建立業務往來關係**可推斷其目的及性質者**，得**無須再蒐集**特定資訊或執行特別措施以瞭解業務往來關係之目的及其性質。

銀行應依重要性及風險程度，**對現有客戶進行客戶審查**，並於考量前次執行客戶審查之時點及所獲得資料之適足性後，在適當時機對已存在之往來關係進行審查。

第**7**條

銀行確認客戶身分作業應自行辦理，如法令或金管會另有規定銀行得依賴第三方執行辨識及驗證客戶本人身分、代理人身分、實質受益人身分或業務關係之目的及性質時，該**依賴第三方之銀行**仍應**負確認客戶身分之最終責任**，並應符合下列規定：

一、應能**立即取得**確認客戶身分所需資訊。

二、應採取符合銀行本身需求之措施，確保所依賴之第三方將依銀行之要求，**毫不延遲提供**確認客戶身分所需之客戶身分資料或其他相關文件影本。

三、確認所依賴之**第三方**受到**規範、監督或監控**，並有適當措施遵循確認客戶身分及**紀錄保存**之相關規範。

四、確認所依賴之第三方之**所在地**，其防制洗錢及打擊資恐規範與防制洗錢金融行動工作組織所定之**標準一致**。

第 8 條

銀行對客戶及交易有關對象之姓名及名稱**檢核機制**應依下列規定辦理：

一、應依據**風險基礎方法**，建立客戶及交易有關對象之姓名及名稱檢核政策及程序，以偵測、比對、篩檢**客戶**、**客戶之高階管理人員**、**實質受益人**或**交易有關對象**是否為資恐防制法指定制裁之個人、法人或團體，以及外國政府或國際組織認定或追查之恐怖分子或團體。如是，應依第四條第十六款規定辦理。

二、客戶及交易有關對象之姓名及名稱檢核政策及程序，至少應包括**比對與篩檢邏輯**、**檢核作業之執行程序**，以及**檢視標準**，並將其**書面化**。

三、執行姓名及名稱檢核情形**應予記錄**，並依第十五條規定之期限進行**保存**。

四、本檢核機制應予測試，**測試面向**包括：

(一)**制裁名單及門檻設定**是否基於風險基礎方法。

(二)輸入資料與對應之**系統欄位**正確及完整。

(三)**比對與篩檢邏輯**。

(四)**模型驗證**。

(五)**資料輸出**正確及完整。

五、依據測試結果確認是否仍能妥適反映風險並適時修訂之。

第 9 條

1　銀行對帳戶及交易之持續監控，應依下列規定辦理：

一、銀行應逐步以**資訊系統整合**全公司客戶之基本資料及交易資料，供總（分）公司進行基於防制洗錢及打擊資恐目的之查詢，以強化其帳戶及交易監控能力。對於各單位調取及查詢客戶之資料，應建立內部控制程序，並注意資料之保密性。

二、應依據以**風險基礎方法**，建立帳戶及交易監控政策與程序，並利用資訊系統，輔助發現疑似洗錢或資恐交易。

三、依據**防制洗錢與打擊資恐法令**規範、其客戶性質、業務規模及複雜度、內部與外部來源取得之洗錢與資恐相關趨勢與資訊、銀行內部風險評估結果等，檢討其帳戶及交易監控政策及程序，並**定期更新**之。

四、帳戶及交易**監控政策及程序**，至少應包括**完整之監控型態、參數設定、金額門檻、預警案件**與監控作業之執行程序與**監控案件之檢視程序**及**申報標準**，並將其書面化。

五、前款機制應予測試，測試面向包括：

　(一)**內部控制流程**：檢視帳戶及交易監控機制之相關人員或單位之角色與責任。

　(二)輸入資料與對應之系統欄位正確及完整。

　(三)**偵測情境邏輯**。

　(四)**模型驗證**。

　(五)**資料輸出**。

六、銀行**發現**或**有合理理由懷疑**客戶、客戶之資金、資產或其欲／已進行之交易與洗錢或資恐等有關者，**不論金額或價值大小或交易完成**與否，均應對客戶身分進一步審查。

七、附錄所列為可能產生之疑似洗錢或資恐交易表徵，惟並非詳盡無遺，銀行應依本身**資產規模、地域分布、業務特點、客群性質**及**交易特徵**，並參照銀行**內部**之洗錢及資恐風險**評估**或**日常交易資訊**等，**選擇或自行發展契合銀行本身之表徵**，以辨識出可能為洗錢或資恐之警示交易。

八、前款辨識出之警示交易應就客戶個案情況判斷其合理性（合理性之判斷例如**是否有與客戶身分、收入或營業規模顯不相當、與客戶本身營業性質無關、不符合客戶商業模式、無合理經濟目的、無合理解釋、無合理用途、或資金來源不明**或**交代不清**），儘速完成是否為疑似洗錢或資恐交易之檢視，並留存檢視紀錄。經檢視非疑似洗錢或資恐交易者，應當記錄分析排除理由；如經檢視屬疑似洗錢或資恐之交易者，不論交易金額多寡，均應依法務部調查局所定之申報格式簽報，並於**專責主管**

核定後立即向**法務部調查局**申報，**核定後**之**申報**期限**不得逾二個營業日。交易未完成者，亦同。**

九、銀行就各項疑似洗錢或資恐交易表徵，應以風險基礎方法辨別須建立相關**資訊系統輔助監控**者。未列入系統輔助者，銀行亦應以其他方式協助員工於客戶交易時判斷其是否為疑似洗錢或資恐交易；**系統輔助並不能完全取代員工判斷**，銀行仍應強化員工之訓練，使員工有能力識別出疑似洗錢或資恐交易。

2　疑似洗錢或資恐交易申報：

一、各單位承辦人員發現異常交易，**應立即陳報督導主管**。

二、督導主管應儘速裁決是否確屬應行申報事項。如裁定應行申報，應立即交由原承辦人員填寫申報書（格式請至法務部調查局網站下載）。

三、將核定後申報書轉送專責單位。

四、由**專責單位簽報專責主管核定**後，立即向**法務部調查局**申報。

五、對屬明顯**重大緊急**之疑似洗錢或資恐交易案件之申報，應立即以傳真或其他可行方式儘速向法務部調查局申報，並立即補辦書面資料。但經法務部調查局以傳真資料確認回條（格式請至法務部調查局網站下載）確認收件者，無需補辦申報書。銀行並應留存傳真資料確認回條。

3　防止申報資料及消息洩露之保密規定：

一、疑似洗錢或資恐交易申報事項，各級人員應保守秘密，不得任意洩露。銀行並應提供員工如何避免資訊洩露之訓練或教材，避免員工與客戶應對或辦理日常作業時，發生資訊洩露情形。

二、本申報事項有關之文書，均應以**機密文件**處理，如有洩密案件應依有關規定處理。

三、**防制洗錢專責單位、法令遵循主管人員**或**稽核單位人員**為執行職務需要，應得及時取得客戶資料與交易紀錄，惟仍應遵循保密之規定。執行帳戶或交易持續監控之情形應予記錄，並依第十五條規定之期限進行保存。

第 **10** 條

1　銀行依資恐防制法第七條對經指定制裁對象之財物或財產上利益及所在地之通報，應依下列規定辦理：

一、於知悉後即依法務部調查局所定之通報格式及方式，由總機構主管單位簽報前條指派之**專責主管核定**，並向**法務部調查局**通報，核定後之通報期限不得逾**二個營業日**。

二、有明顯重大緊急之情事者，應立即以傳真或其他可行方式儘速辦理通報，並應依法務部調查局所定之通報格式（格式請至法務部調查局網站下載）及方式補辦通報。但經法務部調查局以所定格式傳真回覆確認，無需補辦通報。銀行並應留存法務部調查局之傳真回覆資料。

三、銀行以**每年十二月三十一日**為**結算基準日**，應依法務部調查局所定之格式（格式請至法務部調查局網站下載）**編製年度報告**，記載於結算基準日當日依資恐防制法第七條所管理或持有一切經指定制裁之個人、法人或團體之財物或財產上利益，並**於次年三月三十一日前**提報**法務部調查局備查**。

2　前項通報紀錄、交易憑證及年度報告，應以原本方式保存五年。

第 **11** 條

辦理**通匯往來銀行業務**（cross-border correspondent banking）及其他類似業務，應定有一定政策及程序，內容應包括：

一、蒐集足夠之可得**公開資訊**，以充分瞭解該委託機構之**業務性質**，並評斷其**商譽**及**管理品質**，包括是否遵循防制洗錢及打擊資恐之規範，及是否曾受洗錢及資恐之調查或行政處分。

二、評估該委託機構對防制洗錢及打擊資恐具備適當之**控管政策及執行效力**。

三、在與委託機構建立通匯往來關係前，應依銀行內部風險考量，所訂核准層級之**高階管理人員**核准後始得辦理。

四、以**文件證明**各自對防制洗錢及打擊資恐之責任作為。

五、當通匯往來銀行業務涉及**過渡帳戶**（payable-through accounts）時，須確認該委託機構已對可直接使用通匯往來銀行帳戶之客戶，確實執行**確認客戶**身分等措施，必要時並能依通匯往來銀行之要求提供確認客戶身分之相關資料。

六、不得與**空殼銀行**（Shell banks）或與**允許空殼銀行**使用其帳戶之委託機構建立通匯往來關係。

七、對於無法配合銀行提供上開資訊之委託機構，銀行得對其**拒絕開戶**、**暫停交易**、**申報**疑似洗錢或資恐交易或**中止業務**關係。

八、委託機構為銀行本身之國外分公司（或子公司）時，亦適用上開規定。

第 **12** 條

銀行於**推出新產品或服務或辦理新種業務**（包括**新支付機制**、**運用新科技**於**現有或全新**之產品或業務）前，**應進行**產品之洗錢及資恐**風險評估**，並**建立**相應之**風險管理措施**以降低所辨識之風險。

第 **13** 條

銀行對匯款相關規定：

一、銀行辦理外匯境內及跨境之一般匯出及匯入匯款業務，應依「**銀行業辦理外匯業務作業規範**」辦理。

二、新臺幣境內匯款之匯款銀行，應依下列規定辦理：

(一)應採下列方式之一提供必要且正確之匯款人資訊及必要之受款人資訊：

　1.隨匯款交易提供**匯款人及受款人資訊**。

　2.隨匯款交易提供匯款人及受款人之**帳戶號碼**或**可供追蹤之交易碼**，並於收到受款金融機構或權責機關請求時，於**三個營業日**內提供匯款人及受款人資訊。但**檢察**機關**及司法警察**機關要求**立即**提供時，應配合辦理。

　3.單筆匯款金額未達**新臺幣三萬元**者，除有疑似洗錢或資恐情形外，得不確認匯款人資訊之正確性。

(二)應依金融機構防制洗錢辦法第十二條規定，保存下列匯款人及受款人之必要資訊：

　1.匯款人資訊應包括：匯款人**姓名**、**扣款帳戶號碼**（如無，則提供**可供追蹤之交易碼**）及下列各項資訊之一：

　　(1)**身分證號**。

　　(2)匯款人**地址**。

　　(3)**出生日期**及**出生地**。

　2.受款人資訊應包括：受款人**姓名**、**受款帳戶號碼**（如無，則提供**可供追蹤之交易碼**）。

三、銀行未能依前二款規定辦理時，**不得執行**匯款業務。

四、新臺幣境內匯款之受款銀行，應依下列規定辦理：

(一)應具備以風險為基礎之政策及程序，以判斷何時執行、拒絕或暫停缺少第二款第二目必要資訊之匯款，及適當之後續追蹤行動。

(二)應依金融機構防制洗錢辦法第十二條規定，保存所取得之匯款人及受款人資訊。

第 **14** 條

1　銀行對達**一定金額以上**之通貨交易，應依下列規定辦理：

　一、**應確認**客戶身分**並留存**相關紀錄憑證。

　二、銀行確認客戶身分措施，應依下列規定辦理：

　　　(一)憑客戶提供之身分證明文件或護照確認其身分，並將其**姓名**、**出生年月日**、**住址**、**電話**、**交易帳戶號碼**、**交易金額**及**身分證明文件號碼**等事項加以記錄。但如能確認客戶為交易帳戶**本人**者，**可免確認身分**，惟應於交易紀錄上敘明係本人交易。

　　　(二)交易如係由代理人為之者，應憑**代理人提供之身分證明文件或護照**確認其身分，並將其姓名、出生年月日、住址、

　　　　電話、交易帳戶號碼、交易金額及身分證明文件號碼等事
　　　　項加以記錄。

　　(三)交易如係屬**臨時性交易**者，應依**第四條第三款**規定確認客
　　　　戶身分。

三、除本條第二項及第三項之情形外，應於交易完成後**五個營業日**
　　內以**媒體申報**方式（格式請至法務部調查局網站下載），向**法**
　　務部調查局申報。無法以媒體方式申報而有正當理由者，得報
　　經法務部調查局同意後，以書面（格式請至法務部調查局網站
　　下載）申報之。

四、向法務部調查局申報資料及相關紀錄憑證之保存，應依第十五
　　條規定辦理。

2　對下列達一定金額以上之通貨交易，**免向法務部調查局申報**，但仍
　　應確認客戶身分及留存相關紀錄憑證：

一、存入政府機關、公營事業機構、行使公權力機構（於受委託範
　　圍內）、公私立學校、公用事業及政府依法設立之**基金所開立**
　　帳戶之款項。

二、金融機構**代理公庫**業務所生之**代收付款項**。

三、金融**機構間之交易及資金調度**。但金融同業之客戶透過金融同
　　業間之同業存款帳戶所生之應付款項，如兌現同業所開立之支
　　票，同一客戶現金交易達一定金額以上者，仍應依規定辦理。

四、公益彩券經銷商**申購彩券款項**。

五、代收款項交易（不包括存入股款代收專戶之交易、代收信用卡
　　消費帳款之交易），其繳款通知書已明確記載交易對象之姓
　　名、身分證明文件號碼（含代號可追查交易對象之身分者）、
　　交易種類及金額者。但應以繳款通知書副聯作為交易紀錄憑證
　　留存。

3　**非個人帳戶**基於**業務需要**經常或例行性須存入現金達一定金額以上
　　之百貨公司、量販店、連鎖超商、加油站、醫療院所、交通運輸業
　　及餐飲旅館業等，經銀行確認有事實需要者，得將名單轉送**法務部**
　　調查局核備，如法務部調查局於**十日內**無反對意見，其後該帳戶存
　　入款項免逐次確認與申報。

4 銀行**每年**至少應審視交易對象一次。如與交易對象已無本項往來關係，應報法務部調查局備查。

5 對於前二項交易，如發現有疑似洗錢或資恐交易之情形時，仍應依洗錢防制法第十條及資恐防制法第七條第三項規定辦理。

第 **15** 條

銀行應以**紙本**或**電子**資料保存與客戶往來及交易之紀錄憑證，並依下列規定辦理：

一、對國內外交易之所有必要紀錄之保存應至少保存**五年**。但法律另有較長保存期間規定者，從其規定。前述必要紀錄包括：

(一) 進行交易的**各方姓名**或**帳號**或**識別號碼**。

(二) 交易**日期**。

(三) 貨幣**種類**及**金額**。

(四) **存入**或**提取**資金的**方式**，如以現金、支票等。

(五) 資金的**目的地**。

(六) **指示**或**授權**的**方式**。

二、對達一定金額以上大額通貨交易，其確認紀錄及申報之相關紀錄憑證，以原本方式至少保存**五年**。確認客戶程序之紀錄方法，由銀行依本身考量，根據全行一致性做法之原則，選擇一種記錄方式。

三、對疑似洗錢或資恐交易之申報，其申報之相關紀錄憑證，以原本方式至少保存**五年**。

四、下列資料應保存至與客戶業務關係結束後或臨時性交易結束後，至少**五年**。但法律另有較長保存期間規定者，從其規定：

(一) 確認客戶身分所取得之**所有紀錄**，如護照、身分證、駕照或類似之官方身分證明文件影本或紀錄。

(二) **帳戶檔案**。

(三) 業務**往來資訊**，包括對複雜、異常交易進行詢問所取得之背景或目的資訊與分析資料。

五、銀行保存之交易紀錄應**足以重建個別交易**，以備作為認定不法活動
之證據。

六、銀行對權責機關依適當授權要求提供交易紀錄及確認客戶身分等相
關資訊時，應確保能夠迅速提供。

第 **16** 條

1　銀行應依其**規模**、**風險**等配置適足之防制洗錢及打擊資恐專責人員
及資源，並由**董事（理）會**指派**高階主管**一人擔任專責主管，賦予
協調監督防制洗錢及打擊資恐之充分職權，及確保該等人員及主管
無與其防制洗錢及打擊資恐職責有**利益衝突**之**兼職**。其中本國銀行
及辦理儲金匯兌之郵政機構並應於總經理、總機構法令遵循單位或
風險控管單位下設置**獨立**之防制洗錢及打擊資恐**專責單位**，該單位
不得兼辦防制洗錢及打擊資恐以外之其他業務。

2　前項專責單位或專責主管掌理下列事務：
一、**督導**洗錢及資恐風險之辨識、評估及監控政策及程序之規劃與
執行。
二、**協調**督導全面性洗錢及資恐風險**辨識及評估**之執行。
三、**監控**與洗錢及資恐有關之風險。
四、**發展**防制洗錢及打擊資恐計畫。
五、**協調**督導防制洗錢及打擊資恐計畫之**執行**。
六、**確認**防制洗錢及打擊資恐相關法令之**遵循**，包括所屬金融同業
公會所定並經金管會准予備查之相關自律規範。
七、**督導**向法務部調查局進行疑似洗錢及資恐交易**申報**及資恐防制
法指定對象之財物或財產上利益及其所在地之**通報**事宜。

3　第一項專責主管應至少**每半年**向董（理）事會及**監察人（監事、監
事會）**或**審計委員會**報告，如發現有**重大違反法令**時，**應即時**向董
（理）事會及監察人（監事、監事會）或審計委員會報告。

4　銀行國外營業單位應綜合考量在當地之**分公司家數**、**業務規模**及**風
險**等，設置適足之防制洗錢及打擊資恐人員，並**指派一人**為主管，
負責防制洗錢及打擊資恐之協調督導事宜。

5 銀行國外營業單位防制洗錢及打擊資恐主管之設置應符合**當地法令**規定及**當地主管機關**之要求，並應具備協調督導防制洗錢及打擊資恐之充分職權，包括可直接向第一項**專責主管**報告，且除兼任**法令遵循主管**外，應為專任，如**兼任**其他職務，應與當地主管機關溝通，以確認其兼任方式無利益衝突之虞，並報**金管會備查**。

第 **17** 條

1 銀行國內外營業單位應指派**資深管理人員**擔任督導主管，**負責督導**所屬營業單位執行防制洗錢及打擊資恐相關事宜，及辦理**自行查核**之情形。

2 銀行**內部稽核單位**應依規定辦理下列事項之**查核**，並提具查核意見：

一、洗錢及資恐風險評估與防制洗錢及打擊資恐計畫是否**符合法規**要求並**落實執行**。

二、防制洗錢及打擊資恐**計畫之有效性**。

3 銀行內部稽核單位之**職責**：

一、應依據所訂內部管制措施暨有關規定訂定查核事項，**定期**辦理**查核**，並**測試**防制洗錢及打擊資恐**計畫之有效性**及銀行營運、部門與分公司（或子公司）之**風險管理品質**。

二、查核方式應涵蓋**獨立性交易測試**，包括就銀行評估之高**風險產品**、**客戶**及**地域**，篩選有關之交易，驗證已有效執行防制洗錢及打擊資恐相關規範。

三、發現執行該項**管理措施之疏失**事項，應定期簽報專責主管陳閱，並提供員工在職訓練之參考。

四、查獲故意**隱匿重大違規事項**而不予揭露者，應由總行權責單位適當處理。

4 **銀行總經理**應督導各單位審慎評估及檢討防制洗錢及打擊資恐內部控制制度執行情形，由**董（理）事長（主席）**、**總經理**、**總稽核（稽核主管）**、**防制洗錢及打擊資恐專責主管**聯名出具防制洗錢及打擊資恐之**內部控制制度聲明書**，並提報**董（理）事會**通過，於每**會計年度終了後三個月內**將該內部控制制度聲明書內容揭露於**銀行網站**，並於**金管會指定網站**辦理公告申報。

5　外國銀行在臺分公司就本範本關於董事會或監察人之相關事項，由其總公司授權人員負責。前項聲明書，由**在臺訴訟／非訟代理人**、**防制洗錢及打擊資恐專責主管**及**負責臺灣區稽核業務主管**等三人出具。

第 **18** 條

1　銀行應確保建立高品質之員工遴選及任用程序，包括檢視員工是否具備廉正品格，及執行其職責所需之專業知識。

2　銀行之防制洗錢及打擊資恐**專責主管**、**專責人員**及國內營業單位**督導主管**應於**充任後三個月**內符合下列資格條件之一，銀行並應訂定相關控管機制，以確保符合規定：

　　一、曾擔任專責之法令遵循或防制洗錢及打擊資恐專責人員**三年以上**者。

　　二、參加金管會認定機構所舉辦**二十四小時以上課程**，並經考試及格且取得結業證書者。但已符合**法令遵循人員**資格條件者，經參加金管會認定機構所舉辦**十二小時**防制洗錢及打擊資恐之教育訓練後，視為具備本款資格條件。

　　三、取得金管會認定機構舉辦之**國內或國際**防制洗錢及打擊資恐專業人員**證照**者。

3　銀行之防制洗錢及打擊資恐**專責主管**、**專責人員**及國內營業單位**督導主管**，**每年**應至少參加經第十六條第一項專責主管同意之內部或外部訓練單位所辦**十二小時**防制洗錢及打擊資恐教育訓練，訓練內容應至少包括新修正法令、洗錢及資恐風險趨勢及態樣。當年度取得金管會認定機構舉辦之國內或國際防制洗錢及打擊資恐專業人員**證照**者，**得抵免當年度**之訓練時數。銀行**國外**營業單位之**督導主管**與防制洗錢及打擊資恐**主管**、**人員**應具備防制洗錢專業及熟知當地相關法令規定，且每年應至少參加由國外主管機關或相關單位舉辦之防制洗錢及打擊資恐教育訓練課程**十二小時**，如國外主管機關或相關單位未舉辦防制洗錢及打擊資恐教育訓練課程，得參加經第十六條第一項專責主管同意之內部或外部訓練單位所辦課程。

4　**銀行董（理）事**、**監察人**、**總經理**、**法令遵循人員**、**內部稽核人員**及**業務人員**，應依其業務性質，每年安排適當內容及時數之防制洗

錢及打擊資恐教育訓練，以使其瞭解所承擔之防制洗錢及打擊資恐職責，及具備執行該職責應有之專業。

5　員工有下列情形之一者，應對其經辦事務予以抽查，必要時可洽請稽核單位協助：

一、員工**奢侈**之生活方式與其薪資所得**顯不相當**。

二、員工**已排定**休假而**無故不休假**。

三、員工**無法合理解釋**其自有帳戶之大額**資金進出**。

6　員工有下列對防制洗錢或打擊資恐有功之具體事蹟者，應給予適當獎勵：

一、員工發現有疑似洗錢或資恐案件，並依據洗錢防制相關規定申報，對檢警單位防範或偵破犯罪有貢獻者。

二、員工參加國內外防制洗錢或打擊資恐相關業務講習，成績優良或蒐集國外法令研提對銀行防制洗錢或打擊資恐活動具有價值之資料者。

7　職前及在職訓練得採下列方式辦理：

一、**職前訓練**：**新進員工**訓練至少應安排**若干小時以上**有關**洗錢防制、資恐防制法令**及金融從業人員**法律責任訓練課程**，使新進員工瞭解相關規定及責任。

二、**在職訓練**：

(一)**初期**之法令宣導：於洗錢防制法、資恐防制法施行或修正後，應於最短期間內對員工實施法令宣導，介紹洗錢防制法、資恐防制法及其有關法令，並講解銀行之相關配合因應措施，有關事宜由專責單位負責規劃後，交由員工訓練單位負責辦理。

(二)**平時**之在職訓練：

1.員工訓練部門應**每年**定期舉辦有關之訓練課程提供員工研習，以加強員工之判斷力，落實防制洗錢及打擊資恐之功能，並避免員工違法，本訓練得於其他專業訓練班中安排適當之有關課程。

2.有關訓練課程除由銀行培訓之講師擔任外，並得視實際需要延聘學者專家擔綱。

3.訓練課程除介紹相關法令之外，並應輔以實際案例，使員工充分瞭解洗錢及資恐之特徵及類型，俾助於發覺「疑似洗錢或資恐之交易」。

4.**專責單位應定期瞭解**員工參加訓練之情形，對於未曾參加者，應視實際需要督促其參加有關之訓練。

5.除行內之在職訓練外，銀行亦得選派員工參加行外訓練機構所舉辦之訓練課程。

三、**專題演講**：為更充實員工對洗錢防制法及資恐防制法令之認識，銀行得舉辦專題講座，邀請學者專家菈行演講。

第 **19** 條

其他應注意事項：

一、客戶有下列情形**應婉拒服務，並報告直接主管：**

(一) 當被告知依法必須提供相關資料確認身份時，**堅不提供相關資料**。

(二) 任何個人或團體**強迫或意圖強迫**銀行員工**不得將交易紀錄或申報表格建檔**。

(三) **意圖說服**員工**免去**完成該交易應**填報**之資料。

(四) **探詢逃避申報**之可能性。

(五) **急欲說明**資金來源清白或非進行洗錢。

(六) 堅持交易必須**馬上完成，且無合理解釋**。

(七) 客戶之**描述**與交易本身**顯不吻合**。

(八) **意圖提供利益**於員工，以達到銀行提供服務之目的。

二、銀行兼營其他業務時，該兼營部門亦應適用與該業務有關之防制洗錢及打擊資恐注意事項範本，如銀行兼營票券業務，該票券部門即應適用**票券商防制洗錢及打擊資恐注意事項範本**。

第 **20** 條

1　銀行於金管會或受委託查核者執行「銀行業及其他經金融監督管理委員會指定之金融機構防制洗錢及打擊資恐內部控制與稽核制度實

施辦法」第十條規定之查核時，應提示有關**帳簿**、**文件**、**電子資料檔**或其他相關資料。

2　前開資料儲存形式不論係以**書面**、**電子檔案**、**電子郵件**或任何**其他形式**方式儲存，**均應提供**，不得以任何理由規避、拒絕或妨礙查核。

第**21**條

本範本應經本會**理事會議**通過，及報奉**金融監督管理委員會備查**後實施；修正時，亦同。

(二)銀行評估洗錢及資恐風險及訂定相關防制計畫指引（108/04/23版）

一、本指引依「**銀行業及其他經金融監督管理委員會指定之金融機構防制洗錢及打擊資恐內部控制與稽核制度實施辦法**」訂定，以防制洗錢及打擊資恐為目的，內容涵括銀行如何辨識、評估各項業務之洗錢及資恐風險，以及制訂防制洗錢及打擊資恐計畫等面向，作為執行之依據。

二、

1　銀行之**內部控制制度**，應經**董（理）事會**通過；修正時，亦同。其內容並應包括對洗錢及資恐風險進行辨識、評估、管理之相關書面政策及程序，以及依據風險評估結果而訂定之防制洗錢及打擊資恐計畫，並定期檢討。

2　**風險基礎方法**（risk-based approach）旨在協助發展與洗錢及資恐風險相當之**防制與抵減措施**，以利銀行決定其防制洗錢及打擊資恐**資源之配置**、**建置其內部控制制度**、以及**訂定和執行**防制洗錢及打擊資恐計畫應有之**政策**、**程序**及**控管措施**。

3　銀行業務具多樣性，如消費金融業務、企業金融業務、投資服務（或財富管理）及通匯往來銀行業務等，不同業務伴隨之洗錢及資恐風險亦有所不同。銀行於評估與抵減其洗錢及資恐曝險時，應將上開業務差異性納入考量。

4　本指引所舉例之各項說明並**非強制性規範**，銀行之風險評估機制應
　　與其**業務性質**及**規模**相當。對較小型或業務較單純之銀行，簡單之
　　風險評估即足夠；惟對於產品與服務較複雜之銀行、有多家分公司
　　（或子公司）提供**廣泛多樣之產品**、或其**客戶群較多元**者，則需進
　　行**較高**度的風險評估程序。

三、

1　銀行應採取合宜措施以識別、評估其洗錢及資恐風險，並依據所辨
　　識之風險訂定具體的風險評估項目，以進一步管控、降低或預防該
　　風險。

2　具體的風險評估項目應至少包括**地域**、**客戶**、**產品及服務**、**交易或
　　支付管道**等面向，並應進一步分析各風險項目，以訂定細部的風險
　　因素。

　(一)**地域風險**：

　　1.銀行應識別具較高洗錢及資恐風險的區域。

　　2.於訂定高洗錢及資恐風險之區域名單時，銀行得依據其各分公
　　　司（或子公司）的實務經驗，並考量個別需求，以選擇適用之
　　　風險因素。

　(二)**客戶風險**：

　　1.銀行應綜合考量個別客戶**背景**、**職業**與**社會經濟活動特性**、**地
　　　域**、以及**非自然人客戶之組織型態與架構**等，以識別該客戶洗
　　　錢及資恐風險。

　　2.於識別個別客戶風險並決定其風險等級時，銀行得依據以下風
　　　險因素為評估依據：

　　　(1)客戶之**地域**風險：依據銀行所定義之洗錢及資恐風險的區域
　　　　名單，決定客戶國籍與居住國家的風險評分。

　　　(2)客戶**職業與行業**之洗錢風險：依據銀行所定義之各職業與行
　　　　業的洗錢風險，決定客戶職業與行業的風險評分。**高風險行
　　　　業**如從事**密集性現金交易**業務、或屬易被運用於**持有個人資
　　　　產**之公司或**信託**等。

(3)個人客戶之**任職機構**。

(4)客戶開戶與**建立**業務關係之**管道**。

(5)**首次**建立業務關係之**往來金額**。

(6)**申請**往來之**產品或服務**。

(7)客戶是否有**其他**高洗錢及資恐風險之表徵，如客戶**留存地址與分行相距過遠**而無法提出合理說明者、客戶為**具隱名股東之公司**或**可發行無記名股票之公司**、法人客戶之**股權複雜**度，如股權架構是否明顯異常或相對其業務性質過度複雜等。

(三)**產品及服務、交易或支付管道風險：**

1. 銀行應依據個別產品與服務、交易或支付管道的性質，識別可能會為其帶來較高的洗錢及資恐風險者。

2. 銀行於**推出新產品或服務或辦理新種業務**（包括**新支付機制**、**運用新科技**於現有或**全新之產品或業務**）前，應進行洗錢及資恐風險**評估**，並建立相應之**風險管理措施**以降低所辨識之風險。

3. 個別產品與服務、交易或支付管道之風險因素舉例如下：

(1)與**現金**之**關聯**程度。

(2)**建立**業務關係或交易之**管道**，包括是否為**面對面交易**及是否為電子銀行等**新型態支付工具**等。

(3)是否為**高金額**之金錢或價值移轉業務。

(4)**匿名交易**。

(5)收到款項來自於**未知**或**無關**係之**第三者**。

四、

1　銀行應建立不同之客戶風險等級與分級規則。

2　就客戶之風險等級，**至少應有兩級（含）以上**之風險級數，即「**高風險**」與「**一般風險**」兩種風險等級，作為加強客戶審查措施及持續監控機制執行強度之依據。若僅採行兩級風險級數之銀行，因

「一般風險」等級仍高於本指引第五點與第七點所指之「低風險」等級，故**不得**對「**一般風險**」等級之客戶**採取簡化措施**。

3　銀行**不得**向**客戶**或與執行防制洗錢或打擊資恐義務**無關者**，**透露**客戶之**風險等級資訊**。

五、

1　除外國政府之重要政治性職務人士與受經濟制裁、外國政府或國際洗錢防制組織認定或追查之恐怖分子或團體，及依資恐防制法指定指定制裁之個人、法人或團體，應**直接視為高風險客戶**外，銀行得依自身之業務型態及考量相關風險因素，訂定應直接視為高風險客戶之類型。

2　銀行得依據完整之書面風險分析結果，自行定義可直接視為低風險客戶之類型，而書面風險分析結果須能充分說明此類型客戶與較低之風險因素相稱。

六、

1　對於新建立業務關係的客戶，銀行應在**建立業務關係時**，確定其風險等級。

2　對於**已確定**風險等級之既有客戶，銀行應依據其**風險評估政策及程序**，**重新進行**客戶風險評估。

3　雖然銀行在建立業務關係時已對客戶進行風險評估，但就某些客戶而言，必須待客戶透過帳戶進行交易，其全面風險狀況才會變得明確，爰此，銀行應依重要性及風險程度，對現有客戶身分資料進行審查，並於考量前次執行審查之時點及所獲得資料之適足性後，在**適當時機對已存在**之往來關係**進行審查**及**適時調整風險等級**。上開適當時機至少應包括：

(一)客戶**加開帳戶**或**新增業務**往來關係時。

(二)依據客戶之**重要性**及**風險程度**所定之**定期客戶審查時點**。

(三)得知客戶身分與背景資訊有**重大變動**時。

(四)**經申報**疑似洗錢或資恐交易等，可能導致客戶風險狀況發生實質性變化的事件發生時。

4　銀行應定期檢視其辨識客戶及實質受益人身分所取得之資訊是否足夠，並確保該等資訊之更新，特別是**高風險客戶**，銀行應至少**每年檢視一次**。

七、

1　銀行應依據已識別之風險，建立相對應的管控措施，以降低或預防該洗錢風險；銀行應依據客戶的風險程度，決定適用的管控措施。

2　對於風險之管控措施，應由銀行依據其風險防制政策及程序，針對**高風險客戶**與**具特定高風險因子之客戶**採取不同的管控措施，以有效管理和降低已知風險，舉例說明如下：

(一)進行**加強客戶審查措施**（Enhanced Due Diligence），例如：

1.取得開戶與往來目的之相關資料：預期帳戶使用狀況（如預期交易之金額、目的及頻率）。

2.取得個人客戶**財富來源、往來資金來源及去向、資產種類與數量**等資訊。其中資金來源如為存款，應進一步瞭解該存款之來源。

3.取得法人、團體或信託之受託人客戶進一步之**商業資訊**：瞭解客戶最新財務狀況、商業活動與業務往來資訊，以建立其資產、資金來源及資金去向。

4.取得將進行或已完成**交易之說明與資訊**。

5.依據客戶型態進行**實地或電話訪查**，以確認客戶之實際營運情形。

(二)在建立或新增業務往來關係前，應依銀行內部風險考量，所訂核准層級之**高階管理人員**同意。

(三)增加進行客戶**審查之頻率**。

(四)對於業務往來關係應採取**強化之持續監督**。

3　除有本範本第六條第一項第三款但書情形者，對於**較低風險**情形，得由銀行依據其風險防制政策及程序，採取**簡化措施**。該簡化措施應與其較低風險因素相稱，簡化措施得採行如下：

(一)降低客戶身分資訊**更新之頻率**。

(二)降低持續性**監控之等級**，並以合理的金額門檻作為審查交易之基礎。

(三)從交易類型或已建立業務往來關係可推斷其目的及性質者，得無須再針對瞭解業務往來關係之目的及其性質，**蒐集特定資訊或執行特別措施**。

八、

1　銀行應建立定期之全面性洗錢及資恐風險評估作業並製作風險評估報告，使管理階層得以適時且有效地瞭解銀行所面對之整體洗錢與資恐風險、決定應建立之機制及**發展合宜之抵減措施**。

2　銀行應依據下列指標，建立定期且全面性之洗錢及資恐風險評估作業：

(一)**業務**之**性質**、**規模**、**多元性**及**複雜度**。

(二)**目標市場**。

(三)銀行**交易數量與規模**：考量銀行一般交易活動與其客戶之特性等。

(四)**高風險**相關之管理**數據與報告**：如高風險**客戶**之數目與比例；高風險**產品**、**服務**或**交易**之金額、數量或比例；客戶之**國籍**、**註冊地**或營業地、或交易**涉及高風險地域**之金額或比例等。

(五)**業務與產品**，包含提供業務與產品予客戶之管道及方式、執行客戶審查措施之方式，如資訊系統使用的程度以及是否委託第三人執行審查等。

(六)**內部稽核**與**監理機關**之檢查結果。

3　銀行於進行前項之全面性洗錢及資恐風險評估作業時，除考量上開指標外，建議**輔以其他內部與外部來源取得之資訊**，如：

(一)銀行**內部管理階層**（如事業單位主管、客戶關係經理等）所提供的**管理報告**。

(二)**國際**防制洗錢**組織**與**他國**所發布之防制洗錢及打擊資恐**相關報告**。

(三)**主管機關**發布之洗錢及資恐風險**資訊**。

4　銀行之全面性洗錢及資恐風險評估結果應做為發展防制洗錢及打擊資恐計畫之基礎；銀行應依據風險評估結果**分配適當人力與資源**，採取**有效的反制措施**，以預防或降低風險。

5 銀行有**重大改變**，如發生重大事件、管理及營運上有重大發展、或有相關新威脅產生時，**應重新進行評估**作業。

6 銀行應於完成或更新風險評估報告時，將**風險評估報告**送**金管會備查**。

(三)附錄　疑似洗錢或資恐交易態樣（106/06/28版）

一、產品/服務─存提匯款類：

(一)同一帳戶在一定期間內之現金存、提款交易，分別累計達特定金額以上者。

(二)同一客戶在一定期間內，於其帳戶辦理多筆現金存、提款交易，分別累計達特定金額以上者。

(三)同一客戶在一定期間內以**每筆略低於一定金額通貨交易申報門檻之現金**辦理存、提款，分別累計達特定金額以上者。

(四)客戶突有達特定金額以上存款者（如將多張本票、支票存入同一帳戶）。

(五)**不活躍帳戶突有達特定金額以上資金出入**，且又迅速移轉者。

(六)客戶開戶後立即有達特定金額以上款項存、匯入，且又迅速移轉者。

(七)存款帳戶密集存入多筆款項達特定金額以上或筆數達一定數量以上，且又迅速移轉者。

(八)客戶經常於**數個不同客戶帳戶間移轉資金達特定金額以上**者。

(九)客戶經常以提現為名、轉帳為實方式處理有關交易流程者。

(十)客戶**每筆存、提金額相當且相距時間不久，並達特定金額以上**者。

(十一)客戶經常代理他人存、提，或特定帳戶經常由第三人存、提現金達特定金額以上者。

(十二)客戶一次性以現金分多筆匯出、或要求開立票據（如本行支票、存放同業支票、匯票）、申請可轉讓定期存單、旅行支票、受益憑證及其他有價證券，其合計金額達特定金額以上者。

(十三) 客戶結購或結售達特定金額以上外匯、外幣現鈔、旅行支票、外幣匯票或其他無記名金融工具者。

(十四) 客戶經常性地將小面額鈔票兌換成大面額鈔票，或反之者。

(十五) **自洗錢或資恐高風險國家或地區匯入**（或匯至該等國家或地區）之交易款項達特定金額以上。本範本所述之高風險國家或地區，包括但不限於金融監督管理委員會函轉國際洗錢防制組織所公告防制洗錢及打擊資恐有嚴重缺失之國家或地區、及其他未遵循或未充分遵循國際洗錢防制組織建議之國家或地區。

二、產品/服務─授信類：

(一) 客戶突以達特定金額之款項償還放款，而無法釋明合理之還款來源者。

(二) 客戶利用大量現金、約當現金、高價值商品、或不動產等，或**使用無關連之第三方**的資金、資產或信用，作為擔保品或保證申請貸款者。

(三) 以現金、約當現金或易於變現之資產所擔保之貸款發生違約事件，意圖使銀行處分擔保品。

三、產品/服務─OBU類：

(一) 在一定期間內，**多個境內居民接受一個境外帳戶匯款**，其資金的調撥和結匯均由一人或者少數人操作。

(二) 帳戶以一境外公司名義運作，或境內企業利用境外法人或自然人之境外帳戶，其資金流動屬有規律性質，且該帳戶資金往來在**一定期間內達特定金額以上**。

(三) 客戶帳戶累積大量餘額，並經常匯款至其國外帳戶**達特定金額以上**。

(四) 客戶經常存入**境外發行之旅行支票**及**外幣匯票**。

(五) 客戶在一定期間內頻繁且大量申購**境外結構型產品**，該產品並**不符合其本身需要**。

四、產品/服務─貿易金融類：

(一) **提貨單**與付款單或發票的**商品敘述內容不符**，如進出口的產品數量或類型不符。

(二) 產品和服務之定價，或於發票中所申報的價值，明顯與該商品的**市場公平價值不符**（低估或高估）。

(三) 付款方式**不符合該交易的風險特性**，如預先支付貨款給一個位於洗錢或資恐高風險國家或地區的新供應商。

(四) 交易中所使用的**信用狀**常**頻繁或無合理解釋**大幅修改、延期或更換付款地點。

(五) 利用**無貿易基礎**的信用狀、票據貼現或其他方式於**境外融資**。

(六) 運送之物品與客戶所屬產業別、營運項目不符或與**本身營業性質無關**。

(七) 客戶涉及疑似洗錢或資恐高風險之活動，包括**輸出入受禁運或限制輸出入貨品者**（如外國政府的軍事用品、武器、化學物品，或金屬等天然資源）。

(八) 貨物運至或**來自洗錢或資恐高風險國家或地區**。

(九) 運輸的貨物類型容易被利用於洗錢或資恐，如**高價值但量少之商品**（如鑽石、藝術品）。

五、產品/服務─通匯銀行類：

(一) 金融同業帳戶**收付金額**與其**存款規模**明顯不符、金額波動明顯**超過存款變化幅度**，或資金往來帳戶收付金額與其本身**營業性質不符**。

(二) 無法辨識過渡帳戶（Payable-through account）之**實際帳戶持有人**。

(三) 與通匯銀行間的**現金運送模式**有重大改變。

(四) 通匯銀行的現金存款金額與次數快速增加，然而其**非現金類存款並無相對增加**。

六、產品/服務─保管箱類：

(一) 客戶**異常頻繁使用保管箱業務**，如頻繁開啟保管箱或另行租用多個保管箱者。

(二) 客戶**夥同數人**開啟保管箱，或**非原租用人**頻繁開啟保管箱者。

七、產品/服務─其他類：

(一) 同一預付或儲值卡公司（Prepaid card company）在其不同國家帳戶間之頻繁資金往來達特定金額以上。

(二)以**個人帳戶處理**使領館、外交辦事處或官方**公務**；或以使領館、外交辦事處或**官方帳戶支付**外國公民的**個人支出**（例如大學生的日常支出）。

八、異常交易活動/行為—交易行為類：

(一)**大量出售金融債券**卻要求支付**現金**之交易、或頻繁利用旅行支票或外幣支票之達**特定金額以上**交易而**無正當原因**、或達**特定金額以上**之開發信用狀交易而數量與價格**無法提供合理資訊**之交易或以巨額（數千萬元）金融同業支票開戶但疑似洗錢或資恐交易者。

(二)**電視**、**報章雜誌**或**網際網路**等**媒體即時報導**之特殊重大案件，該涉案人在銀行從事之存款、提款或匯款等交易，**且交易顯屬異常**者。

(三)**數人夥同**至銀行辦理存款、提款或匯款等交易者。

九、異常交易活動/行為—客戶身分資訊類：

(一)客戶具「**存款帳戶及其疑似不法或顯屬異常交易管理辦法**」、「**銀行防制洗錢及打擊資恐注意事項範本**」、或其他無法完成確認身分相關規定程序之情形者。

(二)**同一地址有大量客戶註冊**、居住者經常變更，或地址並非真實居住地址。

(三)辦理國外匯出匯款之匯款人與受款人間**無法對雙方關係提出合理解釋**者。

十、資恐類：

(一)**交易有關對象**為金融監督管理委員會函轉外國政府所提供之**恐怖分子或團體**者；或國際組織認定或追查之恐怖組織；或交易資金疑似或有合理理由懷疑與恐怖活動、恐怖組織或資恐有關聯者。

(二)在**一定期間內**，年輕族群客戶**提領或轉出累計達特定金額以上**，並轉帳或匯款至軍事及恐怖活動頻繁之熱門地區、或至非營利團體累計達特定金額以上，並立即結束往來關係或關戶。

(三)以**非營利團體**名義經常進行達**特定金額以上**之**跨國交易**，且**無合理解釋**者。

十一、跨境交易類：

(一)客戶經常**匯款至國外**達**特定金額以上**者。

(二)客戶經常由**國外匯入大筆金額**且**立即提領**現金達**特定金額以上**者。

(三)客戶經常自國外收到達**特定金額以上**款項後，**立即**再將該筆款項**匯回**同一個國家或地區的另一個人，或**匯至**匯款方在**另一個國家或地區**的帳戶者。

(四)客戶頻繁而大量將款項從**高避稅風險**或**高金融保密**的國家或地區，匯入或匯出者。

三、精選試題

(　　) **1** 依洗錢防制法規定，有關金融機構申報一定金額以上之通貨交易，下列敘述何者**錯誤**？　(A)應向法務部調查局申報　(B)依規定為申報者，免除其業務上應保守秘密之義務　(C)未依規定進行申報處新臺幣五萬元以上一百萬元以下罰鍰　(D)由中央目的事業主管機關會商法務部及相關機關訂定申報之範圍、方式、程序及其他應遵行事項之辦法。

解 (C)。依洗錢防制法第9條：

1 金融機構及指定之非金融事業或人員對於達一定金額以上之通貨交易，除本法另有規定外，應向法務部調查局申報。

2 金融機構及指定之非金融事業或人員依前項規定為申報者，免除其業務上應保守秘密之義務。該機構或事業之負責人、董事、經理人及職員，亦同。

3 第一項一定金額、通貨交易之範圍、種類、申報之範圍、方式、程序及其他應遵行事項之辦法，由中央目的事業主管機關會商法務部及相關機關定之；於訂定前應徵詢相關公會之意見。

4 違反第一項規定或前項所定辦法中有關申報之範圍、方式、程序之規定者，由中央目的事業主管機關處金融機構新臺幣五十萬元以上一千萬元以下罰鍰；處指定之非金融事業或人員新臺幣五萬元以上一百萬元以下罰鍰。

【107、110年彰化銀行】

(　　) **2** 依洗錢防制法規定，所稱之金融機構或適用關於金融機構之規定，**不包括**下列何者？　(A)創業投資事業　(B)證券集中保管事業　(C)辦理融資性租賃之事業　(D)信用卡公司。

解 (A)。依洗錢防制法第5條第1項及第2項：

1 本法所稱金融機構，包括下列機構：

一、銀行。　　　　　　　　二、信託投資公司。
三、信用合作社。　　　　　四、農會信用部。
五、漁會信用部。　　　　　六、全國農業金庫。
七、辦理儲金匯兌、簡易人壽保險業務之郵政機構。
八、票券金融公司。　　　　九、信用卡公司。
十、保險公司。　　　　　　十一、證券商。
十二、證券投資信託事業。　十三、證券金融事業。
十四、證券投資顧問事業。　十五、證券集中保管事業。
十六、期貨商。　　　　　　十七、信託業。
十八、其他經目的事業主管機關指定之金融機構。

2 辦理融資性租賃、虛擬通貨平台及交易業務之事業，適用本法關於金融機構之規定。

【108年合作金庫、110年彰化銀行】

(　　) **3** 有關銀行業防制洗錢及打擊資恐之內部控制制度，下列敘述何者**錯誤**？　(A)內容應包括就洗錢及資恐風險進行辨識、評估、管理之相關政策及程序　(B)應依據洗錢及資恐風險、業務規模，訂定防制洗錢及打擊資恐計畫　(C)防制洗錢及打擊資恐計畫應包括製作風險評估報告　(D)應經董事會通過；修正時亦同。

解 (C)。洗錢防制法第6條第1項：金融機構及指定之非金融事業或人員應依洗錢與資恐風險及業務規模，建立洗錢防制內部控制與稽核制度；其內容應包括下列事項：

一、防制洗錢及打擊資恐之作業及控制程序。

二、定期舉辦或參加防制洗錢之在職訓練。

三、指派專責人員負責協調監督第一款事項之執行。

四、備置並定期更新防制洗錢及打擊資恐風險評估報告。

五、稽核程序。

六、其他經中央目的事業主管機關指定之事項。

另依銀行業及其他經金融監督管理委員會指定之金融機構防制洗錢及打擊資恐內部控制與稽核制度實施辦法第6條第1項：

銀行業及其他經本會指定之金融機構防制洗錢及打擊資恐之內部控制制度，應經董（理）事會通過；修正時，亦同。其內容並應包括下列事項：

一、就洗錢及資恐風險進行辨識、評估、管理之相關政策及程序。

二、依據洗錢及資恐風險、業務規模，訂定防制洗錢及打擊資恐計畫，以管理及降低已辨識出之風險，並對其中之較高風險，採取強化控管措施。

三、監督控管防制洗錢及打擊資恐法令遵循與防制洗錢及打擊資恐計畫執行之標準作業程序，並納入自行查核及內部稽核項目，且於必要時予以強化。

【108年合作金庫、110年彰化銀行】

( ) **4** 依金融機構防制洗錢辦法規定，金融機構對於達一定金額以上之通貨交易，除本法另有規定外，應向法務部調查局申報。所稱「一定金額」是指新臺幣多少元（含等值外幣）？　(A)50萬元　(B)100萬元　(C)150萬元　(D)200萬元。

解 (A)。金融機構對達一定金額以上通貨交易及疑似洗錢交易申報辦法第2條：「一定金額」指新台幣50萬元（含等值外幣）。

【108年合作金庫、110年第一銀行】

(　) **5** 有關銀行業防制洗錢及打擊資恐內部控制與稽核制度，下列敘述
何者錯誤？　(A)新臺幣境內匯款之受款金融機構，應提供匯款
人及受款人之必要資訊　(B)於推出新產品或服務或辦理新種業
務前，應進行產品之洗錢及資恐風險評估　(C)洗錢及資恐風險
之辨識、評估及管理，應至少涵蓋客戶、地域、產品及服務、交
易或支付管道等面向　(D)金管會得採風險基礎方法隨時派員或
委託適當機關對銀行業辦理查核，查核方式包括現地查核及非現
地查核。

解 (A)。銀行業及其他經金融監督管理委員會指定之金融機構防制
洗錢及打擊資恐內部控制與稽核制度實施辦法第5條第4項：
銀行業及其他經本會指定之金融機構擔任新臺幣境內匯款之受款
方時，應依下列規定辦理：
一、應具備以風險為基礎之政策及程序，以判斷何時執行、拒絕
　　或暫停缺少第二項第二款必要資訊之匯款，及適當之後續追
　　蹤行動。
二、應依金融機構防制洗錢辦法第十二條規定，保存所取得之匯
　　款人及受款人資訊。

【110、111年彰化銀行】

(　) **6** 金融機構對客戶身分之持續審查，至少應在下列哪些適當時機對
存在之往來關係進行審查？　(1)客戶新增業務往來時；(2)客戶
減少業務往來關係時；(3)得知客戶身分與背景資訊有重大變動
時；(4)依客戶之重要性及風險程度所定之定期審查時點　(A)僅
(1)(2)(3)　(B)僅(2)(3)(4)　(C)僅(1)(3)(4)　(D)(1)(2)(3)(4)。

解 (C)。金融機構防制洗錢辦法第5條第1款：金融機構確認客戶身
分措施，應包括對客戶身分之持續審查，並依下列規定辦理：
一、金融機構應依重要性及風險程度，對現有客戶身分資料進行
審查，並於考量前次執行審查之時點及所獲得資料之適足性後，
在適當時機對已存在之往來關係進行審查。上開適當時機至少應
包括：(一)客戶加開帳戶、新增電子票證記名作業、新增註冊電
子支付帳戶、保額異常增加或新增業務往來關係時。(二)依據客

戶之重要性及風險程度所定之定期審查時點。(三)得知客戶身分與背景資訊有重大變動時。

【108年合作金庫、109年第一銀行、110年中華郵政】

(　) **7** 依金融機構防制洗錢辦法規定，銀行業確認客戶身分時，下列何者非屬應予以婉拒建立業務關係或交易之情形？　(A)疑似使用虛設行號開設帳戶　(B)出示之身分證明文件均為影本，又無其他管控措施　(C)客戶拒絕提供審核其身分之相關文件　(D)客戶或其實質受益人為現任國外政府之重要政治性職務人士。

🔑 **(D)**。金融機構防制洗錢辦法第4條：金融機構確認客戶身分時，有下列情形之一者，應予以婉拒建立業務關係或交易：一、疑似使用匿名、假名、人頭、虛設行號或虛設法人團體開設帳戶、投保或辦理電子票證記名作業。二、客戶拒絕提供審核客戶身分措施相關文件。三、對於由代理人辦理開戶、電子票證記名作業、註冊電子支付帳戶、投保、保險理賠、保險契約變更或交易者，且查證代理之事實及身分資料有困難。四、持用偽、變造身分證明文件。五、出示之身分證明文件均為影本。但依規定得以身分證明文件影本或影像檔，輔以其他管控措施辦理之業務，不在此限。六、提供文件資料可疑、模糊不清，不願提供其他佐證資料或提供之文件資料無法進行查證。七、客戶不尋常拖延應補充之身分證明文件。八、建立業務關係對象為資恐防制法指定制裁之個人、法人或團體，以及外國政府或國際組織認定或追查之恐怖分子或團體。但依資恐防制法第六條第一項第二款至第四款所為支付不在此限。九、建立業務關係或交易時，有其他異常情形，客戶無法提出合理說明。

【108年合作金庫、109年臺灣金控、110年第一銀行】

(　) **8** 銀行業之下列何者對確保建立及維持適當有效之防制洗錢及打擊資恐內部控制負最終責任？　(A)總經理　(B)董事會　(C)法令遵循主管　(D)防制洗錢及打擊資恐專責主管。

🔑 **(B)**。依銀行業及其他經金融監督管理委員會指定之金融機構防制洗錢及打擊資恐內部控制與稽核制度實施辦法第6條第6項：

銀行業及其他經本會指定之金融機構之董（理）事會對確保建立及維持適當有效之防制洗錢及打擊資恐內部控制負最終責任。董（理）事會及高階管理人員應瞭解其洗錢及資恐風險，及防制洗錢及打擊資恐計畫之運作，並採取措施以塑造重視防制洗錢及打擊資恐之文化。

【110年第一銀行、彰化銀行】

(　) **9** 金融機構應進行確認客戶身分程序，並留存其確認客戶身分程序所得資料。下列敘述何者**錯誤**？　(A)確認客戶身分程序應以風險為基礎　(B)應包括實質受益人之審查　(C)確認客戶身分程序所得資料，應自業務關係終止時起至少保存5年　(D)臨時性交易者，應自臨時性交易終止時起至少保存3年。

解 **(D)**。金融機構防制洗錢辦法第12條第1款：金融機構應以紙本或電子資料保存與客戶往來及交易之紀錄憑證，並依下列規定辦理：一、金融機構對國內外交易之所有必要紀錄，應至少保存五年。但法律另有較長保存期間規定者，從其規定。

【109年臺灣證券、110年彰化銀行、第一銀行】

10 依「金融機構防制洗錢辦法」規定，金融機構於哪些情形時，應確認客戶身分？

解 依金融機構防制洗錢辦法第3條第2款：金融機構確認客戶身分措施，應依下列規定辦理：

二、金融機構於下列情形時，應確認客戶身分：

(一)與客戶建立業務關係時。

(二)進行下列臨時性交易：

　1.辦理一定金額以上交易（含國內匯款）或一定數量以上電子票證交易時。多筆顯有關聯之交易合計達一定金額以上時，亦同。

　2.辦理新臺幣三萬元（含等值外幣）以上之跨境匯款時。

(三)發現疑似洗錢或資恐交易時。

(四)對於過去所取得客戶身分資料之真實性或妥適性有所懷疑時。

【109年臺灣銀行、臺銀證券、109、110年彰化銀行】

證券、期貨暨投信顧業防制洗錢及打擊資恐政策執行重點

一、基礎架構

因風險基礎方法是洗錢防制及打擊資恐議題的核心，故無論是銀行業、證券期貨業或保險業等，皆會有相類同的規範和作法，本書不會贅述前已提及之部分，但會以接續或補充方式說明相關概念；另本章羅列法規以證券業所用為主。

(一)辨識、評估及瞭解洗錢資恐風險：

1. **步驟：**
   (1)將風險評估書面化。
   (2)決定整體風險程度、及抵減措施的等級和種類前，應考量所有有關的風險因子。
   (3)風險評估須保持更新。
   (4)風險評估資訊有適當機制可提供主管機關（監理機構）

2. **時機：**於推出**新產品**或**服務**或辦理**新種業務**（含**新支付機制**、**運用新科技**於現有或全新之產品或業務）前，應進行產品之洗錢及資恐風險評估，並建立相應之風險管理措施以降低所辨識之風險。

3. **範圍：**洗錢及資恐風險之辨識、評估及管理，應至少涵蓋**客戶**、**地域**、**產品及服務**、**交易或支付管道**等面向，並依下列規定辦理：
   (1)製作風險評估報告。
   (2)考量所有風險因素，以決定整體風險等級，及降低風險之適當措施。
   (3)訂定更新風險評估報告之機制，以確保風險資料之更新。
   (4)於完成或更新風險評估報告時，將風險評估報告送**金融監督管理委員會備查**。

(二)風險管控措施：

　1.風險因素細節：

　　(1)地域風險：具有**較高風險發生洗錢和資恐活動**之區域。

　　(2)客戶風險：個別客戶的**背景**、**職業**與**社會經濟活動特性**、**地域**，以及**非自然人客戶的組織型態與架構**等，考量上開因素可能會涉及洗錢或資恐活動的風險。

　　(3)產品及服務、交易或支付管道等風險：

　　　A.與**現金**的**關聯**程度。

　　　B.是否為**面對面**業務往來關係或交易。

　　　C.是否為**高額**之**金錢或價值移轉**服務。

　　　D.是否**匿名交易**。

　　　E.收受之款項是否**來自**於**未知或無關**聯之**第三者**。

　2.風險抵減措施：

　　(1)經高階管理階層核定之政策、控制及程序，俾管理及降低已知洗錢及資恐風險，包括由國家或其本身所辨識之風險。

　　(2)監控相關控制程序之執行，必要時予以強化。

　　(3)採取強化措施以管理及降低已知之較高風險。

　3.**建立風險分級規則：**

　　(1)至少應有**2級**，「**高風險**」與「**一般風險**」，須注意的是因「一般風險」等級仍高於自律規範相關指引所指之「低風險」等級，故**不得**對「**一般風險**」等級之客戶**採取簡化**措施。

　　(2)強化的控管措施，包括針對高風險客戶的「**加強客戶審查措施**」、「**提高核准層級**」、「**增加客戶審查頻率**」、「**採取強化之持續監督**」等。

二、自律規範

(一)中華民國證券商業同業公會證券商防制洗錢及打擊資恐注意事項範本（108/12/19版）

第**1**點

本注意事項範本依「**洗錢防制法**」、「**資恐防制法**」、「**金融機構防制洗錢辦法**」、「**證券期貨業及其他經金融監督管理委員會指定之金融機構防制洗錢及打擊資恐內部控制與稽核制度實施辦法**」及「**金融機構對經指定制裁對象之財物或財產上利益及所在地通報辦法**」之規定訂定之。

第**2**點

證券商辦理確認客戶身分措施：

一、有以下情形之一者，**應予以婉拒**建立業務關係或交易：

(一)疑似使用**匿名**、**假名**、**人頭**、**虛設行號**或**虛設法人團體**。

(二)客戶**拒絕提供**審核客戶身分措施相關文件，但經可靠、獨立之來源確實查證身分屬實者不在此限。

(三)對於由代理人之情形，且**查證**代理之事實及身分資料有**困難**。

(四)持用**偽**、**變造**身分證明文件。

(五)出示之身分證明文件**均為影本**。但依規定得以身分證明文件影本或影像檔，輔以其他管控措施辦理之業務，不在此限。

(六)提供文件**資料可疑**、**模糊不清**，**不願提供其他佐證資料**或提供之文件資料無法進行查證。

(七)客戶**不尋常拖延**應補充之身分證明文件。

(八)建立業務關係之對象為資恐防制法指定制裁之個人、法人或團體，以及外國政府或國際組織認定或追查之恐怖分子或團體。但依資恐防制法第六條第一項第一款至第三款所為支付不在此限。

(九)建立業務關係或交易時，有**其他異常情形**，客戶**無法**提出**合理說明**。

二、確認客戶身分時機：

(一)與客戶**建立業務關係時**。

(二)辦理**新臺幣五十萬元**（含等值外幣）以上之現金交易（如以現金給付之交割價款、單筆申購並以臨櫃交付現金方式交易等）時。

(三)發現**疑似洗錢或資恐**交易時。

(四)對於過去所取得客戶身分資料之真實性或妥適性**有所懷疑**時。

三、確認客戶身分應採取下列方式辦理：

(一)以**可靠、獨立來源**之文件、資料或資訊，辨識及驗證客戶身分，並保存該身分證明文件影本或予以記錄。

(二)對於由代理人建立業務關係或交易者，**應確實查證代理之事實**，並依前目方式辨識及驗證代理人身分，並保存該身分證明文件影本或予以記錄。

(三)辨識客戶**實質受益人**，並以合理措施驗證其身分，包括使用可靠來源之資料或資訊。

(四)確認客戶身分措施，應包括瞭解業務關係之**目的與性質**，並視情形取得相關資訊。

四、前款規定於客戶為個人時，至少取得下列資訊，以辨識其身分：

(一)姓名。

(二)出生日期。

(三)戶籍或居住地址。

(四)官方身分證明文件號碼。

(五)國籍。

(六)外國人士居留或交易目的（如觀光、工作等）。

五、針對依據證券商客戶洗錢及資恐風險評估相關規範辨識為**高風險**或**具特定高風險因子**之個人客戶，於建立業務關係時應至少取得下列任一資訊：

(一)曾使用之**姓名或別名**：曾使用之姓名如結婚前使用之姓名、更名前使用之姓名。

(二)**任職地址**、郵政信箱地址、電子郵件地址（如有）。

(三)**電話或手機號碼**。

六、第三款規定於客戶為法人、團體或信託之受託人時，應瞭解客戶或**信託**（包括類似信託之法律協議）**之業務性質**，並至少取得客戶或信託之下列資訊，辨識及驗證客戶身分：

(一)客戶或信託之**名稱**、**法律形式**及**存在證明**。

(二)規範及約束法人、團體或信託之**章程**或類似之**權力文件**。
　　但下列情形得不適用：
　1.第七款第三目所列對象，其無第肆點第三款但書情形者。
　2.團體客戶經確認其未訂定章程或類似之權力文件者。

(三)在法人、團體或信託之受託人中擔任**高階管理人員**（高階管理人員之範圍得包括董事、監事、理事、總經理、財務長、代表人、管理人、合夥人、有權簽章人，或相當於前述高階管理人員之自然人，證券商應運用風險基礎方法決定其範圍）之姓名及其他必要資訊。

(四)**官方辨識編號**：如統一編號、稅籍編號、註冊號碼。

(五)法人、團體或信託之受託人註冊**登記之辦公室地址**，及其**主要之營業處所地址**。

(六)境外法人、團體或信託之受託人**往來目的**。

七、第三款第三目規定於客戶為法人、團體或信託之受託人時，應瞭解客戶或信託之**所有權**及**控制權結構**，並透過下列資訊，辨識客戶之實質受益人，及採取合理措施驗證：

(一)客戶為法人或團體時：
　1.具控制權之**最終自然人**身分（如姓名、出生日期、國籍及身分證明文件號碼等）。所稱具控制權係指直接、間接持有該法人股份或資本超過**百分之二十五**者，證券商得請客戶提供**股東名冊**或其他文件協助完成辨識。
　2.依前小目規定未發現具控制權之自然人，或對具控制權自然人是否為實質受益人有所懷疑時，應辨識有無透過其他方式對客戶行使控制權之自然人。必要時得取得客戶出具之**聲明書**確認實質受益人之身分。
　3.如依前二小目規定均未發現具控制權之自然人時，證券商應辨識**高階管理人員**之身分。

(二)客戶為信託之受託人時：應確認**委託人**、**受託人**、**信託監察人**、**信託受益人**及其他可**有效控制該信託帳戶**之人，或與上述人員具相當或類似職務者之身分。

(三)客戶或具控制權者為下列身分者，除有第肆點第三款但書情形或已發行無記名股票情形者外，不適用第三款第三目辨識及驗證實質受益人身分之規定：

　1.**我國政府**機關。

　2.我國**公營事業**機構。

　3.**外國政府**機關。

　4.我國**公開發行**公司或其子公司。

　5.於國外掛牌並依掛牌所在地規定，應**揭露其主要股東**之股票上市、上櫃公司及其子公司。

　6.受我國**監理**之金融機構及其管理之**投資工具**。

　7.設立於我國境外，且所受監理規範與防制洗錢金融行動工作組織（FATF）所定防制洗錢及打擊資恐標準一致之金融機構，及該金融機構管理之投資工具。證券商對前開金融機構及投資工具需留存相關文件證明（如公開資訊查核紀錄、該金融機構防制洗錢作業規章、負面資訊查詢紀錄、金融機構聲明書等）。

　8.我國**政府**機關管理之**基金**。

　9.員工**持股信託**、員工**福利儲蓄信託**。

(四)有以下情形得依契約約定為下列之處理：

　1.對於有**第一款第八目**情形，證券商得**拒絕業務往來**或**逕行終止業務**關係。

　2.對於**不配合**審視、**拒絕提供**實質受益人或對客戶行使控制權之人等資訊、對交易之性質與目的或資金來源**不願配合說明**等客戶，證券商得**暫時停止交易**，或**暫時停止**或**終止業務關係**。

八、與證券商建立業務關係之客戶，驗證客戶及其代理人與實質受益人身分之方式：

(一)以**文件**驗證：

　1.個人：

　　(1)驗證**身分**或**生日**：取得附有照片且未過期之官方身分證明文件，如身分證、護照、居留證、駕照等。如對上述文件效期有疑義，應取得大使館或公證人之認證或聲明。另實質受益人前述資料得不要求正本進行驗證，或依據證券商內部所定作業程序，請法人、團體及其代表人聲明實質受益人資料，但該聲明資料應有部分項目得以公司登記證明文件、公司年報等其他可信文件或資料來源進行驗證。

　　(2)驗證**地址**：取得客戶所屬帳單、對帳單、或官方核發之文件等。

　2.法人、團體或信託之受託人：取得**公司設立登記文件**（Certified Articles of Incorporation）、政府核發之**營業執照**、**合夥協議**（Partnership Agreement）、**信託文件**（TrustInstrument）、**存續證明**（Certification of Incumbency）等。如信託之受託人為洗錢防制法第五條第一項列示之金融機構所管理之信託，其信託文件得由該金融機構出具之書面替代之，惟該金融機構所在之國家或地區有第肆點第三款但書者不適用。

(二)有必要時，可另行以**非文件資訊**驗證，例如：

　1.在帳戶開立後，以**電話**或**函件**聯繫客戶。

　2.由**其他金融機構**提供之資訊。

　3.交叉比對客戶提供之資訊與其他可信賴之**公開資訊**、**付費資料庫**等。

九、依據證券商洗錢及資恐風險評估相關規範辨識為高風險或具特定高風險因子之客戶，應以**加強方式**執行驗證，例如：

(一)取得寄往客戶所提供住址之客戶本人/法人或團體之有權人**簽署回函**或辦理**電話訪查**。

(二)取得個人**財富及資金來源**資訊之佐證資料。

(三)取得法人、團體或信託受託人**資金來源及去向**之佐證資料，如主要供應商名單、主要客戶名單等。

(四)**實地訪查**。

(五)取得過去**證券商往來資訊**並照會該證券商。

十、證券商完成**確認客戶身分措施前**，**不得**與該客戶建立業務關係或進行臨時性交易。但符合下列各目情形者，得先取得辨識客戶及實質受益人身分之資料，並於建立業務關係後，再完成驗證：

(一)洗錢及資恐風險受到**有效管理**。包括應針對客戶可能利用交易完成後才驗證身分之情形，採取**風險管控措施**。

(二)為**避免**對客戶業務之正常運作造成**干擾**所必須。

(三)會在**合理可行**之情形下**儘速完成**客戶及實質受益人之身分驗證。如**未能**在合理可行之**時限內完成**客戶及實質受益人之身分驗證，**須終止**該業務關係，並應事先告知客戶。

十一、證券商如允許客戶未完成身分驗證前建立業務關係，則應採取相關的**風險管控措施**，包括：

(一)訂定客戶身分**驗證完成期限**。

(二)於客戶身分驗證完成前，營業單位**督導主管**應定期**檢視**與該客戶之往來關係，並定期向**高階主管報告**客戶身分驗證處理進度。

(三)於客戶身分驗證完成前，限制該客戶之交易次數與交易類型。

(四)前款第三目「合理可行之時限」證券商應以風險基礎方法依不同風險等級訂定。釋例如下：

　1.應在建立業務關係後，不遲於**30個工作天內完成**客戶身分驗證程序。

　2.倘在建立業務關係**30個工作天後**，仍未能完成客戶身分驗證程序，則證券商應**暫時中止**與客戶的業務關係，及避免進行進一步的交易。

　3.倘在建立業務關係**120天後**，仍未能完成客戶身分驗證程序，則證券商**應終止**與客戶之業務關係。

十二、客戶為法人時，應以檢視**公司章程**或請客戶出具**聲明書**或其他方式，瞭解其是否可發行**無記名股票**，並對已發行無記名股票之客戶採取下列措施之一以確保其實質受益人之更新：

(一)請客戶要求具控制權之無記名股票股東，應通知客戶登記身分，並請客戶於**具控制權股東**身分發生**變動**時**通知證券商**。

(二)請客戶於**每次股東會後**，應向證券商更新其實質受益人資訊，並提供持有**無記名股票達一定比率以上**股東之資料。但客戶因其他原因獲悉具控制權股東身分發生變動時，**應即通知**證券商。

十三、證券商於確認客戶身分時，應利用運用適當之風險管理機制確認**客戶**及其**實質受益人**、**高階管理人員**是否為**現任或曾任國內外政府或國際組織之重要政治性職務人士**：

(一)客戶或其實質受益人若為現任**國外**政府之**重要政治性職務人士**，應將該客戶**直接視為高風險客戶**，並採取第肆點第一項第一款各目之**強化確認**客戶身分措施。

(二)客戶或其實質受益人若為現任**國內**政府或**國際組織**之**重要政治職務人士**，應於與該客戶建立業務關係時，審視其風險，嗣後並**應每年重新審視**。對於經證券商認定屬**高風險業務關係**者，應對該客戶採取第肆點第一項第一款各目之**強化確認**客戶身分措施。

(三)客戶之**高階管理人員**若為現任國內外政府或國際組織之重要政治性職務人士，證券商應考量該高階管理人員對該客戶之**影響力**，決定是否對該客戶採取第肆點第一項第一款各目之強化確認客戶身分措施。

(四)對於**非現任**國內外政府或國際組織之重要政治性職務人士，證券商應考量**相關風險因子**後評估其**影響力**，依風險基礎方法認定其是否應適用前三目之規定。

(五)前四目規定於重要政治性職務人士之**家庭成員**及有**密切關係之人**，亦適用之。前述家庭成員及有密切關係之人之範圍，依洗錢防制法第七條第四項後段所定**辦法**之規定認定之。

(六)**第七款第三目第一小目至第三小目**及**第八小目**所列對象，其實質受益人或高階管理人員為重要政治性職務人士時，**不適用**本款第一目至第五目之規定。

十四、確認客戶身分其他應遵循之事項：

(一)證券商在與客戶建立業務關係或與臨時性客戶進行金融交易超過一定金額或懷疑客戶資料不足以確認身分時，應從**政府核發**或其他辦認文件確認客戶身分並加以記錄。

(二)應對**委託帳戶**、由**專業中間人**代為處理交易，要特別加強確認客戶身分之作為。

(三)應加強審查**私人理財金融業務**客戶。

(四)應加強審查被**其他證券商拒絕**金融業務往來之客戶。

(五)對於**非「面對面」**之客戶，應該施以具**相同效果**之確認客戶程序，且必須有特別和足夠之措施，以降低風險。

(六)以**網路方式**建立業務關係者，應依**主管機關**所訂並經主管機關備查之相關**作業範本**辦理。

(七)對採**委託授權**建立業務關係或建立業務關係後始發現有存疑之客戶應以**電話**、**書面**或**實地查訪**等方式確認。

(八)採**函件方式**建立業務關係者，應於建立業務關係手續辦妥後以**掛號函復**，以便證實。

(九)在不違反相關法令情形下，證券商如果得知或必須假定客戶往來資金來源自**貪瀆**或**濫用公共資產**時，應**不予接受**或**斷絕業務**往來關係。

(十)證券商對於**無法完成**確認客戶身分相關規定程序者，應考量**申報**與該客戶有關之疑似洗錢或資恐交易。

(十一)證券商**懷疑**某客戶或交易可能**涉及洗錢或資恐**，且合理相信執行確認客戶身分程序可能對客戶洩露訊息時，得不執行該等程序，而**改以申報**疑似洗錢或資恐交易。

(十二)其他建立業務關係應注意事項悉依證券商內部作業規定辦理。

十五、對於有第一款第八目所述建立業務關係或交易對象情形，證券商應依洗錢防制法第十條申報疑似洗錢或資恐交易，如該對象為資恐防制法指定制裁之個人、法人或團體，證券商並應於**知悉之日起不得**有**資恐防制法第七條第一項**行為，及依資恐防制法規定辦理通報（格式請至法務部調查局網站下載）。證券商若於前述對象受制裁指定前已有資恐防制法第六條第一項第二款及第三款情事，則應依資恐防制法向**法務部**申請許可。

第**3**點

證券商確認客戶身分措施，應包括對客戶身分之持續審查，並依下列規定辦理：

一、應依**重要性**及**風險程度**，對現有客戶身分資料進行審查，並於考量前次執行審查之時點及所獲得資料之適足性後，在適當時機對已存在之往來關係進行審查。上開**適當時機**至少應包括：

(一) 客戶**加開帳戶**或**新增業務往來**關係時。

(二) 依據客戶之重要性及風險程度所定之**定期審查**時點。

(三) 得知客戶身分與背景資訊有**重大變動**時。

二、應對客戶業務關係中之交易進行詳細審視，以確保所進行之交易與客戶及其業務、風險相符，必要時並應瞭解其資金來源。

三、應定期檢視其辨識客戶及實質受益人身分所取得之資訊是否足夠，並確保該等資訊之更新，特別是**高風險客戶**，證券商應至少**每年檢視一次**，除前述客戶外，應依風險基礎方法決定檢視頻率。

四、對客戶身分辨識與驗證程序，得以過去執行與保存資料為依據，無須於客戶每次從事交易時，一再辨識及驗證客戶之身分。但證券商對客戶資訊之真實性或妥適性**有所懷疑**、**發現客戶涉及**疑似洗錢或資恐交易、或客戶之交易或帳戶之運作方式出現與該客戶業務特性不符之**重大變動**時，應依第貳點對客戶身分再次確認。

第**4**點

1 確認客戶身分措施及持續審查機制，應以**風險基礎方法**決定其執行強度，包括：

一、對於**高風險**情形，應**加強確認**客戶身分或**持續審查**措施，其中至少應**額外**採取下列**強化措施**：

(一) 在建立或新增業務往來關係前，證券商應取得依內部風險考量，所訂核准層級之**高階管理人員同意**。

(二) 應採取合理措施以**瞭解客戶財富及資金來源**。其中資金來源係指產生該資金之**實質來源**（例如薪資、投資收益、買賣不動產等）。

(三) 對於業務往來關係應採取強化之**持續監督**。

二、對於來自洗錢或資恐高風險國家或地區之客戶，應採行與其風險相當之強化措施。

三、對於較**低風險**情形，得採取**簡化措施**，該簡化措施應與其較低風險因素相當。但有下列情形者，**不得**採取簡化確認客戶身分措施：

(一)客戶來自未採取有效防制洗錢或打擊資恐之**高風險地區或國家**，包括但不限於主管機關函轉國際防制洗錢組織所公告防制洗錢與打擊資恐有嚴重缺失之國家或地區，及其他未遵循或未充分遵循國際防制洗錢組織建議之國家或地區。

(二)足資**懷疑**該客戶或交易**涉及洗錢或資恐**。

2　證券商得採行之簡化確認客戶身分措施如下：

一、降低客戶身分資訊更新之頻率。

二、降低持續性監控之等級，並以合理的金額門檻作為審查交易之基礎。

三、從交易類型或已建立業務往來關係可推斷其目的及性質者，得無須再蒐集特定資訊或執行特別措施以瞭解業務往來關係之目的及其性質。

第**5**點

證券商確認客戶身分作業**應自行辦理**，如法令或主管機關另有規定證券商得依賴第三方執行辨識及驗證客戶本人身分、代理人身分、實質受益人身分或業務關係之目的及性質時，該依賴第三方之**證券商仍應負確認客戶身分之最終責任**，並應符合下列規定：

一、應能立即取得確認客戶身分所需資訊。

二、應採取符合證券商本身需求之措施，確保所依賴之第三方將依證券商之要求，**毫不延遲提供**確認客戶身分所需之客戶身分資料或其他相關文件影本。

三、確認所依賴之第三方受到規範、監督或監控，並有適當措施**遵循**確認客戶身分及紀錄保存之**相關規範**。

四、確認所依賴之第三方之所在地，其防制洗錢及打擊資恐規範與防制洗錢金融行動工作組織所定之**標準一致**。

第 **6** 點

證券商對客戶及交易有關對象之姓名及名稱檢核機制，應依下列規定辦理：

一、應依據**風險基礎方法**，建立客戶及交易有關對象之姓名及名稱**檢核政策及程序**，以偵測、比對、篩檢客戶、客戶之高階管理人員、實質受益人或交易有關對象是否為資恐防制法指定制裁之個人、法人或團體，以及外國政府或國際組織認定或追查之恐怖分子或團體。如是，應依**第貳點第十五款**辦理。

二、客戶及交易有關對象之姓名及名稱檢核政策及程序，至少應包括**比對與篩檢邏輯**、**檢核作業之執行程序**，以及**檢視標準**，並將其書面化。

三、執行姓名及名稱檢核情形應予記錄，並依第拾點之期限進行保存。

四、本檢核機制應予測試，**測試面向**包括：
(一)**制裁名單及門檻設定是否基於風險基礎方法**。
(二)**輸入資料與對應之系統欄位正確及完整**。
(三)**比對與篩檢邏輯**。
(四)**模型驗證**。
(五)**資料輸出正確及完整**。

五、依據測試結果確認是否仍能妥適反映風險並適時修訂之。

第 **7** 點

證券商對**帳戶及交易之持續監控**，應依下列規定辦理：

一、證券商應逐步以**資訊系統整合**全公司客戶之基本資料及交易資料，供總（分）公司進行基於防制洗錢及打擊資恐目的之查詢，以強化

其帳戶及交易監控能力。對於各單位調取及查詢客戶之資料，應建立內部控制程序，並注意資料之保密性。

二、應依據以**風險基礎方法**，建立帳戶及交易監控政策與程序，並利用資訊系統，輔助發現疑似洗錢或資恐交易。

三、依據防制洗錢與打擊資恐**法令規範**、其**客戶性質**、**業務規模**及**複雜度**、內部與外部來源取得之洗錢與資恐相關**趨勢與資訊**、證券商**內部風險評估結果**等，檢討其帳戶及交易監控政策及程序，並定期更新之。

四、帳戶及交易監控政策及程序，至少應包括**完整之監控型態**、**參數設定**、**金額門檻**、**預警案件**與**監控作業**之執行程序與監控案件之檢視程序及**申報標準**，並將其書面化。

五、前款機制應予測試，**測試面向**包括：
(一)**內部控制流程**：檢視帳戶及交易監控機制之相關人員或單位之角色與責任。
(二)**輸入資料與對應之系統欄位正確及完整**。
(三)**偵測情境邏輯**。
(四)**模型驗證**。
(五)**資料輸出**。

六、證券商發現或有合理理由懷疑客戶、客戶之資金、資產或其欲／已進行之交易與洗錢或資恐等有關者，**不論金額或價值大小**或**交易完成與否**，均應對客戶身分進一步審查。

七、附錄所列為可能產生之疑似洗錢或資恐交易態樣，惟並非詳盡無遺，證券商應依本身**資產規模**、**地域分布**、**業務特點**、**客群性質**及**交易特徵**，並參照證券商內部之洗錢及資恐風險評估或日常交易資訊等，**選擇或自行發展契合證券商本身之態樣**，以辨識出可能為洗錢或資恐之警示交易。

八、前款辨識出之警示交易應就客戶個案情況判斷其**合理性**（合理性之
　　判斷例如是否有與客戶**身分**、**收入**或**營業規模**顯不相當、與客戶本
　　身**營業性質**無關、不符合客戶**商業模式**、無合理**經濟目的**、無**合理**
　　解釋、無**合理用途**、或**資金來源不明**或**交代不清**），儘速完成是否
　　為疑似洗錢或資恐交易之檢視，並留存檢視紀錄。經檢視非疑似洗
　　錢或資恐交易者，應當記錄分析排除理由；如經檢視屬疑似洗錢或
　　資恐交易者，**不論交易金額多寡**，均應**依法務部調查局**所定之申報
　　格式簽報，並於專責主管**核定後立即**向法務部調查局申報，核定後
　　之申報期限**不得逾二個營業日**。交易未完成者，亦同。

九、證券商就附錄各項疑似洗錢或資恐交易態樣，應以風險基礎方式辨
　　別須建立相關資訊系統輔助監控者，未列入系統輔助者，證券商亦
　　應以其他方式協助員工於客戶交易時判斷其是否為疑似洗錢或資恐
　　交易；**系統輔助並不能完全取代員工判斷**，證券商仍應強化員工之
　　訓練，使員工有能力識別出疑似洗錢或資恐交易。

十、證券商執行帳戶及交易持續監控之情形應予記錄，並依**第拾點**之期
　　限進行保存。

第 **8** 點

1　疑似洗錢或資恐交易申報：
　　一、各單位承辦人員發現異常交易，**應立即陳報督導主管。**
　　二、督導主管應儘速裁決是否確屬應行申報事項。如裁定應行申
　　　　報，應立即交由原承辦人員填寫申報書（格式請至法務部調查
　　　　局網站下載）。
　　三、申報書經**單位主管核定**並轉送**專責主管核定**後，立即向**法務部**
　　　　調查局申報，核定後之申報期限**不得逾二個營業日**；並應於每
　　　　會計年度終了後15日內，將上一年度所申報疑似洗錢或資恐交
　　　　易態樣項目及其件數，**函報目的事業主管機關備查**，並**副知臺**
　　　　灣證券交易所股份有限公司及**中華民國證券商業同業公會**。
　　四、對屬明顯**重大緊急**之疑似洗錢或資恐交易案件之申報，應**立即**
　　　　以傳真或其他可行方式儘速向法務部調查局申報，並立即補辦

　　　書面資料。但經法務部調查局以傳真資料確認回條（格式請至法務部調查局網站下載）確認收件者，無需補辦申報書。證券商並應留存傳真資料確認回條。

2　資料保密：

一、各級人員應注意保密，防止申報之資料及消息洩漏。**證券商**並應**提供**員工如何避免資訊洩露之**訓練或教材**，避免員工與客戶應對或辦理日常作業時，發生資訊洩露情形。

二、申報事項有關文書均應以機密文件處理，如有洩密案件應依有關規定處理。

三、**防制洗錢及打擊資恐人員**、**法令遵循人員**或**稽核人員**為執行職務需要，應得及時取得客戶資料與交易紀錄，惟仍應注意資料之保密。

第**9**點

1　證券商依資恐防制法第七條對經指定**制裁對象**之財物或財產上利益及所在地之通報，應依下列規定辦理：

一、於知悉後即依法務部調查局所定之通報格式及方式，由總機構主管單位簽報**專責主管核定**，並向**法務部調查局**通報，核定後之通報期限**不得逾二個營業日**。

二、有明顯**重大緊急**之情事者，應立即以傳真或其他可行方式儘速辦理通報，並應依法務部調查局所定之通報格式（格式請至法務部調查局網站下載）及方式補辦通報。但經法務部調查局以所定格式傳真回覆確認，無需補辦通報。證券商並應留存法務部調查局之傳真回覆資料。

三、證券商以**每年十二月三十一日**為**結算基準日**，應依法務部調查局所定之格式（格式請至法務部調查局網站下載）編製**年度報告**，記載於結算基準日當日依資恐防制法第七條所管理或持有一切經指定制裁之個人、法人或團體之財物或財產上利益，並於**次年三月三十一日**前提報**法務部調查局備查**。

2　前項**通報紀錄**、**交易憑證**及**年度報告**，應以原本方式**保存五年**。

第 **10** 點

證券商對達**一定金額以上**之通貨交易，應依下列規定辦理：

一、一定金額以上之通貨交易係指**新臺幣五十萬元（含等值外幣）以上**之單筆現金收或付（在會計處理上，凡以現金收支傳票記帳者皆屬之）或換鈔交易。

二、證券商於辦理相關業務（例如債券交易、代辦或自辦融資融券信用交易或其他交易），如有發生一定金額以上之通貨交易時，應確認客戶身分並留存相關紀錄憑證。

三、確認客戶身分措施，應依下列規定辦理：

(一)憑客戶提供之**身分證明文件**或**護照**確認其身分，並將其姓名、出生年月日、住址、電話、交易帳戶號碼、交易金額及身分證明文件號碼等事項加以記錄。但如能確認客戶為交易帳戶本人者，可免確認身分，惟應於交易紀錄上敘明係**本人交易**。

(二)交易如係由**代理人**為之者，應憑**代理人提供之身分證明文件**或**護照**確認其身分，並將其姓名、出生年月日、住址、電話、交易帳戶號碼、交易金額及身分證明文件號碼等事項加以記錄。

(三)交易如係屬**臨時性交易**者，應依**第貳點第三款**確認客戶身分。

四、對一定金額以上之通貨交易，應於交易完成後**五個營業日內**以媒體申報方式（格式請至法務部調查局網站下載），向**法務部調查局**申報。無法以媒體方式申報而有正當理由者，得報經法務部調查局同意後，以書面（格式請至法務部調查局網站下載）申報之。

五、與**政府機關**、**公營事業機構**、**行使公權力機構**（於受委託範圍內）、**公私立學校**、**公用事業**及政府依法設立之基金，因法令規定或契約關係所生之達一定金額以上之通貨交易應收應付款項，**得免**向法務部調查局**申報**，但**仍應確認**客戶身分**及留存**相關紀錄憑證。證券商如發現上述交易有疑似洗錢或資恐交易之情形時，仍應依洗錢防制法第十條及資恐防制法第七條第三項規定辦理。

第 **11** 點

證券商應以**紙本**或**電子資料**保存與客戶往來及交易之紀錄憑證，並依下列規定辦理：

一、對**國內外交易**之所有必要紀錄，應至少**保存五年**。但法律另有較長保存期間規定者，從其規定。前述必要紀錄包括：

(一) 進行交易的各方姓名或帳號。

(二) 交易日期。

(三) 貨幣種類及金額。

二、對達一定金額以上**大額通貨交易**，其確認紀錄及申報之相關紀錄憑證，以原本方式至少**保存五年**。確認客戶程序之記錄方法，由證券商依據全公司一致性做法之原則，選擇一種記錄方式。

三、對疑似洗錢或資恐交易之申報，其申報之相關**紀錄憑證**，以原本方式至少**保存五年**。在依法進行**調查中**之案件，雖其相關交易紀錄憑證已屆保存年限，在其結案前，仍**不得予以銷毀**。

四、下列資料應保存至與客戶業務**關係結束後**或**臨時性交易結束後，至少五年**。但法律另有較長保存期間規定者，從其規定：

(一) **確認**客戶**身分**所取得之**所有紀錄**，如護照、身分證、駕照或類似之官方身分證明文件影本或紀錄。

(二) **帳戶檔案**。

(三) **業務往來資訊**，包括對複雜、異常交易進行詢問所取得之背景或目的資訊與分析資料。

五、證券商保存之交易紀錄應**足以重建**個別交易，以備作為認定不法活動之證據。

六、證券商對**權責機關**依適當授權要求提供交易紀錄及確認客戶身分等相關資訊時，應確保能夠**迅速提供**。

第 12 點

1 證券商依「**證券期貨業及其他經金融監督管理委員會指定之金融機構防制洗錢及打擊資恐內部控制與稽核制度實施辦法**」第四條規定建立防制洗錢及打擊資恐之**內部控制制度**，應經**董事會**通過；修正時，亦同。其內容應包括下列事項：

一、依據「**證券商評估洗錢及資恐風險及訂定相關防制計畫指引**」（附件），訂定對洗錢及資恐風險進行**辨識**、**評估**、**管理**之相關政策及程序。

二、依該指引與風險評估結果及業務規模，訂定防制洗錢及打擊資恐**計畫**，以**管理及降低**已辨識出之**風險**，並對其中之**較高風險**，採取**強化控管**措施。

三、**監督控管**防制洗錢及打擊資恐法令遵循與防制洗錢及打擊資恐計畫執行之**標準作業程序**，並納入自行查核及內部**稽核**項目，且於必要時予以強化。

2 前項第一款洗錢及資恐風險之辨識、評估與管理，應至少涵蓋**客戶**、**地域**、**產品及服務**、**交易或支付管道**等面向，並依下列規定辦理：

一、製作**風險評估報告**。

二、考量所有風險因素，以決定整體**風險等級**，及降低風險之適當措施。

三、訂定**更新**風險評估報告之**機制**，以確保風險資料之更新。

四、於完成或更新風險評估報告時，將風險評估報告送**主管機關備查**。

3 第一項第二款之防制洗錢及打擊資恐計畫，應包括下列**政策**、**程序**及**控管機制**：

一、確認**客戶身分**。

二、客戶及**交易有關對象**之姓名及名稱檢核。

三、帳戶及交易之**持續監控**。

四、**紀錄保存**。

五、一定金額以上通貨交易**申報**。

六、疑似洗錢或資恐交易申報及依據資恐防制法之**通報**。

七、指定防制洗錢及打擊資恐**專責主管負責**遵循事宜。

八、員工**遴選及任用**程序。

九、持續性員工**訓練計畫**。

十、**測試**防制洗錢及打擊資恐制度有效性之**獨立稽核**功能。

十一、其他依防制洗錢及打擊資恐相關法令及主管機關規定之事項。

4　證券商如有分公司（或子公司）者，應訂定**集團層次**之防制洗錢與打擊資恐計畫，於集團內之分公司（或子公司）施行。內容包括前款政策、程序及控管機制，並應在符合我國及國外分公司（或子公司）所在地資料保密法令規定下，訂定下列事項：

一、確認客戶身分與洗錢及資恐風險管理目的所需之**集團內資訊分享**政策及程序。

二、為防制洗錢及打擊資恐目的，於有必要時，依集團層次法令遵循、稽核及防制洗錢及打擊資恐功能，得要求**分公司（或子公司）提供**有關客戶、帳戶及交易資訊，並應包括異常交易或活動之資訊及所為之分析；必要時，亦得透過集團管理功能使分公司（或子公司）取得上述資訊。

三、運用被交換資訊及其保密之安全防護，包括防範資料洩露之安全防護。

5　證券商應確保其國外分公司（或子公司），在符合當地法令情形下，實施與**總公司（或母公司）一致**之防制洗錢及打擊資恐措施。當總公司（或母公司）與分公司（或子公司）所在國之最低要求不同時，分公司（或子公司）應就**兩地選擇較高標準者**作為遵循依據，惟就標準高低之認定有疑義時，以證券商**總公司（或母公司）所在**國之主管機關之認定為依據；倘因外國法規禁止，致無法採行與總公司（或母公司）相同標準時，應採取合宜之額外措施，以管理洗錢及資恐風險，並向主管機關申報。

6　在臺之外國金融機構集團分公司或子公司，就第一項第一款及第二款應依據「**證券商評估洗錢及資助恐怖主義風險及訂定相關防制計畫指引**」訂定之洗錢及資恐風險辨識、評估、管理相關政策、程序

及防制洗錢及打擊資恐計畫，須包括政策、程序及控管機制，若母集團已建立不低於我國規定且不違反我國法規情形者，在臺分公司或子公司得適用母集團之規定。

7 證券商之**董事會**對確保建立及維持適當有效之防制洗錢及打擊資恐內部控制**負最終責任**。**董事會**及**高階管理人員**應瞭解其洗錢及資恐風險，及防制洗錢及打擊資恐計畫之運作，並採取措施以塑造重視防制洗錢及打擊資恐文化。

第 **13** 點

1 證券商應依其規模、風險等配置適足之防制洗錢及打擊資恐專責人員及資源，並由**董事會指派高階主管**一人擔任專責主管，**賦予**協調監督防制洗錢及打擊資恐之**充分職權**，及**確保**該等人員及主管無與其防制洗錢及打擊資恐職責有**利益衝突**之兼職。

2 前項**專責主管**掌理下列事務：

一、**督導**洗錢及資恐風險之辨識、評估及監控**政策及程序**之規劃與執行。

二、**協調**督導全面性洗錢及資恐**風險辨識及評估**之執行。

三、**監控**與洗錢及資恐有關之**風險**。

四、**發展**防制洗錢及打擊資恐**計畫**。

五、**協調**督導**防制洗錢及打擊資恐計畫**之執行。

六、確認防制洗錢及打擊資恐相關**法令之遵循**，包括所屬金融同業公會所定並經主管機關予以備查之相關範本或自律規範。

七、**督導**向法務部調查局進行疑似洗錢或資恐交易申報及資恐防制法指定對象之財物或財產上利益及其所在地之**通報事宜**。

3 第一項專責主管應至少**每半年**向**董事會**及**監察人**（或**審計委員會**）報告，如發現有**重大違反**法令時，**應即時**向董事會及監察人（或審計委員會）報告。

4 證券商**國外營業單位**應綜合考量在當地之分公司家數、業務規模及風險等，設置適足之防制洗錢及打擊資恐人員，並**指派一人**為主管，負責防制洗錢及打擊資恐之協調督導事宜。

5　證券商國外營業單位防制洗錢及打擊資恐主管之設置應符合當地法令規定及當地主管機關之要求，並應具備協調督導防制洗錢及打擊資恐之充分職權，包括可直接向第一項專責主管報告，且除兼任**法令遵循主管**外，應為專任，如兼任**其他職務**，應與當地主管機關溝通，以確認其兼任方式無利益衝突之虞，並報主管機關備查。

第 **14**點

1　證券商國內外營業單位應指派**資深管理人員**擔任**督導主管**，負責督導所屬營業單位執行防制洗錢及打擊資恐相關事宜，並依證券暨期貨市場各服務事業建立內部控制制度處理準則相關規定辦理自行評估。

2　證券商內部稽核單位應依規定辦理下列事項之查核，並提具**查核意見**：

一、洗錢及資恐風險評估與防制洗錢及打擊資恐計畫是否**符合法規**要求並**落實執行**。

二、防制洗錢及打擊資恐**計畫之有效性**。

3　證券商內部稽核單位之職責：

一、應依據所訂內部管制措施暨有關規定訂定查核事項，**定期辦理查核**，並**測試**防制洗錢及打擊資恐**計畫之有效性**及公司營運、部門與分公司（或子公司）之**風險管理品質**。

二、查核方式應涵蓋獨立性交易測試，包括就證券商評估之**高風險產品**、**客戶及地域**，篩選有關之交易，驗證已有效執行防制洗錢及打擊資恐相關規範。

三、發現各單位執行該項管理措施之疏失事項，應**定期簽報**專責主管陳閱，並提供員工在職訓練之參考。

四、查獲**故意隱匿**重大違規事項不予揭露者，應由**權責單位**適當處理。

4　證券商**總經理**應**督導**各單位審慎評估及檢討防制洗錢及打擊資恐內部控制制度執行情形，由**董事長**、**總經理**、**稽核主管**、**防制洗錢及打擊資恐專責主管**聯名出具防制洗錢及打擊資恐之**內部控制制度聲**

明書，並提報**董事會**通過，於每**會計年度終了後三個月內**將該內部控制制度聲明書內容揭露於**證券商網站**，並於**主管機關指定網站**辦理公告申報。

5　外國證券商在臺分公司就本範本關於**董事會或監察人之相關事項**，由其總公司董事會授權之**在臺分公司負責人負責**。前項**聲明書**，由總公司董事會授權之**在臺分公司負責人**、**防制洗錢及打擊資恐專責主管**及臺灣地區之**稽核業務主管**等三人出具。

第 **15** 點

1　證券商應確保建立高品質之員工遴選及任用程序，包括檢視員工是否具備廉正品格，及執行其職責所需之專業知識。

2　證券商之防制洗錢及打擊資恐專責主管、專責人員及國內營業單位督導主管應於**充任後三個月**內符合下列資格條件之一，並應訂定相關控管機制，以確保符合規定：

一、曾擔任專責之法令遵循或防制洗錢及打擊資恐人員**三年以上**者。

二、防制洗錢及打擊資恐專責專責主管及人員參加主管機關認定機構所舉辦**二十四小時以上**課程，**並**經考試**及格**且取得結業**證書**；國內營業單位督導主管參加主管機關認定機構所舉辦**十二小時以上**課程，並經考試**及格**且取得結業**證書**。但由法**令遵循主管兼任**防制洗錢及打擊資恐專責主管，或**法令遵循人員兼任**防制洗錢及打擊資恐專責人員者，經參加主管機關認定機構所舉辦**十二小時**防制洗錢及打擊資恐之教育訓練後，視為具備本款資格條件。

三、取得主管機關認定機構舉辦之國內或國際防制洗錢及打擊資恐專業人員證照者。

3　證券商之防制洗錢及打擊資恐**專責主管**、**專責人員**及**國內營業單位督導主管**，**每年**應至少參加經防制洗錢及打擊資恐專責主管同意之內部或外部訓練單位所辦**十二小時**防制洗錢及打擊資恐教育訓練，訓練內容應至少包括新修正法令、洗錢及資恐風險趨勢及態樣。當年度取得主管機關認定機構舉辦之國內或國際防制洗錢及打擊資恐專業人員證照者，得抵免當年度之訓練時數。

4 　<u>國外營業單位</u>之督導主管與防制洗錢及打擊資恐主管、人員應具備防制洗錢專業及熟知當地相關法令規定，且**每年**應至少參加由國外主管機關或相關單位舉辦之防制洗錢及打擊資恐教育訓練課程**十二小時**，如國外主管機關或相關單位未舉辦防制洗錢及打擊資恐教育訓練課程，得參加經防制洗錢及打擊資恐專責主管同意之內部或外部訓練單位所辦課程。

5 　證券商**董事**、**監察人**、**總經理**、**法令遵循人員**、**內部稽核人員**及**業務人員**，應依其業務性質，每年安排適當內容及時數之防制洗錢及打擊資恐教育訓練，以使其瞭解所承擔之防制洗錢及打擊資恐職責，及具備執行該職責應有之專業。

6 　員工有下列情形之一者，應對其經辦事務予以抽查，必要時可洽請稽核單位協助：

一、員工**奢侈之生活方式**與其**薪資**所得**顯不相當**。

二、員工已**排定休假而無故不休假**。

7 　職前及在職訓練得採下列方式辦理：

一、職前訓練：新進員工訓練至少應安排若干小時以上有關**洗錢防制**、**資恐防制法**令及**金融從業人員法律責任**訓練課程，使新進瞭解相關規定及責任。

二、在職訓練：

(一)**初期**之法令宣導：於洗錢防制法、資恐防制法施行或修正後，應於**最短期間**內對員工實施法令宣導，介紹洗錢防制法、資恐防制法及其有關法令，並講解證券商之相關配合因應措施，有關事宜由專責單位負責規劃後，交由員工訓練單位負責辦理。

(二)**平時**之在職訓練：

1.員工訓練部門應**每年**定期舉辦有關之訓練課程提供員工研習，以加強員工之判斷力，落實防制洗錢及打擊資恐之功能，並避免員工違法，本訓練得於其他專業訓練班中安排適當之有關課程。

2.有關訓練課程除由**證券商培訓之講師**擔任外，並得視實際需要延聘**學者專家**擔綱。

3. 訓練課程除介紹相關法令之外，並應輔以**實際案例**，使員工充分瞭解洗錢及資恐之特徵及類型，俾助於發覺疑似洗錢或資恐之交易。

4. 專責單位應定期瞭解員工參加訓練之情形，對於未曾參加者，應視實際需要督促其參加有關之訓練。

5. 除內部之在職訓練外，證券商亦得選派員工參加外部訓練機構所舉辦之訓練課程。

三、專題演講：為更充實員工對洗錢防制法及資恐防制法令之認識，證券商得舉辦專題講座，邀請學者專家蒞行演講。

第 16 點

其他應注意事項：

一、客戶有下列情形**應婉拒服務**，並報告直接主管：

(一) 當被告知依法必須提供相關資料確認身份時，**堅不提供**相關資料。

(二) 任何個人或團體強迫或意圖**強迫**證券商員工**不得**將交易紀錄或申報表格**建檔**。

(三) **意圖說服**員工免去完成該交易應填報之資料。

(四) **探詢逃避**申報之可能性。

(五) **急欲說明**資金來源清白或非進行洗錢。

(六) **堅持**交易必須**馬上完成**，且**無合理解釋**。

(七) 客戶之描述與交易本身**顯不吻合**。

(八) **意圖提供利益**於員工，以達到證券商提供服務之目的。

二、證券商兼營其他業務時，該兼營部門亦應適用與**該業務有關**之防制洗錢及打擊資恐注意事項範本。

第 17 點

證券商於主管機關或受委託查核者執行「證券期貨業及其他經金融監督管理委員會指定之金融機構防制洗錢及打擊資恐內部控制與稽核制度實施辦法」第八條規定之**查核**時，應提示有關**帳簿**、**文件**、**電子資料檔**或其他相

關資料。前開資料儲存形式不論係以書面、電子檔案、電子郵件或任何其他形式方式儲存，**均應提供**，**不得**以任何理由規避、拒絕或妨礙查核。

第 **18** 點

本範本經本公會**理事會議通過**，及報奉**主管機關備查**後實施；修正時，亦同。

> ※**相近規範**：中華民國證券投資信託暨顧問商業同業公會證券投資信託事業證券投資顧問事業防制洗錢及打擊資恐注意事項範本(109/01/22版)

(二)證券商評估洗錢及資恐風險及訂定相關防制計畫指引（108/07/08版）

一、本指引依「**證券期貨業及其他經金融監督管理委員會指定之金融機構防制洗錢及打擊資恐內部控制與稽核制度實施辦法**」訂定，以防制洗錢及打擊資恐為目的，內容涵括我國證券商如何辨識、評估各項業務之洗錢及資恐風險，以及制訂防制洗錢及打擊資恐計畫等面向，作為執行之依據。

二、

1　證券商之內部控制制度，應經**董事會**通過；修正時，亦同。其內容並應包括對洗錢及資恐風險進行辨識、評估、管理之相關書面政策及程序，以及依據風險評估結果而訂定之防制洗錢及打擊資恐計畫，並定期檢討。

2　**風險基礎方法**（risk-based approach）旨在協助發展與洗錢及資恐風險相當之防制與抵減措施，以利證券商決定其防制洗錢及打擊資恐**資源之配置**、建置其**內部控制制度**、以及訂定和執行防制洗錢及打擊資恐計畫應有之**政策**、**程序**及**控管措施**。

3　證券業務具多樣性，不同業務伴隨之洗錢及資恐風險亦有所不同。證券商於評估與抵減其洗錢及資恐曝險時，應將**業務差異性**納入考量。

4　本指引所舉例之各項說明並非強制性規範，證券商之風險評估機制應與其業務性質及規模相當。對較**小型**或**業務較單純**之證券商，**簡**

單之風險評估即足夠；惟對於**產品與服務較複雜**之證券商、有**多家分公司（或子公司）**提供**廣泛多樣之產品**、或其**客戶群較多元**者，則需進行**較高度的風險評估**程序。

三、

1 證券商應採取合宜措施以識別、評估其洗錢及資恐風險，並依據所辦識之風險訂定具體的風險評估項目，以進一步管控、降低或預防該風險。

2 具體的風險評估項目應至少包括**地域**、**客戶**、**產品及服務**、**交易或支付管道**等面向，並應進一步分析各風險項目，以訂定細部的風險因素。

(一) 地域風險：

　　1. 證券商應識別具較高洗錢及資恐風險的區域。

　　2. 於訂定高洗錢及資恐風險之區域名單時，證券商得依據其各分公司（或子公司）的實務經驗，並考量個別需求，以選擇適用之參考依據。

(二) 客戶風險：

　　1. 證券商應綜合考量個別客戶**背景**、**職業**與**社會經濟活動特性**、**地域**、以及非自然人客戶之**組織型態**與**架構**等，以識別該客戶洗錢及資恐風險。

　　2. 於識別個別客戶風險並決定其風險等級時，證券商得依據以下風險因素為評估依據：

　　　(1) 客戶之地域風險：依據證券商所定義之洗錢及資恐風險的區域名單，決定客戶國籍與居住國家的風險評分。

　　　(2) 客戶職業與行業之洗錢風險：依據證券商所定義之各職業與行業的洗錢風險，決定客戶職業與行業的風險評分。高風險行業如從事**密集性現金交易**業務、或屬易被運用於持有個人資產之公司或信託等。

　　　(3) 個人客戶之任職機構。

　　　(4) 客戶開戶與建立業務關係之管道。

　　　(5) 首次建立業務關係之往來金額。

(6)申請往來之產品或服務。

(7)客戶是否有其他高洗錢及資恐風險之表徵，如客戶**留存地
址與分支機構相距過遠**而無法提出合理說明者、客戶為**具
隱名股東之公司**或**可發行無記名股票**之公司、法人客戶之
股權複雜度，如股權架構是否明顯異常或相對其業務性質
過度複雜等。

(三)產品及服務、交易或支付管道風險：

1.證券商應依據個別產品與服務、交易或支付管道的性質，識別
可能會為其帶來較高的洗錢及資恐風險者。

2.證券商於推出**新產品**或**新服務**或辦理**新種業務**（包括**新支付機
制**、**運用新科技**於現有或全新之產品或業務）前，應進行產品
之**洗錢及資恐風險評估**，並建立相應之**風險管理措施**以降低所
辨識之風險。

3.個別產品與服務、交易或支付管道之風險因素舉例如下：

(1)**與現金之關聯程度**。

(2)是否為面對面業務往來關係或交易。

(3)是否為**高金額之金錢或價值移轉**業務。

(4)**匿名交易**。

(5)收到**款項來自於未知或無關係之第三者**。

四、

1　證券商應建立不同之客戶風險等級與分級規則。

2　就客戶之風險等級，**至少應有兩級**之風險級數，即「**高風險**」與
「**一般風險**」兩種風險等級，作為加強客戶審查措施及持續監控機
制執行強度之依據。若僅採行兩級風險級數之證券商，因「一般風
險」等級仍高於本指引第五點與第七點所指之「低風險」等級，故
不得對「一般風險」等級之客戶採取簡化措施。

3　證券商**不得**向客戶或與執行防制洗錢或打擊資恐義務無關者，**透露
客戶之風險等級資訊**。

五、

1 除**外國政府之重要政治性職務人士**與**受經濟制裁**、外國政府或國際
洗錢防制組織認定或追查之**恐怖分子或團體**，及依資恐防制法指定
指定制裁之個人、法人或團體，應**直接視為高風險客戶**外，證券商
得依自身之業務型態及考量相關風險因素，訂定應直接視為高風險
客戶之類型。

2 證券商得依據完整之書面風險分析結果，自行定義可直接視為低風
險客戶之類型，而書面風險分析結果須能充分說明此類型客戶與較
低之風險因素相稱。

六、

1 對於新建立業務關係的客戶，證券商應在**建立業務關係時**，確定其
風險等級。

2 對於已確定風險等級之既有客戶，證券商應依據其風險評估政策及
程序，重新進行客戶風險評估。

3 雖然證券商在建立業務關係時已對客戶進行風險評估，但就某些客
戶而言，必須待客戶透過帳戶進行交易，其全面風險狀況才會變得
明確，爰此，證券商應依重要性及風險程度，對現有客戶身分資
料進行審查，並於考量前次執行審查之時點及所獲得資料之適足
性後，在適當時機對已存在之往來關係進行審查及適時調整風險等
級。上開適當時機至少應包括：
(一)客戶**加開帳戶**或新增業務往來關係時。
(二)依據客戶風險之重要性及風險程度所定之**定期審查時點**。
(三)得知客戶身分與背景資訊有**重大變動**時。
(四)**經申報**疑似洗錢或資恐交易等，可能導致客戶風險狀況發生實
　　質性變化的事件發生時。

4 證券商應定期檢視其辨識**客戶及實質受益人**身分所取得之資訊是否
足夠，並確保該等資訊之更新，特別是**高風險客戶**，證券商應至少
每年檢視一次。

七、

1　證券商應依據已識別之風險，建立相對應的管控措施，以降低或預防該洗錢風險；證券商應依據客戶的風險程度，決定適用的管控措施。

2　對於風險之管控措施，應由證券商依據其風險防制政策及程序，針對高風險客戶與具特定高風險因子之客戶採取不同的管控措施，以有效管理和降低已知風險，舉例說明如下：

(一)進行**加強客戶審查措施**（Enhanced Due Diligence），例如：

　1.取得開戶與往來目的之相關資料：預期帳戶使用狀況（如預期交易之金額、目的及頻率）。

　2.取得個人客戶財富來源、往來資金來源及去向、資產種類與數量等資訊。

　3.取得法人、團體或信託之受託人客戶進一步之商業資訊：瞭解客戶最新財務狀況、商業活動與業務往來資訊，以建立其資產、資金來源及資金去向。

　4.取得將進行或已完成交易之說明與資訊。

　5.依據客戶型態進行**實地或電話訪查**，以確認客戶之實際營運情形。

(二)在建立或新增業務往來關係前，應依證券商內部風險考量，所訂核准層級之**高階管理人員同意**。

(三)增加進行客戶審查之頻率。

(四)對於業務往來關係應採取強化之持續監督。

3　除有本範本第肆點第三款但書情形者，對於**較低風險情形**，得由證券商依據其風險防制政策及程序，採取**簡化措施**。該簡化措施應與其較低風險因素相當，簡化措施得採行如下：

(一)降低客戶身分資訊更新之頻率。

(二)降低持續性監控之等級，並以合理的金額門檻作為審查交易之基礎。

(三)從交易類型或已建立業務往來關係可推斷其目的及性質者，得無須再針對瞭解業務往來關係之目的及其性質，蒐集特定資訊或執行特別措施。

八、

1 證券商應建立定期之全面性洗錢及資恐風險評估作業並製作**風險評估報告**，使管理階層得以適時且有效地瞭解證券商所面對之整體洗錢與資恐風險、決定應建立之機制及發展合宜之**抵減措施**。

2 證券商應依據下列指標，建立定期且全面性之洗錢及資恐風險評估作業：

(一)**業務**之性質、規模、多元性及複雜度。

(二)目標**市場**。

(三)證券商交易**數量與規模**：考量證券商一般交易活動與其客戶之特性等。

(四)**高風險相關之**管理數據與報告：如高風險客戶之數目與比例；高風險產品、服務或交易之金額、數量或比例；客戶之國籍、註冊地或營業地、或交易涉及高風險地域之金額或比例等。

(五)**業務與產品**，包含提供業務與產品予客戶之管道及方式、執行客戶審查措施之方式，如資訊系統使用的程度以及是否委託第三人執行審查等。

(六)**內部稽核**與監理機關之檢查結果。

3 證券商於進行前項之全面性洗錢及資恐風險評估作業時，除考量上開指標外，建議輔以其他內部與外部來源取得之資訊，如：

(一)證券商內部管理階層（如事業單位主管、客戶關係經理等）所提供的管理報告。

(二)國際防制洗錢組織與他國所發布之防制洗錢及打擊資恐相關報告。

(三)主管機關發布之洗錢及資恐風險資訊。

4 證券商之全面性洗錢及資恐風險評估結果應做為發展防制洗錢及打擊資恐計畫之基礎；證券商應依據風險評估結果分配適當人力與資源，採取有效的反制措施，以預防或降低風險。

5 證券商有**重大改變**，如發生重大事件、管理及營運上有重大發展、或有相關新威脅產生時，**應重新進行評估作業**。

6 證券商應於完成或更新風險評估報告時，將風險評估報告送**主管機關備查**。

> ※**相近指引**：證券投資信託事業證券投資顧問事業評估洗錢及資恐風險及訂定相關防制計畫指引(108/10/05版)

(三)附錄　疑似洗錢、資恐或武擴交易態樣(108/12/13版)

一、客戶帳戶類：

(一)客戶係經由海外銀行、有控制與從屬關係之公司或其他投資者介紹，且該客戶及其介紹人所隸屬之監理管轄，均屬未採取有效防制洗錢或打擊資恐之高風險地區或國家。

(二)無正當理由開立多個帳戶，且**實質受益人為同一人**。

(三)開立數個投資帳戶，而這些帳號都指定<u>同一人作為共同或授權委託人</u>。

(四)數個不同客戶之帳戶，均<u>留存相同地址、電話或電子信箱</u>做為聯絡資料，但依據個別留存資料（如姓名、年齡、居住地點、電話等），各客戶間並無明顯關係。

(五)客戶**頻繁更替**個人資訊，例如其住址、電話、職業、銀行帳戶資料，但無明確之憑據可供證明該等變換屬實或有理由。

(六)法人客戶申請之交易額度與其資本額、營收、可流通現金或其他可信賴之**資產評估證明顯不相當**，或該**公司成立時間極短**。

(七)客戶係屬重要政治性職務人士，但**意圖規避**正確且完整的填寫申請表格，或未充分說明其資金或有價證券之來源正當性。

(八)如客戶**拒絕提供**所要求的資料，或**拒絕配合**盡職審查或持續監控程序。

(九)以不同公司名義但皆有**相同之法定代表人或有權簽署人**，開立數個帳戶。

(十)申請者**企圖**向從業人員**行賄、威脅**或以其他行為，意圖使申請表格內容不完整或促使從業人員接受不完整或錯誤之資訊，或對公司遵循政府報告要求、公司系統或公司防制洗錢及打擊資恐政策和控管表現出不尋常的關切。

(十一)知悉客戶已**被其他金融機構**拒絕或其客戶身分已被終止。

二、交易類：

(一)客戶**大額買賣**有價證券者。

(二)客戶未見合理原因，於一定期間內進行**鉅額配對**交易對象為**同一人**者。

(三)客戶有**異於過去買賣模式**買進（賣出）後又迅即賣出（買進）有價證券者，且與其身分不相當或無合理原因者。

(四)新開戶或一定期間無交易之帳戶**突然大額交易**者。

(五)**利用公司員工或特定團體成員**集體開立之帳戶大額且頻繁交易者。

(六)交易帳戶**連續大額**以高價只買進不（或少量）賣出、以低價只賣出不（或少量）買進，或**將股票維持在一定價位**。

(七)使用數個非本人或擔任代理人之帳戶**分散大額交易**者。

(八)超過新臺幣五十萬元之交割價款或認購款項由**非本人匯交**予證券商；或客戶要求證券商將其超過新臺幣五十萬元之應收價款匯付予一個或多個非本人帳戶；或多個客戶要求證券商將該等客戶之應收交割價款匯付入同一帳戶者。

(九)無正當理由**短期內連續大量**買賣特定股票。

(十)利用人頭戶、委託第三人或同一證券商不同分公司同一客戶帳戶，以**相對委託**、**沖洗買賣**或其他方式，連續大量買賣股票。

(十一)無正當理由客戶**申請大幅調整單日買賣額度**且於市場大額買進一籃子股票或其他有價證券。

(十二)客戶突然大額匯入或**買賣冷門、小型或財務業務不佳**之有價證券，且無合理原因者。

(十三)客戶突有迅速買進或賣出單一公司有價證券後，懷疑客戶有從事**內線交易**之行為。

(十四)電視、報章雜誌或網際網路等媒體即時報導之**特殊重大案件**，該涉案人為證券商之客戶，或知悉客戶疑似涉及特殊重大案件，且交易顯屬異常者。

(十五)保險代理人或保險經紀人從事各保險種類招攬業務，知悉保單**變更要保人**後，新要保人短期內申請變更受益人、辦理大額保單借款或終止契約後，並於證券商**從事大額交易**者。

(十六)客戶不履行交割義務，且**違約交割金額達新台幣一定金額**以上。

(十七)客戶參與非競價的買賣，且其**買賣價格明顯偏離市價**。

(十八)證券商擔任基金銷售機構或辦理共同行銷，發現交易人資金在各金融商品間**迅速移轉**，顯有異常者。

(十九)不論交易金額多寡或交易是否完成，發現**其他明顯異常**之交易行為或從業人員認為可疑之情況。

(二十)客戶來自國際防制洗錢組織所公告洗錢或資恐高風險國家或地區、高避稅風險或高金融保密之國家或地區，進行頻繁而大量交易或轉帳往來。

(二十一)客戶於證券商交割專戶客戶分戶帳存入之款項，於**一定期間達特定金額以上**或筆數達一定數量以上，且甚少用於任何交易之交割結算，又迅速移轉者。

(二十二)在**沒有合理或明顯原因**情況下，證券交易在**到期前就被解除**。

(二十三)**匯入大量有價證券**，且無合理原因者。

三、OSU類：

(一)客戶保管帳戶累積大額資金，甚少用於任何交易之交割結算，並**經常匯款至其國外帳戶**。

(二)客戶保管帳戶多次調撥轉帳至國際防制洗錢組織所公告洗錢或資恐高風險國家或地區、高避稅風險或高金融保密之國家或地區。

(三)客戶在一定期間內**頻繁且大量申購境外結構型商品**，該產品並不符合其本身需要。

(四)客戶**在洗錢或資恐高風險國家或地區進行交易**。

四、資恐類：

(一)**客戶本人、代理人或實質受益人**為主管機關函轉外國政府或國際組織所提供之**恐怖活動或資恐相關**個人、法人或團體；或外國政府或國際組織認定或追查之恐怖組織者。

(二)**交易對象**為主管機關函轉外國政府或國際組織所提供之**恐怖活動或資恐相關**個人、法人或團體；或外國政府或國際組織認定或追查之恐怖組織者。

(三)其他疑似或有合理理由懷疑與恐怖活動、恐怖組織或資恐有關聯者。

五、武擴類：

(一)**客戶本人、代理人或實質受益人**為主管機關函轉外國政府或國際組織所提供之**資助武擴目標性金融制裁之個人、法人或團體**；或外國政府或國際組織認定或追查之資助武擴者。

(二)**交易對象**為主管機關函轉外國政府或國際組織所提供之**資助武擴目標性金融制裁之個人、法人或團體**；或外國政府或國際組織認定或追查之資助武擴者。

(三)其他疑似或有合理理由懷疑與資助武擴有關聯者。

三、精選試題

( )　*1*　依洗錢防制法規定，所稱之金融機構或適用關於金融機構之規定，不包括下列何者？　(A)創業投資事業　(B)證券集中保管事業　(C)辦理融資性租賃之事業　(D)信用卡公司。

🈁 (A)。依洗錢防制法第5條第1項及第2項：

1　本法所稱金融機構，包括下列機構：

　　一、銀行。　　　　　　　　二、信託投資公司。
　　三、信用合作社。　　　　　四、農會信用部。
　　五、漁會信用部。　　　　　六、全國農業金庫。
　　七、辦理儲金匯兌、簡易人壽保險業務之郵政機構。
　　八、票券金融公司。　　　　九、信用卡公司。
　　十、保險公司。　　　　　　十一、證券商。
　　十二、證券投資信託事業。　十三、證券金融事業。
　　十四、證券投資顧問事業。　十五、證券集中保管事業。
　　十六、期貨商。　　　　　　十七、信託業。
　　十八、其他經目的事業主管機關指定之金融機構。

2　辦理融資性租賃、虛擬通貨平台及交易業務之事業，適用本法關於金融機構之規定。

【107年第一銀行、109年防制洗錢與打擊資恐測驗、110年彰化銀行】

(　　)　**2**　依金融機構防制洗錢辦法規定，對於下列何種客戶，原則上無須辨識及驗證實質受益人身分？　A.已發行無記名股票之公司　B.我國政府機構　C.我國公營事業機構　D.我國公開發行公司　(A)僅ABC　(B)僅ABD　(C)僅BCD　(D)ABCD。

解　**(C)**。依金融機構防制洗錢辦法第3條第7款第3目：金融機構確認客戶身分措施，應依下列規定辦理：

七、第四款第三目規定於客戶為法人、團體或信託之受託人時，應瞭解客戶或信託之所有權及控制權結構，並透過下列資訊，辨識客戶之實質受益人，及採取合理措施驗證：

(三)客戶或具控制權者為下列身分者，除有第六條第一項第三款但書情形或已發行無記名股票情形者外，不適用第四款第三目辨識及驗證實質受益人身分之規定。

1.我國政府機關。2.我國公營事業機構。3.外國政府機關。4.我國公開發行公司或其子公司。5.於國外掛牌並依掛牌所在地規定，應揭露其主要股東之股票上市、上櫃公司及其子公司。6.受我國監理之金融機構及其管理之投資工具。7.設立於我國境外，且所受監理規範與防制洗錢金融行動工作組織（FATF）所定防制洗錢及打擊資恐標準一致之金融機構，及該金融機構管理之投資工具。8.我國政府機關管理之基金。9.員工持股信託、員工福利儲蓄信託。

【107、110年防制洗錢與打擊資恐測驗、110年彰化銀行】

(　　)　**3**　證券期貨業防制洗錢及打擊資恐之專責主管所掌理之事務，**不包括**下列何者？　(A)確認防制洗錢及打擊資恐相關法令之遵循　(B)監控與洗錢及資恐有關之風險　(C)稽核防制洗錢及打擊資恐計畫之有效性　(D)督導向法務部調查局進行疑似洗錢或資恐交易申報事宜。

解 **(C)**。中華民國證券投資信託暨顧問商業同業公會證券投資信託事業證券投資顧問事業防制洗錢及打擊資恐注意事項範本第13條第2項：前項專責主管掌理下列事務：

一、督導洗錢及資恐風險之辨識、評估及監控政策及程序之規劃與執行。

二、協調督導全面性洗錢及資恐風險辨識及評估之執行。

三、監控與洗錢及資恐有關之風險。

四、發展防制洗錢及打擊資恐計畫。

五、協調督導防制洗錢及打擊資恐計畫之執行。

六、確認防制洗錢及打擊資恐相關法令之遵循，包括所屬金融同業公會所定並經金管會予以備查之相關範本或自律規範。

七、督導向法務部調查局進行疑似洗錢或資恐交易申報及資恐防制法指定對象之財物或財產上利益及其所在地之通報事宜。

【107、109、110年防制洗錢與打擊資恐測驗】

(　) **4** 有關證券期貨業是由下列何者指派防制洗錢及打擊資恐專責主管？　(A)董事會　(B)董事長　(C)總經理　(D)公司自行規定。

解 **(A)**。中華民國證券投資信託暨顧問商業同業公會證券投資信託事業證券投資顧問事業防制洗錢及打擊資恐注意事項範本第13條第1項：本公司應依規模、風險等配置適足之防制洗錢及打擊資恐專責人員及資源，並由董事會指派高階主管一人擔任專責主管，賦予協調監督防制洗錢及打擊資恐之充分職權，及確保該等人員及主管無與其防制洗錢及打擊資恐職責有利益衝突之兼職。

【108、109、110年防制洗錢與打擊資恐測驗】

(　) **5** 某境外金融機構M欲向證券商N申請開立證券交易帳戶，其業務代表O表示，M公司並未發行無記名股票，但拒絕提供公司章程或股東名冊，亦不便提供實質受益人資料。N從M公司最近一次年報中，未發現有持股逾5%之股東。下列何者**最不足**以作為支持證券商接受M開戶的理由？　(A)M股權相當分散；且M公司及其高階管理人員均未涉及與前置犯罪有關之負面新聞　(B)經瞭

解M公司註冊所在地之防制洗錢打擊資恐監理架構，並未發現與FATF標準有重大不一致　(C)根據M之業務代表O所述，信賴M未發行無記名股票，推定其內部控制制度應屬完善　(D)M之高階管理人員P非屬資恐防制法指定制裁之個人、法人或團體，以及外國政府或國際組織認定或追查之恐怖分子或團體。

解　(C)。中華民國證券投資信託暨顧問商業同業公會證券投資信託事業證券投資顧問事業防制洗錢及打擊資恐注意事項範本第4條第12款：客戶為法人時，應以檢視公司章程或請客戶出具聲明書之方式，瞭解其是否可發行無記名股票，並對已發行無記名股票之客戶採取下列任一措施之一以確保其實質受益人之更新：

(一)請客戶要求具控制權之無記名股票股東，應通知客戶登記身分，並請客戶於具控制權股東身分發生變動時通知本公司。

(二)請客戶於每次股東會後，應向本公司更新其實質受益人資訊，並提供持有無記名股票達一定比率以上股東之資料。但客戶因其他原因獲悉具控制權股東身分發生變動時，應即通知本公司。

【107、109年防制洗錢與打擊資恐測驗、110年彰化銀行】

(　　) **6**　證券期貨業辦理確認客戶身分措施，對於由代理人辦理開戶，且查證代理之事實及身分資料有困難者之處理方式，下列何者正確？　(A)應予以婉拒建立業務關係或交易　(B)可允許其為暫時性交易　(C)確認本人身分後即可交易　(D)應准許其開戶並列為高風險客戶。

解　(A)。中華民國證券投資信託暨顧問商業同業公會證券投資信託事業證券投資顧問事業防制洗錢及打擊資恐注意事項範本第4條第1款第3目：本公司確認客戶身分措施，應依下列規定辦理：

一、本公司員工於確認客戶身分時，有下列情形之一者，應予以婉拒建立業務關係或交易：

(三)對於由代理人辦理之情形，且查證代理之事實及身分資料有困難。

【107、109年防制洗錢與打擊資恐測驗、109年臺灣金控】

( ) **7** 有關證券商員工之防制洗錢及打擊資恐教育訓練，下列何者**錯誤**？　(A)於洗錢防制法，資恐防制法施行或修正後，應於最短期間對員工實施法令宣導　(B)員工訓練部門應每3年定期舉辦有關訓練課程供員工研習　(C)訓練課程除由證券商培訓之講師擔任外，並得視需要延聘專家學者擔綱　(D)訓練課程除介紹相關法令之外，並應輔以實際案例，使員工能夠充分瞭解。

解 **(B)**。中華民國證券投資信託暨顧問商業同業公會證券投資信託事業證券投資顧問事業防制洗錢及打擊資恐注意事項範本第15條第8項第2款第2目第1小目：職前及在職訓練得採下列方式辦理：二、在職訓練：(二)平時之在職訓練：1.員工訓練部門應每年定期舉辦有關之訓練課程提供員工研習，以加強員工之判斷力，落實防制洗錢及打擊資恐之功能，並避免員工違法，本訓練得於其他專業訓練班中安排適當之有關課程。

【107、108、109年防制洗錢與打擊資恐測驗】

( ) **8** 某日客服中心接獲客戶投訴電話，聲稱其擔任負責人的公司申請開戶竟然開了一個禮拜還沒有下文，質疑有關確認客戶身分時，分行經辦不適任。有關客戶所稱經辦同仁的處理方式，下列敘述何者錯誤？　(A)客戶為法人時，應瞭解其是否可發行無記名股票　(B)對已發行無記名股票之客戶採取適當措施以確保其實質受益人之更新　(C)應瞭解客戶或信託之所有權及控制權結構，並辨識客戶之實質受益人　(D)對法人戶應辨識客戶之實質受益人，核對證照即已完成驗證措施。

解 **(D)**。依金融機構防制洗錢辦法第3條第7款第1目：

七、第四款第三目規定於客戶為法人、團體或信託之受託人時，應瞭解客戶或信託之所有權及控制權結構，並透過下列資訊，辨識客戶之實質受益人，及採取合理措施驗證：

(一)客戶為法人、團體時：

1.具控制權之最終自然人身分。所稱具控制權係指直接、間接持有該法人股份或資本超過百分之二十五者，金融機構得請客戶提供股東名冊或其他文件協助完成辨識。

2. 依前小目規定未發現具控制權之自然人，或對具控制權自然人是否為實質受益人有所懷疑時，應辨識有無透過其他方式對客戶行使控制權之自然人。

3. 依前二小目規定均未發現具控制權之自然人時，金融機構應辨識高階管理人員之身分。

【108、109年防制洗錢與打擊資恐測驗、110年彰化銀行】

( )　**9** 有關證券期貨業防制洗錢及打擊資恐之內部控制制度，下列敘述何者正確？　(A)內部控制制度應經股東會通過；修正時亦同　(B)內部控制制度應就洗錢及資恐風險進行辨識、評估　(C)內部控制制度應依據洗錢及資恐風險、業務規模，訂定防制洗錢及打擊資恐計畫　(D)內部控制制度應納入自行查核及內部稽核項目，且於必要時予以強化。（複選）

解 (B)(C)(D)。

中華民國證券投資信託暨顧問商業同業公會證券投資信託事業證券投資顧問事業防制洗錢及打擊資恐注意事項範本第2條第1項：

本公司依「證券期貨業及其他經金融監督管理委員會指定之金融機構防制洗錢及打擊資恐內部控制與稽核制度實施辦法」第四條規定建立防制洗錢及打擊資恐之內部控制制度，應經董事會通過；修正時，亦同。其內容並應包括下列事項：

一、依據「證券投資信託事業證券投資顧問事業評估洗錢及資恐風險及訂定相關防制計畫指引」（以下簡稱本指引）（附件），訂定對洗錢及資恐風險進行辨識、評估、管理之相關政策及程序。

二、依該指引與風險評估結果及業務規模，訂定防制洗錢及打擊資恐計畫，以管理及降低已辨識出之風險，並對其中之較高風險，採取強化控管措施。

三、監督控管防制洗錢及打擊資恐法令遵循及防制洗錢與打擊資恐計畫執行之標準作業程序，並納入自行評估及內部稽核項目，且於必要時予以強化。

【107、108年防制洗錢與打擊資恐測驗】

(　) **10** 證券期貨業確認客戶身分時機，下列敘述何者正確？　(A)與客戶建立業務關係時　(B)以轉帳方式辦理新臺幣五十萬元（含等值外幣）以上之交割價款、申購款給付　(C)發現疑似洗錢或資恐交易時　(D)客戶身分資料之真實性或妥適性有所懷疑時。（複選）

解 (A)(C)(D)。依金融機構防制洗錢辦法第3條第2款：金融機構確認客戶身分措施，應依下列規定辦理：

二、金融機構於下列情形時，應確認客戶身分：

(一)與客戶建立業務關係時。

(二)進行下列臨時性交易：

　1.辦理一定金額以上交易（含國內匯款）或一定數量以上電子票證交易時。多筆顯有關聯之交易合計達一定金額以上時，亦同。

　2.辦理新臺幣三萬元（含等值外幣）以上之跨境匯款時。

(三)發現疑似洗錢或資恐交易時。

(四)對於過去所取得客戶身分資料之真實性或妥適性有所懷疑時。

另依中華民國證券投資信託暨顧問商業同業公會證券投資信託事業證券投資顧問事業防制洗錢及打擊資恐注意事項範本第4條第2款：

本公司確認客戶身分措施，應依下列規定辦理：

二、本公司於下列情形時，應確認客戶身分：

(一)與客戶建立業務關係時。

(二)發現疑似洗錢或資恐交易時。

(三)對於過去所取得客戶身分資料之真實性或妥適性有所懷疑時。

【108、109年防制洗錢與打擊資恐測驗、109年臺銀證券】

Day 04　保險業防制洗錢及打擊資恐政策執行重點

一、基礎架構

保險業因為其業務特性的不同，可區分為壽險、產險、保險經紀與保險代理等等，其各自的洗錢和資恐風險也有不一。例如壽險因具有高保單/現金價值，被認為須要考量最全面的風險因子；而產險因多是損失填補型的商品，而普遍被認為風險較低，但卻另外需要關注保險標的與持有/控制人的關係，也需要留意保險犯罪的發生。

(一) 保險業易被利用於洗錢活動原因：

1. **利用跨境業務的不透明性**：從國外流入的金流，其資金來源或客戶資產較不易查證。

2. **利用不易查知資金來源的方式**：利用現金繳交保費，金融機構不容易或無法追溯該筆保費來源。

3. **利用繳交大額保險費**：除拆單外，不法份子也時常選擇保費較高的商品，然後在保約初期便以躉繳或預付方式迅速的將金錢投入，而不是選擇一般人採用的定期分筆繳納。

4. **利用長險短做**：不法份子購買保險商品目的既是為了洗錢，自然不會等到保約到期或保險事件發生後才取回，故在投保後便會用各種理由退保或撤銷契約，以拿回繳納之保費。

5. **不合理的保障要求**：一般客戶會考量其實際需要、負擔能力後再購買對應的保險商品；倘客戶欲購買遠超過其所需、或高過其繳費能力之保險商品時，即有可疑須探究之處。

6. **利用保險費繳費及給付過程**：不法份子可能會利用保險公司在核保與理賠時，透過各種理由讓保險公司接受來源不明的保費繳交管道或第三方理賠對象。

7. **利用各種方式取得退費**：如透過保費調降、超額繳費、錯帳等理由，使保險公司協助其將金流匯至其他對象。

8. **運用保險犯罪。**

(二)**保險業實務上常見的洗錢類型：**

1. 利用跨境交易洗錢。

2. 通過犯罪收益購買保單洗錢。

3. 利用提前退保方式洗錢。

4. 預付大額年金保費方式洗錢。

5. 客戶與保險仲介、保險公司人員夥同洗錢。

6. 由第三方支付保費方式洗錢。

7. 利用躉繳保費洗錢。

8. 利用現金購買保單洗錢。

9. 客戶、保險公司與再保險公司夥同欺詐方式洗錢。

10. 其他類型的洗錢案例。

(三)**國內外案例（朱政龍、林宏義、高旭宏，保險業防制洗錢及打擊資恐之實務與案例，財團法人保險事業發展中心出版，初版，頁143-154）：**

1. 客戶拆單購買總保額高昂的具現金價值壽險保單。

2. 客戶躉繳購買大額壽險保單。

3. 客戶有多項退保與契約撤銷紀錄。

4. 客戶購買具有高保單價值的團體保險。

5. 客戶降低保險風險因子後要求退費至非原要保人帳戶。

6. 客戶運用具現金價值壽險保單作為授信的抵質押品。

7. 境外法人為國內少數自然人投保巨額商業保險。

8. 車險客戶於出險後要求理賠保險金以現金支付保養廠。

9. 境外客戶要求透過OIU購買巨額保險商品。

10. 客戶對身分保密措施具有不正常的期望與要求。

11.透過意外事故詐取保險理賠。

12.壽險身故客戶理賠金涉及制裁名單關聯人。

13.為薄弱或不合理的經濟利益投保。

(四)**保險業疑似洗錢交易辨識技巧（朱政龍、林宏義、高旭宏，保險業防制洗錢及打擊資恐之實務與案例，財團法人保險事業發展中心出版，初版，頁132-135）：**

1.**不尋常的通貨使用：**

(1)使用大量的通貨（現金）進行保險商品的購買。

(2)欲使用多筆（或來源為現金的存款、匯款）來購買保險商品。

(3)欲取得保險公司以現金為支付方式的保險金或其他支付款項。

2.**無法辨識的資金來源：**

(1)與要保人資歷不符的保險需求。

(2)無法了解的繳款來源。

3.**無法了解的交易關係或商業關係：**例如保險需求存在於牽強或不存在的商業關係（常見於產險）；或是客戶要求保險金給付對象與該客戶間不存在合理關係。

4.**不合理的商業決策與需求：**例如公司花費鉅額費用幫內部少數人購買具高保單價值的保險商品。

5.**令人費解的交易行為：**例如客戶反覆從保單借款後又迅速還款，或是投保後於短期內再無合理情形下透過契撤、終止合約等手段取回保費。

6.**涉制裁或恐怖活動對象。**

7.**特殊的交易關聯對象與地區。**

8.**累積的犯罪能量：**於此指的是客戶時常發生可疑的交易行為，可能會判斷為持續性的犯罪行為、或初步試探性交易，未來有可能轉換成常態洗錢管道。

9.**異常事件：**例如有客戶可能在發生某些新聞事件後，做出看似在脫產的行為。

二、自律規範

(一)人壽保險業防制洗錢及打擊資恐注意事項範本（110/04/27版）

第 1 條

本範本依洗錢防制法、資恐防制法、金融機構防制洗錢辦法及**保險公司與辦理簡易人壽保險業務之郵政機構及其他經金融監督管理委員會指定之金融機構防制洗錢及打擊資恐內部控制與稽核制度實施辦法**規定訂定。

第 2 條

1　保險公司、辦理簡易人壽保險業務之郵政機構依「**保險公司與辦理簡易人壽保險業務之郵政機構及其他經金融監督管理委員會指定之金融機構防制洗錢及打擊資恐內部控制與稽核制度實施辦法**」第五條規定建立防制洗錢及打擊資恐之內部控制制度，應經董（理）事會通過；修正時，亦同。其內容應包括下列事項：

　　一、依據「**保險業評估洗錢及資恐風險及訂定相關防制計畫指引**」（附件），訂定對洗錢及資恐風險進行辨識、評估、管理之相關政策及程序。

　　二、依該指引與風險評估結果及業務規模，訂定防制洗錢及打擊資恐計畫，以管理及降低已辨識出之風險，並對其中之**較高風險**，採取**強化控管**措施。

　　三、監督控管防制洗錢及打擊資恐法令遵循及防制洗錢及打擊資恐計畫執行之標準作業程序，並納入自行查核及內部稽核項目，且於必要時予以強化。

2　前項第一款洗錢及資恐風險之辨識、評估及管理，應至少涵蓋**客戶、地域、產品及服務、交易及通路**等面向，並依下列規定辦理：

　　一、製作風險評估報告。

　　二、考量所有風險因素，以決定整體風險等級，及降低風險之適當措施。

　　三、訂定更新風險評估報告之機制，以確保風險資料之更新。

四、於完成或更新風險評估報告時，將風險評估報告送金融監督管理委員會（以下簡稱金管會）備查。

3 第一項第二款之防制洗錢及打擊資恐計畫，應包括下列政策、程序及控管機制：

一、**確認客戶**身分。

二、客戶及交易有關對象之**姓名及名稱檢核**。

三、交易之**持續監控**。

四、**紀錄保存**。

五、一定金額以上通貨交易**申報**。

六、**疑似洗錢、資恐**或**資助武擴交易**申報及依據資恐防制法之**通報**。

七、指定防制洗錢及打擊資恐專責主管負責**遵循事宜**。

八、員工**遴選及任用**程序。

九、持續性**員工訓練**計畫。

十、測試防制洗錢及打擊資恐機制有效性之**獨立稽核**功能。

十一、其他依防制洗錢及打擊資恐相關法令及金管會規定之事項。

4 保險公司、**辦理簡易人壽保險業務之郵政機構應訂定集團層次之防制洗錢及打擊資恐計畫**，於集團內之分公司（或子公司）施行。其內容除包括前項政策、程序及控管機制外，並應在符合我國及國外分公司（或子公司）所在地資料保密規定之情形下，訂定下列事項：

一、確認客戶身分與洗錢及資恐風險管理目的所需之集團內資訊分享政策及程序。

二、為防制洗錢及打擊資恐目的，於有必要時，依集團層次法令遵循、稽核及防制洗錢及打擊資恐功能，得要求國外分公司（或子公司）提供有關客戶及交易資訊，包括異常交易或活動之資訊及所為之分析；必要時，並得透過集團管理功能使國外分公司（或子公司）取得上述資訊。

三、對運用被交換資訊及其保密之安全防護，包括防範資料洩漏之安全防護。

5　保險公司、辦理簡易人壽保險業務之郵政機構應確保其國外分公司（或子公司），在符合當地法令情形下，實施與**總公司（或母公司）一致**之防制洗錢及打擊資恐措施。當總公司（或母公司）與分公司（或子公司）所在國之最低要求不同時，分公司（或子公司）應就**兩地選擇較高標準者**作為遵循依據，惟就標準高低之認定有疑義時，以保險公司、辦理簡易人壽保險業務之郵政機構**所在國之主管機關之認定**為依據；倘因外國法規禁止，致**無法採行**與總公司（或母公司）相同標準時，應採取合宜之額外措施，以管理洗錢及資恐風險，並**向金管會申報**。

6　在臺之外國金融機構集團分公司或子公司就第一項第一款及第二款應依據「**保險業評估洗錢及資恐風險及訂定相關防制計畫指引**」訂定之洗錢及資恐風險**辨識、評估、管理相關政策、程序**，及防制洗錢及打擊資恐計畫所須包括之**政策、程序及控管機制**，若母集團已建立**不低於**我國規定**且不違反**我國法規情形者，在臺分公司或子公司得適用母集團之規定。

7　已設董（理）事會之保險公司、辦理簡易人壽保險業務之郵政機構，**董（理）事會**對確保建立及維持適當有效之防制洗錢及打擊資恐內部控制負**最終責任**。**董（理）事會**及**高階管理人員**應瞭解其洗錢及資恐風險，及防制洗錢及打擊資恐計畫之運作，並採取措施以塑造重視防制洗錢及打擊資恐之文化。

第 **3** 條

本範本用詞定義如下：

一、一定金額：指**新臺幣五十萬元**（含等值外幣）。

二、通貨交易：單筆現金收或付（在會計處理上，凡以現金收支傳票記帳者皆屬之）。

三、建立業務關係：係指某人要求保險公司、辦理簡易人壽保險業務之郵政機構**提供保險或金融服務**並建立能延續一段時間之往來關係；或某人首次以**準客戶身分接觸**保險公司、辦理簡易人壽保險業務之郵政機構，期望此關係延續一段時間之往來。

四、客戶：為與保險公司、辦理簡易人壽保險業務之郵政機構建立業務
　　關係之人（包含自然人、法人、團體或信託）。

五、實質受益人：指對客戶**具最終所有權或控制權之自然人**，或由他人
　　代理交易之自然人本人，包括對法人或法律協議具最終有效控制權
　　之自然人。

六、風險基礎方法：指保險公司、辦理簡易人壽保險業務之郵政機構
　　應確認、評估及瞭解其暴露之洗錢及資恐風險，並採取適當防制洗
　　錢及打擊資恐措施，以有效降低此類風險。依該方法，對於**較高風
　　險**情形**應採取加強**措施，對於**較低風險**情形，則**可採取相對簡化**措
　　施，以有效分配資源，並以最適當且有效之方法，降低經其確認之
　　洗錢及資恐風險。

七、交易有關對象：指交易過程中，所涉及之**客戶以外之第三人**。

第 **4** 條
確認客戶身分措施，應依下列規定辦理：

一、有以下情形之一者**應予以婉拒**建立業務關係或交易：

(一) 疑似使用**匿名**、**假名**、**人頭**、**虛設**行號或虛設法人團體。

(二) 客戶**拒絕提供**審核客戶身分措施相關文件，但經可靠、獨立之來源
　　確實查證身分屬實者不在此限。

(三) 對於由代理人辦理之情形，且**查證代理之事實及身分資料有困難**。

(四) 持用**偽、變造身分**證明文件。

(五) 出示之身分證明文件**均為影本**。但依規定得以身分證明文件影本或
　　影像檔，輔以其他管控措施辦理之業務，不在此限。

(六) 提供文件**資料可疑、模糊不清**，不願提供其他佐證資料或提供之文
　　件資料無法進行查證。

(七) 客戶**不尋常拖延**應補充之身分證明文件。

(八) 建立業務關係之對象為**資恐防制法指定制裁**之個人、法人或團體，
　　以及外國政府或國際組織認定或追查之**恐怖分子或團體**。但依資恐
　　防制法第六條第一項所為支付不在此限。

(九) 建立業務關係或交易時，有其他異常情形，客戶**無法提出合理說明**。

二、確認客戶身分時機：

(一) 與客戶**建立業務關係時**。

(二) 辦理**新臺幣五十萬元**（含等值外幣）以上之單筆現金收或付（在會計處理上凡以現金收支傳票記帳皆屬之）時。

(三) **發現疑似**洗錢或資恐交易時。

(四) 對於過去所取得客戶身分資料之真實性或妥適性**有所懷疑**時。

三、確認客戶身分應採取下列方式辦理：

(一) 以可靠、獨立來源之文件、資料或資訊，辨識及驗證客戶身分，並保存該身分證明文件影本或予以記錄。

(二) 對於由代理人辦理投保、理賠、契約變更或其他交易，**應查證代理**之事實，並依前目方式辨識及驗證代理人身分，並保存該身分證明文件影本或予以記錄。

(三) **辨識客戶實質受益人**，並以合理措施驗證其身分，包括使用可靠來源之資料或資訊。

(四) 確認客戶身分措施，應包括瞭解業務關係之目的與性質，並視情形取得相關資訊。

四、前款規定於客戶為個人時，至少取得下列資訊，以辨識其身分：

(一) 姓名。

(二) 出生日期。

(三) 戶籍或居住地址。

(四) 官方身分證明文件號碼。

(五) 國籍。

(六) 外國人士**居留或交易目的**（如觀光、工作等）。

五、針對依據保險業客戶洗錢及資恐風險評估相關規範辨識為**高風險**之個人客戶，於建立業務關係時**應**至少取得**下列任一**資訊：

(一) 曾使用之**姓名或別名**：曾使用之姓名如結婚前使用之姓名、更名前使用之姓名。

(二) 任職**地址**、**郵政信箱**地址、**電子郵件**地址（如有）。

(三) **電話**或**手機號碼**。

六、第三款規定於客戶為法人、團體或信託之受託人時，應瞭解客戶或
信託（包括類似信託之法律協議）之**業務性質**，並至少取得客戶或
信託之下列資訊，辨識及驗證客戶身分：

(一)客戶或信託之**名稱、法律形式及存在證明**。

(二)規範及約束法人、團體或信託之**章程或類似之權力文件**。但下列情
形得不適用：

　1.**第七款第三目所列對象**及**第七款第四目**所列保險商品，且無第六條
第一項第三款但書情形者。

　2.團體客戶經確認其**未訂定**章程或類似之權力文件者。

(三)法人、團體或信託之受託人中擔任**高階管理人員**（高階管理人員之
範圍得包括**董事**、**監事**、**理事**、**總經理**、**財務長**、**代表人**、**管理
人**、**合夥人**、**有權簽章人**，**或相當**於前述高階管理人員之自然人，
保險公司、辦理簡易人壽保險業務之郵政機構應運用風險基礎方法
決定其範圍）之下列資訊：

　1.姓名。

　2.出生日期。

　3.**國籍**。

(四)官方辨識編號：如**統一**編號、**稅籍**編號、**註冊**號碼。

(五)法人、團體或信託之受託人註冊登記之**辦公室地址**，及其**主要之營
業處所地址**。

(六)境外法人、團體或信託之受託人**往來目的**。

七、第三款第三目規定於客戶為法人、團體或信託之受託人時，應瞭解
客戶或信託之**所有權及控制權結構**，並透過下列資訊，辨識客戶之
實質受益人，及採取合理措施驗證：

(一)客戶為法人或團體時：

　1.具控制權之最終自然人身分（如姓名、出生日期、國籍及身分證明
文件號碼等）。所稱具控制權係指直接、間接持有該法人股份或資
本超過**百分之二十五**者，保險公司、辦理簡易人壽保險業務之郵政
機構得**請客戶提供股東名冊**或其他文件協助完成辨識。

2. 依前小目規定未發現具控制權之自然人或對具控制權自然人是否為實質受益人有所懷疑時，**應辨識**有無透過其他方式對客戶行使控制權之自然人。必要時得取得客戶出具之**聲明書**確認實質受益人之身分。

3. 如依前二小目規定均未發現具控制權之自然人時，應辨識**高階管理人員**之身分。

(二) 客戶為信託之受託人時：應確認**委託人**、**受託人**、**信託監察人**、**信託受益人**及其他可**有效控制該信託帳戶**之人，或與上述人員具相當或類似職務者之身分。

(三) 客戶或具控制權者為下列身分者，除有**第六條第一項第三款但書**情形或**已發行無記名股票**情形者外，不適用第三款第三目辨識及驗證實質受益人身分之規定：

1. **我國政府**機關。

2. 我國**公營事業**機構。

3. **外國政府**機關。

4. 我國**公開發行**公司或其子公司。

5. 於國外掛牌並依掛牌所在地規定，應**揭露其主要股東**之股票上市、上櫃公司及其子公司。

6. 受**我國監理**之金融機構及其管理之投資工具。

7. 設立於我國境外，且所受監理規範與防制洗錢金融行動工作組織（FATF）所定防制洗錢及打擊資恐**標準一致**之金融機構，及該金融機構管理之投資工具。保險公司、辦理簡易人壽保險業務之郵政機構對前開金融機構及投資工具需留存**相關文件證明**（如**公開資訊查核紀錄**、該金融機構防制洗錢**作業規章**、**負面資訊**查詢紀錄、金融機構**聲明書**等）。

8. 我國政府機關管理之**基金**。

9. 員工**持股信託**、員工**福利儲蓄信託**。

(四) 投保**傷害保險**、**健康保險**或**不具有保單價值準備金**之保險商品者，除客戶來自未採取有效防制洗錢或打擊資恐之高風險國家或地區、足資懷疑該客戶或交易涉及洗錢或資恐者外，不適用第三款第三目辨識及驗證**實質受益人**身分之規定。

八、與保險公司、辦理簡易人壽保險業務之郵政機構建立業務關係之
　　客戶，除法令另有規定外，應以可靠、獨立來源之文件、資料或資
　　訊，採下列方式之一執行驗證客戶及其代理人與實質受益人身分，
　　並保存該身分證明文件影本或予以紀錄：

(一) 以文件驗證：

　1. 個人：

　　(1) 驗證身分或生日：以**附有照片**且**未過期**之**官方身分證明**文件進行
　　　　驗證，如身分證、護照、居留證、駕照等。如對上述文件效期
　　　　有疑義，應以大使館或公證人之認證或聲明進行驗證。另實質受
　　　　益人前述資料得不要求正本進行驗證，或依據保險公司、辦理簡
　　　　易人壽保險業務之郵政機構內部所定作業程序，請法人、團體及
　　　　其代表人聲明實質受益人資料，但該聲明資料應有部分項目得以
　　　　公司登記證明文件、**公司年報**等其他可信文件或資料來源進行驗
　　　　證。

　　(2) 驗證地址：以客戶所屬**帳單**、**對帳單**、或**官方核發**之文件等進行
　　　　驗證。

　2. 法人、團體或信託之受託人：以公司設立**登記文件**（Certified
　　　Articles of Incorporation）、政府核發之**營業執照**、**合夥協議**
　　　（Partnership Agreement）、**信託文件**（Trust Instrument）、**存續證**
　　　明（Certification of Incumbency）等進行驗證。如信託之受託人為
　　　洗錢防制法第五條第一項列示之金融機構所管理之信託，其信託文
　　　件得由該金融機構出具之書面替代之。惟該金融機構所在之國家或
　　　地區屬未採取有效防制洗錢或打擊資恐之高風險國家或地區或足資
　　　懷疑該客戶或交易涉及洗錢或資恐者，不適用之。

(二) 以非文件資訊驗證，例如：

　1. 在建立業務關係後，以**電話**或**函件**聯繫客戶。

　2. 由**其他金融機構**提供之資訊。

　3. 交叉比對客戶提供之資訊與其他可信賴之**公開資訊**、**付費資料**
　　　庫等。

九、依據保險業洗錢及資恐風險評估相關規範辨識為**高風險之客戶**，應以下列加強方式擇一執行驗證：

(一) 取得寄往客戶所提供住址之客戶本人/法人或團體之有權人**簽署回函**或辦理**電話訪查**。

(二) 取得個人**財富及資金來源**資訊之佐證資料。

(三) **實地訪查**。

(四) 取得過去保險**往來資訊**。

十、保險公司、辦理簡易人壽保險業務之郵政機構**完成確認**客戶身分措施前，**不得**與該客戶建立業務關係。但符合以下各目情形者，得先取得辨識客戶及實質受益人身分之資料，並於建立業務關係後，再完成驗證：

(一) 洗錢及資恐風險受到**有效管理**。包括應針對客戶可能利用交易完成後才驗證身分之情形，採取風險管控措施。

(二) 為避免對客戶業務之正常運作**造成干擾**所必須。

(三) 會在合理可行之情形下**儘速完成**客戶及實質受益人之身分驗證。如未能在合理可行之時限內完成客戶及實質受益人之身分驗證，**須終止**該業務關係，並**應事先告知**客戶。

十一、保險公司、辦理簡易人壽保險業務之郵政機構如允許客戶未完成身分驗證前建立業務關係，則應採取相關之**風險管控措施**，包括：

(一) 訂定客戶身分驗證完成**期限**。

(二) 於客戶身分驗證完成前，營業單位**督導主管**應**定期檢視**與該客戶之往來關係，並定期向**高階主管**報告客戶身分驗證處理進度。

(三) 於客戶身分驗證完成前，**限制**該客戶之**交易次數**與**交易類型**。

(四) 於客戶身分驗證完成前，**限制**該客戶不得將款項**支付予第三人**，但符合以下各條件者不在此限：

1. **無**洗錢/資恐活動**疑慮**。

2. 該客戶之洗錢/資恐之風險等級屬低風險。

3. 交易依保險公司、辦理簡易人壽保險業務之郵政機構內部風險考量，所訂核准層級之**高階管理人員核准**。

4. 收款人之姓名/名稱與**洗錢或資恐名單**不符。

(五) 對所取得客戶或實質受益人身分資料之真實性、妥適性或其目的**有所懷疑**時，不適用前一目但書。

(六) 前款第三目「合理可行之時限」，保險公司、辦理簡易人壽保險業務之郵政機構應以風險基礎方法依不同風險等級訂定。釋例如下：

1. 應在建立業務關係後，不遲於**三十個工作天**內完成客戶身分驗證程序。

2. 倘在建立業務關係三十個工作天後，仍未能完成客戶身分驗證程序，則保險公司、辦理簡易人壽保險業務之郵政機構應**暫時中止**與客戶之業務關係，及避免進行進一步之交易（在可行狀況下，將資金退回原資金來源則不在此限）。

3. 倘在建立業務關係**一百二十天後**，仍未能完成客戶身分驗證程序，則保險公司、辦理簡易人壽保險業務之郵政機構應**終止**與客戶之業務關係。

十二、客戶為法人時，應以檢視**公司章程**或請客戶出具**聲明書**之方式，瞭解其是否可發行**無記名股票**，並對已發行無記名股票之客戶採取下列措施之一，以確保其實質受益人之更新：

(一) 請客戶要求具控制權之**無記名股票股東**，應通知客戶**登記身分**，並請客戶於**具控制權股東**身分發生**變動時通知**保險公司、辦理簡易人壽保險業務之郵政機構。

(二) 請客戶於**每次股東會後**，應向保險公司、辦理簡易人壽保險業務之郵政機構更新其**實質受益人**資訊，並提供**持有無記名股票達一定比率以上股東**之資料。但客戶因其他原因**獲悉**具控制權股東身分發生**變動**時，**應即通知**保險公司、辦理簡易人壽保險業務之郵政機構。

十三、保險公司、辦理簡易人壽保險業務之郵政機構於確認客戶身分時，應運用適當之風險管理機制，確認**客戶**及其**實質受益人**、**高**

階管理人員是否為現任或曾任國內外政府或國際組織之**重要政治性職務人士**：

(一)客戶或其實質受益人若為**現任國外政府**之重要政治性職務人士，應將該客戶**直接視為高風險客戶**，並採取第六條第一項第一款各目之**強化確認**客戶身分措施。

(二)客戶或其實質受益人若為**現任國內**政府或國際組織之重要政治性職務人士，應於與該客戶建立業務關係時，審視其風險，嗣後並應**每年重新審視**。對於經保險公司、辦理簡易人壽保險業務之郵政機構認定**屬高風險**業務關係者，應對該客戶採取第六條第一項第一款各目之**強化確認**客戶身分措施。

(三)客戶之**高階管理人員**若為現任國內外政府或國際組織之重要政治性職務人士，保險公司、辦理簡易人壽保險業務之郵政機構應考量該高階管理人員對該客戶之**影響力**，決定是否對該客戶採取第六條第一項第一款各目之**強化確認**客戶身分措施。

(四)對於**非現任**國內外政府或國際組織之重要政治性職務人士，保險公司、辦理簡易人壽保險業務之郵政機構應考量相關風險因子後**評估其影響力**，依風險基礎方法認定其是否應適用前三目之規定。

(五)前四目規定於重要政治性職務人士之**家庭成員**及**有密切關係之人**，亦適用之。前述家庭成員及有密切關係之人之範圍，依洗錢防制法第七條第四項後段所定**辦法**之規定認定之。

(六)**第七款第三目第一小目至第三小目**及**第八小目**所列對象，其實質受益人或高階管理人員為重要政治性職務人士時，不適用本款第一目至第五目之規定。

(七)保險公司、辦理簡易人壽保險業務之郵政機構對於**人壽保險、投資型保險**及**年金保險**契約，應於**給付**保險金或解約金前，採取合理措施辨識及驗證**保險受益人**及其**實質受益人**是否為前項所稱**重要政治性職務人士**。如發現**高風險情形**，應於**給付前通知高階管理人員**，對與該客戶之整體業務關係進行**強化審查**，並考量疑似洗錢或資恐交易之**申報**。

十四、確認客戶身分其他應遵循之事項：

(一)**承保時**應注意事項：

1. 業務員於個人投保時，應要求要保人、被保險人提供**身分證明文件**（身分證、護照、駕照，或其他足資證明其身分之文件等）或予以記錄；法人投保時，應要求提供法人**合格登記資格證照**、代理人之**合法證明**（如營業執照、其他設立或登記證照等）及持有或控制該法人之實質受益人之**身分文件**、資料或資訊或予以記錄；並與**要保書**填載內容核對無誤後於**招攬報告**註明。

2. 核保人員於核保時**應確實審閱**要保人或被保險人填寫之**要保文件**，招攬報告對當事人之確認是否確實；必要時應要求**個案生調**，並附具相關資料，以備查考。法人投保者，應採合理方式了解其**營業性質**、**實質受益人**與**控制結構**，並保留相關資料。

3. 為確認客戶身分，必要時得要求提供有關身分證及登記證照外之**第二身分證明文件**。該第二身分證明文件應具辨識力。**機關學校團體之清冊**，如可確認當事人身分，亦可當作第二身分證明文件。若當事人拒絕提供者，應予婉拒受理或經確實查證身分屬實後始予辦理。

4. 對於由代理人辦理投保，應依本條第三款第二目規定辦理。

(二)對於**人壽保險**、**投資型保險**及**年金保險**契約之保險受益人確定或經指定時，採取下列措施：

1. 對於經指定為保險受益人者，應取得其**姓名**或**名稱**及**身分證明文件號碼**或**註冊設立日期**。

2. 對於依據契約特性或其他方式指定為保險受益人者，應取得充分資訊，以使保險業於**支付保險金時**得**藉以辨識**該保險受益人身分。

(三)**承保後再確認**客戶資料之程序：

1. **鉅額保費**（金額由各公司自訂）之保件行使**契約撤銷權**要求退還所繳保費者，應**專案處理**，確認客戶之身分及動機，防制其藉投保為洗錢或資恐之行為。

2. 對客戶資料必要時應以電話、信函或其他方式瞭解個人客戶之**職業**及**住居所**，法人客戶之**營業場所**及**營業性質**，並保留相關資料。

3. 客戶辦理**保單借款**，以及**變更繳費**方式、**變更要保人或受益人**等契約內容變更或解約如有異常情形者，均應密切注意並予查核。

4. 對於**由代理人辦理**契約變更，應依本條第三款第二目規定辦理。

(四)**給付保險金時**應注意之規定：

1. 應於**人壽保險**、**投資型保險**及**年金保險契約**給付保險金時，**驗證**該保險受益人之身分。

2. 給付保險金時，對保險金給付之**流向**有疑慮時應予查核；對要求**取消支票禁止背書轉讓**者，應瞭解其動機，並作適當之**註記**。

3. 查核**受益人變更**之過程是否正常合理。

4. 查核保險給付之對象，其受領金額與其職業或身分是否正常合理。

5. 對於由代理人辦理理賠交易，應依本條第三款第二目規定辦理。

(五)保險公司、辦理簡易人壽保險業務之郵政機構對於**無法完成確認**客戶身分相關規定程序者，**應考量申報**與該客戶有關之疑似洗錢或資恐交易。

(六)保險公司、辦理簡易人壽保險業務之郵政機構懷疑某客戶或交易可能涉及洗錢或資恐，且合理相信執行確認客戶身分程序可能對客戶洩露訊息時，**得不執行**該等程序，而**改以申報**疑似洗錢或資恐交易。

(七)對於非「**面對面**」之客戶，應該施以具相同效果之確認客戶程序，且必須有特別和足夠之措施，以降低風險。

(八)以網路方式建立業務關係者，應依本會所訂並經主管機關備查之相關作業範本辦理。

十五、對於有第一款第八目所述建立業務關係或交易對象情形，保險公司、辦理簡易人壽保險業務之郵政機構應依洗錢防制法第十條申報疑似洗錢或資恐交易，如該對象為資恐防制法指定制裁之個人、法人或團體，並應於**知悉之日起**不得有資恐防制法第七條第一項行為，及依第十二條規定辦理**通報**（格式請至法務部調查局網站下載）。若於前述對象受制裁指定前已有資恐防制法第六條第一項第二款及第三款情事，則應依資恐防制法相關規定申請許可。

十六、前款規定，於第三人受指定制裁之個人、法人或團體委任、委託、信託或其他原因而為其持有或管理之財物或財產上利益，亦適用之。

第 5 條

保險公司、辦理簡易人壽保險業務之郵政機構確認客戶身分措施，應包括對客戶身分之持續審查，並依下列規定辦理：

一、應依**重要性**及**風險程度**，對**現有客戶**身分資料進行審查，並於考量前次執行審查之時點及所獲得資料之適足性後，在**適當時機**對已存在之往來關係進行審查。上開適當時機至少應包括：

(一) 客戶**保額異常增加**或**新增業務往來關係**時。

(二) 依據客戶之重要性及風險程度所定之**定期審查時點**。

(三) 得知客戶身分與背景資訊有**重大變動**時。

二、應對客戶業務關係中之交易進行詳細審視，以確保所進行之交易與客戶及其業務、風險相符，必要時並應瞭解其資金來源。

三、應定期檢視其辨識客戶及實質受益人身分所取得之資訊是否足夠，並確保該等資訊之更新，特別是**高風險客戶**，應至少**每年檢視一次**，除前述客戶外，應依風險基礎方法決定檢視頻率。

四、對客戶身分辨識與驗證程序，得以過去執行與保存資料為依據，無須於客戶每次從事交易時，一再辨識及驗證客戶之身分。但對客戶資訊之真實性或妥適性**有所懷疑**、**發現客戶涉及**疑似洗錢或資恐交易，或客戶之交易運作方式出現與該客戶業務**特性不符之重大變動**時，應依第四條規定對客戶身分再次確認。

第 6 條

1　第四條第三款及前條規定之確認客戶身分措施及持續審查機制，應以**風險基礎方法**決定其執行強度，包括：

一、對於高風險情形，應加強確認客戶身分或持續審查措施，其中至少應額外採取下列強化措施：

(一)在建立或新增業務往來關係前，應取得依內部風險考量，所訂核准層級之**高階管理人員同意**。

(二)應採取合理措施以**瞭解客戶財富及資金來源**。其中資金來源係指產生該資金之實質來源（如薪資、投資收益、買賣不動產等）。

(三)對於業務往來關係應採取**強化之持續監督**。

二、對於來自洗錢或資恐高風險國家或地區之客戶，應採行與其風險相當之強化措施。

三、對於**較低風險**情形，得採取**簡化**措施，該簡化措施應與其較低風險因素相當。但有下列情形者，**不得採取**簡化確認客戶身分措施：

(一)客戶**來自未採取**有效防制洗錢或打擊資恐之高風險國家或地區，包括但不限於金管會函轉國際防制洗錢組織所公告防制洗錢與打擊資恐有嚴重缺失之國家或地區，及其他未遵循或未充分遵循國際防制洗錢組織建議之國家或地區。

(二)**足資懷疑**該客戶或交易涉及洗錢或資恐。

2 保險公司、辦理簡易人壽保險業務之郵政機構得採行之**簡化確認**客戶身分措施如下：

一、**降低**客戶身分資訊**更新之頻率**。

二、**降低持續性監控**之等級，並以合理之金額門檻作為審查交易之基礎。

三、從交易類型或已建立業務往來關係**可推斷其目的及性質**者，得**無須再蒐集**特定資訊或執行特別措施以瞭解業務往來關係之目的及其性質。

3 保險公司、辦理簡易人壽保險業務之郵政機構應依**重要性**及**風險程度**，對現有客戶進行客戶審查，並於考量前次執行客戶審查之時點及所獲得資料之適足性後，在適當時機對已存在之往來關係進行審查。

4 保險公司、辦理簡易人壽保險業務之郵政機構應將人壽保險契約之受益人納為是否執行強化確認客戶身分措施之考量因素。人壽保險契約之保險受益人為法人或信託之受託人，經評估屬較高風險者，

應採取強化確認客戶身分措施，包括於**給付保險金前**，採取**合理措施辨識及驗證**實質受益人身分。

第 **7** 條

保險公司、辦理簡易人壽保險業務之郵政機構確認客戶身分作業**應自行辦理**，如法令或金管會另有規定保險公司、辦理簡易人壽保險業務之郵政機構得依賴第三方執行辨識及驗證客戶本人身分、代理人身分、實質受益人身分或業務關係之目的及性質時，**該依賴第三方之**保險公司、辦理簡易人壽保險業務之郵政機構**仍應負**確認客戶身分之**最終責任**，並應符合下列規定：

一、應能**立即取得**確認客戶身分所需資訊。

二、應**採取符合**保險公司、辦理簡易人壽保險業務之郵政機構本身需求之措施，確保所依賴之第三方將依保險公司、辦理簡易人壽保險業務之郵政機構之要求，毫不延遲提供確認客戶身分所需之客戶身分資料或其他相關文件影本。

三、確認所依賴之第三方**受到規範、監督或監控**，並有適當措施遵循確認客戶身分及紀錄保存之相關規範。

四、確認所依賴之第三方之所在地，其防制洗錢及打擊資恐規範與防制洗錢金融行動工作組織所定之**標準一致**。

第 **8** 條

保險公司、辦理簡易人壽保險業務之郵政機構對客戶及交易有關對象之**姓名及名稱檢核機制**應依下列規定辦理：

一、應依據風險基礎方法，建立客戶及交易有關對象之姓名及名稱檢核政策及程序，以偵測、比對、篩檢**客戶、客戶之高階管理人員、實質受益人**或**交易有關對象**是否為資恐防制法指定制裁之個人、法人或團體，以及外國政府或國際組織認定或追查之恐怖分子或團體。如是，應依第四條第十五款規定辦理。

二、客戶及交易有關對象之姓名及名稱檢核政策及程序，至少應包括比對與篩檢邏輯、檢核作業之執行程序，以及檢視標準，並將其書面化。

三、執行姓名及名稱檢核情形應予記錄，並依第十三條規定之期限進行保存。

四、本檢核機制應予測試，**測試面向**包括：

(一)**制裁名單**及**門檻設定**是否基於風險基礎方法。

(二)**輸入資料**與對應之系統欄位正確及完整。

(三)**比對與篩檢邏輯**。

(四)**模型驗證**。

(五)**資料輸出**正確及完整。

五、依據測試結果確認是否仍能妥適反映風險並適時修訂之。

第 **9** 條

1　保險公司、辦理簡易人壽保險業務之郵政機構對交易之**持續監控**，應依下列規定辦理：

一、應逐步以**資訊系統整合**全公司客戶之基本資料及交易資料，供總（分）公司進行基於防制洗錢及打擊資恐目的之查詢，以強化其交易監控能力。對於各單位調取及查詢客戶之資料，應建立內部控制程序，並注意資料之保密性。

二、應依據以**風險基礎方法**，建立交易監控政策與程序，並利用資訊系統，輔助發現疑似洗錢、資恐或資助武擴交易。

三、依據防制洗錢與打擊資恐法令規範、其**客戶性質**、**業務規模及複雜度**、**內部與外部來源**取得之洗錢與資恐相關趨勢與資訊、保險公司**內部風險評估**結果等，檢討其交易監控政策及程序，並定期更新之。

四、交易監控政策及程序，至少應包括完整之**監控型態、參數設定、金額門檻、預警案件**與**監控作業之執行程序**與**監控案件之檢視程序及申報標準**，並將其書面化。

五、前款機制**應予測試**，測試面向包括：

(一)**內部控制流程**：檢視交易監控機制之相關人員或單位之角色與責任。

(二)輸入資料與對應之**系統欄位**正確及完整。

(三)**偵測情境邏輯**。

(四)**模型驗證**。

(五)**資料輸出**。

六、發現或有合理理由懷疑客戶、客戶之資金、資產或其欲/已進行之交易與**洗錢、資恐或資助武擴等有關**者，**不論金額或價值大小或交易完成與否**，均應對客戶身分進一步審查。

七、附錄所列為可能產生之疑似洗錢、資恐或資助武擴交易表徵，惟並非詳盡無遺，保險公司、辦理簡易人壽保險業務之郵政**機構應依本身資產規模、地域分布、業務特點、客群性質及交易特徵**，並參照本身**內部**之洗錢及資恐風險**評估**或**日常交易資訊**等，選擇或自行**發展契合本身之表徵**，以辨識出可能為洗錢、資恐或資助武擴之警示交易。

八、前款辨識出之警示交易應就客戶個案情況判斷其合理性（合理性之判斷例如是否有與客戶身分、收入或營業規模**顯不相當**、與客戶本身營業**性質無關**、不符合客戶**商業模式**、無合理**經濟目的**、**無合理解釋**、無**合理用途**、或資金**來源不明**或**交代不清**），並留存檢視紀錄。經認定非疑似洗錢、資恐或資助武擴交易者，應當記錄分析排除理由；如認為有疑似洗錢、資恐或資助武擴之交易，除應確認客戶身分並留存相關紀錄憑證外，應於專責**主管核定**後立即向**法務部調查局**申報，核定後之申報期限不得逾**二個營業日**。交易未完成者，亦同。

九、就各項疑似洗錢、資恐或資助武擴交易表徵，應以風險基礎方法辨別須建立相關資訊系統輔助監控者。未列入系統輔助者，亦應以其他方式協助員工於客戶交易時判斷其是否為疑似洗錢、資恐或資助武擴交易；**系統輔助並不能完全取代員工判斷**，仍應強化員工之訓練，使員工有能力識別出疑似洗錢、資恐或資助武擴交易。

2 疑似洗錢、資恐或資助武擴交易申報：

一、各單位承辦人員發現異常交易，應立即<u>陳報督導主管</u>。

二、督導主管應儘速<u>裁決</u>是否確屬應行申報事項。如裁定應行申報，應立即交由<u>原承辦人員填寫申報書</u>（格式請至法務部調查局網站下載），並將申報書轉送專責單位。

三、由專責單位簽報<u>專責主管核定</u>後立即向法務部調查局申報，核定後之申報期限不得逾<u>二個營業日</u>。交易未完成者，亦同。

四、前揭申報如屬明顯重大緊急案，應以傳真或其他可行方式儘速向法務部調查局申報，並立即補辦書面資料。但經法務部調查局以傳真資料確認回條回傳確認收件者，無需補辦申報書。保險公司、辦理簡易人壽保險業務之郵政機構並應留存傳真資料確認回條。

3 防止申報資料及消息洩露之保密規定：

一、疑似洗錢、資恐或資助武擴交易申報事項，各級人員應保守秘密，不得任意洩露。保險公司、辦理簡易人壽保險業務之郵政機構並應提供員工如何避免資訊洩露之訓練或教材，避免員工與客戶應對或辦理日常作業時，發生資訊洩露情形。

二、本申報事項有關之文書，均應以<u>機密文件</u>處理，如有洩密案件應依有關規定處理。

三、<u>**防制洗錢及打擊資恐專責人員**</u>、<u>**法令遵循單位所屬人員**</u>或<u>**稽核單位人員**</u>為執行職務需要，得及時取得客戶資料與交易紀錄，惟仍應遵循保密之規定。

4 執行交易<u>**持續監控**</u>之情形<u>**應予記錄**</u>，並依第十三條規定之期限進行保存。

第 **10** 條

保險公司、辦理簡易人壽保險業務之郵政機構於推出<u>**具有保單價值準備金**</u>或<u>**現金價值之新產品或服務或辦理新種業務**</u>（包括新<u>**支付機制**</u>、運用<u>**新科技**</u>於現有或<u>**全新之產品或業務**</u>）前，應進行產品之洗錢及資恐<u>**風險評估**</u>，並建立相應之風險管理措施以降低所辨識之風險。

第 11 條

1　保險公司、辦理簡易人壽保險業務之郵政機構對達**一定金額以上**之通貨交易，應依下列規定辦理：

一、應**確認客戶身分**並留存相關紀錄憑證。

二、確認客戶身分措施，應依下列規定辦理：

(一)憑客戶提供之**身分證明文件或護照**確認其身分，並將其姓名、出生年月日、住址、電話、交易帳戶號碼、交易金額及身分證明文件號碼等事項加以記錄。但如能確認客戶為交易帳戶**本人者，可免確認身分**，惟應於交易紀錄上**敘明係本人**交易。

(二)交易如係由**代理人**為之者，應憑代理人提供之身分證明文件或護照確認其身分，並將其姓名、出生年月日、住址、電話、交易帳戶號碼、交易金額及身分證明文件號碼等事項加以記錄。

三、除本條第二項之情形外，應於交易完成後**五個營業日內**以媒體申報方式（格式請至法務部調查局網站下載），向**法務部調查局**申報。無法以媒體方式申報而有正當理由者，得報經法務部調查局同意後，以書面（格式請至法務部調查局網站下載）申報之。

四、向調查局申報資料及相關紀錄憑證之保存，應依第十三條規定辦理。

2　對下列達一定金額以上之通貨交易，**免**向法務部調查局申報，但仍應確認客戶身分及留存相關紀錄憑證：

一、存入**政府機關**、公營事業機構、行使公權力機構（於受委託範圍內）、公私立學校、公用事業及政府依法設立之基金所開立帳戶之款項。

二、**金融機構間之交易及資金調度**。但金融同業之客戶透過金融同業間之同業存款帳戶所生之應付款項，如兌現同業所開立之支票，同一客戶現金交易達一定金額以上者，仍應依規定辦理。

三、**代收款項交易**（不包括存入股款代收專戶之交易），其繳款通知書已明確記載交易對象之姓名、身分證明文件號碼（含代號可追查交易對象之身分者）、交易種類及金額者。但應以繳款通知書副聯作為交易紀錄憑證留存。

第 **12** 條

1　保險公司、辦理簡易人壽保險業務之郵政機構依資恐防制法第七條進行經指定制裁對象之財物或財產上利益及所在地之通報，應依下列規定辦理：

一、於知悉後即依法務部調查局所定之通報格式及方式，由**專責主管核定**後，立即向法務部調查局通報，核定後之通報期限**不得逾二個營業日**。

二、前揭申報如有明顯重大緊急案，應立即以傳真或其他可行方式儘速辦理通報，並應依法務部調查局以所定之通報格式及方式補辦通報。但經法務部調查局以所定格式傳真回覆確認，無需補辦通報。保險公司、辦理簡易人壽保險業務之郵政機構並應留存法務部調查局之傳真回覆資料。

三、保險公司、辦理簡易人壽保險業務之郵政機構以每年**十二月三十一日**為**結算基準日**，應依法務部調查局所定之格式編製年度報告，記載保險公司、辦理簡易人壽保險業務之郵政機構於結算基準日當日依資恐防制法第七條所管理或持有一切經指定制裁之個人、法人或團體之財物或財產上利益，並於**次年三月三十一日**前提報法務部調查局**備查**。

2　前項**通報紀錄**、**交易憑證**及**年度報告**，應依第十三條規定辦理。

第 **13** 條

保險公司、辦理簡易人壽保險業務之郵政機構應以紙本或電子資料保存與客戶往來及交易之紀錄憑證，並依下列規定辦理：

一、對國內外交易之所有必要紀錄之保存應至少**保存五年**。但法律另有較長保存期間規定者，從其規定。前述必要紀錄包括：

(一)進行交易的各方**姓名**或**帳號**或**識別號碼**。

(二)**交易日期**。

(三)**貨幣種類**及**金額**。

(四)繳交或給付款項之**方式**，如以現金、支票等。

(五)給付款項的**目的地**。

(六)**指示或授權**之方式。

二、對達一定金額以上**大額通貨交易**，其確認紀錄及申報之相關紀錄憑證，以原本方式至少**保存五年**。確認客戶程序之記錄方法，由保險公司、辦理簡易人壽保險業務之郵政機構依本身考量，根據全公司一致性做法之原則，選擇一種記錄方式。

三、對疑似洗錢或資恐交易之**申報**，其申報之相關紀錄憑證，以原本方式至少**保存五年**。

四、下列資料應保存至與客戶業務**關係結束後至少五年**。但法律另有較長保存期間規定者，從其規定：

(一)確認客戶**身分**所取得之**所有紀錄**，如護照、身分證、駕照或類似之官方身分證明文件影本或紀錄。

(二)**契約文件**檔案。

(三)**業務往來資訊**，包括對複雜、異常交易進行詢問所取得之背景或目的資訊與分析資料。

五、保存之交易紀錄應**足以重建個別交易**，以備作為認定不法活動之證據。

六、對權責機關依適當授權要求提供交易紀錄及確認客戶身分等相關資訊時，應確保能夠迅速提供。

第 14 條

其他應注意事項：

一、對客戶或業務員有**疑似規避**洗錢防制法規定之行為（如同一要保人或被保險人分散投保鉅額保件），**應予注意並瞭解其動機**。

二、保險公司、辦理簡易人壽保險業務之郵政機構**每年**（期間各公司得
配合自訂）應檢討**內部管制措施**，是否足以防制洗錢及打擊資恐之
行為；各單位作業如有缺失，並應及時改進。

三、如**調查**疑涉洗錢或資恐之職員（員工）時，應**注意保密**。

第 **15** 條

專責單位及專責主管：

一、保險公司、辦理簡易人壽保險業務之郵政機構應依其規模、風險等
配置適足之防制洗錢及打擊資恐專責人員及資源，並由**董（理）事
會**指派**高階主管**一人擔任**專責主管**，賦予協調監督防制洗錢及打擊
資恐之充分職權，及確保該等人員及主管**無**與其防制洗錢及打擊資
恐職**責有利益衝突之兼職**。其中本國人身保險公司、辦理簡易人壽
保險業務之郵政機構並應於總經理、總機構法令遵循單位或風險控
管單位下設置獨立之防制洗錢及打擊資恐專責單位，該單位**不得兼
辦**防制洗錢及打擊資恐以外之其他業務。

二、前款專責單位或專責主管掌理下列事務：

(一) **督導**洗錢及資恐風險之**辨識**、**評估**及**監控政策**及**程序**之**規劃與執行**。

(二) **協調**督導**全面性**洗錢及資恐風險辨識及評估之執行。

(三) **監控**與洗錢及資恐有關之**風險**。

(四) **發展**防制洗錢及打擊資恐**計畫**。

(五) **協調**督導防制洗錢及打擊資恐計畫之執行。

(六) **確認**防制洗錢及打擊資恐相關**法令之遵循**，包括所屬同業公會所定
並經本會准予備查之相關範本或自律規範。

(七) **督導**向法務部調查局進行疑似洗錢或資恐交易申報及資恐防制法指
定對象之財物或財產上利益及其所在地之**通報事宜**。

(八) 其他與防制洗錢及打擊資恐有關之事務。

三、第一款**專責主管**應至少**每半年**向**董（理）事會**及**監察人（監事、監
事會）**或**審計委員會報告**，如發現有重大違反法令時，應即時向**董
事（理）會**及**監察人（監事、監事會）**或**審計委員會**報告。

四、保險公司、辦理簡易人壽保險業務之郵政機構國外營業單位應綜合
考量在當地之**分公司家數**、**業務規模及風險**等，設置適足之防制洗
錢及打擊資恐人員，並指派**一人**為主管，負責執行防制洗錢及打擊
資恐法令之協調督導事宜。

五、保險公司、辦理簡易人壽保險業務之郵政機構**國外營業單位**防制洗
錢及打擊資恐主管之設置應**符合當地法令**規定及當地主管機關之要
求，並應具備協調督導防制洗錢及打擊資恐之充分職權，包括可直
接向第一款**專責主管**報告，且除兼任法令遵循主管外，應為專任，
如兼任其他職務，應與當地主管機關溝通，以確認其兼任方式無職
務衝突之虞，並報**金管會備查**。

第 **16** 條

防制洗錢及打擊資恐**內部控制制度**之**執行**、**稽核**及**聲明**：

一、保險公司、辦理簡易人壽保險業務之郵政機構國內外營業單位應指
派**資深管理人員**擔任**督導主管**，負責督導所屬單位執行防制洗錢及
打擊資恐相關事宜，並依相關規定辦理自行查核。

二、保險公司、辦理簡易人壽保險業務之郵政機構內部稽核單位應依規
定辦理下列事項之查核，並提具查核意見：

(一)洗錢及資恐風險評估與防制洗錢及打擊資恐計畫是否**符合法規**要求
並**落實執行**。

(二)防制洗錢及打擊資恐**計畫之有效性**。

三、保險公司、辦理簡易人壽保險業務之郵政機構內部稽核單位之
職責：

(一)應依據所訂內部管制措施暨有關規定**訂定查核事項**，**定期辦理**查
核，並**測試**防制洗錢及打擊資恐**計畫之有效性**及保險公司營運、部
門與分公司（或子公司）之**風險管理品質**。

(二)查核方式應涵蓋**獨立性交易測試**，包括就保險公司評估之高風險**產
品**、**客戶**及**地域**，篩選有關之交易，驗證已有效執行防制洗錢及打
擊資恐相關規範。

(三) 發現執行該項管理措施之疏失事項，應**定期簽報專責主管**陳閱，並提供員工在職訓練之參考。

(四) 查獲**故意隱匿**重大違規事項而不予揭露者，應由**總公司**權責單位適當**處理**。

四、保險公司、辦理簡易人壽保險業務之郵政機構**總經理**應督導各單位審慎評估及檢討防制洗錢及打擊資恐**內部控制**制度**執行情形**，由董**事長（理事主席）**、**總經理**、**總稽核（稽核人員）**、防制洗錢及打擊資恐**專責主管**聯名出具防制洗錢及打擊資恐之內部控制制度聲明書，並提報**董（理）事會**通過，於每**會計年度終了後三個月內**將該內部控制制度聲明書內容揭露於**保險業網站**，並於**金管會指定網站**辦理公告申報。

五、外國保險公司在臺分公司就本範本關於董事會或監察人之相關事項，由其**總公司授權人員**負責。前款**聲明書**，由總公司授權之在**臺分公司負責人**、防制洗錢及打擊資恐**專責主管**及負責臺灣地區**稽核業務主管**等三人出具。

第**17**條

人員任用及訓練：

一、保險公司、辦理簡易人壽保險業務之郵政機構應確保建立高品質之員工遴選及任用程序，包括檢視員工是否具備廉正品格，及執行其職責所需之專業知識。

二、保險公司、辦理簡易人壽保險業務之郵政機構之防制洗錢及打擊資恐**專責主管**、**專責人員**及國內營業單位**督導主管**應於充任後**三個月內**符合下列資格條件之一，並應訂定相關控管機制，以確保符合規定：

(一) 曾擔任專責之法令遵循或防制洗錢及打擊資恐專責人員**三年以上者**。

(二) 專責主管及專責人員參加金管會認定機構所舉辦**二十四小時以上課**程，並經考試及格且取得結業證書；國內營業單位督導主管參加金

管會認定機構所舉辦**十二小時以上**課程，並經考試及格且取得結業證書。但由法令遵循主管兼任防制洗錢及打擊資恐專責主管，或法令遵循人員兼任防制洗錢及打擊資恐專責人員者，經參加金管會認定機構所舉辦**十二小時**防制洗錢及打擊資恐之教育訓練後，視為具備本目資格條件。

(三)取得金管會認定機構舉辦之國內或國際防制洗錢及打擊資恐專業人員**證照**者。

三、前款之**專責主管**、**專責人員**及國內營業單位**督導主管**，**每年**應至少參加經第十五條第一款專責主管同意之內部或外部訓練單位所辦**十二小時**防制洗錢及打擊資恐教育訓練，訓練內容應至少包括新修正法令、洗錢及資恐風險趨勢及態樣。當年度取得金管會認定機構舉辦之國內或國際防制洗錢及打擊資恐專業人員證照者，得抵免當年度之訓練時數。

四、**國外**營業單位之**督導主管**與防制洗錢及打擊資恐**主管、人員**應具備防制洗錢專業及熟知當地相關法令規定，且**每年**應至少參加由國外主管機關或相關單位舉辦之防制洗錢及打擊資恐教育訓練課程**十二小時**，如國外主管機關或相關單位未舉辦防制洗錢及打擊資恐教育訓練課程，得參加經第十五條第一款專責主管同意之內部或外部訓練單位所辦課程。

五、保險公司、辦理簡易人壽保險業務之郵政機構**董（理）事**、**監察人**、**總經理**、**法令遵循人員**、**內部稽核人員**、**業務人員**及與防制洗錢及打擊資恐**業務有關人員**，應依其業務性質，**每年**安排適當內容及時數之防制洗錢及打擊資恐教育訓練，以使其瞭解所承擔之防制洗錢及打擊資恐職責，及具備執行該職責應有之專業。

六、保險公司、辦理簡易人壽保險業務之郵政機構應於各級內外勤人員在職教育訓練中安排防制洗錢及打擊資助恐怖主義之相關課程，使全體員工瞭解防制洗錢及打擊資助恐怖主義風險之相關法令與實務上運作之關係並得視實際需要延聘**法務部**、**金管會**、**大專院校**或**其他機構**之**學者專家**擔任講師。

七、保險公司、辦理簡易人壽保險業務之郵政機構之員工於赴國外進
　　修或考察時，應利用機會瞭解國外人壽保險業防制洗錢及打擊資
　　助恐怖主義之具體作法，如有足資公司參考取法者，並得專案予
　　以獎勵。

第 **18** 條
客戶有下列情形**應婉拒服務**，並報告直接主管：
一、告知依法必須提供相關資料確認身份時，**堅不提供**相關資料。
二、任何個人或團體**強迫或意圖強迫**保險公司、辦理簡易人壽保險業務
　　之郵政機構**不得**將交易紀錄或申報表格**建檔**。
三、**意圖說服**員工**免去**完成該交易**應填報**之資料。
四、**探詢逃避**申報之**可能性**。
五、**急欲說明**資金來源清白或非進行洗錢。
六、**堅持**交易必須**馬上完成**，且**無合理解釋**。
七、客戶之**描述**與交易本身顯**不吻合**。
八、**意圖提供利益**於員工，以達到保險公司、辦理簡易人壽保險業務之
　　郵政機提供服務之目的。

第 **19** 條
1　保險公司應於與保險代理人或保險經紀人之合作推廣、共同行銷、
　　保險代理人或保險經紀人契約中，約定其應遵守防制洗錢及打擊資
　　恐規定並配合保險公司辦理客戶身分資訊蒐集或驗證作業。
2　保險公司應向業務往來之保險代理人及保險經紀人充分要求及確認
　　需配合辦理業務招攬之防制洗錢及打擊資恐事項。

第 **20** 條
保險公司、辦理簡易人壽保險業務之郵政機構應參酌本範本訂定其注意
事項，經**董（理）事會**通過後實施，並應每年檢討；修正時，亦同。

第 21 條

本範本應經**壽險公會理事會**通過，及**報請金管會備查**後實施；修正時，亦同。

(二)保險業評估洗錢及資恐風險及訂定相關防制計畫指引（108/06/17版）

一、本指引依「**保險公司與辦理簡易人壽保險業務之郵政機構及其他經金融監督管理委員會指定之金融機構防制洗錢及打擊資恐內部控制與稽核制度實施辦法**」（以下簡稱金融機構防制洗錢及打擊資恐內部控制與稽核制度實施辦法）訂定，以防制洗錢及打擊資恐為目的，內容涵括我國保險業如何辨識、評估各項業務之洗錢及資恐風險，以及制訂洗錢及資恐風險防制相關之政策、程序及控管等面向，作為執行方法之參考。

二、

1　保險業防制洗錢及打擊資恐之**內部控制制度**，應經**董（理）事會**通過；修正時，亦同。其內容並應包括針對洗錢與資恐風險進行辨識、評估、管理與相關政策、程序之訂定，以及依據洗錢及資恐風險、業務規模而訂定之防制洗錢及打擊資恐計畫，並定期檢討。

2　風險基礎方法（risk-based approach）旨在協助發展與洗錢及資恐風險相當之防制與抵減措施，以利保險業決定其防制洗錢及打擊資恐資源之配置、建置其內部控制制度、以及訂定和執行防制洗錢及打擊資恐計畫應有之政策、程序及控管措施。

3　保險業應考量**業務**、**產品**與**客戶特性**等，採取合宜措施，建立定期且全面性之洗錢及資恐風險評估作業，以適時且有效地瞭解其所面對之整體洗錢與資恐風險。保險業於**評估與抵減**其洗錢及資恐曝險時，應將**業務**、**產品**與**客戶特性**等差異性納入考量。

4　本指引所舉例之各項說明並非強制性規範，保險業之風險評估機制應與其業務、產品與客戶特性等性質及規模相當，並依據風險評估結果分配適當資源，以採取有效的反制措施，預防或降低風險。

三、

1 保險業應採取合宜措施以識別、評估其洗錢及資恐風險，並依據所辨識之風險訂定具體的風險評估項目，以進一步管控、降低或預防該風險。

2 具體的風險評估項目應至少包括**地域、客戶、產品及服務、交易或通路**等面向，並應進一步分析各風險項目，以訂定細部的風險因素。

(一)地域風險：

　　1.保險業應識別具較高洗錢及資恐風險的區域。

　　2.於訂定高洗錢及資恐風險之區域名單時，保險業得依據其各分公司（或子公司）的實務經驗，並考量個別需求，以選擇適用之風險因素。

(二)客戶風險：

　　1.保險業應綜合考量個別客戶**背景、職業**與**社會經濟活動特性、地域**、以及非自然人客戶之**組織型態與架構**等，以識別該客戶洗錢及資恐風險。

　　2.於識別個別客戶風險並決定其風險等級時，保險業得依據以下風險因素為評估依據：

　　　(1)客戶之地域風險：依據保險業所定義之洗錢及資恐風險的區域名單，決定客戶國籍與居住國家的風險評分。

　　　(2)客戶**職業與行業**之洗錢風險：依據保險業所定義之各職業與行業或個人客戶之任職機構的洗錢風險，決定客戶職業與行業的風險評分。高風險行業如從事**密集性現金交易**業務、或屬**易被運用於持有個人資產**之公司或信託等。

　　　(3)客戶建立業務關係之**管道**。

　　　(4)建立業務關係之往來**金額**。

　　　(5)客戶是否有其他高洗錢及資恐風險之**表徵**。

(三)具有保單價值準備金或現金價值之產品及與金錢有關之服務、交易或通路風險：

　　1.保險業應依據個別產品與服務、交易或通路的性質，識別可能會為其帶來較高的洗錢及資恐風險者。

2. 於推出**新產品**、**新服務**或辦理**新種業務**（包括**新支付機制**、**運用新科技**於現有或全新之產品或業務）前，應進行洗錢及資恐風險評估，並建立相應之風險管理措施以降低所辨識之風險。

3. 個別**產品與服務**、**交易或通路**之風險因素舉例如下：
   (1) 與**現金之關聯程度**。
   (2) 建立業務關係或交易之**管道**，包括是否為面對面交易、電子商務、透過**國際保險業務分公司**交易等新型態交易管道等。
   (3) 是否為**高額保費**或**高保單現金價值**。
   (4) 收到款項**來自於未知或無關係**之第三者。

四、

1　保險業應建立不同之客戶風險等級與分級規則。

2　就客戶之風險等級，至少應有**兩級（含）以上**之風險級數，即「**高風險**」與「**一般風險**」兩種風險等級，作為加強客戶審查措施及持續監控機制執行強度之依據。若僅採行兩級風險級數之保險業，因「**一般風險**」等級**仍高於**本指引第五點與第七點所指之「**低風險**」等級，故**不得對「一般風險」**等級之客戶**採取簡化措施**。

3　保險業**不得**向客戶或與執行防制洗錢或打擊資恐義務無關者，**透露**客戶之**風險等級資訊**。

五、

1　除外國政府之重要政治性職務人士與受經濟制裁、外國政府或國際洗錢防制組織認定或追查之恐怖分子或團體，及依資恐防制法指定制裁之個人、法人或團體，應**直接視為高風險客戶**外，保險業得依**自身**之**業務**型態及**考量**相關風險因素，**訂定**應直接視為高風險客戶之類型。

2　保險業得依據風險分析結果，**自行定義**可直接視為**低風險客戶**之類型，而風險分析結果須能充分說明此類型客戶與較低之風險因素相稱。

六、

1　對於新建立業務關係的客戶，保險業應在**建立業務關係**時，確定其風險等級。

2 對於已確定風險等級之既有客戶，保險業應依據其**風險評估政策及程序**，重新進行客戶風險評估。

3 雖然保險業在建立業務關係時已對客戶進行風險評估，但就某些客戶而言，必須待保險事故發生，客戶申請理賠時，其全面風險狀況才會變得明確，爰此，保險業應依**重要性**及**風險程度**，對現有客戶身分資料進行審查，並於考量前次執行審查之時點及所獲得資料之適足性後，在**適當時機**對已存在之往來關係**進行審查**及適時**調整風險等級**。上開適當時機至少應包括：

(一) 客戶**保額異常增加**或**新增業務往來關係**時。

(二) 依據客戶之**重要性**及**風險程度**所定之**定期審查**時點。

(三) 得知客戶**身分與背景**資訊有**重大變動**時。

4 保險業應定期檢視其辨識**客戶**及**實質受益人**身分所取得之資訊是否足夠，並確保該等資訊之更新，特別是**高風險客戶**，保險業應至少**每年**檢視**一次**。

七、

1 保險業應依據已識別之風險，建立相對應的**管控措施**，**以降低或預防**該洗錢風險；保險業應依據客戶的風險程度，決定不同風險等級客戶所適用的管控措施。

2 對於**高風險**情形，**應加強確認**客戶身分或**持續審查**措施，其中至少應額外採取下列強化措施：

(一) 進行**加強保戶審查措施**（Enhanced Due Diligence），例如：

1. 取得**投保目的**之相關資訊。

2. 取得法人保戶之**實質受益人資訊**。

(二) 在建立或新增業務往來關係前，應取得**高階管理人員同意**。

(三) 應採取合理措施以瞭解客戶財富及資金來源。其中**資金來源**係指產生該資金之實質來源。

(四) 對於業務往來關係應採取**強化之持續監督**。

3 除有本範本第六條第一項第三款但書情形者外，對於**較低風險**客戶，得由保險業依據其風險防制政策、監控及程序，採取**簡化措施**。該簡化程序應與其較低風險因素相當，簡化措施得採行如下：

(一)**降低**客戶身分資訊**更新之頻率**。

(二)**降低**持續性**監控之等級**，並以合理的保單價值準備金或帳戶價值門檻作為審查交易之基礎。

(三)從交易類型或已建立業務往來關係可推斷其目的及性質者，得**無須**再針對瞭解業務往來關係之目的及其性質，**蒐集特定資訊或執行特別措施**。

八、

1　保險業應建立**定期之全面性洗錢及資恐風險評估作業**並**製作風險評估報告**，使管理階層得以適時且有效地瞭解保險業所面對之整體洗錢與資恐風險、決定應建立之機制及發展合宜之抵減措施。

2　保險業應依據下列指標，建立定期且全面性之洗錢及資恐風險評估作業：

(一)業務之**性質**、**規模**、**多元性**及**複雜度**。

(二)**高風險相關**之管理數據與報告：如高風險**客戶之數目與比例**；高風險**產品或業務之金額**、**數量或比例**；客戶之**國籍**、**註冊地或營業地**、或**產品業務涉及**高風險地域之**金額或比例**等。

(三)業務與產品，包含提供業務與產品予客戶之管道及方式、執行客戶審查措施之方式，如資訊系統使用的程度以及是否委託第三人執行審查等。

(四)**內部**稽核與監理機關之**檢查結果**。

3　保險業於進行前項之全面性洗錢及資恐風險評估作業時，除考量上開指標外，建議**輔以其他內部與外部來源**取得之資訊，如：

(一)保險業**內部管理階層**（如事業單位主管、客戶關係經理等）所提供的管理報告。

(二)**國際防制洗錢組織與他國**所發布之防制洗錢及打擊資恐相關報告。

(三)**主管機關**發布之洗錢及資恐風險資訊。

4　保險業之全面性洗錢及資恐風險評估結果應做為發展防制洗錢及打擊資恐計畫之基礎；保險業應**依據風險評估結果分配適當**人力與資源，採取有效的反制措施，以預防或降低風險。

5 保險業有重大改變，如發生**重大事件**、管理及營運上有**重大發展**、或有相關**新威脅產生**時，應**重新進行評估**作業。

6 保險業應於完成或更新風險評估報告時，將**風險評估報告送金管會備查**。

九、保險業依據本指引訂定之政策應經**董（理）事會**（或分層授權之權責單位）通過後實施，並應**每年檢討**；修改時，亦同。

(三)附錄：**疑似洗錢或資恐交易態樣**（110/04/27版）

一、交易前-**客戶異常行為**類

(一)客戶投保**大額躉繳**之保險，對於**資金來源**無法提出合理說明者或與其身分、收入顯不相當，或與其營業性質無關。

(二)客戶購買保險商品時，對於保障內容或給付項目完全不關心，抑或對於具高保單價值準備金或具高現金價值或躉繳保費之保險商品，**僅關注保單借款、解約或變更受益人**等程序。

二、異常交易-**客戶身分資訊**類

(一)客戶**刻意規避**「保險業防制洗錢及打擊資恐注意事項範本」完成確認身分相關規定程序者。

(二)客戶涉及電視、報章雜誌或網際網路等**媒體報導**之特殊重大案件，其中**涉案人**欲投保具現金價值之保險契約商品，或欲變更要保人或受益人而無法提出合理說明，或進行涉及金流之交易時間與案件發生時間相近者。

三、異常交易-**密集行為**類

(一)客戶**短期內密集投保**具高保單價值準備金之保險商品(含OIU商品)，且投保內容與其身分、收入顯不相當，或與其營業性質無關者。

(二)客戶於**短期內密集辦理解除契約或終止契約**，要求以**現金方式支領**，達特定金額以上，且無法提出合理說明者。

(三)客戶於**短期內密集繳交多筆增額保費**，且總金額達特定金額以上，並申請辦理**部分贖回、解除契約或終止契約、保單借款**等，達特定金額以上，且無法提出合理說明者。

(四)客戶於**短期內密集辦理**大額之保單**借款並還款**，借款與還款金額相當，且無法提出合理說明者。

四、異常交易-**短進短出**類

(一)保單變更要保人後，**新要保人短期內申請變更受益人**、辦理大額保單借款或終止契約，且無法提出合理說明者。

(二)客戶以**躉繳大額保費**方式購買長期壽險保單後，短期內申請辦理大額保單借款或終止契約，且無法提出合理說明者。

(三)客戶**繳交大額保費**（含**跨境支付**保費）投保後，短期內申請辦理大額保單借款或終止契約，且無法提出合理說明者。

五、異常交易-**大額交易**類

(一)同一客戶各項現金收入或支出（含同一營業日同一交易帳戶數筆款項之合計數）在**新臺幣五十萬元**（含等值外幣）以上之通貨交易且符合疑似洗錢交易表徵者。

(二)大額保費**非由保險契約之當事人或利害關係人付款**，且無法提出合理說明。

(三)客戶突有**不尋常之大額繳費或還款**，對於資金來源無法提出合理說明。

六、異常交易-**規避申報**類

(一)客戶以現金、他人支票或透過**不同銀行帳戶，刻意拆分**款項以繳交保費、償還保單借款或抵押貸款，且無法提出合理說明者。

(二)客戶要求開立**取消禁止背書轉讓**支票作為給付方式，達特定金額以上，且無法提出合理說明者。

(三)客戶**重複或溢繳保費**（含跨境支付保費），達特定金額以上，且要求以**現金**作為給付方式、**退匯至非原匯款帳戶**，且無法提出合理說明者。

(四)客戶要求給付款項或保單借款**匯入他人帳戶**，且無法提出合理說明者。

七、異常交易-**跨境交易**類

(一)客戶係來自金融監督管理委員會函轉國際防制洗錢組織所公告防制洗錢與打擊資恐有**嚴重缺失之國家或地區**，及其他**未遵循或未**

充分遵循國際防制洗錢組織建議之國家或地區，其匯入之交易款項，與客戶身分、收入顯不相當，或與其營業性質無關者。

(二)自金融監督管理委員會函轉國際防制洗錢組織所公告防制洗錢與打擊資恐有嚴重缺失之國家或地區、及其他未遵循或未充分遵循國際防制洗錢組織建議之國家或地區匯入之交易款項，與客戶身分、收入顯不相當，或與其營業性質無關者。

(三)客戶透過**境外金融(OBU)帳戶**支付保費或購買國際保險商品無法提出合理說明者。

八、異常交易-資恐或資助武擴類

交易最終受益人或**交易人**為金融監督管理委員會函轉外國政府或國際組織所提供**與恐怖主義、資助恐怖主義、武擴目標性金融制裁相關之個人、法人或團體**；或交易資金**疑似或有合理理由懷疑**與恐怖活動、恐怖組織、資助恐怖主義或資助武器擴散<u>有關聯</u>者。

九、其他類

其他經**公司內部程序**規定，認定屬**異常交易**者。

三、精選試題

( ) **1** 依洗錢防制法規定，所稱之金融機構或適用關於金融機構之規定，不包括下列何者？ (A)創業投資事業 (B)證券集中保管事業 (C)辦理融資性租賃之事業 (D)信用卡公司。

解 (C)。(A)。依洗錢防制法第5條第1項及第2項：

1 本法所稱金融機構，包括下列機構：

一、銀行。　　　　　　　　二、信託投資公司。
三、信用合作社。　　　　　四、農會信用部。
五、漁會信用部。　　　　　六、全國農業金庫。
七、辦理儲金匯兌、簡易人壽保險業務之郵政機構。
八、票券金融公司。　　　　九、信用卡公司。
十、保險公司。　　　　　　十一、證券商。
十二、證券投資信託事業。　十三、證券金融事業。
十四、證券投資顧問事業。　十五、證券集中保管事業。

十六、期貨商。　　　　　　　十七、信託業。

十八、其他經目的事業主管機關指定之金融機構。

2 辦理融資性租賃、虛擬通貨平台及交易業務之事業，適用本法關於金融機構之規定。

【107年第一銀行、109年防制洗錢與打擊資恐測驗、110年彰化銀行】

(　) **2** 依金融機構防制洗錢辦法規定，對於下列何種客戶，原則上無須辨識及驗證實質受益人身分？　A.已發行無記名股票之公司 B.我國政府機構　C.我國公營事業機構　D.我國公開發行公司 (A)僅ABC　(B)僅ABD　(C)僅BCD　(D)ABCD。

解 (C)。依金融機構防制洗錢辦法第3條第7款第3目：金融機構確認客戶身分措施，應依下列規定辦理：

七、第四款第三目規定於客戶為法人、團體或信託之受託人時，應瞭解客戶或信託之所有權及控制權結構，並透過下列資訊，辨識客戶之實質受益人，及採取合理措施驗證：

(三)客戶或具控制權者為下列身分者，除有第六條第一項第三款但書情形或已發行無記名股票情形者外，不適用第四款第三目辨識及驗證實質受益人身分之規定。

1.我國政府機關。2.我國公營事業機構。3.外國政府機關。 4.我國公開發行公司或其子公司。5.於國外掛牌並依掛牌所在地規定，應揭露其主要股東之股票上市、上櫃公司及其子公司。6.受我國監理之金融機構及其管理之投資工具。 7.設立於我國境外，且所受監理規範與防制洗錢金融行動工作組織（FATF）所定防制洗錢及打擊資恐標準一致之金融機構，及該金融機構管理之投資工具。8.我國政府機關管理之基金。9.員工持股信託、員工福利儲蓄信託。

【106年合作金庫、109、110年防制洗錢與打擊資恐測驗】

(　) **3** 保險公司中何者對確保建立及維持適當有效之防制洗錢及打擊資恐內部控制負最終責任？　(A)董（理）事會　(B)總經理 (C)總機構法令遵循單位　(D)防制洗錢及打擊資恐專責單位。

解 (A)。保險公司與辦理簡易人壽保險業務之郵政機構及其他經金融監督管理委員會指定之金融機構防制洗錢及打擊資恐內部控制與稽核制度實施辦法第5條第6項：已設董（理）事會之保險公司、辦理簡易人壽保險業務之郵政機構及其他經本會指定機構，董（理）事會對確保建立及維持適當有效之防制洗錢及打擊資恐內部控制負最終責任。董（理）事會及高階管理人員應瞭解其洗錢及資恐風險，及防制洗錢及打擊資恐計畫之運作，並採取措施以塑造重視防制洗錢及打擊資恐之文化。

【106年合作金庫、109、110年防制洗錢與打擊資恐測驗】

( )　**4** 保險業為降低對於洗錢與資恐的曝險，所採取抵減風險的手段，下列何者**錯誤**？　(A)完善公司治理　(B)透過法遵與內稽內控　(C)透過進行可疑交易申報　(D)增加躉繳方式的保險。

【108、109、110年防制洗錢與打擊資恐測驗】

解 (D)。綜觀保險業相關自律規範附錄疑似洗錢或資恐交易態樣，躉繳保費是會提高洗錢與資恐活動的風險。

( )　**5** 國際保險業務分公司(OIU)業務的洗錢風險比較高，主要原因為下列何者？　(A)offshore本身即代表著比較低的透明度　(B)主管機關對於OIU的法規監理密度較鬆綁　(C)OIU商品客戶都是外國籍客戶在購買　(D)OIU通常做為再保險安排的交易管道。

解 (A)。OIU是國際保險業務(Offshore Insurance Unit)的簡稱，合先敘明。

依保險業防制洗錢及打擊資恐最佳實務指引(主題：OIU業務之洗錢及資恐風險)中，有關OIU業務威脅與弱點辨識建議做法：

「OIU業務係以外幣收付之保險業務，並以境外客戶為銷售對象之保險業務，交易涉及跨境服務，相關身分確認文件真實性不易辨識或需支付高額成本；...境外客戶所提供之相關身分確認文件較不易辨識其真實性，以及客戶可透過保險經紀人或保險代理人通路進行交易，保險公司無法直接接觸面對客戶等，皆構成OIU業務之主要弱點...」可知offshore本身即代表著比較低的透明度。

【109、110年防制洗錢與打擊資恐測驗】

( ) **6** 保險業應確保其國外分公司（或子公司），在符合當地法令情形下，實施與總公司（或母公司）一致之防制洗錢及打擊資恐措施。當總公司（或母公司）與分公司（或子公司）所在國之最低要求不同時，分公司（或子公司）應就兩地選擇何種標準者作為遵循依據？ (A)較高標準 (B)所在國標準 (C)總公司標準 (D)最適標準。

> 解 **(A)**。保險公司與辦理簡易人壽保險業務之郵政機構及其他經金融監督管理委員會指定之金融機構防制洗錢及打擊資恐內部控制與稽核制度實施辦法第5條第5項：保險公司、辦理簡易人壽保險業務之郵政機構及其他經本會指定機構應確保其國外分公司（或子公司），在符合當地法令情形下，實施與總公司（或母公司）一致之防制洗錢及打擊資恐措施。當總公司（或母公司）與分公司（或子公司）所在國之最低要求不同時，分公司（或子公司）應就兩地選擇較高標準者作為遵循依據，惟就標準高低之認定有疑義時，以保險公司、辦理簡易人壽保險業務之郵政機構及其他經本會指定機構所在國之主管機關之認定為依據；倘因外國法規禁止，致無法採行與總公司（或母公司）相同標準時，應採取合宜之額外措施，以管理洗錢及資恐風險，並向本會申報。
>
> 【107、109年防制洗錢與打擊資恐測驗、109年臺灣金控】

( ) **7** 下列何者屬於人壽保險死亡理賠之實質受益人？ (A)保險受益人之配偶 (B)未成年受益人之法定代理人 (C)被保險人之所有未成年子女 (D)要保人之配偶與所有已成年子女。

> 解 **(B)**。人壽保險業防制洗錢及打擊資恐注意事項範本第3條第5款：實質受益人：指對客戶具最終所有權或控制權之自然人，或由他人代理交易之自然人本人，包括對法人或法律協議具最終有效控制權之自然人。
>
> 【107、108、109年防制洗錢與打擊資恐測驗】

( ) **8** 某日客服中心接獲客戶投訴電話，聲稱其擔任負責人的公司申請開戶竟然開了一個禮拜還沒有下文，質疑有關確認客戶身分時，

分行經辦不適任。有關客戶所稱經辦同仁的處理方式，下列敘述何者錯誤？　(A)客戶為法人時，應瞭解其是否可發行無記名股票　(B)對已發行無記名股票之客戶採取適當措施以確保其實質受益人之更新　(C)應瞭解客戶或信託之所有權及控制權結構，並辨識客戶之實質受益人　(D)對法人戶應辨識客戶之實質受益人，核對證照即已完成驗證措施。

解 **(D)**。依金融機構防制洗錢辦法第3條第7款第1目：

七、第四款第三目規定於客戶為法人、團體或信託之受託人時，應瞭解客戶或信託之所有權及控制權結構，並透過下列資訊，辨識客戶之實質受益人，及採取合理措施驗證：

(一)客戶為法人、團體時：

1. 具控制權之最終自然人身分。所稱具控制權係指直接、間接持有該法人股份或資本超過百分之二十五者，金融機構得請客戶提供股東名冊或其他文件協助完成辨識。

2. 依前小目規定未發現具控制權之自然人，或對具控制權自然人是否為實質受益人有所懷疑時，應辨識有無透過其他方式對客戶行使控制權之自然人。

3. 依前二小目規定均未發現具控制權之自然人時，金融機構應辨識高階管理人員之身分。

【108、109年防制洗錢與打擊資恐測驗、110年彰化銀行】

(　　) **9** 保險業總經理應督導各單位審慎評估及檢討防制洗錢及打擊資恐內部控制制度執行情形，由以下哪些主管聯名出具防制洗錢及打擊資恐之內部控制制度聲明書，並提報董（理）事會通過？　A董（理）事長（主席）　B總經理　C總稽核（稽核人員）　D總機構法令遵循主管　E防制洗錢及打擊資恐專責主管　(A)ABCD　(B)ABDE　(C)ABCE　(D)ABCDE。

解 **(C)**。保險公司與辦理簡易人壽保險業務之郵政機構及其他經金融監督管理委員會指定之金融機構防制洗錢及打擊資恐內部控制與稽核制度實施辦法第7條第4項第1款：保險公司、辦理簡易人

壽保險業務之郵政機構及適用實施辦法第二條第一項及第二項規定辦理內部控制之保險代理人公司或保險經紀人公司防制洗錢及打擊資恐內部控制之執行及聲明，應依下列規定辦理：

一、保險公司、辦理簡易人壽保險業務之郵政機構總經理應督導各單位審慎評估及檢討防制洗錢及打擊資恐內部控制制度執行情形，由董事長（理事主席）、總經理、總稽核（稽核人員）、防制洗錢及打擊資恐專責主管聯名出具防制洗錢及打擊資恐之內部控制制度聲明書（附表），並提報董（理）事會通過，於每會計年度終了後三個月內將該內部控制制度聲明書內容揭露於公司網站，並於本會指定網站辦理公告申報。

【107、108年防制洗錢與打擊資恐測驗、110年中華郵政】

（　　）**10**　保險業在下列哪些時機應該再次審核客戶風險分數與等級？
(A)制裁名單有異動時　(B)客戶申請批改或保全時　(C)客戶住院申請健康險理賠時　(D)低或中風險客戶遭申報疑似洗錢時。（複選）

解 (A)(B)(D)。人壽保險業防制洗錢及打擊資恐注意事項範本第5條第1款：

保險公司、辦理簡易人壽保險業務之郵政機構確認客戶身分措施，應包括對客戶身分之持續審查，並依下列規定辦理：

一、應依重要性及風險程度，對現有客戶身分資料進行審查，並於考量前次執行審查之時點及所獲得資料之適足性後，在適當時機對已存在之往來關係進行審查。上開適當時機至少應包括：

(一)客戶保額異常增加或新增業務往來關係時。

(二)依據客戶之重要性及風險程度所定之定期審查時點。

(三)得知客戶身分與背景資訊有重大變動時。

備註：健康險為實支實付保險商品，適用損害填補原則，其所受之損害往往難以透過金錢計算，而無複保險或超額保險適用可能，洗錢活動風險較低。

【107、110年防制洗錢與打擊資恐測驗】

Day 05　我國防制洗錢及打擊資恐相關法規

※考用記憶點已用特殊字體標註，請熟記!!!

一、洗錢防制法（修正日期：民國107年11月07日）

第 1 條　（立法目的）

為防制洗錢，打擊犯罪，**健全防制洗錢體系**，**穩定金融秩序**，**促進金流之透明**，**強化國際合作**，特制定本法。

第 2 條　（洗錢定義）

本法所稱洗錢，指下列行為：

一、**意圖掩飾或隱匿**特定犯罪所得**來源**，或**使他人逃避刑事追訴**，而**移轉或變更**特定犯罪所得。

二、**掩飾或隱匿**特定犯罪所得之**本質、來源、去向、所在、所有權、處分權**或**其他權益者**。

三、**收受、持有或使用**他人之特定犯罪所得。

第 3 條　（特定犯罪）

本法所稱特定犯罪，指下列各款之罪：

一、**最輕本刑為六月以上**有期徒刑以上之刑之罪。

二、刑法**第一百二十一條**第一項、**第一百二十三條**、**第二百零一條之一**第二項、**第二百六十八條**、**第三百三十九條**、**第三百三十九條之三**、**第三百四十二條**、**第三百四十四條**、**第三百四十九條**之罪。

三、**懲治走私條例**第二條第一項、第三條第一項之罪。

四、**破產法**第一百五十四條、第一百五十五條之罪。

五、**商標法**第九十五條、第九十六條之罪。

六、**廢棄物清理法**第四十五條第一項後段、第四十七條之罪。

七、**稅捐稽徵法**第四十一條、第四十二條及第四十三條第一項、第二項之罪。

八、**政府採購法**第八十七條第三項、第五項、第六項、第八十九條、第九十一條第一項、第三項之罪。

九、**電子支付機構管理條例**第四十四條第二項、第三項、第四十五條之罪。

十、**證券交易法**第一百七十二條第一項、第二項之罪。

十一、**期貨交易法**第一百十三條第一項、第二項之罪。

十二、**資恐防制法**第八條、第九條之罪。

十三、本法**第十四條**之罪。

第 4 條　（特定犯罪所得）

1 本法所稱特定犯罪所得，指犯第三條所列之特定犯罪而取得或變得之**財物**或**財產上利益及其孳息**。

2 前項特定犯罪所得之認定，**不以**其所犯特定犯罪**經有罪判決為必要**。

第 5 條　（金融機構及指定之非金融事業或人員）

1 本法所稱金融機構，包括下列機構：

一、**銀行**。　　　　　　　二、**信託投資公司**。

三、信用合作社。　　　　　四、農會信用部。

五、漁會信用部。　　　　　六、全國農業金庫。

七、辦理儲金匯兌、簡易人壽保險業務之郵政機構。

八、票券金融公司。　　　　九、信用卡公司。

十、保險公司。　　　　　　十一、**證券商**。

十二、**證券投資信託事業**。　十三、**證券金融事業**。

十四、**證券投資顧問事業**。　　十五、**證券集中保管事業**。

十六、**期貨商**。　　　　　　十七、信託業。

十八、其他經目的事業主管機關指定之金融機構。

2　辦理融資性租賃、**虛擬通貨平台**及交易業務之事業，適用本法關於金融機構之規定。

3　本法所稱指定之非金融事業或人員，指從事下列交易之事業或人員：

一、**銀樓業**。

二、**地政士**及**不動產經紀業**從事與不動產買賣交易有關之行為。

三、**律師**、**公證人**、**會計師**為客戶準備或進行下列交易時：

　　(一)買賣不動產。

　　(二)管理客戶金錢、證券或其他資產。

　　(三)管理銀行、儲蓄或證券帳戶。

　　(四)有關提供公司設立、營運或管理之資金籌劃。

　　(五)法人或法律協議之設立、營運或管理以及買賣事業體。

四、信託及公司服務提供業為客戶準備或進行下列交易時：

　　(一)關於**法人之籌備或設立事項**。

　　(二)**擔任或安排**他人擔任公司**董事**或**秘書**、合夥之**合夥人**或在其他法人組織之類似職位。

　　(三)提供公司、合夥、信託、其他法人或協議**註冊之辦公室、營業地址、居住所、通訊或管理地址**。

　　(四)擔任或安排他人擔任信託或其他類似契約性質之受託人或其他相同角色。

　　(五)擔任或安排他人擔任**實質持股股東**。

五、其他業務特性或交易型態易為洗錢犯罪利用之事業或從業人員。

4　第二項辦理融資性租賃、虛擬通貨平台及交易業務事業之範圍、第三項第五款指定之非金融事業或人員，其適用之交易型態，及得不適用第九條第一項申報規定之前項各款事業或人員，由法務部會同中央目的事業主管機關報請行政院指定。

5　第一項金融機構、第二項辦理融資性租賃業務事業及第三項指定之非金融事業或人員所從事之交易，必要時，得由法務部會同中央目的事業主管機關指定其使用現金以外之支付工具。

6　第一項、第二項及前二項之中央目的事業主管機關認定有疑義者，由行政院指定目的事業主管機關。

7　前三項之指定，其事務涉司法院者，由行政院會同司法院指定之。

第 6 條　（建立洗錢防制內部控制與稽核制度）

1　金融機構及指定之非金融事業或人員應依洗錢與資恐風險及業務規模，建立洗錢防制**內部控制與稽核制度**；其內容應包括下列事項：
一、**防制洗錢**及**打擊資恐**之**作業及控制程序**。
二、**定期**舉辦或參加防制洗錢之**在職訓練**。
三、指派**專責人員**負責**協調監督**第一款事項之執行。
四、備置並定期更新防制洗錢及打擊資恐風險評估報告。
五、稽核程序。
六、其他經中央目的事業主管機關指定之事項。

2　前項制度之執行，中央目的事業主管機關應定期查核，並**得委託**其他機關（構）、法人或團體辦理。

3　第一項制度之實施內容、作業程序、執行措施，前項查核之方式、受委託之資格條件及其他應遵行事項之辦法，由中央目的事業主管機關會商法務部及相關機關定之；於訂定前應徵詢相關公會之意見。

4　違反第一項規定未建立制度，或前項辦法中有關制度之實施內容、作業程序、執行措施之規定者，由中央目的事業主管機關**限期令其改善**，屆期未改善者，處**金融機構新臺幣五十萬元以上一千萬元以下罰鍰**；處**指定之非金融事業或人員**新臺幣**五萬元以上一百萬元以下**罰鍰。

5　金融機構及指定之非金融事業或人員**規避、拒絕或妨礙**現地或非現地查核者，由中央目的事業主管機關處**金融機構新臺幣五十萬元以上五百萬元以下**罰鍰；處**指定之非金融事業或人員**新臺幣**五萬元以上五十萬元以下**罰鍰。

第7條 （確認客戶身分程序及留存資料）

1　金融機構及指定之非金融事業或人員應進行**確認客戶身分程序**，並留存其確認客戶身分程序所得資料；其確認客戶身分程序應**以風險為基礎，並應包括實質受益人**之審查。

2　前項確認客戶身分程序所得資料，應自**業務關係終止時**起至少保存**五年**；**臨時性交易**者，應自臨時性交易**終止時**起至少保存**五年**。但法律另有較長保存期間規定者，從其規定。

3　金融機構及指定之非金融事業或人員對**現任或曾任國內外政府或國際組織重要政治性職務之客戶或受益人與其家庭成員及有密切關係之人**，應以風險為基礎，執行**加強客戶審查**程序。

4　第一項確認客戶身分範圍、留存確認資料之範圍、程序、方式及前項加強客戶審查之範圍、程序、方式之辦法，由中央目的事業主管機關會商法務部及相關機關定之；於訂定前應徵詢相關公會之意見。前項重要政治性職務之人與其家庭成員及有密切關係之人之範圍，由法務部定之。

5　違反第一項至第三項規定及前項所定辦法者，由中央目的事業主管機關處**金融機構**新臺幣**五十萬元以上一千萬元以下**罰鍰、處**指定之非金融事業或人員**新臺幣**五萬元以上一百萬元以下**罰鍰。

第8條 （留存國內外交易紀錄）

1　金融機構及指定之非金融事業或人員因執行業務而辦理**國內外交易**，應留存必要交易紀錄。

2　前項交易紀錄之保存，自**交易完成時**起，應至少保存**五年**。但法律另有較長保存期間規定者，從其規定。

3　第一項留存交易紀錄之適用交易範圍、程序、方式之辦法，由中央目的事業主管機關會商法務部及相關機關定之；於訂定前應徵詢相關公會之意見。

4　違反第一項、第二項規定及前項所定辦法者，由中央目的事業主管機關處**金融機構**新臺幣**五十萬元以上一千萬元以下**罰鍰、處**指定之非金融事業或人員**新臺幣**五萬元以上一百萬元以下**罰鍰。

第 9 條　（一定金額以上通貨交易申報）

1　金融機構及指定之非金融事業或人員對於達**一定金額以上之通貨交易**，除本法另有規定外，應向**法務部調查局**申報。

2　金融機構及指定之非金融事業或人員依前項規定為**申報者，免除其業務上應保守秘密之義務**。該機構或事業之負責人、董事、經理人及職員，亦同。

3　第一項一定金額、通貨交易之範圍、種類、申報之範圍、方式、程序及其他應遵行事項之辦法，由中央目的事業主管機關會商法務部及相關機關定之；於訂定前應徵詢相關公會之意見。

4　違反第一項規定或前項所定辦法中有關申報之範圍、方式、程序之規定者，由中央目的事業主管機關處**金融機構**新臺幣**五十萬元以上一千萬元以下**罰鍰；處**指定之非金融事業或人員**新臺幣**五萬元以上一百萬元以下**罰鍰。

第 10 條　（金融機構及指定之非金融事業或人員等申報義務）

1　金融機構及指定之非金融事業或人員對**疑似犯第十四條、第十五條之罪**之交易，**應向法務部調查局申報**；其交易**未完成者，亦同**。

2　金融機構及指定之非金融事業或人員依前項規定為申報者，免除其業務上應保守秘密之義務。該機構或事業之負責人、董事、經理人及職員，亦同。

3　第一項之申報範圍、方式、程序及其他應遵行事項之辦法，由中央目的事業主管機關會商法務部及相關機關定之；於訂定前應徵詢相關公會之意見。

4　前項、第六條第三項、第七條第四項、第八條第三項及前條第三項之辦法，其事務涉司法院者，由司法院會商行政院定之。

5　違反第一項規定或第三項所定辦法中有關申報之範圍、方式、程序之規定者，由中央目的事業主管機關處**金融機構**新臺幣**五十萬元以上一千萬元以下**罰鍰；處指定之**非金融事業或人員**新臺幣**五萬元以上一百萬元以下**罰鍰。

第 11 條 （對洗錢或資恐高風險國家或地區得採防制措施）

1 為配合防制洗錢及打擊資恐之國際合作，金融目的事業主管機關及指定之非金融事業或人員之中央目的事業主管機關得自行或經法務部調查局通報，對**洗錢或資恐高風險國家或地區**，為下列措施：

一、令金融機構、指定之非金融事業或人員**強化**相關交易之**確認客戶身分**措施。

二、**限制或禁止**金融機構、指定之非金融事業或人員與洗錢或資恐高風險國家或地區為**匯款或其他交易**。

三、採取**其他**與風險相當且**有效之必要**防制措施。

2 前項所稱洗錢或資恐高風險國家或地區，指下列之一者：

一、經**國際防制洗錢組織**公告防制洗錢及打擊資恐有**嚴重缺失**之國家或地區。

二、經國**際防制洗錢組織**公告**未遵循或未充分遵循**國際防制洗錢組織建議之國家或地區。

三、其他有**具體事證**認有洗錢及資恐高風險之國家或地區。

第 12 條 （一定金額、有價證券、黃金及物品等申報義務）

1 旅客或隨交通工具服務之人員出入境攜帶下列之物，應向**海關**申報；海關受理申報後，應向法務部調查局通報：

一、總價值達一定金額以上之**外幣**、**香港**或**澳門**發行之貨幣及**新臺幣**現鈔。

二、總面額達一定金額以上之**有價證券**。

三、總價值達一定金額以上之**黃金**。

四、其他總價值達一定金額以上，且有被利用進行**洗錢之虞**之物品。

2 以**貨物運送**、**快遞**、**郵寄**或其他相類之方法運送前項各款物品出入境者，亦同。

3 前二項之一定金額、有價證券、黃金、物品、受理申報與通報之範圍、程序及其他應遵行事項之辦法，由財政部會商法務部、中央銀行、金融監督管理委員會定之。

4　外幣、香港或澳門發行之貨幣**未依第一項、第二項規定申報者，由海關沒入**之；**申報不實**者，其**超過申報部分**由海關**沒入**之；有價證券、黃金、物品未依第一項、第二項規定申報或申報不實者，由海關**處以相當**於未申報或申報不實之有價證券、黃金、物品價額之**罰鍰**。

5　新臺幣依第一項、第二項規定**申報者，超過**中央銀行依中央銀行法第十八條之一第一項所定**限額**部分，應予**退運**。未依第一項、第二項規定**申報**者，由海關**沒入**之；**申報不實**者，其**超過**申報**部分**由海關**沒入**之，均不適用中央銀行法第十八條之一第二項規定。

6　**大陸地區發行之貨幣**依第一項、第二項所定方式出入境，應依臺灣地區與大陸地區人民關係條例相關規定辦理，總價值超過**同條例第三十八條第五項**所定限額時，海關應向法務部調查局通報。

第 **13** 條　（禁止處分）

1　**檢察官**於偵查中，有事實足認被告利用帳戶、匯款、通貨或其他支付工具犯第十四條及第十五條之罪者，得**聲請該管法院**指定**六個月以內**之期間，對該筆交易之財產為禁止提款、轉帳、付款、交付、轉讓或其他必要處分之命令。其情況急迫，有相當理由足認非立即為上開命令，不能保全得沒收之財產或證據者，檢察官得逕命執行之。但應於執行後**三日內**，聲請法院**補發命令**。法院如不於三日內補發或檢察官未於執行後三日內聲請法院補發命令者，應即停止執行。

2　前項禁止提款、轉帳、付款、交付、轉讓或其他必要處分之命令，**法官**於審判中**得依職權**為之。

3　前二項命令，應以**書面**為之，並準用刑事訴訟法第一百二十八條規定。

4　第一項之指定期間如有繼續延長之必要者，檢察官應檢附具體理由，至遲於期間屆滿之前五日聲請該管法院裁定。但**延長期間不得逾六個月**，並以**延長一次為限**。

5　對於外國政府、機構或國際組織依第二十一條所簽訂之條約或協定或基於互惠原則請求我國協助之案件，如所涉之犯罪行為符合第三條所列之罪，雖非在我國偵查或審判中者，亦得準用前四項規定。

6　對第一項、第二項之命令、第四項之裁定不服者，準用刑事訴訟法第四編抗告之規定。

第 14 條 （洗錢行為之處罰）

1　有第二條各款所列洗錢行為者，處**七年以下有**期徒刑，併科新臺幣**五百萬元以下**罰金。

2　前項之**未遂犯**罰之。

3　前二項情形，不得科以超過其特定犯罪所定最重本刑之刑。

第 15 條 （意圖掩飾或隱匿特定犯罪所得之處罰）

1　**收受、持有**或**使用**之財物或財產上利益，有下列情形之一，而**無合理來源且與收入顯不相當**者，處**六月以上五年以下**有期徒刑，得併科新臺幣**五百萬元以下**罰金：

一、**冒名或以假名**向金融機構申請開立帳戶。

二、以**不正方法取得**他人向金融機構申請開立之帳戶。

三、**規避**第七條至第十條所定洗錢防制程序。

2　前項之**未遂犯**罰之。

第 16 條 （屬人及屬地原則之例外）

1　法人之代表人、代理人、受雇人或其他從業人員，因執行業務犯前二條之罪者，**除處罰行為人外**，**對該法人並科以**各該條所定之**罰金**。

2　犯前二條之罪，在偵查或審判中自白者，減輕其刑。

3　前二條之罪，於**中華民國人民**在**中華民國領域外犯罪**者，**適用**之。

4　第十四條之罪，不以本法所定特定犯罪之行為或結果在中華民國領域內為必要。但該特定犯罪依行為地之法律不罰者，不在此限。

第 17 條 （洩漏或交付之罪責）

1　**公務員**洩漏或交付關於申報疑似犯第十四條、第十五條之罪之交易或犯第十四條、第十五條之罪嫌疑之文書、圖畫、消息或物品者，處三年以下有期徒刑。

2 第五條第一項至第三項**不具公務員身分之人**洩漏或交付關於申報疑似犯第十四條、第十五條之罪之交易或犯第十四條、第十五條之罪嫌疑之文書、圖畫、消息或物品者，處二年以下有期徒刑、拘役或新臺幣五十萬元以下罰金。

第 **18** 條　（沒收範圍）

1 犯第十四條之罪，其所**移轉、變更、掩飾、隱匿、收受、取得、持有、使用**之財物或財產上利益，沒收之；犯第十五條之罪，其所**收受、持有、使用**之財物或財產上利益，亦同。

2 以集團性或常習性方式犯第十四條或第十五條之罪，有事實足以證明行為人所得支配之前項規定以外之財物或財產上利益，係取自其他違法行為所得者，沒收之。

3 對於外國政府、機構或國際組織依第二十一條所簽訂之條約或協定或基於**互惠原則**，請求我國協助執行扣押或沒收之案件，如所涉之犯罪行為符合第三條所列之罪，不以在我國偵查或審判中者為限。

第 **19** 條　（沒收撥交）

1 犯本法之罪沒收之犯罪所得為現金或有價證券以外之財物者，得由法務部撥交檢察機關、司法警察機關或其他協助查緝洗錢犯罪之機關作公務上使用。

2 我國與外國政府、機構或國際組織依第二十一條所簽訂之條約或協定或基於**互惠原則**協助執行沒收犯罪所得或其他追討犯罪所得作為者，法務部得依條約、協定或互惠原則將該沒收財產之全部或一部撥交該外國政府、機構或國際組織，或請求撥交沒收財產之全部或一部款項。

3 前二項沒收財產之撥交辦法，由行政院定之。

第 **20** 條　（設置基金）

法務部辦理防制洗錢業務，得設置**基金**。

第 21 條　（國際合作條約或協定）

1　為防制洗錢，政府依**互惠原則**，得與外國政府、機構或國際組織**簽訂**防制洗錢之條約或協定。

2　對於外國政府、機構或國際組織請求我國協助之案件，除條約或協定另有規定者外，得基於**互惠原則**，**提供**第九條、第十條、第十二條受理申報或通報之**資料**及其**調查結果**。

3　臺灣地區與大陸地區、香港及澳門間之洗錢防制，**準用**前二項規定。

第 22 條　（定期陳報查核成效）

第六條第二項之查核，第六條第四項、第五項、第七條第五項、第八條第四項、第九條第四項、第十條第五項之裁處及其調查，中央目的事業主管機關得委辦直轄市、縣（市）政府辦理，並由直轄市、縣（市）政府定期陳報查核成效。

第 23 條　（施行日期）

1　本法自公布日後六個月施行。

2　本法修正條文自公布日施行。

二、資恐防制法（修正日期：民國107年11月07日）

第 1 條　（立法目的）

為**防止並遏止**對恐怖活動、組織、分子之**資助行為**（以下簡稱資恐），**維護國家安全**，保障基本人權，**強化資恐防制國際合作**，特制定本法。

第 2 條　（主管機關）

本法之主管機關為**法務部**。

第 3 條　（資恐防制審議會之設置及指定機關組成員）

1　行政院為我國資恐防制**政策研議**、**法案審查**、**計畫核議**及**業務督導**機關。

2 主管機關應設**資恐防制審議會**（以下簡稱審議會），為個人、法人或團體列入制裁名單或除名與相關措施之審議；由**法務部部長**擔任召集人，並為當然委員；其餘委員由下列**機關副首長**兼任之：

一、國家安全局。　　　　　　二、內政部。
三、外交部。　　　　　　　　四、國防部。
五、經濟部。　　　　　　　　六、中央銀行。
七、金融監督管理委員會。　　八、其他經行政院指定之機關。

3 審議會之組成、運作及相關事項之辦法，由主管機關定之。

第**4**條　（審議會決議指定制裁名單）

1 主管機關依法務部調查局提報或依職權，認個人、法人或團體有下列情事之一者，經審議會決議後，得**指定為制裁名單，並公告**之：

一、涉嫌犯**第八條第一項各款**所列之罪，以引起**不特定人死亡**或**重傷**，而達**恐嚇公眾**或**脅迫政府、外國政府、機構或國際組織**目的之行為或計畫。

二、依資恐防制之**國際條約或協定**要求，或執行國際合作或聯合國相關決議而有必要。

2 前項指定之制裁名單，**不以該個人、法人或團體在中華民國領域內者為限**。

3 第一項指定制裁個人、法人或團體之**除名，應經審議會決議，並公告**之。

第**5**條　（配合聯合國安全理事會指定公告制裁名單）

1 主管機關依法務部調查局提報或依職權，應即指定下列個人、法人或團體為制裁名單，並公告之：

一、經**聯合國安全理事會資恐相關決議案及其後續決議**所指定者。

二、聯合國安全理事會依有關**防制與阻絕大規模毀滅性武器擴散決議案**所指定者。

2 前項所指定制裁個人、法人或團體之除名，**非經聯合國安全理事會除名程序，不得為之**。

第 5-1 條（得不給予陳述意見機會）
主管機關依第四條第一項或前條第一項指定制裁名單前，得不給予該個人、法人或團體陳述意見之機會。

第 6 條　（主管機關為許可或限制措施）
1　主管機關得依職權或申請，許可下列措施：
　一、<u>酌留</u>經指定制裁之個人或其**<u>受扶養親屬家庭生活所必需</u>**之財物或財產上利益。
　二、酌留經指定制裁之個人、法人或团體**管理**財物或財產上利益之**必要費用**。
　三、對經指定制裁之個人、法人或团體以外之第三人，**<u>許可支付受制裁者於受制裁前對善意第三人負擔之債務</u>**。
2　前項情形，得於必要範圍內，限制經指定制裁之個人、法人或团體之財物或財產上利益之使用方式。
3　前二項之許可或限制，主管機關得請各中央目的事業主管機關提供意見。
4　違反第二項之限制或於限制期間疑似有第四條第一項各款情事之一者，主管機關得廢止第一項許可之措施。
5　第一項許可措施及第二項限制相關事項之辦法，由主管機關定之。

第 7 條　（目標性金融制裁）
1　對於依第四條第一項或第五條第一項指定制裁之個人、法人或团體，除前條第一項、第二項所列許可或限制措施外，不得為下列行為：
　一、對其金融帳戶、通貨或其他支付工具，為**提款、匯款、轉帳、付款、交付**或**轉讓**。
　二、對其所有財物或財產上利益，為**移轉、變更、處分、利用**或其他足以**變動**其數量、品質、價值及所在地。
　三、為其收集或提供財物或財產上利益。
2　前項規定，於第三人受指定制裁之個人、法人或团體委任、委託、信託或其他原因而為其持有或管理之財物或財產上利益，亦適用之。

3 洗錢防制法第五條第一項至第三項所定之機構、事業或人員，因業務關係知悉下列情事，應即通報法務部調查局：
一、其**本身持有或管理**經指定制裁之個人、法人或團體之財物或財產上利益。
二、經指定制裁之個人、法人或團體之**財物或財產上利益所在地**。

4 依前項規定辦理通報者，免除其業務上應保守秘密之義務。

5 第三項通報方式、程序及其他應遵行事項之辦法，由該機構、事業或人員之中央目的事業主管機關會商主管機關及中央銀行定之；其事務涉及司法院者，由司法院會商行政院定之。

第8條　（處罰資助引起人員死亡或重傷之恐怖主義犯罪行為）

1 明知他人有實行下列犯罪之一以**引起人員死亡**或**重傷**，而達**恐嚇公眾或脅迫政府**、外國政府、機構或國際組織之目的之具體計畫或活動，**直接或間接**為其收集或提供財物或財產上利益者，處**一年以上七年以下有期徒刑**，得併科新臺幣**一千萬元以下**罰金：
一、刑法第一百七十三條第一項、第三項、第一百七十六條準用第一百七十三條第一項、第三項、第一百七十八條第一項、第三項、第一百八十三條第一項、第四項、第一百八十四條第一項、第二項、第五項、第一百八十五條、第一百八十五條之一第一項至第五項、第一百八十五條之二、第一百八十六條之一第一項、第二項、第四項、第一百八十七條之一、第一百八十七條之二第一項、第二項、第四項、第一百八十七條之三、第一百八十八條、第一百九十條第一項、第二項、第四項、第一百九十條之一第一項至第三項、第一百九十一條之一、第一百九十二條第二項、第二百七十一條第一項、第二項、第二百七十八條、第三百零二條、第三百四十七條第一項至第三項、第三百四十八條、第三百四十八條之一；對於公務機關之電腦或其相關設備犯第三百五十八條至第三百六十條之罪。
二、槍砲彈藥刀械管制條例第七條之罪。
三、民用航空法第一百條之罪。

2 前項之未遂犯罰之。

第 9 條　（處罰資助恐怖主義犯罪行為）

1　明知為下列**個人、法人或團體**，而仍**直接或間接**為其收集或提供財物或財產上利益者，處**六月以上五年以下**有期徒刑，得併科新臺幣**五百萬元以下**罰金：

一、依第四條第一項或第五條第一項指定制裁之個人、法人或團體。

二、以犯前條第一項各款之罪，而恐嚇公眾或脅迫政府、外國政府、機構或國際組織為其設立目的之團體。

三、以犯前條第一項各款之罪，而達恐嚇公眾或脅迫政府、外國政府、機構或國際組織之目的或計畫之個人、法人或團體。

2　明知為前項各款所列之個人、法人或團體訓練所需之相關費用，而直接或間接提供財物或財產上利益之資助者，亦同。

3　前二項所列犯罪之成立，**不以證明**該財物或財產上利益為供特定恐怖活動**為必要**。

4　第一項及第二項之**未遂犯罰之**。

第 10 條　（資恐犯罪為特定犯罪）

前二條之罪，為洗錢防制法所稱之特定犯罪。

第 11 條　（法人之處罰）

1　法人之代表人、代理人、受雇人或其他從業人員，因執行業務犯第八條或第九條之罪者，除處罰行為人外，對該**法人**並科以各該條所定之**罰金**。

2　犯第八條或第九條之罪，於犯罪後六個月內自首者，免除其刑；逾六個月者，減輕或免除其刑；在偵查或審判中自白者，減輕其刑。

3　第八條或第九條之罪，於中華民國人民在中華民國領域外犯罪者，適用之。

第 12 條　（違反目標性金融制裁之處罰）

洗錢防制法第五條第一項至第三項所定之機構、事業或人員違反第七條第一項至第三項規定者，由中央目的事業主管機關處新臺幣**二十萬元以上一百萬元以下**罰鍰。

第 13 條　（制裁名單之生效與救濟）
1　依第四條、第五條所為之指定或除名，自**公告時生效**。
2　不服主管機關所為之公告者，得**依法提起行政救濟**。

第 14 條　（資恐防制互惠原則）
為防制國際資恐活動，政府依**互惠原則**，得與外國政府、機構或國際組織簽訂防制資恐之條約或協定。

第 15 條　（施行日期）
本法自公布日施行。

三、金融機構防制洗錢辦法
　　（修正日期：民國110年12月14日）

第 1 條
本辦法依洗錢防制法（以下簡稱本法）第七條第四項前段、第八條第三項、第九條第三項及第十條第三項規定訂定之。

第 2 條
1　本辦法用詞定義如下：
　　一、**金融機構**：包括下列之**銀行業**、**證券期貨業**、**保險業**及其他經金融
　　　　監督管理委員會（以下簡稱本會）**指定之金融機構**：
　　　　(一)銀行業：包括**銀行**、**信用合作社**、**辦理儲金匯兌之郵政機構**、
　　　　　　票券金融公司、**信用卡公司**及**信託業**。
　　　　(二)證券期貨業：包括**證券商**、**證券投資信託事業**、**證券金融事**
　　　　　　業、**證券投資顧問事業**、**證券集中保管事業**、**期貨商**。
　　　　(三)保險業：包括**保險公司**、**專業再保險公司**及**辦理簡易人壽保險**
　　　　　　業務之郵政機構。

(四)其他經本會指定之金融機構：包括**電子支付機構、外籍移工匯兌公司**（限於經營外籍移工國外**小額匯兌**業務之範圍內）、**槓桿交易商、期貨信託事業、期貨經理事業**，以及**保險代理人**公司、**保險經紀人**公司及**個人執業**之保險代理人、保險經紀人（以下簡稱保險代理人、保險經紀人）。

二、一定金額：指新臺幣**五十萬元**（含等值外幣）。

三、一定數量：**指五十張儲值卡。**

四、通貨交易：指單筆現金收或付（在會計處理上，凡以現金收支傳票記帳者皆屬之）或**換鈔交易。**

五、客戶：包括**銀行業、證券期貨業及保險業**等**金融機構之客戶**，與**電子支付帳戶及儲值卡之使用者**。上開使用者指與電子支付機構簽訂契約，利用電子支付帳戶或儲值卡，移轉支付款項或進行儲值者。

六、電子支付帳戶：指以網路或電子支付平臺為中介，接受使用者註冊與開立記錄支付款項移轉及儲值情形，並利用電子設備以連線方式傳遞收付訊息之支付工具。

七、儲值卡：指具有資料儲存或計算功能之晶片、卡片、憑證等實體或非實體形式發行，並以電子、磁力或光學等技術**儲存金錢價值之支付工具。**

八、**實質受益人**：指對客戶**具最終所有權或控制權之自然人**，或由他人代理交易之自然人本人，包括對法人或法律協議具最終有效控制權之自然人。

九、**風險基礎方法**：指金融機構**應確認、評估及瞭解**其暴露之**洗錢及資恐風險**，並採取**適當防制洗錢及打擊資恐措施**，以有效降低此類風險。

2 依該方法，金融機構對於較高風險情形應採取加強措施，對於**較低風險情形，則可採取相對簡化措施**，以有效分配資源，並以最適當且有效之方法，降低經其確認之洗錢及資恐風險。

第 **3** 條

金融機構確認客戶身分措施，應依下列規定辦理：

一、金融機構**不得接受**客戶以**匿名或使用假名**建立或維持業務關係。

二、金融機構於下列情形時，應確認客戶身分：

　　(一) 與客戶**建立業務關係**時。

　　(二) 進行下列臨時性交易：

　　　　1. 辦理**一定金額以上交易**（含國內匯款）或**一定數量以上儲值卡交易**時。多筆顯有關聯之交易**合計達一定金額以上時，亦同**。

　　　　2. 辦理新臺幣**三萬元**（含等值外幣）**以上**之跨境匯款時。

　　(三) **發現疑似洗錢或資恐交易**時。

　　(四) 對於**過去**所取得客戶身分資料之**真實性或妥適性有所懷疑**時。

三、前款第一目於電子支付機構，係指接受客戶申請註冊及開立電子支付帳戶或辦理儲值卡記名作業時；於外籍移工匯兌公司辦理外籍移工國外小額匯兌業務，係指接受客戶申請註冊時。

四、金融機構確認客戶身分應採取下列方式：

　　(一) 以**可靠**、**獨立來源**之文件、資料或資訊，辨識及驗證客戶身分，並保存該身分證明文件影本或予以記錄。

　　(二) 對於由代理人辦理者，**應確實查證代理之事實**，並以可靠、獨立來源之文件、資料或資訊，辨識及驗證代理人身分，並保存該身分證明文件影本或予以記錄。

　　(三) 辨識客戶實質受益人，並以合理措施驗證其身分，包括使用可靠來源之資料或資訊。

　　(四) 確認客戶身分措施，應包括瞭解**業務關係之目的與性質**，並視情形取得相關資訊。

五、前款規定於客戶為法人、團體或信託之受託人時，應瞭解客戶或信託（包括類似信託之法律協議）之業務性質，並至少取得客戶或信託之下列資訊，辨識及驗證客戶身分：

　　(一) 客戶或信託之**名稱、法律形式及存在證明**。

　　(二) **規範及約束客戶或信託之章程**或類似之權力文件。但下列情形得不適用：

  1.第七款第三目所列對象及辦理第七款第四目所列保險商品，其無第
   六條第一項第三款但書情形者。

  2.辦理儲值卡記名業務者。

  3.團體客戶經確認其未訂定章程或類似之權力文件者。

 (三)在客戶中擔任**高階管理人員**者之姓名。

 (四)客戶註冊登記之**辦公室地址**，及其**主要之營業處所地址**。

六、客戶為法人時，應瞭解其是否可發行**無記名股票**，並對已發行無記名
 股票之客戶採取適當措施以**確保其實質受益人之更新**。

七、第四款第三目規定於客戶為法人、團體或信託之受託人時，應瞭解客戶
 或信託之所有權及控制權結構，並透過下列資訊，辦識客戶之**實質受益
 人**，及採取合理措施驗證：

 (一)客戶為法人、團體時：

  1.具控制權之最終自然人身分。所稱具控制權係指直接、間接持有該
   法人**股份或資本超過百分之二十五**者，金融機構得請客戶提供**股東
   名冊或其他文件**協助完成辨識。

  2.依前小目規定未發現具控制權之自然人，或對具控制權自然人是否
   為實質受益人有所懷疑時，應辨識有無透過其他方式對客戶行使控
   制權之自然人。

  3.依前二小目規定均未發現具控制權之自然人時，金融機構**應辨識高
   階管理人員**之身分。

 (二)客戶為信託之受託人時：應確認**委託人**、**受託人**、**信託監察人**、**信
  託受益人**及其他可有效控制該信託帳戶之人，或與上述人員具相當
  或類似職務者之身分。

 (三)客戶或具控制權者為下列身分者，除有第六條第一項第三款但書情
  形或已發行**無記名股票**情形者外，不適用第四款第三目辨識及驗證
  實質受益人身分之規定。

  1.我國**政府**機關。

  2.我國**公營事業**機構。

  3.**外國**政府機關。

4. 我國**公開發行公司或其子公司**。

5. 於國外掛牌並依掛牌所在地規定，應**揭露其主要股東**之股票上市、上櫃公司及其子公司。

6. 受我國**監理**之金融機構及其管理之**投資工具**。

7. 設立於我國境外，且所受監理規範與防制洗錢金融行動工作組織（FATF）所定防制洗錢及打擊資恐**標準一致**之金融機構，及該金融機構管理之投資工具。

8. 我國**政府**機關管理之**基金**。

9. **員工持股信託、員工福利儲蓄信託**。

(四) 金融機構辦理**財產保險、傷害保險、健康保險**或**不具有保單價值準備金**之保險商品，除客戶有第六條第一項第三款但書情形者外，不適用第四款第三目辨識及驗證實質受益人身分之規定。

八、保險業應於**人壽保險、投資型保險**及**年金保險**契約之保險受益人確定或經指定時，採取下列措施：

(一) 對於經指定為保險**受益人**者，應取得其**姓名**或**名稱**及**身分證明文件號碼**或**註冊設立日期**。

(二) 對於依據契約特性或其他方式指定為保險受益人者，應取得充分資訊，以使保險業於**支付保險金時**得藉以**辨識**該保險受益人身分。

(三) 於**支付保險金時，驗證**該保險受益人之身分。

九、金融機構完成**確認客戶身分措施**前，**不得**與該客戶建立業務關係或進行臨時性交易。但符合下列各目情形者，**得先取得**辨識客戶及實質受益人身分之資料，並於**建立業務關係後，再完成驗證**：

(一) **洗錢及資恐風險受到有效管理**。包括應針對客戶可能利用交易完成後才驗證身分之情形，採取風險管控措施。

(二) 為**避免對客戶業務之正常運作造成干擾**所必須。

(三) 會在合理可行之情形下**儘速完成客戶及實質受益人之身分驗證**。如未能在合理可行之時限內完成客戶及實質受益人之身分驗證，須終止該業務關係，並應事先告知客戶。

十、金融機構對於**無法完成確認**客戶身分相關規定程序者，**應考量申報**與該客戶有關之疑似洗錢或資恐交易。

十一、金融機構懷疑某客戶或交易可能涉及洗錢或資恐，且合理相信執行確認客戶身分程序**可能**對客戶**洩露**訊息時，**得不執行該等程序**，而改以申報疑似洗錢或資恐交易。

十二、電子支付帳戶之客戶身分確認程序應依電子支付機構身分確認機制及交易限額管理辦法相關規定辦理，不適用第四款至第七款規定。

十三、辦理儲值卡記名作業，不適用第四款第三目及第六款規定。

第 4 條　金融機構確認客戶身分時，有下列情形之一者，**應予以婉拒**建立業務關係或交易：

一、疑似使用**匿名、假名、人頭、虛設**行號或虛設法人團體開設帳戶、投保或辦理儲值卡記名作業。

二、客戶**拒絕提供**審核客戶身分措施相關文件。

三、對於由代理人辦理開戶、儲值卡記名作業、註冊電子支付帳戶、投保、保險理賠、保險契約變更或交易者，且**查證代理之事實及身分資料有困難**。

四、持用**偽、變造**身分證明文件。

五、出示之身分證明文件均為**影本**。但依規定得以身分證明文件影本或影像檔，輔以其他管控措施辦理之業務，不在此限。

六、提供文件資料**可疑、模糊不清**，不願提供其他佐證資料或提供之文件資料無法進行查證。

七、客戶**不尋常拖延**應補充之身分證明文件。

八、建立業務關係對象為**資恐防制法指定制裁**之個人、法人或團體，以及外國政府或國際組織認定或追查之恐怖分子或團體。但依資恐防制法第六條第一項第一款至第三款所為支付不在此限。

九、建立業務關係或交易時，有其他異常情形，客戶無法提出合理說明。

第 **5** 條

金融機構確認客戶身分措施，應包括對客戶身分之**持續審查**，並依下列規定辦理：

一、金融機構應**依重要性及風險**程度，對現有客戶身分資料進行審查，並於考量前次執行審查之時點及所獲得資料之適足性後，在適當時機對已存在之往來關係進行審查。上開適當時機至少應包括：

　　(一)客戶**加開帳戶**、**新增儲值卡記名**作業、**新增註冊電子支付**帳戶、**保額異常增加**或**新增業務往來**關係時。

　　(二)依據客戶之重要性及風險程度所定之**定期審查時點**。

　　(三)得知客戶身分與背景資訊有**重大變動**時。

二、金融機構應對客戶業務關係中之交易進行詳細審視，以確保所進行之交易與客戶及其業務、風險相符，必要時並應瞭解其**資金來源**。

三、金融機構應定期檢視其辨識客戶及實質受益人身分所取得之資訊是否足夠，並**確保該等資訊之更新**，特別是**高風險客戶**，金融機構**應至少每年檢視一次**。

四、金融機構對客戶身分辨識與驗證程序，得以過去執行與保存資料為依據，無須於客戶每次從事交易時，一再辨識及驗證客戶之身分。但金融機構對客戶資訊之真實性或妥適性有所懷疑、發現客戶涉及疑似洗錢或資恐交易、或客戶之交易或帳戶之運作方式出現與該客戶業務特性不符之重大變動時，應依第三條規定對客戶身分再次確認。

第 **6** 條

1 第三條第四款與前條規定之**確認客戶身分**措施及**持續審查**機制，應以**風險基礎方法**決定其執行強度，包括：

一、對於**高風險情形**，應加強確認客戶身分或持續審查措施，其中至少應額外採取下列**強化措施：**

　　(一)在**建立**或**新增**業務往來關係前，應取得**高階管理人員**同意。

　　(二)應採取合理措施以瞭解客戶**財富及資金來源**。其中資金來源係指產生該資金之實質來源。

　　(三)對於業務往來關係**應採取強化之持續監督**。

二、對於來自洗錢或資恐高風險國家或地區之客戶，應採行與其風險相當之強化措施。

三、對於**較低風險**情形，得採取**簡化措施**，該簡化措施應與其較低風險因素相當。但有下列情形者，不得採取簡化確認客戶身分措施：

　　(一)客戶來自未採取有效防制洗錢或打擊資恐之高風險地區或國家，包括但不限於本會函轉國際防制洗錢組織所公告防制洗錢與打擊資恐有嚴重缺失之國家或地區，及其他未遵循或未充分遵循國際防制洗錢組織建議之國家或地區。

　　(二)足資懷疑該客戶或交易涉及洗錢或資恐。

2　辦理儲值卡記名作業時，不適用前項第一款第一目及第二目規定。

3　保險業應將人壽保險契約之受益人納為是否執行強化確認客戶身分措施之考量因素。人壽保險契約之保險受益人為法人或信託之受託人，經評估屬較高風險者，應採取強化確認客戶身分措施，包括於**給付保險金前**，採取合理措施**辨識及驗證實質受益人**身分。

第**7**條

金融機構確認客戶身分作業**應自行辦理**，如法令或本會另有規定金融機構得依賴第三方執行辨識及驗證客戶本人身分、代理人身分、實質受益人身分或業務關係之目的及性質時，該**依賴第三方之金融機構**仍應負確認客戶身分之**最終責任**，並應符合下列規定：

一、應能立即取得確認客戶身分所需資訊。

二、應採取符合金融機構本身需求之措施，確保所依賴之第三方將依金融機構之要求，毫不延遲提供確認客戶身分所需之客戶身分資料或其他相關文件影本。

三、確認所依賴之第三方受到規範、監督或監控，並有適當措施遵循確認客戶身分及紀錄保存之相關規範。

四、確認所依賴之第三方之所在地，其防制洗錢及打擊資恐規範與防制洗錢金融行動工作組織所定之標準一致。

第 **8** 條

金融機構對客戶及交易有關對象之姓名及名稱檢核，應依下列規定辦理：

一、金融機構應依據風險基礎方法，建立客戶及交易有關對象之姓名及名稱**檢核政策及程序**，以偵測、比對、篩檢**客戶**、客戶之**高階管理人員**、**實質受益人**或**交易有關對象**是否為資恐防制法指定制裁之個人、法人或團體，以及外國政府或國際組織認定或追查之恐怖分子或團體。

二、金融機構之客戶及交易有關對象之姓名及名稱檢核政策及程序，至少應包括**比對與篩檢邏輯**、**檢核作業之執行程序**，以及**檢視標準**，並將其書面化。

三、金融機構執行姓名及名稱檢核情形應予記錄，並依第十二條規定之期限進行保存。

第 **9** 條

金融機構對帳戶或交易之持續監控，應依下列規定辦理：

一、金融機構應逐步**以資訊系統整合**全公司（社）客戶之基本資料及交易資料，供總（分）公司（社）進行基於防制洗錢及打擊資恐目的之查詢，以強化其帳戶或交易監控能力。對於各單位調取及查詢客戶之資料，應建立內部控制程序，並注意資料之保密性。

二、金融機構**應依據風險基礎方法**，建立帳戶或交易監控政策與程序，並利用資訊系統，輔助發現疑似洗錢或資恐交易。

三、金融機構應依據防制洗錢與打擊資恐**法令規範**、其**客戶性質**、**業務規模**及**複雜度**、**內部與外部來源取得**之洗錢與資恐相關趨勢與資訊、金融機構**內部風險評估結果**等，檢討其帳戶或交易監控政策及程序，並定期更新之。

四、金融機構之帳戶或交易監控政策及程序，至少應包括**完整之監控型態**、**參數設定**、**金額門檻**、**預警案件**與**監控作業**之執行程序與監控案件之**檢視程序**及**申報標準**，並將其書面化。

五、前款完整之監控型態應依其業務性質，**納入各同業公會所發布之態樣**，並應參照金融機構本身之洗錢及資恐風險評估或日常交易資訊，

增列相關之監控態樣。其中就電子支付帳戶間款項移轉，金融機構監控時應將收受兩端之所有資訊均納入考量，以判定是否申報疑似洗錢或資恐交易。

六、金融機構執行帳戶或交易持續監控之情形應予記錄，並依第十二條規定之期限進行保存。

第 10 條

1 金融機構於確認客戶身分時，應運用適當之風險管理機制，確認**客戶**及其**實質受益人、高階管理人員**是否為**現任或曾任國內外政府或國際組織之重要政治性職務人士**：

一、客戶或其實質受益人若為**現任國外**政府之重要政治性職務人士，應將該客戶**直接視為高風險**客戶，並採取第六條第一項第一款各目之強化確認客戶身分措施。

二、客戶或其實質受益人若為**現任國內**政府或國際組織之重要政治性職務人士，應於與該客戶建立業務關係時，審視其風險，嗣後並**應每年重新審視**。對於經金融機構認定屬高風險業務關係者，應對該客戶採取第六條第一項第一款各目之強化確認客戶身分措施。

三、客戶之**高階管理人員**若為**現任國內外**政府或國際組織之重要政治性職務人士，金融機構應考量該高階管理人員對該客戶之**影響力**，決定是否對該客戶採取第六條第一項第一款各目之強化確認客戶身分措施。

四、對於**非現任**國內外政府或國際組織之重要政治性職務人士，金融機構應考量相關風險因子後評估其**影響力**，依風險基礎方法認定其是否應適用前三款之規定。

五、前四款規定於重要政治性職務人士之**家庭成員及有密切關係之人，亦適用**之。前述家庭成員及有密切關係之人之範圍，依本法第七條第四項後段所定辦法之規定認定之。

2 第三條第七款第三目第一小目至第三小目及第八小目所列對象，其實質受益人或高階管理人員為重要政治性職務人士時，不適用前項規定。

3　保險公司、辦理簡易人壽保險業務之郵政機構對於人壽保險、投資型保
　　險及年金保險契約，**應於給付保險金或解約金前**，採取合理措施**辨識及**
　　驗證保險受益人及其實質受益人是否為前項所稱重要政治性職務人士。
　　如發現高風險情形，**應於給付前通知**高階管理人員，對與該客戶之整體
　　業務關係進行強化審查，並考量疑似洗錢或資恐交易之申報。

第 11 條

保險代理人依保險法第八條規定，代理保險公司招攬保險契約者，以及保
險經紀人依保險法第九條規定，基於被保險人之利益，洽訂保險契約或提
供相關服務者，不適用第五條及第六條有關客戶身分之持續審查、第八條
客戶及交易有關對象之姓名及名稱檢核、第九條交易之持續監控及前條有
關重要政治性職務人士之規定。但保險代理人公司代理保險公司辦理核保
及理賠業務者，於所代理業務範圍內之政策、程序及控管等面向，應依本
辦法規定辦理。

第 12 條

金融機構應以紙本或電子資料保存與客戶往來及交易之紀錄憑證，並依下列
規定辦理：

一、金融機構對國內外交易之所有必要紀錄，**應至少保存五年**。但法律另有
　　較長保存期間規定者，從其規定。

二、金融機構對下列資料，應保存至與客戶**業務關係結束後**或**臨時性交易結**
　　束後，至少**五年**。但法律另有較長保存期間規定者，從其規定：

　　(一)確認客戶身分所取得之所有紀錄，如護照、身分證、駕照或類似之
　　　　官方身分證明文件影本或紀錄。

　　(二)帳戶、電子支付帳戶或卡戶檔案或契約文件檔案。

　　(三)業務往來資訊，包括對複雜、異常交易進行詢問所取得之背景或目
　　　　的資訊與分析資料。

三、金融機構保存之交易紀錄**應足以重建個別交易**，以備作為認定不法活動
　　之證據。

四、金融機構對權責機關依適當授權要求提供交易紀錄及確認客戶身分等相關資訊時，應確保能夠迅速提供。

第 13 條

金融機構對達**一定金額以上之通貨交易**，應依下列規定辦理：

一、應確認客戶身分並留存相關紀錄憑證。

二、確認客戶身分措施，應依下列規定辦理：

(一)憑客戶提供之身分證明文件或護照確認其身分，並將其姓名、出生年月日、住址、電話、交易帳戶號碼、交易金額及身分證明文件號碼等事項加以記錄。但如能確認客戶為交易帳戶本人者，可免確認身分，惟應於交易紀錄上敘明係本人交易。

(二)交易如係由代理人為之者，應憑代理人提供之身分證明文件或護照確認其身分，並將其姓名、出生年月日、住址、電話、交易帳戶號碼、交易金額及身分證明文件號碼等事項加以記錄。

(三)交易如係屬臨時性交易者，應依第三條第四款規定確認客戶身分。

三、除第十四條規定之情形外，應依法務部調查局（以下簡稱調查局）所定之申報格式，於交易完成後**五個營業日內以媒體申報**方式，向調查局申報。無法以媒體方式申報而有正當理由者，得報經調查局同意後，以書面申報之。

四、向調查局申報資料及相關紀錄憑證之保存，應依第十二條規定辦理。

第 14 條

1 金融機構對下列達一定金額以上之通貨交易，**免向調查局申報**，但仍應確認客戶身分及留存相關紀錄憑證：

一、存入**政府機關**、**公營事業**機構、**行使公權力**機構（於受委託範圍內）、**公私立學校**、**公用事業**及政府**依法設立之基金**所開立帳戶之款項。

二、金融機構**代理公庫業務所生之代收付**款項。

三、金融**機構間之交易及資金調度**。但金融同業之客戶透過金融同業間之同業存款帳戶所生之應付款項，如兌現同業所開立之支票，同一客戶現金交易達一定金額以上者，仍應依規定辦理。

四、**公益彩券經銷商**申購彩券款項。

五、**代收款項交易**（不包括存入股款代收專戶之交易、代收信用卡消費帳款之交易），其繳款通知書已明確記載交易對象之姓名、身分證明文件號碼（含代號可追查交易對象之身分者）、交易種類及金額者。但應以繳款通知書副聯作為交易紀錄憑證留存。

2 非個人帳戶基於業務需要經常或例行性須存入現金達一定金額以上之**百貨公司**、**量販店**、**連鎖超商**、**加油站**、**醫療院所**、**交通運輸業**及**餐飲旅館**業等，經金融機構確認有事實需要者，得將名單轉送調查局核備，如調查局於**十日內**無反對意見，其後該帳戶存入款項免逐次確認與申報。金融機構**每年至少應審視交易對象一次**。如與交易對象已無本項往來關係，應報調查局備查。

第 **15** 條

金融機構對**疑似洗錢或資恐交易之申報**，應依下列規定辦理：

一、金融機構對於符合第九條第五款規定之監控型態或其他異常情形，應依同條第四款及第六款規定，儘速完成是否為疑似洗錢或資恐交易之檢視，並留存紀錄。

二、對於經檢視屬疑似洗錢或資恐交易者，不論交易金額多寡，均應依調查局所定之申報格式簽報，並於專責主管**核定後立即向調查局申報**，核定後之申報期限**不得逾二個營業日**。交易未完成者，亦同。

三、對屬明顯重大緊急之疑似洗錢或資恐交易案件之申報，應立即以傳真或其他可行方式儘速向調查局申報，並應補辦書面資料。但經調查局以傳真資料確認回條確認收件者，無需補辦申報書。金融機構並應留存傳真資料確認回條。

四、前二款申報書及傳真資料確認回條，應依調查局規定之格式辦理。

五、向調查局申報資料及相關紀錄憑證之保存，應依第十二條規定辦理。

第 16 條

本辦法自發布日施行。

四、重要政治性職務之人與其家庭成員及有密切關係之人範圍認定標準（修正日期：民國107年10月16日）

第 1 條

本標準依洗錢防制法（以下簡稱本法）第七條第四項後段規定訂定之。

第 2 條

本法第七條第三項所稱**國內重要政治性職務之人**，其範圍如下：

一、**總統**、**副總統**。

二、**總統府秘書長**、**副秘書長**。

三、**國家安全會議秘書長**、**副秘書長**。

四、**中央研究院院長**、**副院長**。

五、**國家安全局局長**、**副局長**。

六、**五院院長**、**副院長**。

七、**五院秘書長**、副秘書長。

八、**立法委員**、考試委員及**監察委員**。

九、司法院以外之**中央二級機關首長**、**政務副首長**、相當中央**二級獨立機關委員**及行政院**政務委員**。

十、司法院**大法官**。

十一、**最高法院院長**、**最高行政法院院長**、**公務員懲戒委員會委員長**及**最高檢察署檢察總長**。

十二、直轄市、縣（市）政府之**首長**、**副首長**。

十三、直轄市及縣（市）**議會正**、**副議長**。

十四、**駐外大使**及**常任代表**。

十五、編階**中將以上**人員。

十六、**國營事業**相當**簡任第十三職等以上**之**董事長**、**總經理**及其他相當職務。

十七、中央、直轄市及縣（市）民意機關組成黨團之**政黨負責人**。

十八、擔任前十七款以外職務，對於與重大公共事務之推動、執行，或鉅額公有財產、國家資源之業務**有核定權限**，經法務部報請**行政院核定**之人員。

第 **3** 條

本法第七條第三項所稱國外重要政治性職務之人，指在中華民國以外之國家或地區，擔任國家**正副元首**、政府**正副首長**、議會**議員**、**高級**政府、司法或軍事**官員**、國營企業**高階經理人**及**重要政黨職務**之人員。

第 **4** 條

1　本法第七條第三項所稱國際組織重要政治性職務之人，指在**國際組織擔任正**、**副主管**及**董事**或其他相類似職務之**高階管理人員**。

2　前項國際組織，指下列依條約、協定或相類之國際書面協定所成立之組織：

一、**聯合國**及其**附隨國際組織**。

二、**區域性國際組織**。

三、**軍事國際組織**。

四、**國際經濟組織**。

五、其他**文化**、**科學**、**體育**等領域具**重要性之國際組織**。

第 **5** 條

1　金融機構及指定之非金融事業或人員，於前三條所列之重要政治性職務之人離職後，仍應以風險為基礎評估其影響力，認定其是否仍適用本法第七條第三項之規定。

2　金融機構及指定之非金融事業或人員，對於前項之風險評估，至少應考量下列要件：

一、**擔任**重要政治性職務之**時間**。

二、**離職後**所擔任之**新職務**，與其先前重要政治性職務是否有**關連性**。

第 6 條 本法第七條第三項所稱重要政治性職務之人，其**家庭成員**範圍如下：

一、**一親等直系血親或姻親**。

二、**兄弟姊妹**。

三、**配偶及其兄弟姊妹**。

四、**相當於配偶之同居伴侶**。

第 7 條

1 本法第七條第三項所稱與重要政治性職務之人有密切關係之人，係指與重要政治性職務之人具**密切社會或職業關係**之人。

2 前項所稱密切社會或職業關係，得參考下列基準判斷之：

一、與重要政治性職務之人為**同一合夥事業之合夥人**。

二、與重要政治性職務之人為**同一公司之董事、監察人或高級主管**。

三、與重要政治性職務之人有**密切商業往來關係之人**。

四、為重要政治性職務之人之**受僱人或僱用人**。

五、由前款受僱人或由其擔任代表人之法人所僱用之人。

六、與重要政治性職務之人為同一借款債務之**借款人**、**保證人**或**提供擔保之人**。

七、代理重要政治性職務之人為本法第九條第一項達**一定金額以上之通貨交易之人**。

八、與重要政治性職務之人為同一**法人或信託之實質受益人**。

九、擔任為重要政治性職務之人利益所設立法人或信託之實質受益人。

十、受重要政治性職務之人委託，負責**持有、管理或運用其資產或其他利益之人**。

十一、以重要政治性職務之人為受益人之人身保險契約，該契約之**要保人**及**被保險人**。

十二、重要政治性職務之人**所屬人民團體或工會之負責人**。

第 8 條

第二條至第四條所列之重要政治性職務之人**離職後**，經金融機構及指定之非金融事業或人員評估認定**仍適用**本法第七條第三項之規定者，其**家庭成員及與其有密切關係之人**，**亦適用**之。

第 9 條

1　本標準自中華民國一百零六年六月二十八日施行。
2　本標準中華民國一百零七年十月十六日修正條文，自一百零七年五月二十五日施行。

第 10 條

本辦法自發布日施行。

五、資恐防制審議會之運作與制裁例外措施及其限制事項辦法（發布日期：民國106年09月14日）

法規一點靈

資恐防制審議會之運作與制裁例外措施及其限制事項辦法

第 1 條

本辦法依資恐防制法（下稱本法）第三條第三項、第六條第四項規定訂定之。

第 2 條

1　資恐防制審議會（下稱審議會），由**法務部部長**擔任**召集人**，並為當然委員；其餘委員由下列機關**副首長**兼任之：
　　一、**國家安全局**。
　　二、**內政部**。
　　三、**外交部**。
　　四、**國防部**。
　　五、**經濟部**。
　　六、**中央銀行**。

七、**金融監督管理委員會**。

八、其他經**行政院指定之機關**。

2　審議會委員**任期二年**，期滿**得續派**之。其由機關代表出任者，應隨其本職進退。審議會委員於任職期間因故出缺或異動時，其改派委員之任期至原任期屆滿為止。

第 3 條　審議會得為下列事項之審議：

一、本法第四條第一項之**制裁名單**。

二、本法第四條第一項及第六條第一項第一款制裁名單之**除名措施**。

三、本法第六條第一項第二款至第四款**制裁之相關措施**及同法第六條第二項**限制使用方式**。

四、本法第六條第三項**廢止措施**。

第 4 條

1　審議會就指定制裁名單之審議，應採**合理審議基準**。

2　審議會為審議前項指定制裁名單，得請求相關機關或機構提供必要情資與資訊。

3　審議會就指定制裁名單之除名措施之審議，亦適用前二項之規定。

第 5 條

審議會應審議主管機關提出下列相關措施，其決議應由主管機關通知申請人、利害關係人、相關機關配合或公告執行：

一、依本法第六條第一項第二款經指定制裁之個人或其受扶養親屬家庭**生活所必需之財物或財產上利益**，包括**伙食**費用、**租金**、**貸款**費用、**醫藥**費用、**稅務**費用、**保險金**及任何與**公共目的有關**之費用等，應酌留供使用。

二、依本法第六條第一項第三款經指定制裁之個人、法人或團體管理財物或財產上利益之必要費用，如**法律專業**費用、**保持或維持凍結資產**之相關必要專業費用，應酌留供使用。

三、依本法第六條第一項第四款經指定制裁之個人、法人或團體,於**受制裁前**對**善意第三人**負擔之債務,如指定制裁前已依法、依約或執行名義應給付之款項,應許可支付。

第 6 條
審議會就前條各款指定制裁相關措施之審議,應注意下列事項:
一、指定制裁之相關措施,應具體依相關措施審議時之現時狀況為考量基礎。
二、指定制裁之相關措施,應**以具必要性者為限**。

第 7 條
審議會於審議指定制裁相關措施時,就主管機關提出下列之限制應併審議:
一、得於必要範圍內,**限制使用特定財物或財產上利益**。
二、得於必要範圍內**限制進行特定金融市場交易**。
三、得於必要範圍內,**限制與特定人為金融活動往來**。

第 8 條
審議會為審議指定制裁相關措施及限制,必要時,得請利害關係人或相關機關到場說明。

第 9 條
審議會之審議,應有委員**三分之二以上**親自出席,出席委員**三分之二以上**同意。

第 10 條
審議會會議對外**不公開**,與會委員及相關人員對於會議內容均應予保密。

第 11 條
1　審議會應於主管機關提出待審議之制裁名單或除名名單後**一個月內**完成審議。但緊急案件及人道考量案件,應儘速優先完成審議。

2 指定制裁名單之受制裁者現在國外，應於審議時指明，以利主管機關通知受制裁者所在國家。

第 12 條
審議會委員為無給職。

第 13 條
本辦法自發布日施行。

六、銀行業及其他經金融監督管理委員會指定之金融機構防制洗錢及打擊資恐內部控制與稽核制度實施辦法（發布日期：民國110年12月14日）

第 1 條
本辦法依洗錢防制法（以下簡稱本法）第六條第三項規定訂定之。

第 2 條
1 本辦法所稱銀行業，包括**銀行**、**信用合作社**、**辦理儲金匯兌之郵政機構**、**票券金融公司**、**信用卡公司**及**信託業**。

2 本辦法所稱其他經金融監督管理委員會（以下簡稱本會）指定之金融機構，指**電子支付機構**及**外籍移工匯兌公司**（限於經營外籍移工國外小額匯兌業務之範圍內）：

　　一、電子支付機構：指依電子支付機構管理條例許可經營電子支付機構業務之機構。

　　二、外籍移工匯兌公司：指依外籍移工國外小額匯兌業務管理辦法許可經營外籍移工國外小額匯兌業務者。

第 3 條

銀行業及其他經本會指定之金融機構辦理通匯往來銀行業務及其他類似業務，應定有一定政策及程序，內容應包括：

一、**蒐集**足夠之可得公開資訊，以充分瞭解該委託機構之業務性質，並評斷其商譽及管理品質，包括是否遵循防制洗錢及打擊資恐之規範，及是否曾受洗錢及資恐之調查或行政處分。

二、**評估**該委託機構對防制洗錢及打擊資恐具備適當之控管政策及執行效力。

三、在與委託機構建立通匯往來關係前，應先取得**高階**管理人員**核准**後始得辦理。

四、以**文件證明**各自對防制洗錢及打擊資恐之責任作為。

五、當**通匯**往來銀行業務涉及過渡帳戶時，須確認該委託機構已對可直接使用通匯往來銀行帳戶之客戶，確實執行**確認客戶身分**等措施，必要時並能依通匯往來銀行之要求提供確認客戶身分之相關資料。

六、**不得與空殼銀行**或與允許空殼銀行使用其帳戶之委託機構建立通匯往來關係。

七、對於無法配合提供上開資訊之委託機構，銀行業及其他經本會指定之金融機構得對其**拒絕開戶**、**暫停交易**、**申報疑似洗錢或資恐交易**或**中止業務關係**。

八、委託機構為銀行業及其他經本會指定之金融機構本身之國外分公司（或子公司）時，亦適用上開規定。

第 4 條

銀行業及其他經本會指定之金融機構於推出**新產品或服務或辦理新種業務**前，應進行產品之洗錢及資恐風險評估，並建立相應之風險管理措施以降低所辨識之風險。

第 5 條

1　銀行業及其他經本會指定之金融機構辦理外匯境內及跨境之一般匯出及匯入匯款業務，應依下列規定辦理：

一、銀行業：應依銀行業辦理外匯業務作業規範辦理。

二、電子支付機構：應依電子支付機構業務管理規則辦理。

三、外籍移工匯兌公司：應依外籍移工國外小額匯兌業務管理辦法辦理。

2　銀行業及其他經本會指定之金融機構擔任新臺幣境內匯款之匯款方時，應依下列規定辦理：

一、應採下列方式之一提供必要且正確之匯款人資訊及必要之受款人資訊：

(一)隨匯款交易提供匯款人及受款人資訊。

(二)隨匯款交易提供匯款人及受款人之**帳戶號碼**或可供**追蹤之交易碼**，並於收到受款金融機構或權責機關請求時，於**三個營業日內**提供匯款人及受款人資訊。但檢察機關及司法警察機關要求立即提供時，應配合辦理。

二、應依金融機構防制洗錢辦法第十二條規定，保存下列匯款人及受款人之必要資訊：

(一)匯款人資訊應包括：匯款人姓名、扣款帳戶號碼（如無，則提供可供追蹤之交易碼）及下列各項資訊之一：

1.身分證號。

2.匯款人地址。

3.出生日期及出生地。

(二)受款人資訊應包括：受款人姓名、受款帳戶號碼（如無，則提供可供追蹤之交易碼）。

3　銀行業及其他經本會指定之金融機構未能依前二項規定辦理時，不得執行匯款業務。

4　銀行業及其他經本會指定之金融機構擔任新臺幣境內匯款之受款方時，應依下列規定辦理：

一、應具備以風險為基礎之政策及程序，以判斷何時執行、拒絕或暫停缺少第二項第二款必要資訊之匯款，及適當之後續追蹤行動。

二、應依金融機構防制洗錢辦法第十二條規定，保存所取得之匯款人及受款人資訊。

第 **6** 條

1 銀行業及其他經本會指定之金融機構防制洗錢及打擊資恐之內部控制制度，應經**董（理）事會**通過；修正時，亦同。其內容並應包括下列事項：

一、就洗錢及資恐風險進行辨識、評估、管理之相關政策及程序。

二、依據洗錢及資恐風險、業務規模，訂定防制洗錢及打擊資恐計畫，以管理及降低已辨識出之風險，並對其中之較高風險，採取強化控管措施。

三、監督控管防制洗錢及打擊資恐法令遵循與防制洗錢及打擊資恐計畫執行之標準作業程序，並納入自行查核及內部稽核項目，且於必要時予以強化。

2 前項第一款洗錢及資恐風險之辨識、評估及管理，應至少涵蓋**客戶、地域、產品及服務、交易**或**支付管道**等面向，並依下列規定辦理：

一、製作風險評估報告。

二、考量所有風險因素，以決定整體風險等級，及降低風險之適當措施。

三、訂定更新風險評估報告之機制，以確保風險資料之更新。

四、於完成或更新風險評估報告時，將風險評估報告送本會備查。

3 第一項第二款之防制洗錢及打擊資恐計畫，應包括下列政策、程序及控管機制：

一、確認客戶身分。

二、客戶及交易有關對象之姓名及名稱檢核。

三、帳戶及交易之持續監控。

四、通匯往來銀行業務。

五、**紀錄保存**。

六、**一定金額以上通貨交易申報**。

七、**疑似洗錢或資恐交易申報**。

八、指定防制洗錢及打擊資恐專責主管負責遵循事宜。

九、員工遴選及任用程序。

十、持續性員工訓練計畫。

十一、測試防制洗錢及打擊資恐制度有效性之獨立稽核功能。

十二、其他依防制洗錢及打擊資恐相關法令及本會規定之事項。

4　銀行業及其他經本會指定之金融機構如有分公司（或子公司）者，應訂定集團層次之防制洗錢與打擊資恐計畫，於集團內之分公司（或子公司）施行。內容包括前項政策、程序及控管機制，並應在符合我國及國外分公司（或子公司）所在地資料保密法令規定下，訂定下列事項：

一、確認客戶身分與洗錢及資恐風險管理目的所需之集團內資訊分享政策及程序。

二、為防制洗錢及打擊資恐目的，於有必要時，依**集團層次**法令遵循、稽核及防制洗錢及打擊資恐功能，得要求分公司（或子公司）提供有關客戶、帳戶及交易資訊，並應包括異常交易或活動之資訊及所為之分析；必要時，亦得透過集團管理功能使分公司（或子公司）取得上述資訊。

三、運用被交換資訊及其保密之安全防護，包括防範資料洩露之安全防護。

5　銀行業及其他經本會指定之金融機構應確保其國外分公司（或子公司），在符合當地法令情形下，實施與總公司（或母公司）一致之防制洗錢及打擊資恐措施。當總公司（或母公司）與分公司（或子公司）所在地之最低要求不同時，分公司（或子公司）應就**兩地選擇較高標準者**作為遵循依據，惟就標準高低之認定有疑義時，以銀行業及其他經本會指定之金融機構**總公司（或母公司）所在地之主管機關**之認定為依據；倘因外國法規禁止，致無法採行與總公司（或母公司）相同標準時，應採取合宜之額外措施，以管理洗錢及資恐風險，並向本會申報。

6　銀行業及其他經本會指定之金融機構之**董（理）事會**對確保建立及維持適當有效之防制洗錢及打擊資恐內部控制負**最終責任**。**董（理）事會**及**高階管理人員**應瞭解其洗錢及資恐風險，及防制洗錢及打擊資恐計畫之運作，並採取措施以塑造重視防制洗錢及打擊資恐之文化。

第 **7** 條

1 銀行業及其他經本會指定之金融機構應依其規模、風險等配置適足之防制洗錢及打擊資恐專責人員及資源，並由**董（理）事會**指派**高階主管**一人擔任專責主管，賦予協調監督防制洗錢及打擊資恐之充分職權，及確保該等人員及主管無與其防制洗錢及打擊資恐職責有利益衝突之兼職。其中本國銀行並應於總經理、總機構法令遵循單位或風險控管單位下設置獨立之防制洗錢及打擊資恐專責單位，該單位不得兼辦防制洗錢及打擊資恐以外之其他業務。

2 前項專責單位或專責主管**掌理下列事務：**
一、**督導洗錢及資恐風險之辨識、評估及監控政策及程序之規劃與執行。**
二、**協調督導全面性洗錢及資恐風險辨識及評估之執行。**
三、**監控與洗錢及資恐有關之風險。**
四、**發展防制洗錢及打擊資恐計畫。**
五、**協調督導防制洗錢及打擊資恐計畫之執行。**
六、**確認防制洗錢及打擊資恐相關法令之遵循，包括所屬金融同業公會所定並經本會准予備查之相關範本或自律規範。**
七、**督導向法務部調查局進行疑似洗錢或資恐交易申報及資恐防制法指定對象之財物或財產上利益及其所在地之通報事宜。**

3 第一項專責主管應至少**每半年**向**董（理）事會**及**監察人（監事、監事會）**或**審計委員會**報告，如發現有重大違反法令時，應即時向**董（理）事會及監察人（監事、監事會）**或**審計委員會**報告。

4 銀行業及其他經本會指定之金融機構國外營業單位應綜合考量在當地之分公司家數、業務規模及風險等，設置適足之防制洗錢及打擊資恐人員，並指派一人為主管，負責防制洗錢及打擊資恐之協調督導事宜。

5 銀行業及其他經本會指定之金融機構國外營業單位防制洗錢及打擊資恐主管之設置應符合當地法令規定及當地主管機關之要求，並應具備協調督導防制洗錢及打擊資恐之充分職權，包括可直接向第一項專責主管報告，且除兼任法令遵循主管外，應為專任，如兼任其他職務，應與當地主管機關溝通，以確認其兼任方式無利益衝突之虞，並報本會備查。

第 8 條

1 銀行業及其他經本會指定之金融機構國內外營業單位應指派**資深管理人員**擔任督導主管，負責督導所屬營業單位執行防制洗錢及打擊資恐相關事宜，及辦理自行查核之情形。

2 銀行業及其他經本會指定之金融機構內部稽核單位應依規定辦理下列事項之查核，並提具查核意見：
  一、洗錢及資恐風險評估與防制洗錢及打擊資恐計畫是否符合法規要求並落實執行。
  二、防制洗錢及打擊資恐計畫之有效性。

3 銀行業及其他經本會指定之金融機構總經理應督導各單位審慎評估及檢討防制洗錢及打擊資恐內部控制制度執行情形，由**董（理）事長（主席）**、**總經理**、**總稽核（稽核主管）**、**防制洗錢及打擊資恐專責主管**聯名出具防制洗錢及打擊資恐之**內部控制制度聲明書**（附表），並提報董（理）事會通過，於**每會計年度終了後三個月內**將該內部控制制度聲明書內容揭露於該**機構網站**，並於本會指定網站辦理公告申報。

4 外國銀行或外國信用卡公司在臺分公司就本辦法關於董事會或監察人之相關事項，由其**總公司授權人員**負責。前項聲明書，由**在臺訴訟／非訟代理人**、防制洗錢及打擊資恐**專責主管**及負責臺灣區**稽核業務主管**等三人出具。

第 9 條

1 銀行業及其他經本會指定之金融機構應確保建立高品質之員工遴選及任用程序，包括檢視員工是否具備廉正品格，及執行其職責所需之專業知識。

2 銀行業及其他經本會指定之金融機構之防制洗錢及打擊資恐專責主管、專責人員及國內營業單位督導主管應於**充任後三個月**內符合下列資格條件之一，金融機構並應訂定相關控管機制，以確保符合規定：
  一、曾擔任專責之法令遵循或防制洗錢及打擊資恐專責人員**三年以上者**。
  二、參加本會認定機構所舉辦**二十四小時以上**課程，並經考試及格且取得結業證書者。但已符合法令遵循人員資格條件者，經參加本會認

　　　　定機構所舉辦**十二小時**防制洗錢及打擊資恐之教育訓練後，視為具備本款資格條件。

三、取得本會認定機構舉辦之國內或國際防制洗錢及打擊資恐專業人員證照者。

4　銀行業及其他經本會指定之金融機構之防制洗錢及打擊資恐專責主管、專責人員及國內營業單位督導主管，**每年**應至少參加經第七條第一項專責主管同意之內部或外部訓練單位所辦十二小時防制洗錢及打擊資恐教育訓練，訓練內容應至少包括新修正法令、洗錢及資恐風險趨勢及態樣。當年度取得本會認定機構舉辦之國內或國際防制洗錢及打擊資恐專業人員證照者，得抵免當年度之訓練時數。

5　銀行業及其他經本會指定之金融機構國外營業單位之督導主管與防制洗錢及打擊資恐主管、人員應具備防制洗錢專業及熟知當地相關法令規定，且**每年**應至少參加由國外主管機關或相關單位舉辦之防制洗錢及打擊資恐教育訓練課程**十二小時**，如國外主管機關或相關單位未舉辦防制洗錢及打擊資恐教育訓練課程，得參加經第七條第一項專責主管同意之內部或外部訓練單位所辦課程。

6　銀行業及其他經本會指定之金融機構對其**董（理）事**、**監察人**、**總經理**、**法令遵循人員**、**內部稽核人員**及**業務人員**，應依其業務性質，每年安排適當內容及時數之防制洗錢及打擊資恐教育訓練，以使其瞭解所承擔之防制洗錢及打擊資恐職責，及具備執行該職責應有之專業。

7　外籍移工匯兌公司應視其業務特性、洗錢及資恐風險、辦理外籍移工匯兌交易常見缺失等事項，對相關人員每年安排適當內容及時數之防制洗錢及打擊資恐職前及在職教育訓練，不適用第二項至前項規定。

第**10**條

1　本會對於銀行業及其他經本會指定之金融機構防制洗錢及打擊資恐內部控制及稽核制度之執行情形，得採**風險基礎方法**隨時派員或委託適當機關（構）辦理查核，查核方式包括現地查核及非現地查核。

2 本會或受委託查核者執行前項查核，得命銀行業及其他經本會指定之金融機構提示有關帳簿、文件、電子資料檔或其他相關資料。前開資料儲存形式不論係以書面、電子檔案、電子郵件或任何其他形式方式儲存，均應提供，不得以任何理由規避、拒絕或妨礙查核。

第 11 條
本辦法自發布日施行。

七、證券期貨業及其他經金融監督管理委員會指定之金融機構防制洗錢及打擊資恐內部控制與稽核制度實施辦法（發布日期：民國107年11月09日）

第 1 條
本辦法依洗錢防制法（以下簡稱本法）第六條第三項規定訂定之。

第 2 條
1 本辦法所稱證券期貨業包括**證券商**、**證券投資信託事業**、**證券金融事業**、**證券投資顧問事業**、**證券集中保管事業**、**期貨商**。
2 本辦法所稱其他經金融監督管理委員會（以下簡稱本會）指定之金融機構，包括**期貨信託事業**、**期貨經理事業**及**槓桿交易商**。

第 3 條
證券期貨業及其他經本會指定之金融機構於推出**新產品或服務或辦理新種業務**前，應進行產品之洗錢及資恐風險評估，並建立相應之**風險管理措施**以**降低所辨識之風險**。

第 4 條
1 證券期貨業及其他經本會指定之金融機構防制洗錢及打擊資恐之內部控制制度，應經**董事會**通過；修正時，亦同。其內容並應包括下列事項：

一、就洗錢及資恐風險進行辨識、評估、管理之相關政策及程序。

二、依據洗錢及資恐風險、業務規模，訂定防制洗錢及打擊資恐計畫，以管理及降低已辨識出之風險，並對其中之**較高風險，採取強化控管措施**。

三、監督控管防制洗錢及打擊資恐法令遵循與防制洗錢及打擊資恐計畫執行之標準作業程序，並納入自行評估及內部稽核項目，且於必要時予以強化。

2　前項第一款洗錢及資恐風險之辨識、評估及管理，應至少涵蓋**客戶、地域、產品及服務、交易**或**支付管道**等面向，並依下列規定辦理：

一、製作**風險評估報告**。

二、考量所有風險因素，以決定整體風險等級，及降低風險之適當措施。

三、訂定更新風險評估報告之機制，以確保風險資料之更新。

四、於完成或更新風險評估報告時，將風險評估報告**送本會備查**。

3　第一項第二款之防制洗錢及打擊資恐計畫，應包括下列政策、程序及控管機制：

一、**確認**客戶身分。

二、客戶及交易有關對象之姓名及名稱**檢核**。

三、帳戶及交易之持續**監控**。

四、**紀錄**保存。

五、一定金額以上通貨交易**申報**。

六、疑似洗錢或資恐交易**申報**。

七、指定防制洗錢及打擊資恐專責主管負責**遵循事宜**。

八、員工遴選及**任用**程序。

九、持續性員工**訓練**計畫。

十、**測試**防制洗錢及打擊資恐機制有效性之獨立稽核功能。

十一、其他依防制洗錢及打擊資恐相關法令及本會規定之事項。

4　證券期貨業及其他經本會指定之金融機構如有分公司（或子公司）者，應訂定**集團層次**之防制洗錢及打擊資恐計畫，於集團內之分公司（或子

公司）施行。內容包括前項政策、程序及控管機制，並應在符合我國及國外分公司（或子公司）所在地資料保密法令規定之情形下，訂定下列事項：

一、確認客戶身分與洗錢及資恐風險管理目的所需之集團內資訊分享政策及程序。

二、為防制洗錢及打擊資恐目的，必要時，依**集團層次**法令遵循、稽核及防制洗錢及打擊資恐功能，得要求分公司（或子公司）提供有關客戶、帳戶及交易資訊，並應包括異常交易或活動之資訊及所為之分析；必要時，亦得透過集團管理功能使分公司（或子公司）取得上述資訊。

三、運用被交換資訊及其保密之安全防護，包括防範資料洩露之安全防護。

5　證券期貨業及其他經本會指定之金融機構應確保其國外分公司（或子公司），在符合當地法令情形下，實施**與總公司（或母公司）一致**之防制洗錢及打擊資恐措施。當總公司（或母公司）與分公司（或子公司）所在國之最低要求不同時，分公司（或子公司）應就**兩地選擇較高標準者**作為遵循依據，惟就標準高低之認定有疑義時，以證券期貨業及其他經本會指定之金融機構**總公司（或母公司）所在國之主管機關**之認定為依據；倘因外國法規禁止，致無法採行與總公司（或母公司）相同標準時，應採取合宜之額外措施，以管理洗錢及資恐風險，並向本會申報。

6　證券期貨業及其他經本會指定之金融機構之**董事會**對確保建立及維持適當有效之防制洗錢及打擊資恐內部控制**負最終責任**。**董事會**及**高階管理人員**應瞭解其洗錢及資恐風險，及防制洗錢及打擊資恐計畫之運作，並採取措施以塑造重視防制洗錢及打擊資恐之文化。

第 5 條

1　證券期貨業及其他經本會指定之金融機構應依其規模、風險等配置適足之防制洗錢及打擊資恐專責人員及資源，並由**董事會**指派高階主管一人擔任專責主管，賦予協調監督防制洗錢及打擊資恐之充分職權，及確保該等人員及主管無與其防制洗錢及打擊資恐職責有利益衝突之兼職。

2 前項專責主管掌理下列事務：

一、**督導**洗錢及資恐風險之**辨識**、**評估**及**監控**政策及**程序**之規劃與執行。

二、協調督導**全面性**洗錢及資恐風險辨識及評估之執行。

三、**監控**與洗錢及資恐有關之風險。

四、**發展**防制洗錢及打擊資恐計畫。

五、**協調**督導防制洗錢及打擊資恐計畫之執行。

六、確認防制洗錢及打擊資恐相關法令之**遵循**，包括所屬金融同業公會所定並經本會予以備查之相關範本或自律規範。

七、督導向法務部調查局進行疑似洗錢或資恐交易申報及資恐防制法指定對象之財物或財產上利益及其所在地之**通報**事宜。

3 第一項專責主管應至少**每半年**向**董事會**及**監察人（或審計委員會）**報告，如發現有重大違反法令時，應即時向**董事會**及**監察人（或審計委員會）**報告。

4 證券期貨業及其他經本會指定之金融機構國外營業單位應綜合考量在當地之分公司家數、業務規模及風險等，設置適足之防制洗錢及打擊資恐人員，並指派**一人**為主管，負責防制洗錢及打擊資恐之協調督導事宜。

5 證券期貨業及其他經本會指定之金融機構國外營業單位防制洗錢及打擊資恐主管之設置應符合當地法令規定及當地主管機關之要求，並應具備協調督導防制洗錢及打擊資恐之充分職權，包括可直接向第一項專責主管報告，且除兼任法令遵循主管外，應為專任，如兼任其他職務，應與當地主管機關溝通，以確認其兼任方式無利益衝突之虞，並報本會備查。

第 **6** 條

1 證券期貨業及其他經本會指定之金融機構國內外營業單位應指派資深管理人員擔任督導主管，負責督導所屬營業單位執行防制洗錢及打擊資恐相關事宜，並依證券暨期貨市場各服務事業建立內部控制制度處理準則相關規定辦理自行評估。

2 證券期貨業及其他經本會指定之金融機構內部稽核單位應依規定辦理下列事項之查核，並提具查核意見：

一、洗錢及資恐風險評估與防制洗錢及打擊資恐計畫是否符合法規要求並落實執行。

二、防制洗錢及打擊資恐計畫之有效性。

3　證券期貨業及其他經本會指定之金融機構總經理應督導各單位審慎評估及檢討防制洗錢及打擊資恐內部控制制度執行情形，由**董事長**、**總經理**、**稽核主管**、**防制洗錢及打擊資恐專責主管**聯名出具防制洗錢及打擊資恐之**內部控制制度聲明書**（附表），並提報董事會通過，於每**會計年度終了後三個月內**將該內部控制制度聲明書內容揭露於證券期貨業及其他經本會指定之**金融機構網站**，並於**本會指定網站**辦理公告申報。

4　外國證券期貨業在臺分公司就本辦法關於董事會或監察人之相關事項，由其總公司董事會授權之**在臺分公司負責人**負責。前項聲明書，由總公司董事會授權之**在臺分公司負責人**、防制洗錢及打擊資恐**專責主管**及負責臺灣地區之**稽核業務主管**等三人出具。

第**7**條

1　證券期貨業及其他經本會指定之金融機構應確保建立高品質之員工遴選及任用程序，包括檢視員工是否具備廉正品格，及執行其職責所需之專業知識。

2　證券期貨業及其他經本會指定之金融機構之防制洗錢及打擊資恐專責人員、專責主管及國內營業單位督導主管應於**充任後三個月**內符合下列資格條件之一，證券期貨業及其他經本會指定之金融機構並應訂定相關控管機制，以確保符合規定：

一、曾擔任專責之法令遵循或防制洗錢及打擊資恐專責人員**三年以上**者。

二、防制洗錢及打擊資恐專責人員及專責主管參加本會認定機構所舉辦**二十四小時以上**課程，並經考試及格且取得結業證書；國內營業單位督導主管參加本會認定機構所舉辦**十二小時以上**課程，並經考試及格且取得結業證書。但由法令遵循主管兼任防制洗錢及打擊資恐專責主管，或法令遵循人員兼任防制洗錢及打擊資恐專責人員者，經參加本會認定機構所舉辦**十二小時**防制洗錢及打擊資恐之教育訓練後，視為具備本款資格條件。

三、取得本會認定機構舉辦之國內或國際防制洗錢及打擊資恐專業人員**證照**者。

3　前項之專責人員、專責主管及國內營業單位督導主管，**每年**應至少參加經第五條第一項專責主管同意之內部或外部訓練單位所辦**十二小時**防制洗錢及打擊資恐教育訓練，訓練內容應至少包括新修正法令、洗錢及資恐風險趨勢及態樣。當年度取得本會認定機構舉辦之國內或國際防制洗錢及打擊資恐專業人員證照者，得抵免當年度之訓練時數。

4　證券期貨業及其他經本會指定之金融機構國外營業單位之督導主管與防制洗錢及打擊資恐主管、人員應具備防制洗錢專業及熟知當地相關法令規定，且每年應至少參加由國外主管機關或相關單位舉辦之防制洗錢及打擊資恐教育訓練課程**十二小時**，如國外主管機關或相關單位未舉辦防制洗錢及打擊資恐教育訓練課程，得參加經第五條第一項專責主管同意之內部或外部訓練單位所辦課程。

5　證券期貨業及其他經本會指定之金融機構**董事**、**監察人**、**總經理**、**法令遵循人員**、**內部稽核人員**及**業務人員**，應依其業務性質，每年安排適當內容及時數之防制洗錢及打擊資恐教育訓練，以使其瞭解所承擔之防制洗錢及打擊資恐職責，及具備執行該職責應有之專業。

第 **8** 條

1　本會對於證券期貨業及其他經本會指定之金融機構防制洗錢及打擊資恐內部控制及稽核制度之執行情形，得採風險基礎方法隨時派員或委託適當機構辦理查核，查核方式包括現地查核及非現地查核。

2　本會或受委託查核者執行前項查核，得命證券期貨業及其他經本會指定之金融機構提示有關帳簿、文件、電子資料檔或其他相關資料。前開資料儲存形式不論係以書面、電子檔案、電子郵件或任何其他形式方式儲存，均應提供，不得以任何理由規避、拒絕或妨礙查核。

第 **9** 條

本辦法自發布日施行。

八、保險公司與辦理簡易人壽保險業務之郵政機構及其他經金融監督管理委員會指定之金融機構防制洗錢及打擊資恐內部控制與稽核制度實施辦法（發布日期：民國107年11月09日）

第 **1** 條
本辦法依洗錢防制法（以下簡稱本法）第六條第三項規定訂定之。

第 **2** 條
本辦法所定**董（理）事會**應辦理事項，於未設董（理）事會之其他經金融監督管理委員會（以下簡稱本會）指定之金融機構（以下簡稱其他經本會指定機構），由**執行業務並代表公司之董事**執行之。

第 **3** 條
1　本辦法所稱保險公司，包括**財產保險公司**、**人身保險公司**、**專業再保險公司**。
2　本辦法所稱其他經本會指定機構，包括**保險代理人公司**、**保險經紀人公司**及個人執業之**保險代理人**或**保險經紀人**。

第 **4** 條
保險公司、辦理簡易人壽保險業務之郵政機構及其他經本會指定機構於推出**具有保單價值準備金**或**現金價值**之**新產品**或與**金錢有關之服務**或辦理**新種業務**前，應進行洗錢及資恐風險評估，並建立相應之風險管理措施以降低所識別之風險。

第 **5** 條
1　保險公司、辦理簡易人壽保險業務之郵政機構及其他經本會指定機構防制洗錢及打擊資恐之內部控制制度，除個人執業之保險代理人或保險經紀人外，應經**董（理）事會**通過；修正時，亦同。其內容並應包括下列事項：

一、就洗錢及資恐風險進行辨識、評估、管理之相關政策及程序。

二、依據洗錢及資恐風險、業務規模，訂定防制洗錢及打擊資恐計畫，以管理及降低已辨識出之風險，並對其中之較高風險，採取強化控管措施。

三、監督控管防制洗錢及打擊資恐法令遵循及防制洗錢及打擊資恐計畫執行之標準作業程序，並納入自行查核及內部稽核項目，且於必要時予以強化。

2　前項第一款洗錢及資恐風險之辨識、評估及管理，應至少涵蓋**客戶**、**地域**、**產品及服務**、**交易及通路**等面向，並依下列規定辦理：

一、製作風險評估報告。

二、考量所有風險因素，以決定整體風險等級，及降低風險之適當措施。

三、訂定更新風險評估報告之機制，以確保風險資料之更新。

四、於完成或更新風險評估報告時，將風險評估報告送本會備查。

3　第一項第二款之防制洗錢及打擊資恐計畫，應包括下列政策、程序及控管機制，**保險代理人公司**、**保險經紀人公司**及個人執業之**保險代理人**或**保險經紀人**防制洗錢及打擊資恐計畫**得不包括**下列第二目及第三目：

一、確認客戶身分。

二、**客戶及交易有關對象之姓名及名稱檢核**。

三、**交易之持續監控**。

四、紀錄保存。

五、**一定金額以上通貨交易申報**。

六、**疑似洗錢或資恐交易申報**。

七、指定防制洗錢及打擊資恐專責主管負責遵循事宜。

八、員工遴選及任用程序。

九、持續性員工訓練計畫。

十、測試防制洗錢及打擊資恐機制有效性之獨立稽核功能。

十一、其他依防制洗錢及打擊資恐相關法令及本會規定之事項。

4 保險公司、辦理簡易人壽保險業務之郵政機構及其他經本會指定機構應訂定**集團層次**之防制洗錢及打擊資恐計畫，於集團內之分公司（或子公司）施行。其內容除包括前項政策、程序及控管機制外，並應在符合我國及國外分公司（或子公司）所在地資料保密法令規定之情形下，訂定下列事項：

一、確認客戶身分與洗錢及資恐風險管理目的所需之集團內資訊分享政策及程序。

二、為防制洗錢及打擊資恐目的，於有必要時，依集團層次法令遵循、稽核及防制洗錢及打擊資恐功能，得要求國外分公司（或子公司）提供有關客戶及交易資訊，並應包括異常交易或活動之資訊及所為之分析；必要時，亦得透過集團管理功能使國外分公司（或子公司）取得上述資訊。

三、對運用被交換資訊及其保密之安全防護，包括防範資料洩漏之安全防護。

5 保險公司、辦理簡易人壽保險業務之郵政機構及其他經本會指定機構應確保其國外分公司（或子公司），在符合當地法令情形下，實施與總**公司（或母公司）一致**之防制洗錢及打擊資恐措施。當總公司（或母公司）與分公司（或子公司）所在國之最低要求不同時，分公司（或子公司）應就**兩地選擇較高標準者**作為遵循依據，惟就標準高低之認定有疑義時，以保險公司、辦理簡易人壽保險業務之郵政機構及其他經本會**指定機構所在國之主管機關**之認定為依據；倘因外國法規禁止，致無法採行與總公司（或母公司）相同標準時，應採取合宜之額外措施，以管理洗錢及資恐風險，並向本會申報。

6 已設董（理）事會之保險公司、辦理簡易人壽保險業務之郵政機構及其他經本會指定機構，**董（理）事會**對確保建立及維持適當有效之防制洗錢及打擊資恐內部控制負**最終責任**。**董（理）事會**及**高階管理人員**應瞭解其洗錢及資恐風險，及防制洗錢及打擊資恐計畫之運作，並採取措施以塑造重視防制洗錢及打擊資恐之文化。

第 **6** 條

1 保險公司、辦理簡易人壽保險業務之郵政機構及其他經本會指定機構應依其規模、風險等配置適足之防制洗錢及打擊資恐專責人員及資源,並由**董(理)事會**指派**高階主管**一人擔任專責主管,賦予協調監督防制洗錢及打擊資恐之充分職權,及確保該等人員及主管無與其防制洗錢及打擊資恐職責有利益衝突之兼職。其中本國人身保險公司並應於總經理、總機構法令遵循單位或風險控管單位下設置獨立之防制洗錢及打擊資恐專責單位,該單位不得兼辦防制洗錢及打擊資恐以外之其他業務。

2 未適用保險代理人公司保險經紀人公司內部控制稽核制度及招攬處理制度實施辦法(以下簡稱實施辦法)第二條第二項規定辦理內部控制之保險代理人公司及保險經紀人公司辦理招攬保險契約業務者,應由**董(理)事會**(或分層授權之權責單位)指派至少一人辦理防制洗錢及打擊資恐之業務,並確保該等人員無與其防制洗錢及打擊資恐職責有利益衝突之兼職。但保險代理人公司代理保險公司**辦理核保及理賠業務者**,應依前項有關保險公司設置專責人員及專責主管之規定辦理。

3 第一項專責單位或專責主管掌理下列事務:
一、**督導**洗錢及資恐風險之**辨識**、**評估**及**監控**政策及**程序**之規劃與執行。
二、協調督導**全面性**洗錢及資恐風險辨識及評估之執行。
三、**監控**與洗錢及資恐有關之風險。
四、**發展**防制洗錢及打擊資恐計畫。
五、**協調**督導防制洗錢及打擊資恐計畫之執行。
六、確認防制洗錢及打擊資恐相關法令之**遵循**,包括所屬同業公會所定並經本會備查之相關範本或自律規範。
七、督導向法務部調查局進行疑似洗錢或資恐交易申報及資恐防制法指定對象之財物或財產上利益及其所在地之**通報**事宜。
八、其他與防制洗錢及打擊資恐有關之事務。

4 第一項專責主管應至少**每半年**向**董(理)事會**及**監察人(監事、監事會)**或**審計委員會**報告,如發現有重大違反法令時,應即時向**董事(理)會**及**監察人(監事、監事會)**或**審計委員會**報告。

5　保險公司、辦理簡易人壽保險業務之郵政機構及其他經本會指定機構國外營業單位應綜合考量在當地之分公司家數、業務規模及風險等，設置適足之防制洗錢及打擊資恐人員，並指派一人為主管，負責執行防制洗錢及打擊資恐法令之協調督導事宜。

6　保險公司、辦理簡易人壽保險業務之郵政機構及其他經本會指定機構國外營業單位防制洗錢及打擊資恐主管之設置應符合當地法令規定及當地主管機關之要求，並應具備協調督導防制洗錢及打擊資恐之充分職權，包括可直接向第一項專責主管報告，且除兼任法令遵循主管外，應為專任，如兼任其他職務，應與當地主管機關溝通，以確認其兼任方式無職務衝突之虞，並報本會備查。

第**7**條

1　保險公司、辦理簡易人壽保險業務之郵政機構及其他經本會指定機構國內外營業單位應指派**資深管理人員**擔任督導主管，負責督導所屬營業單位執行防制洗錢及打擊資恐相關事宜，並依相關規定辦理自行查核。

2　保險公司、辦理簡易人壽保險業務之郵政機構、第三項以外之其他經本會指定機構內部稽核單位應依規定辦理下列事項之查核，並提具查核意見：

　　一、洗錢及資恐風險評估與防制洗錢及打擊資恐計畫是否符合法規要求並落實執行。

　　二、防制洗錢及打擊資恐計畫之有效性。

3　未適用實施辦法第二條第一項規定辦理稽核制度之保險代理人公司或保險經紀人公司，以及個人執業之保險代理人或保險經紀人辦理本辦法之事項，得採由所屬公會報本會核定之方式及內容辦理；各會員應每年定期將防制洗錢及打擊資恐查核報告報送所屬公會後，由所屬**公會彙報本會備查**。

4　保險公司、辦理簡易人壽保險業務之郵政機構及適用實施辦法第二條第一項及第二項規定辦理內部控制之保險代理人公司或保險經紀人公司防制洗錢及打擊資恐內部控制之執行及聲明，應依下列規定辦理：

一、保險公司、辦理簡易人壽保險業務之郵政機構總經理應督導各單位審慎評估及檢討防制洗錢及打擊資恐內部控制制度執行情形，由**董事長（理事主席）**、**總經理**、**總稽核（稽核人員）**、**防制洗錢及打擊資恐專責主管**聯名出具防制洗錢及打擊資恐之**內部控制制度聲明書**（附表），並提報**董（理）事會**通過，於每**會計年度終了後三個月內**將該內部控制制度聲明書內容揭露於**公司網站**，並於**本會指定網站**辦理公告申報。

二、適用實施辦法第二條第一項及第二項規定辦理內部控制之**保險代理人公司**或**保險經紀人公司總經理**應督導各單位審慎評估及檢討防制洗錢及打擊資恐內部控制制度執行情形，由**董事長（理事主席）**、**總經理**、**稽核人員**、**防制洗錢及打擊資恐專責主管**聯名出具防制洗錢及打擊資恐之**內部控制制度聲明書**（附表），並提報**董（理）事會**通過，於**每年四月底前**，以本會指定之方式申報。

5　**外國保險公司**、**保險代理人公司**、**保險經紀人公司**在臺分公司就本辦法關於董事會或監察人之相關事項，由其總公司授權人員負責。前項聲明書，由**總公司授權之在臺分公司負責人**、**防制洗錢及打擊資恐專責主管**及**負責臺灣地區稽核業務主管**等三人出具。

第 **8** 條

1　保險公司、辦理簡易人壽保險業務之郵政機構及其他經本會指定機構應確保建立高品質之員工遴選及任用程序，包括檢視員工是否具備廉正品格，及執行其職責所需之專業知識。

2　保險公司、辦理簡易人壽保險業務之郵政機構及其他經本會指定機構之防制洗錢及打擊資恐專責主管、專責人員及國內營業單位督導主管應於**充任後三個月內**符合下列資格條件之一，保險公司、辦理簡易人壽保險業務之郵政機構及其他經本會指定機構並應訂定相關控管機制，以確保符合規定：

一、曾擔任專責之法令遵循或防制洗錢及打擊資恐專責人員**三年以上者**。

二、專責主管及專責人員參加本會認定機構所舉辦**二十四小時以上**課程，並經考試及格且取得結業證書；國內營業單位督導主管參加本會認定機構所舉辦**十二小時以上**課程，並經考試及格且取得結業證書。但由法令遵循主管兼任防制洗錢及打擊資恐專責主管，或法令遵循人員兼任防制洗錢及打擊資恐專責人員者，經參加本會認定機構所舉辦**十二小時**防制洗錢及打擊資恐之教育訓練後，視為具備本款資格條件。

三、取得本會認定機構舉辦之國內或國際防制洗錢及打擊資恐專業人員證照者。

3 前項之專責主管、專責人員及國內營業單位督導主管，每年應至少參加經第六條第一項專責主管同意之內部或外部訓練單位所辦**十二小時**防制洗錢及打擊資恐教育訓練，訓練內容應至少包括新修正法令、洗錢及資恐風險趨勢及態樣。當年度取得本會認定機構舉辦之國內或國際防制洗錢及打擊資恐專業人員證照者，得抵免當年度之訓練時數。

4 保險公司、辦理簡易人壽保險業務之郵政機構及其他經本會指定機構國外營業單位之督導主管與防制洗錢及打擊資恐主管、人員應具備防制洗錢專業及熟知當地相關法令規定，且**每年**應至少參加由國外主管機關或相關單位舉辦之防制洗錢及打擊資恐教育訓練課程**十二小時**，如國外主管機關或相關單位未舉辦防制洗錢及打擊資恐教育訓練課程，得參加經第六條第一項專責主管同意之內部或外部訓練單位所辦課程。

5 保險公司、保險代理人公司、保險經紀人公司及辦理簡易人壽保險業務之郵政機構**董（理）事**、**監察人**、**總經理**、**法令遵循人員**、**內部稽核人員**、**業務人員**及與**防制洗錢及打擊資恐業務有關人員**，應依其業務性質，每年安排適當內容及時數之防制洗錢及打擊資恐教育訓練，以使其瞭解所承擔之防制洗錢及打擊資恐職責，及具備執行該職責應有之專業。

6 **個人執業**之保險代理人或保險經紀人應依其業務性質，**每年**應至少參加防制洗錢及打擊資恐教育訓練課程**二小時**。

第 9 條

1 本會對於保險公司、辦理簡易人壽保險業務之郵政機構及其他經本會指定機構防制洗錢及打擊資恐內部控制及稽核制度之執行情形，得採風險基礎方法隨時派員或委託適當機構辦理查核，查核方式包括現地查核及非現地查核。

2 本會或受委託查核者執行前項查核，得命保險公司、辦理簡易人壽保險業務之郵政機構及其他經本會指定機構提示有關帳簿、文件、電子資料檔或其他相關資料。前開資料儲存形式不論係以書面、電子檔案、電子郵件或任何其他形式方式儲存，均應提供，不得以任何理由規避、拒絕或妨礙查核。

第 10 條

本辦法自發布日施行。

九、存款帳戶及其疑似不法或顯屬異常交易管理辦法（修正日期：民國103年08月20日）

第 1 條

本辦法依銀行法第四十五條之二第三項規定訂定之。

第 2 條

本辦法所稱存款帳戶，指銀行法第六條至第八條所稱之**支票存款**、**活期存款**及**定期存款帳戶**。

第 3 條

本辦法用詞定義如下：

一、**警示帳戶**：指法院、檢察署或司法警察機關為偵辦刑事案件需要，通報銀行將存款帳戶列為警示者。

二、**衍生管制帳戶**：指警示帳戶之開戶人所開立之其他存款帳戶，包括依第十三條第二項第五款但書規定所開立之存款帳戶。

三、**通報**：指法院、檢察署或司法警察機關以公文書通知銀行將存款帳戶列為警示或解除警示，惟如屬重大緊急案件，得以電話、傳真或其他可行方式先行通知，並應於通知後**五個營業日內補辦公文書**資料送達銀行，逾期未送達者，銀行應先與原通報機關聯繫後解除警示帳戶。

第 **4** 條

本辦法所稱**疑似不法或顯屬異常交易存款帳戶**之認定標準及分類如下：

一、第一類：

(一)屬**偽冒開戶**者。

(二)屬**警示帳戶**者。

(三)屬**衍生管制帳戶**者。

二、第二類：

(一)**短期間內頻繁申請開立**存款帳戶，且無法提出合理說明者。

(二)客戶申請之**交易功能與其年齡或背景顯不相當者**。

(三)客戶提供之**聯絡資料**均無法以合理之方式查證者。

(四)存款帳戶經金融機構或民眾通知，**疑為犯罪行為人使用者**。

(五)存款帳戶內常有多筆小額轉出入交易，**近似測試行為**者。

(六)**短期間內密集**使用銀行之電子服務或設備，與客戶**日常交易習慣明顯不符**者。

(七)存款帳戶**久未往來，突有異常交易**者。

(八)符合銀行防制洗錢注意事項範本所列**疑似洗錢表徵**之交易者。

(九)其他經主管機關或銀行認定為疑似不法或顯屬異常交易之存款帳戶。

第 **5** 條

存款帳戶依前條之分類標準認定為疑似不法或顯屬異常交易者，銀行應採取下列處理措施：

一、第一類：

(一)存款帳戶如屬**偽冒開戶**者，**應即通知**司法警察機關、法務部調查局洗錢防制處及財團法人金融聯合徵信中心，銀行並應即**結清**該帳戶，其剩餘款項則俟依法可領取者申請給付時處理。

(二)存款帳戶經通報為**警示帳戶**者，應即通知財團法人金融聯合徵信中心，並**暫停**該帳戶全部**交易功能**，匯入款項逐以退匯方式**退回匯款行**。

(三)存款帳戶屬**衍生管制帳戶**者，應即**暫停**該帳戶使用提款卡、語音轉帳、網路轉帳及其他電子支付功能，匯入款項逐以**退匯**方式退回匯款行。

(四)依其他法令規定之處理措施。

二、第二類：

(一)對該等帳戶進行查證及持續進行監控，如經查證有不法情事者，除通知司法警察機關外，並得採行前款之部分或全部措施。

(二)依洗錢防制法等相關法令規定之處理措施。

第 **6** 條

銀行除依前條所列措施辦理外，並應於內部採取下列措施：

一、循內部程序通報所屬總行或總管理機構之專責單位。

二、將已採行及擬採行之處理措施一併陳報總行或總管理機構之專責單位。

三、於**銀行內部資訊系統**中加以**註記**，提醒各分支機構加強防範。

第 **7** 條

1 存款帳戶經法院、檢察署或司法警察機關通報為警示帳戶者，**銀行應即查詢帳戶相關交易**，如發現通報之詐騙款項已轉出至其他帳戶，應將該筆款項轉出之資料及原通報機關名稱，通知該筆款項之受款行，並通知原通報機關。

2 警示帳戶之原通報機關依前項資料進行查證後，如認為該等受款帳戶亦須列為警示帳戶者，由該原通報機關再進一步通報相關銀行列為警示。

3 詐騙款項之相關受款行，應依第一項規定辦理交易查詢及通知作業，如查證受款帳戶有犯罪事實者，應即採行第五條第二款所列處理措施。

4 本條之通知方式、通知範圍及所需文件等作業程序，由中華民國銀行商業同業公會全國聯合會訂定，並報主管機關備查。

第 **8** 條

存款帳戶之款項若已遭扣押或禁止處分，復接獲法院、檢察署或司法警察機關通報為警示帳戶，該帳戶仍應列為警示帳戶，但該等款項**優先依扣押或禁止處分命令**規定辦理。

第 **9** 條

1 警示帳戶之警示期限自通報時起算，**逾二年**自動失其效力。但有繼續警示之必要者，原通報機關應於期限屆滿前再行通報之，通報**延長以一次及一年為限**。

2 中華民國**一百零四年一月一日**前尚未解除之警示帳戶，依下列規定辦理：

　一、警示期限自每次通報時起算，**逾三年**自動失其效力。但有繼續警示之必要者，原通報機關應於期限屆滿前再行通報之，其警示期限並自一百零四年一月一日起失其效力。

　二、警示期限**已逾二年未逾三年**者，自一百零四年一月一日起自動失其效力。

　三、警示帳戶於**一百零三年八月二十日**前經再行通報者，自一百零四年一月一日起自動失其效力。

　四、警示期限**未逾二年**者，自一百零四年一月一日起適用前項規定。

3 警示帳戶之開戶人對其存款帳戶被列為警示如有疑義，由開戶人洽**原通報機關處**理，銀行於必要時並應提供協助。

第 **10** 條

1 **警示帳戶**嗣後應**依原通報機關之通報**，或**警示期限屆滿**，銀行**方得解除**該等帳戶之限制。

2 屬**衍生管制帳戶**及依第四條第二款所列標準認定為疑似不法或顯屬異常交易之存款帳戶者，經銀行查證該等疑似不法或顯屬**異常情形消滅時**，應即解除相關限制措施。

3 警示帳戶依原通報機關之通報解除，或原通報機關依前條第一項再行通報銀行繼續警示者，銀行應即通知**財團法人金融聯合徵信中心**。

第 **11** 條

1 存款帳戶經通報為警示帳戶，銀行經確認通報原因屬詐財案件，且該帳戶中尚有被害人匯（轉）入之款項未被提領者，應依開戶資料聯絡開戶人，與其協商發還警示帳戶內剩餘款項事宜，如無法聯絡者，得洽請警察機關協尋**一個月**。

2 銀行依前項辦理，仍無法聯絡開戶人者，應透過匯（轉）出行通知被害人，由被害人檢具下列文件，經銀行依匯（轉）入時間順序逐筆認定其尚未被提領部分，由最後一筆金額往前推算至帳戶餘額為零止，發還警示帳戶內剩餘款項：

一、刑事案件報案三聯單。

二、申請不實致銀行受有損失，由該被害人負一切法律責任之切結書。

3 銀行依前二項規定辦理警示帳戶剩餘款項之發還，如有下列情事之一者，得**逕行結清**該帳戶，並將剩餘款項轉列其他應付款，俟依法可領取者申請給付時處理；但銀行須經通報解除警示或警示期限屆滿後，方得解除對該帳戶開戶人之警示效力：

一、剩餘款項在一定金額以下，不符作業成本者。

二、自警示通報時起**超過三個月**，仍無法聯絡開戶人或被害人者。

三、被害人不願報案或不願出面領取款項者。

4 銀行應指定一位**副總經理**或**相當層級**之主管專責督導警示帳戶內剩餘款項之處理事宜。

5 疑似交易糾紛或案情複雜等案件，不適用第一項至第三項剩餘款項發還之規定，應循司法程序辦理。

第 12 條

1 銀行應建立明確之認識客戶政策及作業程序，包括接受客戶開立存款帳戶之標準、對客戶之辨識、存款帳戶及交易之監控及必要教育訓練等重要事項。

2 前項有關接受客戶開立存款帳戶之作業審核程序，由中華民國銀行商業同業公會全國聯合會訂定範本，並報主管機關備查。

第 13 條

1 銀行受理客戶開立存款帳戶，應以下列方式查核客戶身分，並透過財團法人金融聯合徵信中心查詢國民身分證領補換資料與通報案件紀錄及補充註記資訊：

一、臨櫃申請應實施**雙重身分證明文件**查核，身分證明文件，應具辨識力。

二、網路申請應依中華民國銀行商業同業公會全國聯合會所定並經主管機關備查之實名認證方式查核。

2 銀行應確認客戶身分，始得受理客戶開立存款帳戶，如有下列情形之一者，**應拒絕客戶之開戶**申請：

一、疑似使用**假名、人頭、虛設行號或虛設法人團體**開立存款帳戶。

二、持用**偽、變造身分證明**文件或出示之身分證明文件均為影本。

三、提供之文件資料**可疑、模糊不清、不願提供其他佐證資料**、或提供之文件資料**無法進行查證**。

四、客戶**不尋常拖延**應提供之身分證明文件。

五、客戶開立之其他存款帳戶經通報為警示帳戶尚未解除。但有下列情形之一者，不在此限：

(一)為**就業薪資轉帳**開立帳戶需要，經當事人提出在職證明或任職公司之證明文件。

(二)為向**銀行申辦貸款**並經審核同意撥款。

(三)其他法律另有得開立帳戶之規定。

六、受理開戶時有其他異常情形，且客戶無法提出合理說明。

第 14 條

銀行應以資訊系統整合其全行存款客戶之基本資料及交易資料，供其總分支機構查詢，對於各單位調取及查詢客戶之資料，應建立內部控制程序，並注意資料之保密性。

第 15 條

由專業中介機構代為處理之交易、依第十三條第二項第五款但書申請開戶者或其他經研判具高風險之存款客戶或交易，銀行除為一般性之客戶審查措施外，另應有適當之**風險管理措施**，包括：

一、帳戶之開立應經**較高層級主管之核准**。

二、確認其財產及**資金來源、去處之合理**性。

三、對其存款交易實施**持續監控**。

第 16 條

1　銀行應建立以資訊系統輔助清查存款帳戶異常交易之機制，對於交易金額超過一定門檻、交易金額與帳戶平均餘額顯不相當、或短期間內密集使用電子交易功能等狀況，應設立預警指標，每日由專人至少查核及追蹤乙次並作成紀錄，依內部程序送交權責主管核閱。

2　前項所稱紀錄及其相關資訊，至少**應保存五年**，並得提供主管機關、有關單位及內部稽核單位調閱。

第 17 條

銀行之國外分行及子銀行在其所在國法令許可範圍內，應遵守本辦法之規定，但所在國之法令與本辦法牴觸時，銀行應將相關事實陳報主管機關備查。

第 18 條

銀行應依本辦法訂定其內部作業準則，其內容應至少包括**疑似不法或顯屬異常交易帳戶**之**認定標準**及**應採取之措施**、第六條第一款所稱**專責單位之指**

定、第十一條第三項第一款所稱**一定金額**、第十六條第一項所稱**預警指標之建立**、**紛爭處理**、**員工教育訓練**及**稽核功能**等。

第 **19** 條

銀行應將前條所稱**內部作業準則之規範**納入內部控制及內部稽核項目，並依據金融控股公司及銀行業內部控制及稽核制度實施辦法之規定，辦理內部稽核及自行查核。

第 **20** 條

本辦法除中華民國一百零三年八月二十日修正發布之第九條第一項自一百零四年一月一日施行外，自發布日施行。

十、金融機構辦理國內匯款及無摺存款作業確認客戶身分原則（修正時間：107年11月8日）

第一點

為使洗錢防制作業更趨嚴謹及打擊犯罪，並促使匯款及無摺存款客戶留存資料，以利金融機構認識客戶及保障存款戶之權益及防範詐騙，特訂定本原則。

第二點

本原則所稱金融機構，指**本國銀行**、**外國銀行在臺分行**、**信用合作社**及**中華郵政公司**。

第三點

金融機構辦理**新臺幣三萬元以上**、**五十萬元以下**（不含）之**國內現金匯款**、**新臺幣三萬元以上**之**國內轉帳匯款**，及**無摺存款案件**，應依本原則辦理。

第四點

金融機構受理**臨櫃國內匯款**及**新臺幣三萬元以上無摺存款**案件，應留存匯款人或存款人**姓名**、**身分證號碼（或統一證號）**及**電話（或地址）**等資料。法

人、獨資、團體或合夥事業為匯款人時，應填具該法人、獨資、團體或合夥事業之**名稱、統一編號及電話（或地址）**等資料。如為代理人辦理匯款或非存款戶本人辦理新臺幣三萬元以上無摺存款者，應於匯款申請書或無摺存款單上加註匯款代理人或存款代理人姓名及身分證號碼（或統一證號），非存款戶本人辦理未達新臺幣三萬元無摺存款者，應加註姓名及電話。

第五點

金融機構應要求匯款人或辦理新臺幣三萬元以上無摺存款人**出示身分證明文件**，**並核對**匯款人或辦理無摺存款人之身分與匯款申請書或無摺存款單填寫之資料相符。但有下列情形之一者，不在此限：

(一)匯款人或無摺存款人如為**本人**，且為該金融機構認識之客戶，並在該金融機構留有身分資料紀錄者，**得免出示身分證明文件**，該金融機構可依據留存之身分紀錄，核對匯款申請書或無摺存款單填寫之資料。

(二)如為代理人辦理者，僅需**核對代理人身分**。該代理人如為該金融機構認識之客戶，且在該金融機構留有身分資料紀錄者，得免出示身分證明文件，該金融機構可依據留存之身分紀錄，核對匯款申請書或無摺存款單填寫之資料。

第六點

金融機構辦理匯款及無摺存款時，有關核對及確認客戶身分所需之程序及文件，依中華民國銀行商業同業公會全國聯合會訂定之規定辦理。

十一、臺灣集中保管結算所股份有限公司防制洗錢及打擊資恐查詢作業要點（公布日期：民國111年01月03日）

第**1**條

為協助洗錢防制法規範應執行洗錢防制及打擊資恐業務之金融事業及非金融事業（以下稱使用單位），得透過本公司**防制洗錢及打擊資恐查詢系統**（以

下稱本系統），辦理客戶資料查詢比對，以落實防制洗錢及打擊資恐之客戶審查作業，特訂定本要點。

第 2 條

各使用單位應依其業別，洽本公司對應之受理單位辦理使用本系統之各項事宜。各使用單位對應之受理單位，由本公司於網站公告之。

第 3 條

1　**法人組織**之金融事業申請使用本系統，應登入本系統填具「防制洗錢及打擊資恐查詢系統使用申請書【法人組織之金融事業專用】」並選擇費率方案，列印申請書後簽蓋原留印鑑，並同時檢具公司變更登記表首頁或法人設立證明文件影本及印鑑卡乙份送交本公司。但法人組織之金融事業有其他業務已於本公司留存基本資料及印鑑卡者，不在此限。

2　**非金融事業及非法人組織**之金融事業申請使用本系統，應登入本系統填具「防制洗錢及打擊資恐查詢系統使用申請書【非金融事業及非法人組織之金融事業專用】」並選擇費率方案，列印申請書後簽章，送交所屬公會或相關目的事業主管機關指定之機構確認及彙整造冊，行文轉送本公司。

3　本公司確認完成繳費並審核前二項資料無誤，將**管理者帳號**及**初始密碼**傳送至使用單位留存之管理者**電子郵件信箱**。

第 4 條

1　使用單位接獲本公司傳送前條第三項之訊息後，管理者及使用者應依下列程序辦理：
　　一、管理者應辦理**變更密碼**並得建置使用者資料。
　　二、使用者資料建置完成後，管理者接獲本公司通知之使用者帳號及初始密碼訊息，應將該密碼提供使用者辦理變更密碼。
　　三、使用者於取得管理者交付之密碼後應辦理變更密碼。

2 使用單位應於<u>三日內完成</u>前項**密碼變更**，並於變更後**次一營業日**即可使用本系統。未於三日內辦理變更密碼者，則初始密碼失效，應洽本公司重新傳送初始密碼。

3 使用單位應設一組管理者帳號，管理者為當然使用者，並得依使用單位需求另設定二組授權使用者。

第 **5** 條

1 使用單位辦理「防制洗錢及打擊資恐查詢系統使用申請書」內基本資料欄之資料變更，或停止使用本系統，應依下列程序辦理：

一、變更單位名稱、營利事業／扣繳單位統一編號、負責人資料時，應登入本系統填具「防制洗錢及打擊資恐查詢系統使用單位資料變更申請書」，列印後法人組織之金融事業於簽蓋原留印鑑後，同時檢具公司變更登記表首頁或法人設立證明文件影本及印鑑卡乙份（已於本公司留存者免附）送交本公司；非金融事業及非法人組織之金融事業於簽章後，送交所屬公會或相關目的事業主管機關指定之機構確認轉送本公司。

二、辦理其他資料變更或停用時，以本系統認可之電子憑證辦理。

三、使用單位已申請使用本公司公司負責人及主要股東資訊查詢平臺者，亦得依本公司公司負責人及主要股東資訊查詢作業要點第六條第一項第一款第三目規定至該平臺辦理。

2 本公司於接獲前項變更申請或停用後，依下列程序辦理後續相關事宜：

一、變更內容為單位名稱、營利事業／扣繳單位統一編號、負責人資料時，本公司審核資料無誤後，傳送通知至使用單位所留存之管理者電子信箱。

二、變更內容為前款以外之資料或停用時，本公司於完成使用單位身分驗證後，即辦理資料變更或停用。

三、管理者姓名及電子郵件信箱同時變更時，本系統將傳送新密碼訊息至變更後管理者留存之電子郵件信箱，管理者於本系統變更密碼後，即得辦理後續維護作業。另使用單位未於三日內辦理變更密碼者，則密碼失效，應洽本公司重新傳送密碼。

3 使用單位使用者之基本資料變更，由管理者於本系統依其權限自行辦理異動作業。

4 使用單位有下列情事之一者，本公司得逕行停止該單位使用本系統：

一、連續二年未繳交線上查詢費用。

二、非金融事業及非法人組織之金融事業經所屬公會通知退會且未再加入其他公會。

三、經相關目的事業主管機關指定之機構通知廢止業務。

四、已完成公司解散登記。

第 **5-1** 條

1 使用單位為辦理其客戶及客戶之法定代理人、代理人、高階管理人員、實質受益人等（以下稱受查人）姓名檢核作業，申請以應用程式介面（API）方式與本系統連線為第七條之一之資料傳送與接收作業時，應填具「以API 介接辦理受查人異動批次比對作業申請 /變更 /停用申請書」，於簽蓋原留印鑑後送交本公司。

2 本公司審核前項資料無誤後，即依其申請書填具內容，於系統建置使用單位之IP位址、聯絡人資訊及電子郵件信箱等資料，並產製系統帳號密碼傳送至使用單位留存之聯絡人電子郵件信箱。

Ⅲ使用單位辦理第一項申請書之資料變更或停用API連線方式時，應依第一項規定填具申請書及用印後送交本公司辦理後續相關作業。

第 **6** 條

1 使用單位使用本系統為單筆線上查詢時，應輸入其完整之客戶名稱，本系統將其輸入之客戶資料與洗錢防制名單資料庫（以下稱名單資料庫）比對後，即呈現比對結果，使用單位得將比對結果存檔或列印紙本自行保存，作為其審查客戶身分之證明。

2 使用單位得登入本系統查詢或列印前一年度迄查詢日之查詢軌跡資料。超過前述期間仍有查詢軌跡資料之必要時，得向本公司申請，本公司就該查詢軌跡資料至少**保存五年**。

第 **7** 條

1 使用單位使用本系統為整批上傳比對時，應將其客戶資料依本公司公告之規格及筆數限制，上傳至本系統，並依第十三條繳費規定辦理。

2 前項之比對作業，除上傳之使用單位家數及筆數逾本公司系統之處理容量外，使用單位之授權使用者，得於本系統完成比對後，以其帳號密碼下載比對結果。

3 本系統於完成整批上傳之比對作業**十四日後**，自動刪除上傳之客戶名單及比對結果。

第 **7-1** 條

1 使用單位使用本系統為受查人異動批次比對時，應將其受查人名單依本公司公告之規格及筆數限制，上傳至本系統。

2 本公司接獲前項受查人名單後，與名單資料庫辦理比對作業，每日另就名單資料庫異動部分，與使用單位受查人名單辦理比對作業。

3 本公司於完成前項之比對作業後，使用單位管理者或授權使用者，得以其帳號密碼登入本系統「受查人異動批次比對結果下載」功能下載比對結果，或由使用單位以API方式接收比對結果。

4 前項比對結果之資料，本公司至少保存五年。

第 **8** 條

使用單位之客戶資料本公司已持有者，本公司依下列方式辦理其客戶及本系統名單資料庫比對作業：

一、本公司對使用單位客戶名單，辦理與名單資料庫之首次比對。

二、本公司每日就使用單位新增或名稱變更之客戶名單，與名單資料庫辦理比對作業。

三、本公司每日就名單資料庫異動部分，與使用單位客戶名單辦理比對作業。

第 9 條

1　本公司於完成前條之比對作業後，使用單位得依本公司「參加人辦理帳簿報表網路接收暨查詢作業配合事項」規定，至其指定之電子郵件信箱查詢比對結果編製之報表檔案。使用單位亦得以其帳號密碼登入本系統「整批上傳／異動比對結果下載」功能查詢比對結果。

2　前項比對結果之資料，本公司至少**保存五年**。

第 10 條

本公司辦理客戶名單之比對作業，係以姓名模糊比對方式為之，並依訂定之模糊比對相似度RC（Relative Correlation）值分數，將達到該分數之比對結果取其分數最高者，傳送各使用單位或供其下載，使用單位得存檔或列印紙本自行保存，作為其審查客戶身分之證明。

第 11 條

本公司就系統內名單**資料庫之完整性，不負保證責任**。使用單位登入本系統辦理其客戶資料查詢，及本公司提供之比對作業，其**查詢及比對結果，僅作為**使用單位審查客戶身分之**參考**，使用單位**應自行依其客戶審查及風險控管程序，判定客戶之身分及風險等級**，不得以本系統資料庫未篩選出其疑似洗錢客戶資料為由，對本公司為任何主張。

第 12 條

1　使用單位對本公司所傳送之資料，應善盡保密責任，不得洩漏，除應依個人資料保護法等相關法令為資料之蒐集、處理及利用外，並應確實依據各目的事業主管機關規定辦理個人資料檔案安全之維護。

2　使用單位將客戶資料傳送予本公司辦理比對者，有關個人資料保護法第四條及施行細則第八條之委任監督方式，使用單位須同意以本公司通過之「臺灣個人資料保護與管理制度」（TPIPAS）驗證及取得之經濟部「資料隱私保護標章」（dp.mark）代之。

3 使用單位申請書等相關基本資料，本公司自蒐集日起至使用單位停止或
終止使用本系統後保存一年。

第 **12-1** 條

1 使用單位應於每**計費年度終了前一個月內**，登入本系統選擇次一計費年
度之費率方案，未選擇者，視為沿用前一計費年度之費率方案。

2 前項之計費年度為每年之一月一日至十二月三十一日。

3 使用單位於選擇費率方案及整批上傳後列印繳費單，並應依繳費單所載
之期限內完成繳費。

第 **13** 條

1 使用單位使用本系統，須依本公司收費標準（詳附件）及期限繳納費
用：

一、線上查詢費用：

(一)收費標準

1.依使用單位申請之管理者帳號數及擇定之費率方案，以年費
計收。

2.使用單位如於計費年度前半年申請使用，則收取整年度之線上
查詢費用；如於計費年度後半年申請使用，則費用及線上查詢
筆數均以半數計算。

3.使用單位調升其擇定之費率方案時，如計費年度為整年者，應
補繳整年度之差額費用；如計費年度為半年者，則應補繳半年
度之差額費用。

4.使用單位中途申請停用者，已繳納之線上查詢費用不予退還。

(二)繳納期限

於每計費年度開始前繳納。

二、線上查詢超額費用：

(一)收費標準

前一計費年度線上查詢筆數超逾免費查詢筆數者，超出部分依
選擇之費率方案計收查詢費。

(二)繳納期限

　　於每年一月三十日前繳納。

三、整批上傳費用：

(一)收費標準

　　依使用單位每次上傳筆數計收，每筆新台幣一元，每上傳一檔案最低新台幣一百元。當日上傳多個檔案者，依各檔案分別計算。

(二)繳納期限

1.使用單位為本公司參加人者，於每月結算後，併參加人其他應付費用繳納。

2.使用單位非本公司參加人者，於每次上傳並接獲本公司繳費單後七日內繳納。

四、受查人異動批次比對費用：

(一)收費標準

1.依使用單位擇定之費率方案，以年費計收。

2.使用單位申請使用時，以月為計算基礎，自使用單位申請當月至十二月計算使用月份，再按比例計收費用。

3.使用單位調升其擇定之費率方案時，以月為計算基礎，自使用單位申請調升之次月至十二月計算使用月份，再按比例計收差額費用。

4.使用單位中途申請停用者，已繳納之受查人異動批次比對費用不予退還。

(二)繳納期限

　　於每計費年度開始前繳納。

2　前項第一款、第二款及第四款之費用，使用單位逾繳費單所載之繳費期限者，本公司得不經催告逕行終止該單位之使用權限。

第 **14** 條

1　使用單位使用本系統，所申請之帳號及密碼應妥善辦理管控，並不得為轉讓或分享。如發現或知悉帳號及密碼有被竊或遭非法使用之情事，應立即通知本公司申請辦理變更作業。

2 本公司得就使用單位之帳號及密碼使用情形進行稽核，經發現有轉讓或分享帳號及密碼之情事時，本公司得逕行終止該單位之使用權限。

3 本公司因前項情事所生之損害及支出之稽核費用，應由使用單位負責。

第 **15** 條

本要點有關本公司公告事項，均置放於本公司網站防制洗錢及打擊資恐查詢系統目錄。

第 **16** 條

本要點未盡事宜，悉依相關法令、本公司操作手冊及相關規定辦理，修正時亦同。

十二、國際金融業務分行管理辦法（修正日期：民國106年05月22日）

第 **1** 條

本辦法依國際金融業務條例（以下簡稱本條例）第五條第二項規定訂定之。

第 **2** 條

1 國際金融業務分行對單一客戶之授信，應與其所屬銀行其他各營業單位授信金額合計，不得超過下列限額：

一、**本國銀行**：對**單一自然人**之授信總餘額，不得超過總行淨值**百分之三**，其中**無擔保**授信總餘額不得超過總行淨值**百分之一**；對**單一法人**之授信總餘額，不得超過總行淨值**百分之十五**，其中**無擔保**授信總餘額不得超過總行淨值**百分之五**。

二、**外國銀行**：對**單一自然人或法人**之授信總餘額，不得超過總行淨值**百分之二十五**。

2 國際金融業務分行辦理經主管機關核准之專案授信及對政府機關或公營事業之授信總餘額，不受前項規定比率之限制。但不得超過總行之淨值。

第 **3** 條

1 主管機關得隨時派員，或委託適當機構檢查國際金融業務分行之業務、財務及其他有關事項，或令銀行於限期內據實提報國際金融業務分行財務報告、財產目錄或其他有關資料及報告。

2 主管機關於必要時，得指定專門職業及技術人員，就前項規定應行檢查事項、報表或資料予以查核，並向主管機關據實提出報告，其費用由銀行負擔。

第 **4** 條

1 國際金融業務分行依本條例第二十條申報之資產負債表及損益表，應經會計師查核簽證，並應於**營業年度終了後四個月內**，報經主管機關備查。

2 國際金融業務分行應於金融監督管理委員會（以下簡稱金管會）之銀行及票券公司監理資料申報窗口網站，依相關報表格式申報資產負債表及損益表等財務資訊。

3 國際金融業務分行應於**每季及每月營業終了後十日內**，依中央銀行規定之格式及內容，分別將業務相關之季報表、資產負債月報表及業務相關之月報表，報請中央銀行備查。

第 **5** 條

1 國際金融業務分行有下列情事之一者，應向**金管會申報**，並**副知中央銀行**：

一、**開業**。

二、**變更重大營運政策**。

三、發生或可預見**重大虧損**情事。

四、發生**重大訴訟**案件。

五、發生**違反本條例**或主管機關依本條例所發布**命令**之情事。

2 前項**第一款**及**第二款**事項，**應事先申報**；**第三款至第五款**事項，應於知悉或事實發生之日起**五日內申報**。

第 **6** 條

1 國際金融業務分行應訂定經營業務之章則，其內容至少應包括下列事項：
一、組織結構及部門職掌。
二、人員配置、管理及培訓。
三、內部控制制度。
四、營業之原則及方針。
五、作業手冊及權責劃分。
六、**風險管理規範**。
2 國際金融業務分行之經營，應依法令及前項所訂業務章則為之。

第 **7** 條

外國銀行國際金融業務分行盈餘之匯出，於經會計師查核簽證之帳列盈餘併入該外國銀行在我國分行盈餘，向金管會申報後始得匯出。

第 **8** 條

國際金融業務分行之經理人資格，須符合銀行負責人應具備資格條件兼職限制及應遵行事項準則第三條及第五條第一項之規定。但依該準則第五條第一項第三款之規定充任者，應具備國際金融專業知識或外匯業務之經驗。

第 **9** 條

1 國際金融業務分行**不得投資股票**。
2 國際金融業務分行不得投資於其所屬銀行負責人擔任董事、監察人或經理人之公司所發行、承兌或保證之有價證券。
3 國際金融業務分行投資有價證券，應與其所屬銀行投資有價證券金額合計，不得超過金管會對其總行所規定之限額。
4 國際金融業務分行應檢附經其**董（理）事會**（或其總行授權單位或人員）同意得投資之外幣有價證券種類、總投資限額及對同一發行人所發行有價證券投資限額之文件，向金管會申請核准，並應依核准內容辦理；其修正時，亦同。

5 國際金融業務分行依前項規定訂定之外幣有價證券之種類及限額，經金管會核准後，視為本條例第二十二條之一第三款所指主管機關所定之種類及限額。

第 **10** 條

1 國際金融業務分行應遵循洗錢防制法、資恐防制法、主管機關所定應取得或驗證之文件、資料或資訊（如附件）、中華民國銀行商業同業公會全國聯合會所定銀行防制洗錢及打擊資助恐怖主義注意事項範本及國際金融業務分行接受境外客戶開戶暨受託投資信託商品自律規範等規定，確實辦理**確認客戶身分程序**，並**納入內部控制及內部稽核項目**。

2 國際金融業務分行對於本辦法中華民國一百零六年五月二十二日發布之條文施行前既有客戶，應於一百零六年十二月三十一日前重新辦理確認客戶身分程序並檢討其風險程度等級，但有下列情形時應立刻辦理之：

一、對客戶資訊之**真實性有所懷疑**，如發現該客戶**涉及疑似洗錢交易**，或客戶**帳戶之運作方式**出現與該客戶**業務特性不符之重大變動**時。

二、客戶身分資訊定期更新屆至時。

第 **11** 條

1 國際金融業務分行得透過中介機構依本辦法及洗錢防制法等規定，或不低於前開規定之標準，協助對境外客戶辦理確認客戶身分程序，除應符合下列規定外，其**執行方案**及**中介機構名單**應報金管會備查：

一、中介機構協助國際金融業務分行辦理確認客戶身分程序之行為，符合或不違反中介機構所在地之法令規定。

二、中介機構最近一次獲所在地主管機關或外部機構查核之防制洗錢與打擊資恐評等為滿意、無降等或無重大缺失；或相關缺失已改善並經認可或降等已調升。嗣後中介機構如發生遭所在地主管機關或外部機構降等或有重大缺失遭所在地主管機關處分，於其改善情形經認可前，國際金融業務分行應暫停透過該中介機構協助執行確認客戶身分程序。

三、國際金融業務分行應與中介機構簽署合作協議，明定協助確認客
　　戶身分程序之範圍及客戶資料保密及資料保存之適當措施，並確
　　立雙方權責歸屬。中介機構協助執行之流程應留存紀錄，並應國
　　際金融業務分行之要求，能及時提供協助確認客戶身分程序中取
　　得之任何文件或資訊。

四、國際金融業務分行應**依風險基礎方法**，定期及不定期對中介機構協
　　助確認客戶身分程序之執行情形，及對客戶資訊之使用、處理及控
　　管情形進行查核及監督；相關查核得委由外部機構辦理。

2 前項所稱中介機構之範圍，係指本國銀行之海外分行或子銀行、外國銀
行在臺分行之總行或總行所轄分行、外國銀行在臺子銀行之母行或母行
所轄分行。

3 第一項所稱**執行方案**，內容應至少包括**由中介機構協助確認客戶身分程
序之範圍**，及**客戶資料保密及資料保存之內部控制制度**。

4 **國際金融業務分行**應覆核中介機構協助確認客戶身分程序之結果，並應
負確認客戶身分程序及資料保存之**最終責任**。

第 **12** 條

1 國際金融業務分行於辦理新開戶時，應注意下列事項：

一、**不得**將境內客戶**推介**予代辦公司，或**勸誘、協助**境內客戶**轉換為非
　　居住民身分**於國際金融業務分行開戶。

二、應加強瞭解**開戶往來目的、帳戶用途**及**預期之交易活動**，境外法人
　　客戶如涉有境內自然人或法人為其**股東、董事**或**實質受益人**之情形
　　者，並應取得客戶**非經勸誘**或**非為投資特定商品**而轉換為非居住民
　　身分之**聲明**。

2 國際金融業務分行應就前項規定研訂具體可行之內部控制制度，本國銀
行於報經**董事會**、外國銀行在臺分行於報經**總行或區域中心**同意後落實
執行。

第 13 條
本辦法除第十條第一項、第十一條及前條條文自發布日後六個月施行外，自發布日施行。

十三、相關函令

◎行政院108年4月9日院臺法字第1080085454號令：

依洗錢防制法第五條第四項規定為以下之修正指定：

1. 律師、會計師、記帳士、記帳及報稅代理人為第五條第三項第五款指定之非金融事業或人員。

2. 上開指定非金融事業或人員適用之交易型態：為客戶準備或進行下列交易時：

   (1)關於法人之籌備或設立事項。

   (2)擔任或安排他人擔任公司董事或秘書、合夥之合夥人或在其他法人組織之類似職位。

   (3)提供公司、合夥、信託、其他法人或協議註冊之辦公室、營業地址、居住所、通訊或管理地址。

   (4)擔任或安排他人擔任信託或其他類似契約性質之受託人或其他相同角色。

   (5)擔任或安排他人擔任實質持股股東。

3. 指定第五條第三項第五款之律師、會計師、記帳士、記帳及報稅代理人，不適用第九條第一項申報規定。

◎行政院金融監督管理委員會保險局107年11月19日保局（綜）字第10704967830號函：

主旨：

有關金融機構應考量自身面臨之洗錢及資恐風險，運用風險基礎方法建置高洗錢及資恐風險國家（地區）名單之實務做法一案，請轉知所屬會員參考說明二辦理。請查照。

說明：

一、依據本會107年11月9日金管銀法字第10702746050號函副本辦理。

二、請參考下列管道，作為訂定高洗錢及資恐風險國家（地區）之依據：

(一)金融監督管理委員會函轉國際防制洗錢組織所公告防制洗錢與打擊資助恐怖份子有嚴重缺失之國家或地區、及其他未遵循或未充分遵循國際防制洗錢組織建議之國家或地區。

(二)受聯合國、美國或歐盟經濟制裁或採取其他類似措施的國家或地區。

(三)國際貨幣基金組織（International Monetary Fund）所公布之境外金融中心之國家或地區（IMF Offshore Financial Centers），可參考下列網址：http：//www.imf.org/external/NP/ofca/OFCA.aspx。

(四)美國財政部愛國者法案Section 311（USA PATRIOT Act's Section 311）指定有重大洗錢疑慮之國家或地區，可參考下列網址：http：//www.fincen.gov/statutes_regs/patriot/section311.html。

(五)國際透明組織之貪腐印象指數所列具相當貪瀆程度之國家或地區（Transparency International's Corruption Perceptions Index），可參考下列網址：http：//cpi.transparency.org/cpi2013/in_detail/。

(六)提供資金或支持恐怖主義（如美國國務院發布之資助恐怖份子地區，State Sponsors of Terrorism，可參考下列網址：http：//www.state.gov/j/ct/list/cl4151.htm），或有被列名之恐怖分子團體活動之國家或地區。

(七)國家風險評估報告內所述之犯罪所得主要流入及流出之國家或地區。

◎行政院金融監督管理委員會97年6月27日金管銀(一)字第09710002010號令：
大陸地區發行之幣券進出入臺灣地區限額規定

1.依據臺灣地區與大陸地區人民關係條例第三十八條第一項及第五項，訂定大陸地區發行之貨幣（以下稱人民幣）進出入臺灣地區之限額為人民幣二萬元。

2.經中央銀行許可辦理人民幣現鈔買賣業務之金融機構，自行或委託臺灣地區金融機構向境外拋補人民幣現鈔之金額，不受前點所定限額之限制。

3.本規定自中華民國九十七年六月二十七日起施行，行政院金融監督管理委員會九十四年九月二十八日金管銀(一)字第○九四一○○○八一四號令，停止適用。

◎行政院金融監督管理委員會93年8月5日銀局(三)字第0933000603號函：

主旨：

邇來迭有銀行發現美金偽鈔，影響金融交易安全，為確保金融機構及消費者權益，並維護金融秩序，各金融機構應依說明二之規定事項加強配合辦理，請查照轉知。

說明：

一、依據法務調查局經濟犯罪防制中心九十三年七月三十日電話通知辦理。

二、請轉知所屬會員機構，切實依下列事項辦理：

(一)發現可疑人物以疑似美金偽鈔來行結售或匯款時，應儘量拖延，並請立即通報當地調查站，俾利捕捉嫌犯。

(二)現場經可疑人物使用或接觸之偽鈔、紙、筆等相關物品應減少觸摸，並妥適保管，以備調查人員蒐證指紋所需。

(三)監視錄影系統所錄相關錄影帶或磁碟資料應妥善留存至結案為止。

◎行政院金融監督管理委員會105年3月8日金管銀控字第10560000600號函文

說明因發現大量美金偽鈔，為確保金融機構及消費者權益，各銀行應全面檢視驗鈔機辨識功能，並加強行員訓練及辨識偽鈔能力及美金、外幣鈔券之篩檢。

NOTE

Part 3 最新試題解析

⊙110年／第一銀行新進人員

( ) **1** 銀行業之下列何者對確保建立及維持適當有效之防制洗錢及打擊資恐內部控制負最終責任？ (A)董事會 (B)總經理 (C)法令遵循主管 (D)防制洗錢及打擊資恐專責主管。

( ) **2** 依金融機構防制洗錢辦法之定義，「一定金額」指新臺幣多少元？ (A)三萬元 (B)三十萬元 (C)五十萬元 (D)六十萬元。

( ) **3** 金融機構確認客戶身分時，下列何種情形不應婉拒建立業務關係或交易？ (A)疑似使用匿名、假名、人頭、虛設行號或虛設法人團體開設帳戶 (B)由代理人辦理開戶，但是查證代理之事實及身分資料有困難 (C)提供文件資料雖然可疑、模糊不清，但是客戶願意提供其他佐證資料或提供之文件資料可以合理查證 (D)持用偽、變造身分證明文件。

( ) **4** 銀行業防制洗錢及打擊資恐之內部控制制度聲明書，應由董事長、總經理、防制洗錢及打擊資恐專責主管與下列何者聯名出具？ (A)法務長 (B)風控長 (C)法遵長 (D)總稽核。

( ) **5** 下列客戶或具控制權者，其適用辨識及驗證實質受益人身分之規定？ (A)我國公營事業機構 (B)非營利組織 (C)我國公開發行公司或其子公司 (D)員工持股信託、員工福利儲蓄信託。

( ) **6** 金融機構對於達一定金額以上之通貨交易，應向下列何者申報？ (A)中央銀行 (B)金管會 (C)法務部調查局 (D)財政部。

(　) **7** 有關金融機構進行確認客戶身分程序，下列敘述何者錯誤？
(A)確認客戶身分程序應以風險為基礎　(B)應包括實質受益人之審
查　(C)確認客戶身分程序所得資料，應自業務關係終止時起至少保
存五年　(D)臨時性交易者，確認客戶身分程序所得資料，應自臨
時性交易終止時起至少保存三個月。

(　) **8** 金融機構對下列何者達一定金額以上之通貨交易，必須向有關單
位申報？　(A)存入公私立學校所開立帳戶之款項　(B)公益彩券經
銷商申購彩券款項　(C)代收信用卡消費帳款之交易　(D)金融機構
代理公庫業務所生之代收付款項。

(　) **9** 客戶若為現任國外政府之重要政治性職務人士，金融機構應如何
處理？　(A)一律婉拒開戶　(B)建立業務關係前，應取得外交部同
意　(C)應將該客戶直接視為高風險客戶，並採取強化確認客戶身分
措施　(D)國外政府之重要政治性職務人士在台灣無法行使職務權
力，應視為一般客戶。

(　) **10** 當銀行業總公司與國外分公司所在地，就防制洗錢及打擊資恐
標準高低之認定有疑義時，應以下列何者為依據？　(A)以國外分
公司所在地之主管機關之認定為依據　(B)以總公司所在地之主管機
關之認定為依據　(C)以總公司與國外分公司所在地之主管機關之協
商結果為依據　(D)標準高低之認定有疑義時，從嚴解釋，應採取
最高標準。

解答與解析

1 (A)

依銀行業及其他經金融監督管理委員
會指定之金融機構防制洗錢及打擊資
恐內部控制與稽核制度實施辦法第6
條第6項：

銀行業及其他經本會指定之金融機構
之董（理）事會對確保建立及維持適
當有效之防制洗錢及打擊資恐內部控
制負最終責任。董（理）事會及高階
管理人員應瞭解其洗錢及資恐風險，

及防制洗錢及打擊資恐計畫之運作，並採取措施以塑造重視防制洗錢及打擊資恐之文化。

2 (C)

依金融機構防制洗錢辦法第2條第1項第2款：

本辦法用詞定義如下：二、一定金額：指新臺幣五十萬元（含等值外幣）。

3 (C)

依金融機構防制洗錢辦法第4條：

金融機構確認客戶身分時，有下列情形之一者，應予以婉拒建立業務關係或交易：

一、 疑似使用匿名、假名、人頭、虛設行號或虛設法人團體開設帳戶、投保或辦理電子票證記名作業。

二、 客戶拒絕提供審核客戶身分措施相關文件。

三、 對於由代理人辦理開戶、電子票證記名作業、註冊電子支付帳戶、投保、保險理賠、保險契約變更或交易者，且查證代理之事實及身分資料有困難。

四、 持用偽、變造身分證明文件。

五、 出示之身分證明文件均為影本。但依規定得以身分證明文件影本或影像檔，輔以其他管控措施辦理之業務，不在此限。

六、 提供文件資料可疑、模糊不清，不願提供其他佐證資料或提供之文件資料無法進行查證。

七、 客戶不尋常拖延應補充之身分證明文件。

八、 建立業務關係對象為資恐防制法指定制裁之個人、法人或團體，以及外國政府或國際組織認定或追查之恐怖分子或團體。但依資恐防制法第六條第一項第二款至第四款所為支付不在此限。

九、 建立業務關係或交易時，有其他異常情形，客戶無法提出合理說明。

4 (D)

依銀行業及其他經金融監督管理委員會指定之金融機構防制洗錢及打擊資恐內部控制與稽核制度實施辦法第8條第3項：

銀行業及其他經本會指定之金融機構總經理應督導各單位審慎評估及檢討防制洗錢及打擊資恐內部控制制度執行情形，由董（理）事長（主席）、總經理、總稽核（稽核主管）、防制洗錢及打擊資恐專責主管聯名出具防制洗錢及打擊資恐之內部控制制度聲明書（附表），並提報董（理）事會通過，於每會計年度終了後三個月內將該內部控制制度聲明書內容揭露於該機構網站，並於本會指定網站辦理公告申報。

5 (B)

依金融機構防制洗錢辦法第3條第7款第3目：

金融機構確認客戶身分措施，應依下列規定辦理：

七、第四款第三目規定於客戶為法人、團體或信託之受託人時，應瞭解客戶或信託之所有權及控制權結構，並透過下列資訊，辨識客戶之實質受益人，及採取合理措施驗證：

(三)客戶或具控制權者為下列身分者，除有第六條第一項第三款但書情形或已發行無記名股票情形者外，不適用第四款第三目辨識及驗證實質受益人身分之規定。

1.我國政府機關。

2.我國公營事業機構。

3.外國政府機關。

4.我國公開發行公司或其子公司。

5.於國外掛牌並依掛牌所在地規定，應揭露其主要股東之股票上市、上櫃公司及其子公司。

6.受我國監理之金融機構及其管理之投資工具。

7.設立於我國境外，且所受監理規範與防制洗錢金融行動工作組織（FATF）所定防制洗錢及打擊資恐標準一致之金融機構，及該金融機構管理之投資工具。

8.我國政府機關管理之基金。

9.員工持股信託、員工福利儲蓄信託。

6 (C)

依洗錢防制法第9條第1項：

金融機構及指定之非金融事業或人員對於達一定金額以上之通貨交易，除

本法另有規定外，應向法務部調查局申報。

7 (D)

依金融機構防制洗錢辦法第12條第1款及第2款前段：

金融機構應以紙本或電子資料保存與客戶往來及交易之紀錄憑證，並依下列規定辦理：

一、金融機構對國內外交易之所有必要紀錄，應至少保存五年。但法律另有較長保存期間規定者，從其規定。

二、金融機構對下列資料，應保存至與客戶業務關係結束後或臨時性交易結束後，至少五年。

8 (C)

依金融機構防制洗錢辦法第14條第1項：

金融機構對下列達一定金額以上之通貨交易，免向調查局申報，但仍應確認客戶身分及留存相關紀錄憑證：

一、存入政府機關、公營事業機構、行使公權力機構（於受委託範圍內）、公私立學校、公用事業及政府依法設立之基金所開立帳戶之款項。

二、金融機構代理公庫業務所生之代收付款項。

三、金融機構間之交易及資金調度。但金融同業之客戶透過金融同業間之同業存款帳戶所生之應付款項，如兌現同業所開

立之支票，同一客戶現金交易達一定金額以上者，仍應依規定辦理。

四、公益彩券經銷商申購彩券款項。

五、代收款項交易（不包括存入股款代收專戶之交易、代收信用卡消費帳款之交易），其繳款通知書已明確記載交易對象之姓名、身分證明文件號碼（含代號可追查交易對象之身分者）、交易種類及金額者。但應以繳款通知書副聯作為交易紀錄憑證留存。

9 (C)

依金融機構防制洗錢辦法第10條第1項第1款：

金融機構於確認客戶身分時，應運用適當之風險管理機制，確認客戶及其實質受益人、高階管理人員是否為現任或曾任國內外政府或國際組織之重要政治性職務人士：

一、客戶或其實質受益人若為現任國外政府之重要政治性職務人士，應將該客戶直接視為高風險客戶，並採取第六條第一項第一款各目之強化確認客戶身分措施。

10 (B)

依銀行業及其他經金融監督管理委員會指定之金融機構防制洗錢及打擊資恐內部控制與稽核制度實施辦法第6條第5項：

銀行業及其他經本會指定之金融機構應確保其國外分公司（或子公司），在符合當地法令情形下，實施與總公司（或母公司）一致之防制洗錢及打擊資恐措施。當總公司（或母公司）與分公司（或子公司）所在地之最低要求不同時，分公司（或子公司）應就兩地選擇較高標準者作為遵循依據，惟就標準高低之認定有疑義時，以銀行業及其他經本會指定之金融機構總公司（或母公司）所在地之主管機關之認定為依據；倘因外國法規禁止，致無法採行與總公司（或母公司）相同標準時，應採取合宜之額外措施，以管理洗錢及資恐風險，並向本會申報。

⊙110年／彰化銀行新進人員

(　) **1** 依洗錢防制法規定，所稱之金融機構或適用關於金融機構之規定，不包括下列何者？　(A)創業投資事業　(B)證券集中保管事業　(C)辦理融資性租賃之事業　(D)信用卡公司。

(　) **2** 依洗錢防制法規定，有關金融機構申報一定金額以上之通貨交易，下列敘述何者錯誤？　(A)應向法務部調查局申報　(B)依規定為申報者，免除其業務上應保守秘密之義務　(C)未依規定進行申報處新臺幣五萬元以上一百萬元以下罰鍰　(D)由中央目的事業主管機關會商法務部及相關機關訂定申報之範圍、方式、程序及其他應遵行事項之辦法。

(　) **3** 為配合防制洗錢及打擊資恐之國際合作，有關金融目的事業主管機關得對洗錢或資恐高風險國家或地區所為措施，下列敘述何者錯誤？　(A)令金融機構強化個人資料之保護措施　(B)令金融機構強化相關交易之確認客戶身分措施　(C)限制或禁止金融機構與洗錢或資恐高風險國家或地區為匯款或其他交易　(D)採取其他與風險相當且有效之必要防制措施。

(　) **4** 依洗錢防制物品出入境申報及通報辦法規定，下列何者係屬邊境金流管制之範圍？　A.黃金　B.鑽石　C.現鈔　D.有價證券　(A)僅ABC　(B)僅ABD　(C)僅BCD　(D)ABCD。

(　) **5** 檢察官於偵查中，有事實足認被告利用帳戶、匯款、通貨或其他支付工具犯洗錢罪者，得聲請該管法院指定六個月以內之期間，對該筆交易之財產為下列何種命令？　(A)移轉命令　(B)追繳命令　(C)支付命令　(D)禁止提款、轉帳、付款、交付、轉讓或其他必要處分之命令。

(　) **6** 依金融機構防制洗錢辦法規定，其所定義之「一定金額」為下列何者？　(A)新臺幣十萬元　(B)新臺幣五十萬元　(C)新臺幣一百萬元　(D)新臺幣五百萬元。

(　)　**7** 依金融機構防制洗錢辦法規定，有關風險基礎方法，下列敘述何者錯誤？　(A)金融機構應確認、評估及瞭解其暴露之洗錢及資恐風險　(B)對於較高風險情形應採取加強措施　(C)對於較低風險情形可採取相對簡化措施　(D)以最嚴謹之方法，確認無任何洗錢及資恐風險。

(　)　**8** 依金融機構防制洗錢辦法規定，對於確認客戶身分之時機，不包括下列何者？　(A)與客戶建立業務關係時　(B)進行臨時性交易，辦理新臺幣三萬元以上之國內匯款時　(C)發現疑似洗錢或資恐交易時　(D)對於過去所取得客戶身分資料之真實性或妥適性有所懷疑時。

(　)　**9** 有關實質受益人，下列敘述何者錯誤？　(A)指對客戶具最終所有權或控制權之自然人　(B)由他人代理交易之自然人本人　(C)包括對法人或法律協議具最終有效控制權之自然人　(D)未發現具控制權之自然人時，應以代表人一人為客戶之實質受益人。

(　)　**10** 金融機構之加強客戶審查措施（Enhanced due diligence）係針對下列何類型風險？　(A)低風險　(B)一般風險　(C)中風險　(D)高風險。

(　)　**11** A銀行依賴第三方進行客戶審查，應由何人負客戶審查最終責任？　(A)A銀行　(B)視契約約定內容而定　(C)該第三方　(D)A銀行與該第三方共同負責。

(　)　**12** 依金融機構防制洗錢辦法規定，金融機構應保存與客戶往來及交易之紀錄憑證，應至少保存幾年？　(A)三年　(B)五年　(C)七年　(D)十五年。

(　)　**13** 依金融機構防制洗錢辦法規定，金融機構對達一定金額以上之通貨交易，應於交易完成後多少時間內以媒體申報？　(A)二個營業日　(B)五個營業日　(C)五個日曆日　(D)十個日曆日。

(　　) **14** 依金融機構防制洗錢辦法規定，對於經檢視屬疑似洗錢或資恐交易者，不論交易金額多寡，均應於專責主管核定後立即向調查局申報，核定後之申報期限不得逾多久？　(A)二個營業日　(B)五個營業日　(C)十個日曆日　(D)十個營業日。

(　　) **15** 依金融機構防制洗錢辦法規定，對於下列何種客戶，原則上無須辨識及驗證實質受益人身分？　A.已發行無記名股票之公司　B.我國政府機構　C.我國公營事業機構　D.我國公開發行公司　(A)僅ABC　(B)僅ABD　(C)僅BCD　(D)ABCD。

(　　) **16** 金融機構對客戶身分之持續審查，應在下列哪些適當時機對存在之往來關係進行審查？　A.客戶新增業務往來時　B.客戶減少業務往來關係時　C.依客戶之重要性及風險程度所定之定期審查時點　D.得知客戶身分與背景資訊有重大變動時　(A)僅ABC　(B)僅ACD　(C)僅BCD　(D)ABCD。

(　　) **17** 有關金融機構對帳戶或交易之持續監控，下列敘述何者錯誤？　(A)應逐步以資訊系統整合全公司客戶之基本資料及交易資料　(B)應依據風險基礎方法，建立帳戶或交易監控政策與程序　(C)帳戶或交易監控政策及程序，至少應包括監控型態、參數設定、金額門檻、預警案件　(D)監控型態限於同業公會所發布之態樣，各金融機構不得增列自行監控態樣。

(　　) **18** 有關銀行業防制洗錢及打擊資恐之組織及職掌，下列敘述何者錯誤？　(A)應依其規模、風險等配置適足之防制洗錢及打擊資恐專責人員及資源　(B)由董事會指派高階主管一人擔任專責主管　(C)本國銀行應於董事會下設置獨立之防制洗錢及打擊資恐專責單位　(D)本國銀行防制洗錢及打擊資恐專責單位不得兼辦防制洗錢及打擊資恐以外之其他業務。

(　　) **19** 有關金融機構對達一定金額以上之通貨交易，下列敘述何者錯誤？　(A)應確認客戶身分並留存相關紀錄憑證　(B)憑客戶提供之

身分證明文件或護照確認其身分　(C)交易如係由代理人為之者，應憑本人提供之委託書確認其身分　(D)如能確認客戶為交易帳戶本人者，可免確認身分，惟應於交易紀錄上敘明係本人交易。

(　) **20** 有關銀行業防制洗錢及打擊資恐內部控制與稽核制度，下列敘述何者錯誤？　(A)新臺幣境內匯款之受款金融機構，應提供匯款人及受款人之必要資訊　(B)於推出新產品或服務或辦理新種業務前，應進行產品之洗錢及資恐風險評估　(C)洗錢及資恐風險之辨識、評估及管理，應至少涵蓋客戶、地域、產品及服務、交易或支付管道等面向　(D)金管會得採風險基礎方法隨時派員或委託適當機關對銀行業辦理查核，查核方式包括現地查核及非現地查核。

(　) **21** 依資恐防制法第二條規定，我國資恐防制主管機關為下列何者？　(A)法務部　(B)行政院洗錢防制辦公室　(C)國家安全局　(D)金融監督管理委員會。

(　) **22** 銀行之防制洗錢及打擊資恐專責主管、專責人員及國內營業單位督導主管職前應參加金管會認定機構所舉辦至少幾小時以上課程，並經考試及格且取得結業證書？　(A)八小時　(B)十二小時　(C)二十四小時　(D)四十八小時。

(　) **23** 銀行業之防制洗錢及打擊資恐專責主管、專責人員及國內營業單位督導主管，每年應至少參加經專責主管同意之內部或外部訓練單位所辦多少小時防制洗錢及打擊資恐教育訓練？　(A)八小時　(B)十二小時　(C)二十四小時　(D)四十八小時。

(　) **24** 丙公司有C、D、E三位股東，分別持股50%、30%、20%，則該公司之實質受益人為下列何者？　(A)僅C　(B)僅CD　(C)CDE　(D)以上皆非。

(　) **25** 在洗錢防制法中所稱的特定犯罪，係指最輕本刑多久以上有期徒刑之刑之罪？　(A)六個月以上　(B)一年以上　(C)三年以上　(D)五年以上。

( )　**26** 洗錢防制法規定適用洗錢防制法的金融機構及指定之非金融事業或人員應依洗錢與資恐風險及業務規模，建立洗錢防制內部控制與稽核制度；前述內部控制與稽核制度應包括的項目不含下列何者？　(A)防制洗錢及打擊資恐之作業及控制程序　(B)備置並定期更新防制洗錢及打擊資恐風險評估　(C)定期舉辦或參加防制洗錢之在職訓練　(D)指派督導主管負責協調監督洗錢防制內部控制與稽核制度之執行。

( )　**27** 某日客戶來電客服專線，表示其家族企業申請公司信用卡因確認身分文件不完整被婉拒發卡，心生不滿，申訴被歧視，有關確認客戶身分，下列敘述何者錯誤？　(A)確認客戶身分措施，應包括瞭解業務關係之目的與性質，並視情形取得相關資訊　(B)對於客戶為法人、團體或信託之受託人時，應瞭解客戶或信託（包括類似信託之法律協議）之業務性質　(C)對於法人客戶，應瞭解規範及約束客戶之實質受益人聲明書或類似之權力文件　(D)應取得在法人客戶中擔任高階管理人員者之姓名。

( )　**28** 某日客服中心接獲客戶投訴電話，聲稱其擔任負責人的公司申請開戶竟然開了一個禮拜還沒有下文，質疑有關確認客戶身分時，分行經辦不適任。有關客戶所稱經辦同仁的處理方式，下列敘述何者錯誤？　(A)客戶為法人時，應瞭解其是否可發行無記名股票　(B)對已發行無記名股票之客戶採取適當措施以確保其實質受益人之更新　(C)應瞭解客戶或信託之所有權及控制權結構，並辨識客戶之實質受益人　(D)對法人戶應辨識客戶之實質受益人，核對證照即已完成驗證措施。

( )　**29** 依金融機構防制洗錢辦法規定，有關重要政治性職務人士，下列敘述何者錯誤？　(A)現任國外政府之重要政治性職務人士，應直接視為高風險　(B)現任國內政府或國際組織之重要政治性職務人士，應直接視為高風險　(C)非現任國內外政府或國際組織之重要政治性職務人士，金融機構應考量相關風險因子後評估其影響力，依風險基礎方法認定其風險　(D)重要政治性職務人士之家庭成員及有密切關係之人，適用重要政治性職務人士之規定。

( )　**30** 某日客服中心接到客戶來電質疑臨櫃交易被要求進行大額通貨申報，有關通貨交易的定義，下列敘述何者正確？ (A)指單筆現金收或付（在會計處理上，凡以現金收支傳票記帳者皆屬之）或換鈔交易　(B)指單筆現金收或付，及其他交易以轉帳收支傳票記帳者皆屬之　(C)指單筆現金付款（在會計處理上，凡以現金收支傳票記帳者皆屬之）或換鈔交易　(D)指單筆現金收或付（在會計處理上，凡以現金收支傳票記帳者皆屬之），換鈔交易不記帳，故通貨交易不包括換鈔。

( )　**31** 有關保險業應於人壽保險、投資型保險及年金保險契約之保險受益人確定或經指定時，採取之措施，下列敘述何者錯誤？ (A)對於經指定為保險受益人者，應取得其姓名及身分證明文件號碼　(B)對於經指定為保險受益人者，應取得其名稱及註冊設立日期　(C)對於依據契約特性或其他方式指定為保險受益人者，保險業於支付保險金時無須辨識該保險受益人身分　(D)於支付保險金時，驗證該保險受益人之身分。

( )　**32** 依金融機構對經指定制裁對象之財物或財產上利益及所在地通報辦法規定，金融機構以每年十二月三十一日為結算基準日，編製年度報告，記載該金融機構於結算基準日當日所管理或持有一切經指定制裁之個人、法人或團體之財物或財產上利益，並於何時提報主管機關備查？ (A)十個營業日內　(B)次年一月三十一日前　(C)次年三月三十一日前　(D)次年四月三十日前。

( )　**33** 有關洗錢防制法中對洗錢之敘述，下列何者錯誤？ (A)意圖掩飾或隱匿特定犯罪所得來源，或使他人逃避刑事追訴，而移轉或變更特定犯罪所得　(B)掩飾或隱匿特定犯罪所得之本質、來源、去向、所在、所有權、處分權或其他權益者　(C)收受、持有或使用他人之特定犯罪所得　(D)意圖掩飾或隱匿特定犯罪所得去處，或使本人逃避刑事追訴，而移轉或變更特定犯罪所得。

(　　) **34** 有關洗錢防制法第一條對於洗錢防制法的立法精神，下列敘述何者錯誤？　(A)為防制洗錢，打擊犯罪　(B)為健全防制洗錢體系，穩定金融秩序　(C)為促進金流之保密　(D)為強化國際合作。

(　　) **35** 有關洗錢防制法第四條對特定犯罪所得的敘述，下列何者錯誤？　(A)特定犯罪取得之財物或財產上利益及其孳息屬特定犯罪所得　(B)特定犯罪變得之財物或財產上利益及其孳息屬特定犯罪所得　(C)特定犯罪所得之認定，應以其所犯特定犯罪經有罪判決為必要　(D)特定犯罪所得之認定，不以其所犯特定犯罪經有罪判決為必要。

(　　) **36** 客戶來電就某名嘴在政論節目中的言論進行查證，則下列敘述何者錯誤？　(A)金融機構懷疑某客戶或交易可能涉及洗錢或資恐，且合理相信執行確認客戶身分程序可能對客戶洩露訊息時，得不執行該等程序，而改以申報疑似洗錢或資恐交易　(B)金融機構對於無法完成確認客戶身分相關規定程序者，應考量申報與該客戶有關之疑似洗錢或資恐交易　(C)電子支付帳戶之客戶身分確認程序應依電子支付機構使用者身分確認機制及交易限額管理辦法相關規定辦理　(D)金融機構完成確認客戶身分措施前，不得與該客戶建立業務關係，只能進行臨時性交易。

(　　) **37** 有關金融機構確認客戶身分時，有下列情形者，應予以婉拒建立業務關係或交易，則下列敘述何者錯誤？　(A)客戶拒絕提供審核客戶身分措施相關文件。但得以其他措施管控者，不在此限　(B)由代理人辦理開戶、電子票證記名作業、註冊電子支付帳戶、投保、保險理賠、保險契約變更或交易者，且查證代理之事實及身分資料有困難　(C)建立業務關係對象為資恐防制法指定制裁之個人、法人或團體，以及外國政府或國際組織認定或追查之恐怖分子或團體　(D)出示之身分證明文件均為影本。但依規定得以身分證明文件影本或影像檔，輔以其他管控措施辦理之業務，不在此限。

(　)　**38** 有關銀行業防制洗錢及打擊資恐之內部控制制度，下列敘述何者錯誤？
(A)內容應包括就洗錢及資恐風險進行辨識、評估、管理之相關政策及程序
(B)應依據洗錢及資恐風險、業務規模，訂定防制洗錢及打擊資恐計畫
(C)防制洗錢及打擊資恐計畫應包括製作風險評估報告
(D)應經董事會通過；修正時亦同。

(　)　**39** 有關金融機構對高風險客戶的審查，下列敘述何者錯誤？
(A)金融機構對高風險客戶應加強確認客戶身分或持續審查措施
(B)對於來自洗錢或資恐高風險國家或地區之客戶，應立即中止業務關係
(C)對於高風險客戶應採取合理措施以瞭解客戶財富及資金來源。其中資金來源係指產生該資金之實質來源
(D)高風險在建立或新增業務往來關係前，應取得高階管理人員同意。

(　)　**40** 有關對客戶及交易有關對象之姓名及名稱檢核措施，下列敘述何者錯誤？
(A)應比對是否為資恐防制法指定制裁之個人、法人或團體，以及外國政府或國際組織認定或追查之恐怖分子或團體
(B)對於姓名及名稱檢核管理，應包括比對與篩檢之邏輯、檢核作業之執行程序，以及檢視標準，雖毋須書面化，但須設定於電腦系統中
(C)應依據風險基礎方法，建立客戶及交易有關對象之姓名及名稱檢核政策及程序
(D)姓名及名稱檢核應偵測、比對、篩檢客戶、客戶之高階管理人員、實質受益人或交易有關對象。

解答與解析

1 (A)

依洗錢防制法第5條第1項及第2項：

1　本法所稱金融機構，包括下列機構：

一、銀行。

二、信託投資公司。

三、信用合作社。

四、農會信用部。

五、漁會信用部。

六、全國農業金庫。

七、辦理儲金匯兌、簡易人壽保險業務之郵政機構。

八、票券金融公司。

九、信用卡公司。

十、保險公司。

十一、證券商。

十二、證券投資信託事業。

十三、證券金融事業。

十四、證券投資顧問事業。

十五、證券集中保管事業。

十六、期貨商。

十七、信託業。

十八、其他經目的事業主管機關指定之金融機構。

2　辦理融資性租賃、虛擬通貨平台及交易業務之事業，適用本法關於金融機構之規定。

2 (C)

依洗錢防制法第9條：

1　金融機構及指定之非金融事業或人員對於達一定金額以上之通貨交易，除本法另有規定外，應向法務部調查局申報。

2　金融機構及指定之非金融事業或人員依前項規定為申報者，免除其業務上應保守秘密之義務。該機構或事業之負責人、董事、經理人及職員，亦同。

3　第一項一定金額、通貨交易之範圍、種類、申報之範圍、方式、程序及其他應遵行事項之辦法，由中央目的事業主管機關會商法務部及相關機關定之；於訂定前應徵詢相關公會之意見。

4　違反第一項規定或前項所定辦法中有關申報之範圍、方式、程序之規定者，由中央目的事業主管機關處金融機構新臺幣五十萬元以上一千萬元以下罰鍰；處指定之非金融事業或人員新臺幣五萬元以上一百萬元以下罰鍰。

3 (A)

依洗錢防制法第11條第1項：

為配合防制洗錢及打擊資恐之國際合作，金融目的事業主管機關及指定之非金融事業或人員之中央目的事業主管機關得自行或經法務部調查局通報，對洗錢或資恐高風險國家或地區，為下列措施：

一、令金融機構、指定之非金融事業或人員強化相關交易之確認客戶身分措施。

二、限制或禁止金融機構、指定之
　　非金融事業或人員與洗錢或資
　　恐高風險國家或地區為匯款或
　　其他交易。
三、採取其他與風險相當且有效之
　　必要防制措施。

4 (D)

依洗錢防制物品出入境申報及通報辦
法第2條：
1　本辦法所稱有價證券，指無記名
　　之旅行支票、其他支票、本票、
　　匯票或得由持有人在本國或外國
　　行使權利之其他有價證券。
2　本辦法所稱有被利用進行洗錢之
　　虞之物品，指超越自用目的之鑽
　　石、寶石及白金。

5 (D)

依洗錢防制法第13條第1項：
檢察官於偵查中，有事實足認被告利
用帳戶、匯款、通貨或其他支付工具
犯第十四條及第十五條之罪者，得聲
請該管法院指定六個月以內之期間，
對該筆交易之財產為禁止提款、轉
帳、付款、交付、轉讓或其他必要處
分之命令。其情況急迫，有相當理由
足認非立即為上開命令，不能保全得
沒收之財產或證據者，檢察官得逕命
執行之。但應於執行後三日內，聲請
法院補發命令。法院如不於三日內補
發或檢察官未於執行後三日內聲請法
院補發命令者，應即停止執行。

6 (B)

依金融機構防制洗錢辦法第2條第1項
第2款：
本辦法用詞定義如下：
二、一定金額：指新臺幣五十萬元
　　（含等值外幣）。

7 (D)

依金融機構防制洗錢辦法第2條第1項
第9款：
本辦法用詞定義如下：
九、風險基礎方法：指金融機構應
　　確認、評估及瞭解其暴露之洗
　　錢及資恐風險，並採取適當防
　　制洗錢及打擊資恐措施，以有
　　效降低此類風險。依該方法，
　　金融機構對於較高風險情形應
　　採取加強措施，對於較低風險
　　情形，則可採取相對簡化措
　　施，以有效分配資源，並以最
　　適當且有效之方法，降低經其
　　確認之洗錢及資恐風險。

8 (B)

依金融機構防制洗錢辦法第3條第2
款：
金融機構確認客戶身分措施，應依下
列規定辦理：
二、金融機構於下列情形時，應確
　　認客戶身分：
(一) 與客戶建立業務關係時。
(二) 進行下列臨時性交易：
1.辦理一定金額以上交易（含國內匯
　款）或一定數量以上儲值卡交易

時。多筆顯有關聯之交易合計達一
定金額以上時，亦同。
2.辦理新臺幣三萬元（含等值外幣）
以上之跨境匯款時。
(三) 發現疑似洗錢或資恐交易時。
(四) 對於過去所取得客戶身分資料之
真實性或妥適性有所懷疑時。

9 (D)

依金融機構防制洗錢辦法第2條第1項
第7款：
本辦法用詞定義如下：
七、 實質受益人：指對客戶具最終
所有權或控制權之自然人，
或由他人代理交易之自然人本
人，包括對法人或法律協議具
最終有效控制權之自然人。
再依同辦法第3條第7款第1目：
金融機構確認客戶身分措施，應依下
列規定辦理：
七、 第四款第三目規定於客戶為法
人、團體或信託之受託人時，
應瞭解客戶或信託之所有權及
控制權結構，並透過下列資
訊，辨識客戶之實質受益人，
及採取合理措施驗證：
(一) 客戶為法人、團體時：
1.具控制權之最終自然人身分。所稱
具控制權係指直接、間接持有該法
人股份或資本超過百分之二十五
者，金融機構得請客戶提供股東名
冊或其他文件協助完成辨識。
2.依前小目規定未發現具控制權之自
然人，或對具控制權自然人是否為

實質受益人有所懷疑時，應辨識有
無透過其他方式對客戶行使控制權
之自然人。
3.依前二小目規定均未發現具控制權
之自然人時，金融機構應辨識高階
管理人員之身分。

10 (D)

依金融機構防制洗錢辦法第6條第
1項：
第三條第四款與前條規定之確認客戶
身分措施及持續審查機制，應以風險
基礎方法決定其執行強度，包括：
一、 對於高風險情形，應加強確認客
戶身分或持續審查措施，其中至
少應額外採取下列強化措施：
(一) 在建立或新增業務往來關係前，
應取得高階管理人員同意。
(二) 應採取合理措施以瞭解客戶財富
及資金來源。其中資金來源係指
產生該資金之實質來源。
(三) 對於業務往來關係應採取強化之
持續監督。
二、 對於來自洗錢或資恐高風險國
家或地區之客戶，應採行與其
風險相當之強化措施。
三、 對於較低風險情形，得採取簡
化措施，該簡化措施應與其較
低風險因素相當。但有下列情
形者，不得採取簡化確認客戶
身分措施：
(一) 客戶來自未採取有效防制洗錢
或打擊資恐之高風險地區或國
家，包括但不限於本會函轉國

際防制洗錢組織所公告防制洗錢與打擊資恐有嚴重缺失之國家或地區，及其他未遵循或未充分遵循國際防制洗錢組織建議之國家或地區。

(二) 足資懷疑該客戶或交易涉及洗錢或資恐。

11 (A)

依金融機構防制洗錢辦法第7條前段：

金融機構確認客戶身分作業應自行辦理，如法令或本會另有規定金融機構得依賴第三方執行辨識及驗證客戶本人身分、代理人身分、實質受益人身分或業務關係之目的及性質時，該依賴第三方之金融機構仍應負確認客戶身分之最終責任……。

12 (B)

依金融機構防制洗錢辦法第12條第1款：

金融機構應以紙本或電子資料保存與客戶往來及交易之紀錄憑證，並依下列規定辦理：

一、 金融機構對國內外交易之所有必要紀錄，應至少保存五年。但法律另有較長保存期間規定者，從其規定。

13 (B)

依金融機構防制洗錢辦法第13條第3款：

金融機構對達一定金額以上之通貨交易，應依下列規定辦理：

三、 除第十四條規定之情形外，應依法務部調查局（以下簡稱調查局）所定之申報格式，於交易完成後五個營業日內以媒體申報方式，向調查局申報。無法以媒體方式申報而有正當理由者，得報經調查局同意後，以書面申報之。

14 (A)

依金融機構防制洗錢辦法第15條第2款：

金融機構對疑似洗錢或資恐交易之申報，應依下列規定辦理：

二、 對於經檢視屬疑似洗錢或資恐交易者，不論交易金額多寡，均應依調查局所定之申報格式簽報，並於專責主管核定後立即向調查局申報，核定後之申報期限不得逾二個營業日。交易未完成者，亦同。

15 (C)

依金融機構防制洗錢辦法第3條第7款第3目：

金融機構確認客戶身分措施，應依下列規定辦理：

七、 第四款第三目規定於客戶為法人、團體或信託之受託人時，應瞭解客戶或信託之所有權及控制權結構，並透過下列資訊，辨識客戶之實質受益人，及採取合理措施驗證：

(三) 客戶或具控制權者為下列身分
者，除有第六條第一項第三款但
書情形或已發行無記名股票情形
者外，不適用第四款第三目辨識
及驗證實質受益人身分之規定。
1.我國政府機關。
2.我國公營事業機構。
3.外國政府機關。
4.我國公開發行公司或其子公司。
5.於國外掛牌並依掛牌所在地規定，
應揭露其主要股東之股票上市、上
櫃公司及其子公司。
6.受我國監理之金融機構及其管理之
投資工具。
7.設立於我國境外，且所受監理規
範與防制洗錢金融行動工作組織
（FATF）所定防制洗錢及打擊資
恐標準一致之金融機構，及該金融
機構管理之投資工具。
8.我國政府機關管理之基金。
9.員工持股信託、員工福利儲蓄信
託。

16 (B)

依金融機構防制洗錢辦法第5條第1款：
金融機構確認客戶身分措施，應包括
對客戶身分之持續審查，並依下列規
定辦理：
一、 金融機構應依重要性及風險程
度，對現有客戶身分資料進行
審查，並於考量前次執行審查
之時點及所獲得資料之適足性
後，在適當時機對已存在之往

來關係進行審查。上開適當時
機至少應包括：
(一) 客戶加開帳戶、新增儲值卡記名
作業、新增註冊電子支付帳戶、
保額異常增加或新增業務往來關
係時。
(二) 依據客戶之重要性及風險程度所
定之定期審查時點。
(三) 得知客戶身分與背景資訊有重大
變動時。

17 (D)

依金融機構防制洗錢辦法第9條：
金融機構對帳戶或交易之持續監控，
應依下列規定辦理：
一、 金融機構應逐步以資訊系統整
合全公司（社）客戶之基本資
料及交易資料，供總（分）公
司（社）進行基於防制洗錢及
打擊資恐目的之查詢，以強化
其帳戶或交易監控能力。對於
各單位調取及查詢客戶之資
料，應建立內部控制程序，並
注意資料之保密性。
二、 金融機構應依據風險基礎方
法，建立帳戶或交易監控政策
與程序，並利用資訊系統，輔
助發現疑似洗錢或資恐交易。
三、 金融機構應依據防制洗錢與打
擊資恐法令規範、其客戶性
質、業務規模及複雜度、內部
與外部來源取得之洗錢與資恐
相關趨勢與資訊、金融機構內
部風險評估結果等，檢討其帳

戶或交易監控政策及程序，並定期更新之。

四、 金融機構之帳戶或交易監控政策及程序，至少應包括完整之監控型態、參數設定、金額門檻、預警案件與監控作業之執行程序與監控案件之檢視程序及申報標準，並將其書面化。

五、 前款完整之監控型態應依其業務性質，納入各同業公會所發布之態樣，並應參照金融機構本身之洗錢及資恐風險評估或日常交易資訊，增列相關之監控態樣。其中就電子支付帳戶間款項移轉，金融機構監控時應將收受兩端之所有資訊均納入考量，以判定是否申報疑似洗錢或資恐交易。

六、 金融機構執行帳戶或交易持續監控之情形應予記錄，並依第十二條規定之期限進行保存。

18 (C)

依銀行業及其他經金融監督管理委員會指定之金融機構防制洗錢及打擊資恐內部控制與稽核制度實施辦法第7條第1項：

銀行業及其他經本會指定之金融機構應依其規模、風險等配置適足之防制洗錢及打擊資恐專責人員及資源，並由董（理）事會指派高階主管一人擔任專責主管，賦予協調監督防制洗錢及打擊資恐之充分職權，及確保該等人員及主管無與其防制洗錢及打擊資

恐職責有利益衝突之兼職。其中本國銀行並應於總經理、總機構法令遵循單位或風險控管單位下設置獨立之防制洗錢及打擊資恐專責單位，該單位不得兼辦防制洗錢及打擊資恐以外之其他業務。

19 (C)

依金融機構洗錢防制法第13條第1、2款：

金融機構對達一定金額以上之通貨交易，應依下列規定辦理：

一、 應確認客戶身分並留存相關紀錄憑證。

二、 確認客戶身分措施，應依下列規定辦理：

(一) 憑客戶提供之身分證明文件或護照確認其身分，並將其姓名、出生年月日、住址、電話、交易帳戶號碼、交易金額及身分證明文件號碼等事項加以記錄。但如能確認客戶為交易帳戶本人者，可免確認身分，惟應於交易紀錄上敘明係本人交易。

(二) 交易如係由代理人為之者，應憑代理人提供之身分證明文件或護照確認其身分，並將其姓名、出生年月日、住址、電話、交易帳戶號碼、交易金額及身分證明文件號碼等事項加以記錄。

(三) 交易如係屬臨時性交易者，應依第三條第四款規定確認客戶身分。

20 (A)

銀行業及其他經金融監督管理委員會指定之金融機構防制洗錢及打擊資恐內部控制與稽核制度實施辦法第5條第4項：

銀行業及其他經本會指定之金融機構擔任新臺幣境內匯款之受款方時，應依下列規定辦理：

一、 應具備以風險為基礎之政策及程序，以判斷何時執行、拒絕或暫停缺少第二項第二款必要資訊之匯款，及適當之後續追蹤行動。

二、 應依金融機構防制洗錢辦法第十二條規定，保存所取得之匯款人及受款人資訊。

※銀行業及其他經本會指定之金融機構擔任新臺幣境內匯款之匯款方時，才為應提供匯款人及受款人之必要資訊角色。

21 (A)

依資恐防制法第2條：

本法之主管機關為法務部。

22 (C)

依銀行業及其他經金融監督管理委員會指定之金融機構防制洗錢及打擊資恐內部控制與稽核制度實施辦法第9條第2項第2款：

銀行業及其他經本會指定之金融機構之防制洗錢及打擊資恐專責主管、專責人員及國內營業單位督導主管應

於充任後三個月內符合下列資格條件之一，金融機構並應訂定相關控管機制，以確保符合規定：

二、 參加本會認定機構所舉辦二十四小時以上課程，並經考試及格且取得結業證書者。但已符合法令遵循人員資格條件者，經參加本會認定機構所舉辦十二小時防制洗錢及打擊資恐之教育訓練後，視為具備本款資格條件。

23 (B)

依銀行業及其他經金融監督管理委員會指定之金融機構防制洗錢及打擊資恐內部控制與稽核制度實施辦法第9條第3項：

銀行業及其他經本會指定之金融機構之防制洗錢及打擊資恐專責主管、專責人員及國內營業單位督導主管，每年應至少參加經第七條第一項專責主管同意之內部或外部訓練單位所辦十二小時防制洗錢及打擊資恐教育訓練，訓練內容應至少包括新修正法令、洗錢及資恐風險趨勢及態樣。當年度取得本會認定機構舉辦之國內或國際防制洗錢及打擊資恐專業人員證照者，得抵免當年度之訓練時數。

24 (B)

依金融機構防制洗錢辦法第2條第1項第7款：

本辦法用詞定義如下：

七、 實質受益人：指對客戶具最終所有權或控制權之自然人，

或由他人代理交易之自然人本人，包括對法人或法律協議具最終有效控制權之自然人。

再依同辦法第3條第7款第1目第1小目：

金融機構確認客戶身分措施，應依下列規定辦理：

七、第四款第三目規定於客戶為法人、團體或信託之受託人時，應瞭解客戶或信託之所有權及控制權結構，並透過下列資訊，辨識客戶之實質受益人，及採取合理措施驗證：

(一) 客戶為法人、團體時：

1.具控制權之最終自然人身分。所稱具控制權係指直接、間接持有該法人股份或資本超過百分之二十五者，金融機構得請客戶提供股東名冊或其他文件協助完成辨識。

25 (A)

依洗錢防制法第3條第1款：

本法所稱特定犯罪，指下列各款之罪：

一、最輕本刑為六月以上有期徒刑以上之刑之罪。

26 (D)

依洗錢防制法第6條：

金融機構及指定之非金融事業或人員應依洗錢與資恐風險及業務規模，建立洗錢防制內部控制與稽核制度；其內容應包括下列事項：

一、防制洗錢及打擊資恐之作業及控制程序。

二、定期舉辦或參加防制洗錢之在職訓練。

三、指派專責人員負責協調監督第一款事項之執行。

四、備置並定期更新防制洗錢及打擊資恐風險評估報告。

五、稽核程序。

六、其他經中央目的事業主管機關指定之事項。

27 (C)

依金融機構防制洗錢辦法第3條第5款：

金融機構確認客戶身分措施，應依下列規定辦理：

五、前款規定於客戶為法人、團體或信託之受託人時，應瞭解客戶或信託（包括類似信託之法律協議）之業務性質，並至少取得客戶或信託之下列資訊，辨識及驗證客戶身分：

(一) 客戶或信託之名稱、法律形式及存在證明。

(二) 規範及約束客戶或信託之章程或類似之權力文件。但下列情形得不適用：

1.第七款第三目所列對象及辦理第七款第四目所列保險商品，其無第六條第一項第三款但書情形者。

2.辦理電子票證記名業務者。

3.團體客戶經確認其未訂定章程或類似之權力文件者。

(三) 在客戶中擔任高階管理人員者之姓名。

(四) 客戶註冊登記之辦公室地址，及其主要之營業處所地址。

28 (D)

依金融機構防制洗錢辦法第3條第7款第1目：

七、 第四款第三目規定於客戶為法人、團體或信託之受託人時，應瞭解客戶或信託之所有權及控制權結構，並透過下列資訊，辨識客戶之實質受益人，及採取合理措施驗證：

(一) 客戶為法人、團體時：

1. 具控制權之最終自然人身分。所稱具控制權係指直接、間接持有該法人股份或資本超過百分之二十五者，金融機構得請客戶提供股東名冊或其他文件協助完成辨識。

2. 依前小目規定未發現具控制權之自然人，或對具控制權自然人是否為實質受益人有所懷疑時，應辨識有無透過其他方式對客戶行使控制權之自然人。

3. 依前二小目規定均未發現具控制權之自然人時，金融機構應辨識高階管理人員之身分。

29 (B)

依金融機構防制洗錢辦法第10條第1項第2款：

金融機構於確認客戶身分時，應運用適當之風險管理機制，確認客戶及其實質受益人、高階管理人員是否為現任或曾任國內外政府或國際組織之重要政治性職務人士：

二、 客戶或其實質受益人若為現任國內政府或國際組織之重要政治性職務人士，應於與該客戶建立業務關係時，審視其風險，嗣後並應每年重新審視。對於經金融機構認定屬高風險業務關係者，應對該客戶採取第六條第一項第一款各目之強化確認客戶身分措施。

30 (A)

依金融機構防制洗錢辦法第2條第4款：
本辦法用詞定義如下：

四、 通貨交易：指單筆現金收或付（在會計處理上，凡以現金收支傳票記帳者皆屬之）或換鈔交易。

31 (C)

依金融機構防依金融機構防制洗錢辦法第3條第8款：

金融機構確認客戶身分措施，應依下列規定辦理：

八、 保險業應於人壽保險、投資型保險及年金保險契約之保險受益人確定或經指定時，採取下列措施：

(一) 對於經指定為保險受益人者，應取得其姓名或名稱及身分證明文件號碼或註冊設立日期。

(二) 對於依據契約特性或其他方式指定為保險受益人者，應取得

充分資訊，以使保險業於支付
保險金時得藉以辨識該保險受
益人身分。
(三) 於支付保險金時，驗證該保險受
益人之身分。

32 (C)

依金融機構對經指定制裁對象之財物
或財產上利益及所在地通報辦法第3
條第1項第3款：
金融機構進行本法第七條第二項之通
報，應依下列規定辦理：
三、 金融機構以每年十二月三十一
日為結算基準日，應依法務部
調查局所定之格式編製年度報
告，記載該金融機構於結算基
準日當日依本法第七條所管理
或持有一切經指定制裁之個
人、法人或團體之財物或財產
上利益，並於次年三月三十一
日前提報法務部調查局備查。

33 (D)

依洗錢防制法第2條：
本法所稱洗錢，指下列行為：
一、 意圖掩飾或隱匿特定犯罪所得來
源，或使他人逃避刑事追訴，而
移轉或變更特定犯罪所得。
二、 掩飾或隱匿特定犯罪所得之本
質、來源、去向、所在、所有
權、處分權或其他權益者。
三、 收受、持有或使用他人之特定
犯罪所得。

34 (C)

依洗錢防制法第1條：
為防制洗錢，打擊犯罪，健全防制洗
錢體系，穩定金融秩序，促進金流之
透明，強化國際合作，特制定本法。

35 (C)

依洗錢防制法第4條：
1　本法所稱特定犯罪所得，指犯第三
條所列之特定犯罪而取得或變得之
財物或財產上利益及其孳息。
2　前項特定犯罪所得之認定，不以其
所犯特定犯罪經有罪判決為必要。

36 (D)

依金融機構防制洗錢辦法第3條第
9款：
金融機構確認客戶身分措施，應依下
列規定辦理：
九、 金融機構完成確認客戶身分措
施前，不得與該客戶建立業務
關係或進行臨時性交易。但符
合下列各目情形者，得先取得
辨識客戶及實質受益人身分之
資料，並於建立業務關係後，
再完成驗證：
(一) 洗錢及資恐風險受到有效管理。
包括應針對客戶可能利用交易完
成後才驗證身分之情形，採取風
險管控措施。
(二) 為避免對客戶業務之正常運作造
成干擾所必須。

(三) 會在合理可行之情形下儘速完成客戶及實質受益人之身分驗證。如未能在合理可行之時限內完成客戶及實質受益人之身分驗證，須終止該業務關係，並應事先告知客戶。

37 (A)

依金融機構防制洗錢辦法第4條：

金融機構確認客戶身分時，有下列情形之一者，應予以婉拒建立業務關係或交易：

一、疑似使用匿名、假名、人頭、虛設行號或虛設法人團體開設帳戶、投保或辦理儲值卡記名作業。

二、客戶拒絕提供審核客戶身分措施相關文件。

三、對於由代理人辦理開戶、儲值卡記名作業、註冊電子支付帳戶、投保、保險理賠、保險契約變更或交易者，且查證代理之事實及身分資料有困難。

四、持用偽、變造身分證明文件。

五、出示之身分證明文件均為影本。但依規定得以身分證明文件影本或影像檔，輔以其他管控措施辦理之業務，不在此限。

六、提供文件資料可疑、模糊不清，不願提供其他佐證資料或提供之文件資料無法進行查證。

七、客戶不尋常拖延應補充之身分證明文件。

八、建立業務關係對象為資恐防制法指定制裁之個人、法人或團體，以及外國政府或國際組織認定或追查之恐怖分子或團體。但依資恐防制法第六條第一項第一款至第三款所為支付不在此限。

九、建立業務關係或交易時，有其他異常情形，客戶無法提出合理說明。

38 (C)

依銀行業及其他經金融監督管理委員會指定之金融機構防制洗錢及打擊資恐內部控制與稽核制度實施辦法第6條第1項：

銀行業及其他經本會指定之金融機構防制洗錢及打擊資恐之內部控制制度，應經董（理）事會通過；修正時，亦同。其內容並應包括下列事項：

一、就洗錢及資恐風險進行辨識、評估、管理之相關政策及程序。

二、依據洗錢及資恐風險、業務規模，訂定防制洗錢及打擊資恐計畫，以管理及降低已辨識出之風險，並對其中之較高風險，採取強化控管措施。

三、監督控管防制洗錢及打擊資恐法令遵循與防制洗錢及打擊資恐計畫執行之標準作業程序，並納入自行查核及內部稽核項目，且於必要時予以強化。

39 (B)

依金融機構防制洗錢辦法第6條第1項第1、2款：

第三條第四款與前條規定之確認客戶身分措施及持續審查機制，應以風險基礎方法決定其執行強度，包括：

一、 對於高風險情形，應加強確認客戶身分或持續審查措施，其中至少應額外採取強化措施：

(一) 在建立或新增業務往來關係前，應取得高階管理人員同意。

(二) 應採取合理措施以瞭解客戶財富及資金來源。其中資金來源係指產生該資金之實質來源。

(三) 對於業務往來關係應採取強化之持續監督。

二、 對於來自洗錢或資恐高風險國家或地區之客戶，應採行與其風險相當之強化措施。

40 (B)

依金融機構防制洗錢辦法第8條：

金融機構對客戶及交易有關對象之姓名及名稱檢核，應依下列規定辦理：

一、 金融機構應依據風險基礎方法，建立客戶及交易有關對象之姓名及名稱檢核政策及程序，以偵測、比對、篩檢客戶、客戶之高階管理人員、實質受益人或交易有關對象是否為資恐防制法指定制裁之個人、法人或團體，以及外國政府或國際組織認定或追查之恐怖分子或團體。

二、 金融機構之客戶及交易有關對象之姓名及名稱檢核政策及程序，至少應包括比對與篩檢邏輯、檢核作業之執行程序，以及檢視標準，並將其書面化。

三、 金融機構執行姓名及名稱檢核情形應予記錄，並依第十二條規定之期限進行保存。

⊙110年／中華郵政職階人員

(　　)　**1** 洗錢防制法所稱「指定之非金融事業或人員」，不包括下列何者？　(A)銀樓業　(B)地政士及不動產經紀業　(C)當舖業　(D)律師、公證人、會計師。

(　　)　**2** 依洗錢防制法規定，金融機構確認客戶身分程序所得資料，應自業務關係終止時起至少保存多久？　(A)一年　(B)五年　(C)十年　(D)永久。

(　　)　**3** 金融機構對於達一定金額以上之通貨交易，應向下列何者申報？　(A)財政部　(B)中央銀行　(C)法務部調查局　(D)金管會。

(　　)　**4** 下列何者非屬洗錢防制法所稱之洗錢行為？　(A)意圖掩飾或隱匿特定犯罪所得來源，或使他人逃避刑事追訴，而移轉或變更特定犯罪所得　(B)掩飾或隱匿特定犯罪所得之本質、來源、去向、所在、所有權、處分權或其他權益者　(C)社區居民籌募現金集體購買樂透彩券，將贏得之金錢捐給非營利慈善組織　(D)收受、持有或使用他人之特定犯罪所得。

(　　)　**5** 金融機構對待現任或曾任國內政府重要政治性職務之客戶的方式，下列敘述何者正確？　(A)應以風險為基礎，執行加強客戶審查程序　(B)應給予特別禮遇，無須執行客戶審查程序　(C)建立業務關係前，應取得金管會同意　(D)一律婉拒開戶。

(　　)　**6** 洗錢防制法對洗錢或資恐高風險國家或地區的定義，不包括下列何者？
(A)經國際防制洗錢組織公告防制洗錢及打擊資恐有嚴重缺失之國家或地區
(B)實施共產制度之國家或地區
(C)經國際防制洗錢組織公告未遵循或未充分遵循國際防制洗錢組織建議之國家或地區
(D)有具體事證認有洗錢及資恐高風險之國家或地區。

( ) **7** 金融機構確認客戶身分時，有下列何種情形者，應予以婉拒建立業務關係或交易？　A.疑似使用匿名、假名、人頭、虛設行號或虛設法人團體開設帳戶　B.持用偽、變造身分證明文件　C.客戶拒絕提供審核客戶身分措施相關文件　D.由代理人辦理開戶，且查證代理之事實及身分資料有困難　(A)僅AB　(B)僅ABC　(C)僅ABD (D)ABCD。

( ) **8** 依金融機構防制洗錢辦法規定，金融機構應定期檢視其辨識客戶及實質受益人身分所取得之資訊是否足夠，並確保該等資訊之更新，特別是高風險客戶，金融機構應至少多久檢視一次？　(A)每季　(B)每年　(C)每三年　(D)每五年。

( ) **9** 金融機構應依重要性及風險程度，對現有客戶身分資料進行審查，並於考量前次執行審查之時點及所獲得資料之適足性後，在適當時機對已存在之往來關係進行審查。該適當時機不包括下列何者？　(A)客戶加開帳戶時　(B)客戶向金管會投訴時　(C)依據客戶之重要性及風險程度所定之定期審查時點　(D)得知客戶身分與背景資訊有重大變動時。

( ) **10** 金融機構辦理下列何種保險商品時，應辨識及驗證實質受益人身分？　(A)財產保險　(B)傷害保險　(C)健康保險　(D)年金保險。

( ) **11** 「實質受益人」係指下列何者？　A.對客戶具最終所有權或控制權之自然人　B.由他人代理交易之自然人本人　C.對法人或法律協議具最終有效控制權之自然人　D.直接、間接持有法人股份或資本超過百分之二十五者　(A)僅ABC　(B)僅ACD　(C)僅BCD (D)ABCD。

( ) **12** 金融機構於下列何種情形時，無須確認客戶身分？　(A)與客戶建立業務關係時　(B)辦理臨時性交易新臺幣一萬元之跨境匯款時 (C)發現疑似洗錢或資恐交易時　(D)對於過去所取得客戶身分資料之真實性或妥適性有所懷疑時。

(　) **13** 依主管機關規定，銀行業應於每會計年度終了後多久內，將防制洗錢及打擊資恐內部控制制度聲明書內容揭露於該機構網站，並於金管會指定網站辦理公告申報？　(A)一個月　(B)二個月　(C)三個月　(D)六個月。

(　) **14** 本國銀行之防制洗錢及打擊資恐專責單位不得設置於下列何單位下？　(A)總經理　(B)總機構法令遵循單位　(C)風險控管單位　(D)稽核單位。

(　) **15** 銀行業之下列何者對確保建立及維持適當有效之防制洗錢及打擊資恐內部控制負最終責任？　(A)總經理　(B)董事會　(C)法令遵循主管　(D)防制洗錢及打擊資恐專責主管。

(　) **16** 銀行業應確保其國外分公司在符合當地法令情形下，實施與總公司一致之防制洗錢及打擊資恐措施。當總公司與分公司所在地之最低要求不同時，分公司應以下列何者作為遵循依據？　(A)就兩地選擇較高標準者　(B)就兩地選擇較低標準者　(C)就兩地高低標準，求取平均值　(D)由國外分公司防制洗錢及打擊資恐專責主管訂定標準。

(　) **17** 保險公司哪個單位應辦理防制洗錢及打擊資恐計畫之有效性查核？　(A)風險管理單位　(B)法令遵循單位　(C)內部稽核單位　(D)董事會監察人。

(　) **18** 依主管機關規定，保險公司防制洗錢及打擊資恐專責主管應至少多久向董事會及監察人或審計委員會報告？　(A)每月　(B)每季　(C)每半年　(D)每年。

(　) **19** 保險公司國外營業單位防制洗錢及打擊資恐主管，可以兼任下列何種職務？　(A)法務主管　(B)稽核主管　(C)法令遵循主管　(D)風險管理主管。

( ) **20** 保險公司洗錢及資恐風險之辨識、評估及管理，應至少涵蓋下列哪些面向？ A.客戶 B.地域 C.產品及服務 D.交易及通路 (A)僅ABC (B)僅ABD (C)僅BCD (D)ABCD。

解答與解析

1 (C)

依洗錢防制法第5條第3項：
本法所稱指定之非金融事業或人員，指從事下列交易之事業或人員：
一、 銀樓業。
二、 地政士及不動產經紀業從事與不動產買賣交易有關之行為。
三、 律師、公證人、會計師為客戶準備或進行下列交易時：
(一) 買賣不動產。
(二) 管理客戶金錢、證券或其他資產。
(三) 管理銀行、儲蓄或證券帳戶。
(四) 有關提供公司設立、營運或管理之資金籌劃。
(五) 法人或法律協議之設立、營運或管理以及買賣事業體。
四、 信託及公司服務提供業為客戶準備或進行下列交易時：
(一) 關於法人之籌備或設立事項。
(二) 擔任或安排他人擔任公司董事或秘書、合夥之合夥人或在其他法人組織之類似職位。
(三) 提供公司、合夥、信託、其他法人或協議註冊之辦公室、營業地址、居住所、通訊或管理地址。

(四) 擔任或安排他人擔任信託或其他類似契約性質之受託人或其他相同角色。
(五) 擔任或安排他人擔任實質持股股東。
五、 其他業務特性或交易型態易為洗錢犯罪利用之事業或從業人員。

2 (B)

依洗錢防制法第7條第2項：
前項確認客戶身分程序所得資料，應自業務關係終止時起至少保存五年；臨時性交易者，應自臨時性交易終止時起至少保存五年。但法律另有較長保存期間規定者，從其規定。

3 (C)

依洗錢防制法第9條第1項：
金融機構及指定之非金融事業或人員對於達一定金額以上之通貨交易，除本法另有規定外，應向法務部調查局申報。

4 (C)

依洗錢防制法第2條：
本法所稱洗錢，指下列行為：

一、意圖掩飾或隱匿特定犯罪所得來源，或使他人逃避刑事追訴，而移轉或變更特定犯罪所得。
二、掩飾或隱匿特定犯罪所得之本質、來源、去向、所在、所有權、處分權或其他權益者。
三、收受、持有或使用他人之特定犯罪所得。
而社區居民籌募現金集體購買樂透彩券，將贏得之金錢捐給非營利慈善組織，並未涉及犯罪，自非洗錢行為。

5 (A)

依洗錢防制法規定第7條第3項：
金融機構及指定之非金融事業或人員對現任或曾任國內外政府或國際組織重要政治性職務之客戶或受益人與其家庭成員及有密切關係之人，應以風險為基礎，執行加強客戶審查程序。

6 (B)

依洗錢防制法第11條第2項：
前項所稱洗錢或資恐高風險國家或地區，指下列之一者：
一、經國際防制洗錢組織公告防制洗錢及打擊資恐有嚴重缺失之國家或地區。
二、經國際防制洗錢組織公告未遵循或未充分遵循國際防制洗錢組織建議之國家或地區。
三、其他有具體事證認有洗錢及資恐高風險之國家或地區。

7 (D)

依金融機構防制洗錢辦法第4條：
金融機構確認客戶身分時，有下列情形之一者，應予以婉拒建立業務關係或交易：
一、疑似使用匿名、假名、人頭、虛設行號或虛設法人團體開設帳戶、投保或辦理電子票證記名作業。
二、客戶拒絕提供審核客戶身分措施相關文件。
三、對於由代理人辦理開戶、電子票證記名作業、註冊電子支付帳戶、投保、保險理賠、保險契約變更或交易者，且查證代理之事實及身分資料有困難。
四、持用偽、變造身分證明文件。
五、出示之身分證明文件均為影本。但依規定得以身分證明文件影本或影像檔，輔以其他管控措施辦理之業務，不在此限。
六、提供文件資料可疑、模糊不清，不願提供其他佐證資料或提供之文件資料無法進行查證。
七、客戶不尋常拖延應補充之身分證明文件。
八、建立業務關係對象為資恐防制法指定制裁之個人、法人或團體，以及外國政府或國際組織認定或追查之恐怖分子或團體。但依資恐防制法第六條第一項第二款至第四款所為支付不在此限。

九、建立業務關係或交易時，有其他異常情形，客戶無法提出合理說明。

8 (B)

依金融機構防制洗錢辦法第5條第3款：

金融機構確認客戶身分措施，應包括對客戶身分之持續審查，並依下列規定辦理：

三、金融機構應定期檢視其辦識客戶及實質受益人身分所取得之資訊是否足夠，並確保該等資訊之更新，特別是高風險客戶，金融機構應至少每年檢視一次。

9 (B)

依金融機構防制洗錢辦法第5條第1款：

金融機構確認客戶身分措施，應包括對客戶身分之持續審查，並依下列規定辦理：

一、金融機構應依重要性及風險程度，對現有客戶身分資料進行審查，並於考量前次執行審查之時點及所獲得資料之適足性後，在適當時機對已存在之往來關係進行審查。上開適當時機至少應包括：

(一) 客戶加開帳戶、新增電子票證記名作業、新增註冊電子支付帳戶、保額異常增加或新增業務往來關係時。

(二) 依據客戶之重要性及風險程度所定之定期審查時點。

(三) 得知客戶身分與背景資訊有重大變動時。

10 (D)

依金融機構防依金融機構防制洗錢辦法第3條第8款第3目：

金融機構確認客戶身分措施，應依下列規定辦理：八、保險業應於人壽保險、投資型保險及年金保險契約之保險受益人確定或經指定時，採取下列措施：

(三) 於支付保險金時，驗證該保險受益人之身分。

11 (D)

依金融機構防制洗錢辦法第2條第1項第7款：

本辦法用詞定義如下：

七、實質受益人：指對客戶具最終所有權或控制權之自然人，或由他人代理交易之自然人本人，包括對法人或法律協議具最終有效控制權之自然人。

再依同辦法第3條第7款第1目第1小目：

金融機構確認客戶身分措施，應依下列規定辦理：

七、第四款第三目規定於客戶為法人、團體或信託之受託人時，應瞭解客戶或信託之所有權及控制權結構，並透過下列資

訊，辨識客戶之實質受益人，及採取合理措施驗證：
(一) 客戶為法人、團體時：
1.具控制權之最終自然人身分。所稱具控制權係指直接、間接持有該法人股份或資本超過百分之二十五者，金融機構得請客戶提供股東名冊或其他文件協助完成辨識。

12 (B)

依金融機構防制洗錢辦法第3條第2款：
金融機構確認客戶身分措施，應依下列規定辦理：
二、 金融機構於下列情形時，應確認客戶身分：
(一) 與客戶建立業務關係時。
(二) 進行下列臨時性交易：
1.辦理一定金額以上交易（含國內匯款）或一定數量以上電子票證交易時。多筆顯有關聯之交易合計達一定金額以上時，亦同。
2.辦理新臺幣三萬元（含等值外幣）以上之跨境匯款時。
(三) 發現疑似洗錢或資恐交易時。
(四) 對於過去所取得客戶身分資料之真實性或妥適性有所懷疑時。

13 (C)

依銀行業及其他經金融監督管理委員會指定之金融機構防制洗錢及打擊資恐內部控制與稽核制度實施辦法第8條第3項：

銀行業及其他經本會指定之金融機構總經理應督導各單位審慎評估及檢討防制洗錢及打擊資恐內部控制制度執行情形，由董（理）事長（主席）、總經理、總稽核（稽核主管）、防制洗錢及打擊資恐專責主管聯名出具防制洗錢及打擊資恐之內部控制制度聲明書（附表），並提報董（理）事會通過，於每會計年度終了後三個月內將該內部控制制度聲明書內容揭露於該機構網站，並於本會指定網站辦理公告申報。

14 (D)

依銀行業及其他經金融監督管理委員會指定之金融機構防制洗錢及打擊資恐內部控制與稽核制度實施辦法第7條第1項：
銀行業及其他經本會指定之金融機構應依其規模、風險等配置適足之防制洗錢及打擊資恐專責人員及資源，並由董（理）事會指派高階主管一人擔任專責主管，賦予協調監督防制洗錢及打擊資恐之充分職權，及確保該等人員及主管無與其防制洗錢及打擊資恐職責有利益衝突之兼職。其中本國銀行並應於總經理、總機構法令遵循單位或風險控管單位下設置獨立之防制洗錢及打擊資恐專責單位，該單位不得兼辦防制洗錢及打擊資恐以外之其他業務。

15 (B)

依銀行業及其他經金融監督管理委員會指定之金融機構防制洗錢及打擊資恐內部控制與稽核制度實施辦法第6條第6項前段：

銀行業及其他經本會指定之金融機構之董（理）事會對確保建立及維持適當有效之防制洗錢及打擊資恐內部控制負最終責任。

16 (A)

依銀行業及其他經金融監督管理委員會指定之金融機構防制洗錢及打擊資恐內部控制與稽核制度實施辦法第6條第5項：

銀行業及其他經本會指定之金融機構應確保其國外分公司（或子公司），在符合當地法令情形下，實施與總公司（或母公司）一致之防制洗錢及打擊資恐措施。當總公司（或母公司）與分公司（或子公司）所在地之最低要求不同時，分公司（或子公司）應就兩地選擇較高標準者作為遵循依據，惟就標準高低之認定有疑義時，以銀行業及其他經本會指定之金融機構總公司（或母公司）所在地之主管機關之認定為依據；倘因外國法規禁止，致無法採行與總公司（或母公司）相同標準時，應採取合宜之額外措施，以管理洗錢及資恐風險，並向本會申報。

17 (C)

依保險公司與辦理簡易人壽保險業務之郵政機構及其他經金融監督管理委員會指定之金融機構防制洗錢及打擊資恐內部控制與稽核制度實施辦法第7條第2項：

保險公司、辦理簡易人壽保險業務之郵政機構、第三項以外之其他經本會指定機構內部稽核單位應依規定辦理下列事項之查核，並提具查核意見：

一、洗錢及資恐風險評估與防制洗錢及打擊資恐計畫是否符合法規要求並落實執行。

二、防制洗錢及打擊資恐計畫之有效性。

18 (C)

依保險公司與辦理簡易人壽保險業務之郵政機構及其他經金融監督管理委員會指定之金融機構防制洗錢及打擊資恐內部控制與稽核制度實施辦法第6條第4項：

第一項專責主管應至少每半年向董（理）事會及監察人（監事、監事會）或審計委員會報告，如發現有重大違反法令時，應即時向董事（理）會及監察人（監事、監事會）或審計委員會報告。

19 (C)

依保險公司與辦理簡易人壽保險業務之郵政機構及其他經金融監督管理委員會指定之金融機構防制洗錢及打擊資恐內部控制與稽核制度實施辦法第

6條第6項：

保險公司、辦理簡易人壽保險業務之郵政機構及其他經本會指定機構國外營業單位防制洗錢及打擊資恐主管之設置應符合當地法令規定及當地主管機關之要求，並應具備協調督導防制洗錢及打擊資恐之充分職權，包括可直接向第一項專責主管報告，且除兼任法令遵循主管外，應為專任，如兼任其他職務，應與當地主管機關溝通，以確認其兼任方式無職務衝突之虞，並報本會備查。

20 (D)

依保險公司與辦理簡易人壽保險業務之郵政機構及其他經金融監督管理委員會指定之金融機構防制洗錢及打擊資恐內部控制與稽核制度實施辦法第5條第2項：

前項第一款洗錢及資恐風險之辨識、評估及管理，應至少涵蓋客戶、地域、產品及服務、交易及通路等面向，並依下列規定辦理：

一、製作風險評估報告。

二、考量所有風險因素，以決定整體風險等級，及降低風險之適當措施。

三、訂定更新風險評估報告之機制，以確保風險資料之更新。

四、於完成或更新風險評估報告時，將風險評估報告送本會備查。

NOTE

⊙111年／彰化銀行新進人員

（　）　**1** 有關洗錢三階段之「處置」（Placement）階段，下列敘述何者錯誤？　(A)目的是將非法資金滲入合法的金融體系　(B)洗錢者常將犯罪所得分成多筆、多樣的小額交易，以規避監控　(C)洗錢者常分多日、多次，到多家銀行，以多個帳戶交易　(D)洗錢者常將資金透過多次國內外移轉，或多次買賣其他金融商品，使財務變形，且距離資金原始來源愈來愈遠。

（　）　**2** 銀行懷疑某客戶或交易可能涉及洗錢或資恐，且合理相信執行確認客戶身分程序可能對客戶洩露訊息時，應如何處置？　(A)不執行確認客戶身分程序，而改以申報疑似洗錢或資恐交易　(B)立刻請警方至銀行拘捕客戶　(C)向客戶說明銀行對交易審查甚嚴，耗時甚久，建議至其他銀行交易　(D)向客戶謊稱系統故障，婉拒交易。

（　）　**3** 銀行辨識出之警示交易，應就客戶個案情況判斷其合理性。下列何種情況屬於合理交易？　(A)雖不符合客戶商業模式，但是客戶可以提出合理解釋　(B)與客戶身分、收入或營業規模顯不相當　(C)與客戶本身營業性質無關　(D)資金來源不明或交代不清。

（　）　**4** 旅客出入境攜帶下列何者，總價值達一定金額以上，應向海關申報？　A.外幣現鈔　B.香港或澳門發行之貨幣及新臺幣現鈔　C.有價證券　D.黃金　(A)僅AB　(B)僅ABC　(C)僅ABD　(D)ABCD。

（　）　**5** 下列何者不是洗錢防制法所稱「指定之非金融事業或人員」？　(A)地政士及不動產經紀業從事與不動產買賣交易有關之行為　(B)銀樓業　(C)律師、公證人、會計師為客戶準備或進行買賣不動產交易時　(D)當鋪。

（　）　**6** 洗錢防制法所稱特定犯罪，包括最輕本刑為多久以上有期徒刑以上之刑之罪？　(A)六月　(B)一年　(C)三年　(D)五年。

（　）**7** 金融機構應依重要性及風險程度，在適當時機對已存在之往來關係進行審查。下列何者不是至少應包括之適當時機？　(A)客戶加開帳戶或新增業務往來關係時　(B)依據客戶之重要性及風險程度所定之定期審查時點　(C)得知客戶身分與背景資訊有重大變動時　(D)客戶對金融機構之服務提出重大投訴時。

（　）**8** 金融機構擔任新臺幣境內匯款之匯款方時，下列何者不是依法應保存之匯款人必要資訊？　(A)姓名　(B)扣款帳戶號碼（如無，則提供可供追蹤之交易碼）　(C)戶口名簿影本　(D)下列各項資訊之一：身分證號、地址、出生日期及出生地。

（　）**9** 有關重要政治性職務人士，下列敘述何者錯誤？　(A)客戶若為現任國外政府之重要政治性職務人士，應將該客戶直接視為高風險客戶　(B)客戶若為現任國內政府之重要政治性職務人士，應於與該客戶建立業務關係時，審視其風險，嗣後並應每年重新審視　(C)對於非現任國內外政府或國際組織之重要政治性職務人士，已無影響力，應視為一般客戶　(D)重要政治性職務人士之家庭成員及有密切關係之人，亦適用相關規定。

（　）**10** 有關金融機構對疑似洗錢或資恐交易之申報規定，下列敘述何者錯誤？　(A)對於符合規定之監控型態或其他異常情形，應儘速完成是否為疑似洗錢或資恐交易之檢視，並留存紀錄　(B)對於經檢視屬疑似洗錢或資恐交易者，不論交易金額多寡，均應申報　(C)對於經檢視屬疑似洗錢或資恐交易者，若交易未完成，則無須申報　(D)專責主管核定後立即向調查局申報，核定後之申報期限不得逾二個營業日。

（　）**11** 金融機構確認客戶身分時，若客戶為法人、團體，應瞭解客戶之所有權及控制權結構，並辨識具控制權之最終自然人身分。所稱具控制權係指直接、間接持有該法人股份或資本超過多少者？(A)百分之五　(B)百分之十　(C)百分之二十　(D)百分之二十五。

( ) **12** 金融機構之何者應督導各單位審慎評估及檢討防制洗錢及打擊資恐內部控制制度執行情形？ (A)總經理 (B)董事長 (C)法令遵循主管 (D)總稽核。

( ) **13** 有關金融機構防制洗錢及打擊資恐專責人員及資源，下列敘述何者錯誤？ (A)本國銀行應於總經理、總機構法令遵循或風險控管單位下設置獨立之防制洗錢及打擊資恐單位 (B)防制洗錢及打擊資恐專責單位不得兼辦其他業務 (C)由總經理指派高階主管一人擔任專責主管 (D)專責主管應至少每半年向董事會及監察人或審計委員會報告。

( ) **14** 金融機構完成確認客戶身分措施前，不得與該客戶建立業務關係。但符合下列哪些情形者，得先取得辨識客戶及實質受益人身分之資料，並於建立業務關係後，再完成驗證？ A.洗錢及資恐風險受到有效管理 B.為避免對客戶業務之正常運作造成干擾所必須 C.會在合理可行之情形下儘速完成客戶及實質受益人之身分驗證 D.有金融機構高階管理人員擔保 (A)僅ABC (B)僅ACD (C)僅BCD (D)ABCD。

( ) **15** 金融機構對下列何者達一定金額以上之通貨交易，應予申報？ (A)存入公私立學校所開立帳戶之款項 (B)代收信用卡消費帳款之交易 (C)金融機構代理公庫業務所生之代收付款項 (D)公益彩券經銷商申購彩券款項。

( ) **16** 金融機構應由下列何者聯名出具防制洗錢及打擊資恐之內部控制制度聲明書？ A.董事長 B.總經理 C.總稽核 D.防制洗錢及打擊資恐專責主管 (A)僅CD (B)僅ABD (C)僅BCD (D)ABCD。

解答與解析

1 (D)

FATF將洗錢活動過程分為三階段：

(1)處置：Placement，將大量現金導入金融或非金融體系。

(2)多層化：Layering，透過各種複雜之金融交易紀錄增強其商業性、機動性與合法性。

(3)整合：Integration，賦予非法資金最後的合法外貌，俾其回歸經濟體系，並使該資金看來如同一般商業收入。

是以「處置」階段的內容是化整為零，將犯罪所獲得的大量利益，分成多筆多樣的小額交易，融入合法金融或非金融體系，以規避系統監控或啟動警示。則題幹選項(A)、(B)、(C)皆屬之，唯選項(D)使財務變形，且距離資金原始來源愈來愈遠，較傾向為第二階段多層化（也稱離析、分離、分層、培植、攪動等）作法。

2 (A)

依銀行防制洗錢及打擊資恐注意事項範本第4條第14款第11目：

十四、確認客戶身分其他應遵循之事項：

(十一)銀行懷疑某客戶或交易可能涉及洗錢或資恐，且合理相信執行確認客戶身分程序可能對客戶洩露訊息時，得不執行該等程序，而改以申報疑似洗錢或資恐交易。

3 (A)

依中華民國銀行公會銀行防制洗錢及打擊資恐注意事項範本第9條第8款前段：

前款辨識出之警示交易應就客戶個案情況判斷其合理性（合理性之判斷例如是否有與客戶身分、收入或營業規模顯不相當、與客戶本身營業性質無關、不符合客戶商業模式、無合理經濟目的、無合理解釋、無合理用途、或資金來源不明或交代不清），儘速完成是否為疑似洗錢或資恐交易之檢視，並留存檢視紀錄。

4 (D)

依洗錢防制法第12條第1項：

旅客或隨交通工具服務之人員出入境攜帶下列之物，應向海關申報；海關受理申報後，應向法務部調查局通報：

一、 總價值達一定金額以上之外幣、香港或澳門發行之貨幣及新臺幣現鈔。

二、 總面額達一定金額以上之有價證券。

三、 總價值達一定金額以上之黃金。

四、 其他總價值達一定金額以上，且有被利用進行洗錢之虞之物品。

5 (D)

依洗錢防制法第5條第3項：

本法所稱指定之非金融事業或人員，指從事下列交易之事業或人員：

一、銀樓業。
二、地政士及不動產經紀業從事與不動產買賣交易有關之行為。
三、律師、公證人、會計師為客戶準備或進行下列交易時：
(一) 買賣不動產。
(二) 管理客戶金錢、證券或其他資產。
(三) 管理銀行、儲蓄或證券帳戶。
(四) 有關提供公司設立、營運或管理之資金籌劃。
(五) 法人或法律協議之設立、營運或管理以及買賣事業體。
四、信託及公司服務提供業為客戶準備或進行下列交易時：
(一) 關於法人之籌備或設立事項。
(二) 擔任或安排他人擔任公司董事或秘書、合夥之合夥人或在其他法人組織之類似職位。
(三) 提供公司、合夥、信託、其他法人或協議註冊之辦公室、營業地址、居住所、通訊或管理地址。
(四) 擔任或安排他人擔任信託或其他類似契約性質之受託人或其他相同角色。
(五) 擔任或安排他人擔任實質持股股東。
五、其他業務特性或交易型態易為洗錢犯罪利用之事業或從業人員。

6 (A)

依洗錢防制法第3條第1款：
本法所稱特定犯罪，指下列各款之罪：一、最輕本刑為六月以上有期徒刑以上之刑之罪。

7 (D)

依金融機構防制洗錢辦法第5條第1款：
金融機構確認客戶身分措施，應包括對客戶身分之持續審查，並依下列規定辦理：
一、金融機構應依重要性及風險程度，對現有客戶身分資料進行審查，並於考量前次執行審查之時點及所獲得資料之適足性後，在適當時機對已存在之往來關係進行審查。上開適當時機至少應包括：
(一) 客戶加開帳戶、新增儲值卡記名作業、新增註冊電子支付帳戶、保額異常增加或新增業務往來關係時。
(二) 依據客戶之重要性及風險程度所定之定期審查時點。
(三) 得知客戶身分與背景資訊有重大變動時。

8 (C)

銀行業及其他經金融監督管理委員會指定之金融機構防制洗錢及打擊資恐內部控制與稽核制度實施辦法第5條第2項第2款第1目：
新臺幣境內匯款之匯款金融機構，應依下列規定辦理：
二、應依金融機構防制洗錢辦法第十二條規定，保存下列匯款人及受款人之必要資訊：
(一) 匯款人資訊應包括：匯款人姓名、扣款帳戶號碼（如無，則提

供可供追蹤之交易碼）及下列各項資訊之一：1.身分證號。2.匯款人地址。3.出生日期及出生地。

9 (C)

依金融機構防制洗錢辦法第10條第1項：

金融機構於確認客戶身分時，應運用適當之風險管理機制，確認客戶及其實質受益人、高階管理人員是否為現任或曾任國內外政府或國際組織之重要政治性職務人士：

一、客戶或其實質受益人若為現任國外政府之重要政治性職務人士，應將該客戶直接視為高風險客戶，並採取第六條第一項第一款各目之強化確認客戶身分措施。

二、客戶或其實質受益人若為現任國內政府或國際組織之重要政治性職務人士，應於與該客戶建立業務關係時，審視其風險，嗣後並應每年重新審視。對於經金融機構認定屬高風險業務關係者，應對該客戶採取第六條第一項第一款各目之強化確認客戶身分措施。

三、客戶之高階管理人員若為現任國內外政府或國際組織之重要政治性職務人士，金融機構應考量該高階管理人員對該客戶之影響力，決定是否對該客戶採取第六條第一項第一款各目之強化確認客戶身分措施。

四、對於非現任國內外政府或國際組織之重要政治性職務人士，金融機構應考量相關風險因子後評估其影響力，依風險基礎方法認定其是否應適用前三款之規定。

五、前四款規定於重要政治性職務人士之家庭成員及有密切關係之人，亦適用之。前述家庭成員及有密切關係之人之範圍，依本法第七條第四項後段所定辦法之規定認定之。

10 (C)

依金融機構防制洗錢辦法第15條：

金融機構對疑似洗錢或資恐交易之申報，應依下列規定辦理：

一、金融機構對於符合第九條第五款規定之監控型態或其他異常情形，應依同條第四款及第六款規定，儘速完成是否為疑似洗錢或資恐交易之檢視，並留存紀錄。

二、對於經檢視屬疑似洗錢或資恐交易者，不論交易金額多寡，均應依調查局所定之申報格式簽報，並於專責主管核定後立即向調查局申報，核定後之申報期限不得逾二個營業日。交易未完成者，亦同。

三、對屬明顯重大緊急之疑似洗錢或資恐交易案件之申報，應立即以傳真或其他可行方式儘速向調查局申報，並應補辦書面

資料。但經調查局以傳真資料確認回條確認收件者，無需補辦申報書。金融機構並應留存傳真資料確認回條。

四、 前二款申報書及傳真資料確認回條，應依調查局規定之格式辦理。

五、 向調查局申報資料及相關紀錄憑證之保存，應依第十二條規定辦理。

11 (D)

依金融機構防制洗錢辦法第3條第7款第1目第1小目：

金融機構確認客戶身分措施，應依下列規定辦理：

七、 第四款第三目規定於客戶為法人、團體或信託之受託人時，應瞭解客戶或信託之所有權及控制權結構，並透過下列資訊，辨識客戶之實質受益人，及採取合理措施驗證：

(一) 客戶為法人、團體時：

1.具控制權之最終自然人身分。所稱具控制權係指直接、間接持有該法人股份或資本超過百分之二十五者，金融機構得請客戶提供股東名冊或其他文件協助完成辨識。

12 (A)

依銀行業及其他經金融監督管理委員會指定之金融機構防制洗錢及打擊資恐內部控制與稽核制度實施辦法第8條第3項前段：

銀行業及其他經本會指定之金融機構總經理應督導各單位審慎評估及檢討防制洗錢及打擊資恐內部控制制度執行情形……。

13 (C)

依銀行業及其他經金融監督管理委員會指定之金融機構防制洗錢及打擊資恐內部控制與稽核制度實施辦法第7條第1項前段：

銀行業及其他經本會指定之金融機構應依其規模、風險等配置適足之防制洗錢及打擊資恐專責人員及資源，並由董（理）事會指派高階主管一人擔任專責主管……。

14 (A)

依金融機構防制洗錢辦法第3條第9款：

金融機構確認客戶身分措施，應依下列規定辦理：

九、 金融機構完成確認客戶身分措施前，不得與該客戶建立業務關係或進行臨時性交易。但符合下列各目情形者，得先取得辨識客戶及實質受益人身分之資料，並於建立業務關係後，再完成驗證：

(一) 洗錢及資恐風險受到有效管理。包括應針對客戶可能利用交易完成後才驗證身分之情形，採取風險管控措施。

(二) 為避免對客戶業務之正常運作造成干擾所必須。

(三) 會在合理可行之情形下儘速完成客戶及實質受益人之身分驗證。如未能在合理可行之時限內完成客戶及實質受益人之身分驗證，須終止該業務關係，並應事先告知客戶。

15 (B)

依金融機構防制洗錢辦法第14條第1項：

金融機構對下列達一定金額以上之通貨交易，免向調查局申報，但仍應確認客戶身分及留存相關紀錄憑證：

一、存入政府機關、公營事業機構、行使公權力機構（於受委託範圍內）、公私立學校、公用事業及政府依法設立之基金所開立帳戶之款項。

二、金融機構代理公庫業務所生之代收付款項。

三、金融機構間之交易及資金調度。但金融同業之客戶透過金融同業間之同業存款帳戶所生之應付款項，如兌現同業所開立之支票，同一客戶現金交易達一定金額以上者，仍應依規定辦理。

四、公益彩券經銷商申購彩券款項。

五、代收款項交易（不包括存入股款代收專戶之交易、代收信用卡消費帳款之交易），其繳款通知書已明確記載交易對象之姓名、身分證明文件號碼（含代號可追查交易對象之身分者）、交易種類及金額者。但應以繳款通知書副聯作為交易紀錄憑證留存。

16 (D)

依銀行業及其他經金融監督管理委員會指定之金融機構防制洗錢及打擊資恐內部控制與稽核制度實施辦法第8條第3項：

銀行業及其他經本會指定之金融機構總經理應督導各單位審慎評估及檢討防制洗錢及打擊資恐內部控制制度執行情形，由董（理）事長（主席）、總經理、總稽核（稽核主管）、防制洗錢及打擊資恐專責主管聯名出具防制洗錢及打擊資恐之內部控制制度聲明書（附表），並提報董（理）事會通過，於每會計年度終了後三個月內將該內部控制制度聲明書內容揭露於該機構網站，並於本會指定網站辦理公告申報。

⊙111年／第一銀行新進人員

(　)　**1** 有關金融機構採用風險基礎方法，下列敘述何者錯誤？　(A)對於較低風險情形，亦不得採取簡化措施　(B)對於較高風險情形，應採取加強措施　(C)應確認、評估及瞭解其暴露之洗錢及資恐風險，並採取適當防制洗錢及打擊資恐措施，以有效降低此類風險　(D)可以有效分配資源，並以最適當且有效之方法，降低經其確認之洗錢及資恐風險。

(　)　**2** 有關金融機構對疑似洗錢交易之申報規定，下列敘述何者錯誤？　(A)對於符合規定之監控型態或其他異常情形，應儘速完成是否為疑似洗錢交易之檢視，並留存紀錄　(B)對於經檢視屬疑似洗錢交易者，不論交易金額多寡，均應簽報　(C)對於經檢視屬疑似洗錢交易者，若交易未完成，則無須簽報　(D)對於經檢視屬疑似洗錢交易者，於專責主管核定後之申報期限不得逾二個營業日。

(　)　**3** 有關金融機構對帳戶或交易之持續監控，下列敘述何者錯誤？
(A)應逐步以資訊系統整合全公司客戶之基本資料及交易資料，供總公司進行基於防制洗錢及打擊資恐目的之查詢
(B)應依據風險基礎方法，建立帳戶或交易監控政策與程序
(C)應依據法令規範、其客戶性質、業務規模及複雜度、內部與外部來源取得之洗錢與資恐相關趨勢與資訊、內部風險評估結果等，檢討其帳戶或交易監控政策及程序
(D)監控型態應依其業務性質，納入各同業公會所發布之態樣，不得自行增列相關之監控態樣。

(　)　**4** 金融機構對下列何者達一定金額以上之通貨交易，須向調查局申報？　(A)存入公私立學校所開立帳戶之款項　(B)公益彩券經銷商申購彩券款項　(C)代收信用卡消費帳款之交易　(D)金融機構代理公庫業務所生之代收付款項。

(　)　**5** 金融機構應依重要性及風險程度,在適當時機對已存在之往來關係進行審查。其至少應包括的適當時機,下列何者非屬之? (A)客戶加開帳戶時 (B)客戶終止業務關係時 (C)依據客戶之重要性及風險程度所定之定期審查時點 (D)得知客戶身分與背景資訊有重大變動時。

(　)　**6** 依金融機構防制洗錢辦法規定,有關確認客戶身分應採取之方式,下列敘述何者錯誤? (A)辨識客戶實質受益人,並以合理措施驗證其身分 (B)確認客戶身分措施,應包括瞭解業務關係之目的與性質 (C)以可靠、獨立來源之文件、資料或資訊,辨識及驗證客戶身分,並保存該身分證明文件影本或予以記錄 (D)對於由代理人辦理者,應確實查證代理之事實,並以可靠、獨立來源之文件、資料或資訊,辨識及驗證代理人身分,但無須保存該身分證明文件影本或予以記錄。

(　)　**7** 下列何種行為不是洗錢防制法所稱之洗錢? (A)收受、持有或使用他人之特定犯罪所得 (B)經營犯罪組織,專門從事高利貸及暴力討債 (C)意圖掩飾或隱匿特定犯罪所得來源,或使他人逃避刑事追訴,而移轉或變更特定犯罪所得 (D)掩飾或隱匿特定犯罪所得之本質、來源、去向、所在、所有權、處分權或其他權益者。

(　)　**8** 依金融機構防制洗錢辦法對實質受益人之定義,下列敘述何者錯誤? (A)對客戶具最終所有權或控制權之自然人 (B)對法人或法律協議具最終有效控制權之自然人 (C)客戶為法人時,具控制權之最終自然人係指直接、間接持有法人股份或資本超過百分之十者 (D)由他人代理交易之自然人本人。

(　)　**9** 有關洗錢防制法,下列敘述何者錯誤? (A)特定犯罪所得之認定,不以其所犯特定犯罪經有罪判決為必要 (B)特定犯罪指最輕本刑為六月以上有期徒刑以上之刑之罪 (C)特定犯罪所得指犯特定犯罪而取得或變得之財物或財產上利益及其孳息 (D)金融監督管理委員會為洗錢防制法主管機關,辦理防制洗錢業務,得設置基金。

( ) **10** 有關金融機構確認客戶身分措施，下列敘述何者錯誤？
(A)應對客戶業務關係中之交易進行審視，以確保所進行之交易與客戶及其業務、風險相符
(B)應定期檢視其辨識客戶身分所取得之資訊是否足夠，並確保該等資訊之更新
(C)對高風險客戶應至少每年檢視一次其辨識客戶身分所取得之資訊
(D)對客戶身分辨識與驗證程序，不得以過去執行與保存資料為依據，必須於客戶每次交易時，一再辨識及驗證客戶之身分。

解答與解析

1 (A)

依金融機構防制洗錢辦法第6條第1項第3款前段：
第三條第四款與前條規定之確認客戶身分措施及持續審查機制，應以風險基礎方法決定其執行強度，包括：
三、對於較低風險情形，得採取簡化措施，該簡化措施應與其較低風險因素相當。

2 (C)

依金融機構防制洗錢辦法第15條第2款：
金融機構對疑似洗錢或資恐交易之申報，應依下列規定辦理：
二、對於經檢視屬疑似洗錢或資恐交易者，不論交易金額多寡，均應依調查局所定之申報格式簽報，並於專責主管核定後立即向調查局申報，核定後之申報期限不得逾二個營業日。交易未完成者，亦同。

3 (D)

依金融機構防制洗錢辦法第9條第5款：
金融機構對帳戶或交易之持續監控，應依下列規定辦理：
五、前款完整之監控型態應依其業務性質，納入各同業公會所發布之態樣，並應參照金融機構本身之洗錢及資恐風險評估或日常交易資訊，增列相關之監控態樣。其中就電子支付帳戶間款項移轉，金融機構監控時應將收受兩端之所有資訊均納入考量，以判定是否申報疑似洗錢或資恐交易。

4 (C)

依金融機構防制洗錢辦法第14條第1項：
金融機構對下列達一定金額以上之通貨交易，免向調查局申報，但仍應確認客戶身分及留存相關紀錄憑證：

一、存入政府機關、公營事業機構、行使公權力機構（於受託範圍內）、公私立學校、公用事業及政府依法設立之基金所開立帳戶之款項。

二、金融機構代理公庫業務所生之代收付款項。

三、金融機構間之交易及資金調度。但金融同業之客戶透過金融同業間之同業存款帳戶所生之應付款項，如兌現同業所開立之支票，同一客戶現金交易達一定金額以上者，仍應依規定辦理。

四、公益彩券經銷商申購彩券款項。

五、代收款項交易（不包括存入股款代收專戶之交易、代收信用卡消費帳款之交易），其繳款通知書已明確記載交易對象之姓名、身分證明文件號碼（含代號可追查交易對象之身分者）、交易種類及金額者。但應以繳款通知書副聯作為交易紀錄憑證留存。

5 (B)

依金融機構防制洗錢辦法第5條第1款：

金融機構確認客戶身分措施，應包括對客戶身分之持續審查，並依下列規定辦理：

一、金融機構應依重要性及風險程度，對現有客戶身分資料進行

審查，並於考量前次執行審查之時點及所獲得資料之適足性後，在適當時機對已存在之往來關係進行審查。上開適當時機至少應包括：

(一) 客戶加開帳戶、新增儲值卡記名作業、新增註冊電子支付帳戶、保額異常增加或新增業務往來關係時。

(二) 依據客戶之重要性及風險程度所定之定期審查時點。

(三) 得知客戶身分與背景資訊有重大變動時。

6 (D)

依金融機構防制洗錢辦法第3條第4款第2目：

金融機構確認客戶身分措施，應依下列規定辦理：

四、金融機構確認客戶身分應採取下列方式：

(二) 對於由代理人辦理者，應確實查證代理之事實，並以可靠、獨立來源之文件、資料或資訊，辨識及驗證代理人身分，並保存該身分證明文件影本或予以記錄。

7 (B)

依洗錢防制法第2條：

本法所稱洗錢，指下列行為：

一、意圖掩飾或隱匿特定犯罪所得來源，或使他人逃避刑事追訴，而移轉或變更特定犯罪所得。

二、 掩飾或隱匿特定犯罪所得之本質、來源、去向、所在、所有權、處分權或其他權益者。

三、 收受、持有或使用他人之特定犯罪所得。

8 (C)

依金融機構防制洗錢辦法第2條第1項第7款：

本辦法用詞定義如下：

七、 實質受益人：指對客戶具最終所有權或控制權之自然人，或由他人代理交易之自然人本人，包括對法人或法律協議具最終有效控制權之自然人。

9 (D)

依洗錢防制法第20條：

法務部辦理防制洗錢業務，得設置基金。

10 (D)

依金融機構防制洗錢辦法第5條第4款：

金融機構確認客戶身分措施，應包括對客戶身分之持續審查，並依下列規定辦理：

四、 金融機構對客戶身分辨識與驗證程序，得以過去執行與保存資料為依據，無須於客戶每次從事交易時，一再辨識及驗證客戶之身分。但金融機構對客戶資訊之真實性或妥適性有所懷疑、發現客戶涉及疑似洗錢或資恐交易、或客戶之交易或帳戶之運作方式出現與該客戶業務特性不符之重大變動時，應依第三條規定對客戶身分再次確認。

Day 07 台灣金融研訓院防制洗錢與打擊資恐專業人員測驗

⊙110年第1次防制洗錢與打擊資恐專業人員測驗

(一)單選題

(　)　***1*** 有關資恐防制，下列敘述何者錯誤？　(A)資恐防制的目的是為了防制與遏止恐怖活動、組織、分子之資助行為　(B)防制洗錢金融行動工作組織（FATF）自2001年美國911事件後，已將打擊資恐列為優先項目　(C)我國資恐防制法指定之制裁名單，以個人、法人或團體在中華民國領域內者為限　(D)我國資恐防制法之主管機關為法務部。

(　)　***2*** 下列金融業務何者是屬於防制洗錢金融行動工作組織四十項建議的範圍？　(A)信用卡　(B)債、票券　(C)匯款　(D)授信。

(　)　***3*** 下列何者非屬防制洗錢金融行動工作組織（FATF）針對重要政治性職務人士（PEPs）提出防制洗錢建議？　(A)採用風險管理系統機制來判定客戶或實質受益人是否擔任PEPs　(B)採取確認客戶財富與資金來源的合理措施　(C)強化且持續地監控相關業務關係　(D)先建立關係後再請高階主管審查。

(　)　***4*** 有關防制洗錢金融行動工作組織（FATF）頒布40項建議之第16項電匯，下列敘述何者錯誤？　(A)金融機構應透過監控電匯交易，來偵測缺漏匯款資訊的交易　(B)金融機構對於偵測缺漏資訊的交易，應要馬上申報為可疑交易　(C)金融機構處理電匯業務，應針對聯合國安全理事會發布的資恐制裁名單進行凍結並禁止交易　(D)金融機構應確保電匯資訊包括正確的匯款人與受款人資訊。

( )　**5** 下列何者非法務部規定「重要政治性職務之人」家庭成員？
(A)配偶的父母　(B)兄弟姊妹　(C)子女之子女　(D)相當於配偶之同居伴侶。

( )　**6** 下列何者非對客戶身分持續審查的時機？　(A)客戶疑似為詐騙案件受害人　(B)依風險程度所定之定期審查　(C)加開帳戶　(D)身分與背景資訊有重大變動。

( )　**7** 有關犯罪洗錢常見的三階段，不包括下列何者？　(A)整合（integration）　(B)多層化（layering）　(C)迅速提供市場商品（speed-to-market）　(D)處置（placement）。

( )　**8** 下列何者非洗錢防制法第6條所定內稽內控制度內容？　(A)應有防制洗錢及打擊資恐之作業及控制程序　(B)應定期舉辦或參加防制洗錢之在職訓練　(C)應備置並更新國家風險評估報告　(D)應有稽核程序。

( )　**9** 請問有構成洗錢防制法第2條所列之洗錢行為者，應處罰則為何？　(A)處一年以下有期徒刑，併科新臺幣一百萬元以下罰金　(B)處三年以下有期徒刑，併科新臺幣二百萬元以下罰金　(C)處五年以下有期徒刑，併科新臺幣三百萬元以下罰金　(D)處七年以下有期徒刑，併科新臺幣五百萬元以下罰金。

( )　**10** 下列何者不是洗錢防制法第五條所稱指定之非金融事業或人員？　(A)銀樓業　(B)從事刑事案件辯護之律師　(C)為客戶提供公司設立、營運或管理服務之會計師　(D)從事與不動產買賣交易有關之地政士及不動產經紀業。

( )　**11** 有關洗錢防制法在107年11月7日修正後之適用，下列敘述何者正確？　(A)新法納入了辦理融資性租賃業為規範對象，特別是著眼於近年客貨運輸交通工具屢屢發生事故　(B)新法納入比特幣之防制洗錢規範，也研議於未來逐步納入虛擬通貨平台及交易業

282 Part 3 最新試題解析

務 (C)新法特別強調風險基礎原則與規則基礎原則（Rule-Based Approach,RBA）並重發展 (D)新法將洗錢防制內部控制與稽核制度之建置改為強制規範，但可以風險差異及業務規模為建置時之調整基礎。

( ) **12** 就資恐防制法指定制裁之個人，下列敘述何者錯誤？ (A)不得就其受扶養親屬家庭生活所需之財產上利益為交付 (B)得酌留管理財物之必要費用 (C)他人不得為其提供財物 (D)不得對其金融帳戶為轉帳。

( ) **13** 有關資恐防制法「目標性金融制裁（Targeted Financial Sanctions）」之敘述，下列何者錯誤？ (A)斷金流為其主要目的 (B)即透過交易監控，斷絕其財產上利益之支配可能 (C)藉由目標性金融制裁使被制裁對象的社會活動能力下降，而有助於遏止恐怖主義之蔓生 (D)目標性金融制裁是強制性規範，金融機構或非金融事業及人員如未踐履，有相對之罰則。

( ) **14** 有關金融機構對疑似洗錢或資恐交易之申報，下列敘述何者正確？ (A)金融機構認定有疑似洗錢或資恐交易，達一定金額以上者，應向主管機關申報 (B)應自發現疑似洗錢或資恐交易之日起3個營業日內向主管機關申報 (C)於向主管機關申報前，應簽報洗錢防制專責主管核定 (D)對屬明顯重大緊急之疑似洗錢或資恐交易案件之申報，可以傳真申報，無需補辦書面資料。

( ) **15** 有關我國資恐防制之實務執行做法，下列敘述何者錯誤？ (A)資恐防制法有關制裁對象國際名單之除名，必須是經過聯合國安全理事會除名程序始得為之 (B)目標性金融制裁是強制規範，所以金融機構及非金融機構如未踐履，應負刑事責任 (C)人道措施條款准許被制裁者保留因應生活所需之部分財物與財產上利益 (D)「資助恐怖活動罪刑化」與「資助制裁對象罪刑化」均為資恐防制法設計以達徹底遏止「資恐」之目的，前者尤較後者易生較重之危害，因此法定刑之設計以前者較後者為高。

(　) **16** 下列何者非機構固有風險之評估因素？　(A)客群政策　(B)通路複雜度　(C)建立資訊系統查詢客戶身分之完備程度　(D)商品及服務政策。

(　) **17** 依金融機構防制洗錢辦法之規定，金融機構辦理新臺幣多少元（含等值外幣）以上之跨境匯款之臨時性交易時，應確認客戶身分？　(A)3萬元　(B)30萬元　(C)50萬元　(D)100萬元。

(　) **18** 依「銀行業及其他經金融監督管理委員會指定之金融機構防制洗錢及打擊資恐內部控制與稽核制度實施辦法」規定，應保存匯款人之資訊，下列哪一項不包括？　(A)匯款人姓名　(B)扣款帳戶號碼　(C)匯款人地址　(D)匯款人職業。

(　) **19** 我國洗錢及資恐風險評估報告揭示之八大最高風險之前置犯罪不包括下列何者？　(A)詐欺　(B)毒品犯罪　(C)貪汙犯罪　(D)擄人勒贖。

(　) **20** 犯罪集團為了避免查緝，常運用特殊管道洗錢，以下何者並非特殊管道之洗錢模式？　(A)販毒集團自中國大陸走私安非他命，售毒所得依地下通匯業者指示，匯入進口大陸木雕品的貿易公司帳戶　(B)詐騙集團偽造A國中央銀行債券證明、商業本票等方式以借款名義行騙，要求被害人以西聯匯款系統匯予境外受款人　(C)國際偽造有價證券集團以偽造台銀同業支票至郵輪賭場兌換籌碼　(D)A以投資按摩椅之高獲利向不特定民眾招募投資吸金，A指示公司員工將被害人匯入公司帳戶之款項，以投資名義匯出至X國帳戶，或提領大額現金藏匿。

(　) **21** 發現疑似洗錢或資恐之交易，除應確認客戶身分並留存相關紀錄憑證外，應自發現並確認為疑似洗錢或資恐交易之日起，幾日內向法務部調查局申報？　(A)三個營業日　(B)五個日曆日　(C)十個營業日　(D)十個日曆日　(E)一律給分。

(　　) **22** 有關風險基礎方法在協助發展與洗錢及資恐風險相當之防制與抵減措施，下列何者不是評估客戶風險依據？　(A)客戶的職業　(B)客戶建立業務關係的目的　(C)客戶的教育程度　(D)客戶的國籍。

(　　) **23** 有關證券期貨業執行防制洗錢業務敘述，下列何者正確？
(A)是否設置專責主管依機構規模決定
(B)機構之防制洗錢及打擊資恐政策係由審計委員會或監察人會議通過
(C)防制洗錢及打擊資恐之內部控制制度聲明書僅由董事長、總經理、總稽核聯名出具
(D)防制洗錢及打擊資恐之內部控制制度聲明書必須在會計年度終了後三個月內將內容揭露於證券期貨業。

(　　) **24** 為確保辨識客戶及實質受益人身分資訊之適足性與即時性，公司在訂定審查頻率時，下列考量何者錯誤？　(A)高風險客戶至少每年檢視一次　(B)依重要性及風險程度，對現有客戶身分資料進行審查　(C)根據前次執行審查之時點及所獲得資料之適足性，決定適當時機　(D)由於公司對於具有高風險因子者一律婉拒開戶，已排除高風險客戶存在之可能，故只要訂定中低風險客戶之審查頻率即可。

(　　) **25** 金融業對帳戶及交易監控機制應予以測試，下列何者非測試面向？　(A)內部控制流程　(B)錯誤統計比率　(C)輸入資料與對應之系統欄位正確性　(D)模型驗證。

(　　) **26** 下列何者類型的保險業，應於總經理、總機構法令遵循單位或風險控管單位下設置獨立之防制洗錢及打擊資恐專責單位，且該單位不得兼辦防制洗錢及打擊資恐以外之其他業務？　(A)本國人身保險公司　(B)保險代理人公司　(C)保險經紀人公司　(D)本國財產保險公司。

(　) **27** 下列何者非屬於保險公司與辦理簡易人壽保險業務之郵政機構及其他經金融監督管理委員會指定之金融機構防制洗錢及打擊資恐內部控制與稽核制度實施辦法規定之保險業？　(A)專業再保險公司　(B)兼營保險代理人業務之銀行　(C)保險經紀人公司　(D)金融控股公司。

(　) **28** 保險公司或保險代理人、保險經紀人應用風險基礎方法，應考慮到各種針對特定客戶或交易的風險變數，下列敘述何者錯誤？(A)保險公司的高風險客戶占比過高，須檢討為何有業務比重過度傾向高風險客戶的情況　(B)保險公司各張保單中，雖有些要保人是相同的，惟針對被保險人或受益人或保險標的不盡相同情形，無需另行評估　(C)除保險公司應考量保險經濟人與保險代理人作為其銷售通路之風險，保險經濟人與保險代理人本身亦具有其他通路與平台銷售商品，保險經濟人與保險代理人亦應將通路與平台納入自身風險評估中　(D)經由非面對面管道引薦的客戶，應落實客戶身分的辨識或驗證。

(　) **29** 我國保險業對於客戶區分之風險等級，下列敘述何者錯誤？(A)至少要有一般風險以及高風險兩種等級　(B)保險業不得向客戶或與執行防制洗錢及打擊資恐義務無關者，透露客戶之風險等級　(C)將客戶區分成兩級時，得對一般風險客戶進行簡化審查措施(D)保險業應建立不同之客戶風險等級與分級規則。

(　) **30** 關於金融機構於確認客戶身分時所運用適當風險管理機制之評估，下列敘述何者錯誤？　(A)客戶為現任國內政府之重要政治性職務人士，金融機構應直接列為高風險客戶　(B)客戶為重要政治性職務人士之配偶，金融機構應考量相關風險因子後評估其影響力(C)客戶為非現任國內政府之重要政治性職務人士，金融機構應考量相關風險因子後評估其影響力　(D)法人客戶之董事為現任國內政府之重要政治性職務人士，金融機構應考量該董事對該法人客戶之影響力。

( )　**31** 先進的電子支付系統對防制洗錢之好處不包括下列哪一項？
(A)可預設交易監控參數　(B)可快速且大量匯款　(C)可輕易追蹤個
別交易　(D)可自動儲存交易紀錄。

( )　**32** 有效防堵洗錢者利用非營利組織移動資金，有關關鍵監控措
施，下列何者錯誤？　(A)留意非營利組織的管理者是否有不良紀
錄　(B)媒體是否有非營利組織的負面報導　(C)非營利組織捐款是
否大部分來自於境外　(D)非營利組織的管理者低於50歲。

( )　**33** 下列何者並非保險業陳報可疑交易較少的原因？A.傳統型保單
累積保單價值準備金速度較慢，解約金不多，洗錢成本高　B.保
險業對防制洗錢及打擊資恐政策以及內部控制嚴密　C.保險業對
洗錢以及資恐的交易監控系統欠佳　(A)僅A　(B)僅B　(C)僅C
(D)ABC。

( )　**34** 為預防犯罪集團可能使用偽、變造身分證件開立存款帳戶，下
列何者非金融機構正確的處理方式？　(A)應確認、辨認並驗證客
戶身分　(B)建立業務關係後，持續審查並更新客戶資料　(C)先行
幫客戶開戶，再請客戶提供身分證明文件　(D)於完成確認客戶身
分措施前不得與客戶建立業務關係。

( )　**35** 關於錢騾（Money Mule），下列敘述何者錯誤？　(A)錢騾並未
參與犯罪行為，其帳戶被利用也不知情　(B)本身通常有合法身分掩
護不法所得交易　(C)指為犯罪者提供帳戶並協助移轉不法所得的
行為　(D)跨國詐騙集團利用錢騾的目的在於利用司法管轄權的障
礙，阻斷或滯延對資金的追蹤。

( )　**36** 客戶甲於短期內密集辦理大額之保單借款並還款，借款與還款
金額相當，且無法提出合理說明，下列敘述何者正確？　(A)保單
借款原本即屬甲之權利，無可疑之處　(B)只要連續發生兩次，即屬
洗錢防制法之洗錢罪　(C)只要保險公司有賺取保單借款之利息，即

無疑似洗錢之可能　(D)這可能是一個疑似洗錢之警訊，承辦人員應立即陳報督導主管。

(　) **37** 下列何項表徵與內線交易之洗錢手法無關？　(A)利用員工或特定集團開戶　(B)與同一人進行鉅額配對交易　(C)突然迅速買進或賣出單一有價證券　(D)利用多個非本人帳戶分散大額交易。

(　) **38** 下列何者非為國際貿易被利用作為洗錢手法之疑似洗錢表徵？(A)以現金替代貿易融資支付貨款　(B)客戶不願配合辦理客戶審查作業　(C)買受人以外匯方式付款予出賣人　(D)進口國為X國，貨款由Y國與無關第三人支付。

(　) **39** 重要政治性職務之人與其家庭成員及密切關係之人範圍認定標準，由下列何單位發布？　(A)法務部　(B)金管會　(C)財政部(D)銀行公會。

(　) **40** 銀行依洗錢防制法規定對於交易紀錄有保存之義務，請問就存款業務而言，其保存義務何時方結束？　(A)帳戶開立後經過5年(B)該筆交易後經過5年　(C)帳戶關閉後5年　(D)應永久保存。

(　) **41** FATF公布「銀行業風險基礎方法指引」，供下列何者參考？A.各國政府　B.銀行業　C.主管機關　D.銀行監理機關　(A)ABCD(B)僅ABC　(C)僅BCD　(D)僅BD。

(　) **42** 銀行應定期檢視其辨識客戶及實質受益人身分所取得之資訊是否足夠，並確保該等資訊之更新，對高風險客戶，銀行應至少多久檢視一次？　(A)每半年檢視一次　(B)每年檢視一次　(C)每二年檢視一次　(D)每三年檢視一次。

(　) **43** 金融機構進行客戶盡職調查之所謂實質受益人係指對客戶具最終控制權或所有權之下列何者？A.團體　B.法人　C.自然人　(A)僅A　(B)僅B　(C)僅C　(D)ABC。

(　) **44** 下列哪項貿易行為，最不可能為疑似洗錢或資恐交易態樣？
(A)運送的貨物為鑽石　(B)發票中所申報的價值，明顯與該產品的市場公平價值不符　(C)以較低價促銷銷售進口貨物　(D)信用狀常頻繁或無合理解釋大幅修改。

(　) **45** 下列哪一種情形不屬於銀行辦理存提匯款業務之疑似洗錢之態樣？　(A)客戶過年時將大面額鈔票兌換成小面額鈔票　(B)客戶經常以提現為名、轉帳為實方式處理有關交易流程者　(C)客戶經常於數個不同客戶帳戶間移轉資金達特定金額以上者　(D)客戶每筆存、提金額相當且相距時間不久，並達特定金額以上者。

(　) **46** 有關法人及法律協議的客戶審查，下列敘述何者錯誤？
(A)原則上要進行第二層實質受益人之客戶審查，例外時如法人或信託係受特殊監理程序之情形，則可排除實質受益人之審查
(B)非營利組織如慈善機構，可無需進行反洗錢及資恐之客戶審查
(C)對法人、團體與信託之受託人之客戶，金融機構應進行「雙層客戶審查」
(D)客戶為法人、團體或信託之受託人時，應瞭解客戶或信託之所有權及控制權結構。

(　) **47** 有關銀行辦理交易監控作業之敘述，下列何者錯誤？　(A)執行交易監控之情形應予記錄，並依規定保存　(B)利用資訊系統可以完全取代人工審查來發現可疑交易　(C)建立帳戶與交易監控政策及程序應以風險基礎方法　(D)資訊系統整合全體客戶及交易資料，可強化其帳戶或交易監控能力。

(　) **48** 甲、小美經常匯款到國外達數十萬美金；乙、小王偶爾從國外匯入款項達數千美金；丙、王董經常從高避稅風險國家匯回款項達數十萬美金，請問上述行為何者符合跨境交易類之疑似洗錢態樣，銀行應進一步進行調查？　(A)僅甲乙　(B)僅乙丙　(C)僅甲丙　(D)甲乙丙。

( ) **49** 以下何者非屬「風險基礎方法」（Risk-Based Approach,RBA）的作用？ (A)作為決定防制洗錢及打擊資恐資源配置之根據 (B)據以建立內部控制制度、政策、程序及控管措施 (C)協助發展與洗錢及資恐風險相當之防制與抵減措施 (D)禁止與任何具有洗錢資恐風險因子之人建立業務關係。

( ) **50** 下列何者非屬得充任國內營業單位防制洗錢及打擊資恐督導主管之資格條件？
(A)曾擔任專責之法令遵循人員三年以上者
(B)充任後三個月內參加主管機關認定機構所舉辦十二小時以上課程，並經考試及格且取得結業證書者
(C)充任後三個月內參加公司內部訓練單位所辦十二小時以上課程者
(D)取得主管機關認定機構舉辦之國內防制洗錢及打擊資恐專業人員證照者。

( ) **51** 下列何者非防制洗錢及打擊資恐議題上，辨識、評估及瞭解洗錢資恐風險之適當步驟？ (A)將風險評估書面化 (B)於決定整體風險程度及適當種類、強度之抵減措施前，應考慮所有相關風險因子 (C)風險評估一經設定後便不能隨意更新 (D)建立適當機制，並將風險評估資訊提供主管機關及自律機構。

( ) **52** 有關證券商評估個別產品及服務、交易或支付管道之洗錢及資恐風險因素，下列敘述何者錯誤？ (A)與現金之關聯程度 (B)無需考慮收到款項是否來自於未知或無關係之第三者 (C)是否為高金額之金錢或價值移轉業務 (D)是否為匿名交易。

( ) **53** 依據「金融機構防制洗錢辦法」，申報疑似洗錢交易的規定，因考量疑似洗錢交易申報要件上具有主觀判斷的問題，通常會區分成三大步驟，不包含下列哪個步驟？ (A)觸發警示 (B)向客戶說明因交易被系統攔截為符合疑似洗錢表徵，因此，請客戶更改資訊與補充說明 (C)合理性調查 (D)申報或結案。

(　) **54** 防制洗錢金融行動工作組織40項洗錢加9項資恐建議中，要求各國在評估該國之洗錢和資恐風險時，應用下列何種方法，以確保相對應的措施能適當預防或降低所辨識出的洗錢和資恐風險？(A)風險基礎方法　(B)法律基礎方法　(C)統計分析方法　(D)文獻歸納方法。

(　) **55** 有關保險洗錢及資恐客戶風險之敘述，下列何者正確？　(A)對於新建立業務關係的客戶，應在建立業務關係時，確定其風險等級　(B)為打擊貪腐，我國政府之重要政治性職務人士應直接視為高風險客戶　(C)採行兩級風險級數之業者，對較低風險等級之客戶得採取簡化之審查措施　(D)應向客戶說明其風險等級資訊，取得客戶信任，俾徵提所需文件以降低其風險。

(　) **56** 就保險業執行客戶身分識別（KYC）與盡職調查（CDD）之描述，下列何者為錯誤？　(A)對於部份有可疑跡象，顯示建立業務關係的法人或團體，即便其最終控制權人或法人負責人是資恐防制法所公佈的指定制裁名單對象，或是外國政府或國際組織認定之恐怖份子或團體，仍應再次查證並確認其實質受益人之身分　(B)執行身分識別與盡職調查作業，必須使用可靠獨立的原始文件、資料或資訊來確認客戶身分；不能接受使用匿名或是假名來進行交易或建立關係　(C)於業務關係持續進行中的既有客戶，應按照其客戶風險等級，定期進行盡職調查與持續監控作業　(D)保險業因有執行客戶身分識別（KYC）與盡職調查（CDD），故不需要保留所有交易紀錄資料與變更軌跡，未來僅須透過身分識別與盡職調查結果持續監控即可。

(　) **57** 重要政治性職務人士的職務與其管轄的業務會帶來不同的風險。下列何者為重要政治性職務人士之高風險警示訊號？　(A)有權核准發給特許行業執照　(B)卸任已久且無政治影響力　(C)明確告知其擔任的所有職務　(D)無相當權力操控國家資產政策之公務人員。

( )　**58** 下列何者不是重要政治性職務人士在業務關係或交易之洗錢及資恐警示表徵？　(A)交易金額經常是整數　(B)個人資金與企業相關資金混淆不清　(C)重要政治性職務人士使用記名票據支付款項　(D)重要政治性職務人士曾多次被陳報涉及可疑交易。

( )　**59** 銀行判定重要性政治職務人士，下列哪項敘述錯誤？　(A)應持續透過員工訓練強化　(B)若無足夠人力，可僅透過購入商業資料庫判定　(C)透過媒體搜尋相關訊息　(D)查詢監察院公布的財產申報資料。

( )　**60** 有關防制洗錢金融行動工作組織（FATF）的「評鑑方法論」的敘述，下列何者正確？　(A)包括技術遵循（Technical Compliance）及有效性（Effectiveness）評鑑方法論　(B)只看技術遵循（Technical Compliance）評鑑　(C)只看有效性（Effectiveness）評鑑　(D)無須辨識及評估國家的洗錢與資恐風險。

(二)複選題

( )　**61** 金融機構應依重要性及風險程度，對現有客戶身分資料進行審查，並於考量前次執行審查之時點及所獲得資料之適足性後，在適當時機對已存在之往來關係進行審查。上開適當時機至少應包括下列何種情形？
(A)得知客戶身分與背景資訊有重大變動時
(B)客戶保額異常增加或新增業務往來關係時
(C)依據客戶之重要性及風險程度所定之定期審查時點
(D)客戶加開帳戶、新增電子票證記名作業、新增註冊電子支付帳戶。

( )　**62** 我國於民國106年6月28日修正通過並施行洗錢防制新法，請問下列何者為此次的修正重點？　(A)建置資訊安全制度　(B)強化國際合作的可能性　(C)建立透明化的金流軌跡　(D)提升洗錢犯罪之追訴可能性。

(　) **63** 金融機構對下列達一定金額以上之通貨交易，免向調查局申報，但仍應確認客戶身分及留存相關紀錄憑證？　(A)代理公庫業務所生之代收付款項　(B)公益彩券經銷商申購彩券款項　(C)代收信用卡消費帳款之交易　(D)存入政府機關所開立帳戶之款項。

(　) **64** 就資恐防制法所稱之制裁名單，下列敘述何者正確？　(A)主管機關指定制裁名單前，得不給予該法人陳述意見之機會　(B)指定之制裁名單，以該個人在中華民國領域內者為限　(C)主管機關依法務部調查局提報，認法人經聯合國相關決議而有必要者，經審議會決議後，得指定為制裁名單　(D)主管機關必須依聯合國安全理事會之決議才能就指定之制裁個人為除名。

(　) **65** 依「金融機構防制洗錢辦法」規定，下列哪幾項為確認客戶身分的時機？　(A)與客戶建立業務關係　(B)新臺幣五十萬元以上之臨時性交易　(C)辦理新臺幣二萬元以上之跨境匯款　(D)二筆交易顯有關聯之臨時性交易金額超過新臺幣四十萬元。

(　) **66** 辨識客戶之實質受益人時，客戶或具控制權者為下列何種身分時，得不適用應辨識及確認公司股東或實際受益人身分之規定？　(A)我國公營事業機構　(B)我國公開發行公司或其子公司　(C)外國公開發行公司或其子公司　(D)受我國監理之金融機構及其管理之投資工具。

(　) **67** 下列何者為利用保險洗錢之可能態樣？
(A)過去投保習慣皆為投保低保額之保險，並以定期繳費方式繳交保險費，突欲投保大額躉繳之保險
(B)短期內密集辦理解除契約或終止契約，要求以現金方式支領
(C)躉繳大額保費方式購買長期壽險保單後，短期內申請辦理大額保單借款或終止契約
(D)利用無貿易基礎的信用狀於境外融資。

（　）**68** 某銀行防制洗錢及打擊資恐專責單位人員擬規劃全面性之洗錢及資恐風險評估作業，該專責人員應依據之指標包括銀行的下列哪些項目？　(A)業務之性質、規模、多元性及複雜度　(B)目標市場　(C)高風險相關之管理數據與報告　(D)銀行交易數量與規模。

（　）**69** 外國證券期貨業在臺分公司防制洗錢及打擊資恐之內部控制制度聲明書係由下列何人聯名出具？　(A)董事長　(B)總公司董事會授權之在臺分公司負責人　(C)防制洗錢及打擊資恐專責主管　(D)負責臺灣地區之稽核業務主管。

（　）**70** 下列何者為保險業的洗錢類型？
(A)利用可迅速累積現金價值的商品
(B)利用現金繳交保險費之不易追溯性
(C)利用國際保險業務分公司（OIU）所具有之不透明性
(D)投保住院日額保險，佯裝疾病住院，以領取日額保險給付。

（　）**71** 關於資恐交易特點之描述，下列何者正確？
(A)資恐交易的資金，通常是大額
(B)資恐交易的資金來源可能是合法的
(C)受款人可能是一般上班族或合法登記之法人團體
(D)受款人所在國家，必然是被列為高洗錢資恐風險之國家或地區。

（　）**72** 下列何者為我國常見洗錢表徵？
(A)客戶突有達特定金額以上存款
(B)每筆存、提金額相當，相距時間不久，且達特定金額以上
(C)不活躍帳戶突然有達特定金額以上資金出入，且又迅速移轉
(D)對結購或結售達特定金額以上外幣現鈔等之臨時性交易。

（　）**73** 下列何者為個別產品與服務、交易或支付管道之風險因子？
(A)匿名交易　(B)與現金之關聯程度　(C)收到款項來自於有關係之第三者　(D)是否為高金額之金錢或價值移轉業務。

（　） **74** 有關FATF 40項建議中，建議10（客戶審查）及建議12（重要政
治性職務人士）之間的關係，下列敘述何者正確？
(A)都是客戶審查的規定，且要判定客戶或實質受益人是否為重要
政治性職務人士
(B)客戶審查時應先執行建議12後，再進行檢驗建議10　(C)對於進
行臨時性交易且交易金額低於適用門檻的客戶，建議10並不要求
金融機構進行客戶審查
(D)於執行建議10及建議12時，若客戶屬建議12之人士時，應採取
提高風險措施。

（　） **75** 銀行將因下列何者而直接影響跳出警示之帳戶與交易數量？
(A)參數設定　(B)監控型態　(C)預警案件　(D)金額門檻。

（　） **76** 證券商將風險評估報告送主管機關備查，其執行頻率依下列何
種因素決定之？　(A)洗錢及資恐法令變動時　(B)由業者依據風險
管理決策及程序　(C)國際上發生洗錢資恐重大事件時　(D)證券商
有重大改變時。

（　） **77** 甲證券商對於「非面對面」客戶採取之下列措施，何者錯誤？
(A)由專業中間人代辦者，加強確認客戶身分　(B)網路開戶者，先
完成開戶，有交易時再確認客戶身分　(C)委託開戶者，先完成開
戶，有交易時再確認代理人身分　(D)通訊開戶者，於建立業務關
係手續辦妥後以掛號函復。

（　） **78** 對於法人型客戶，保險機構應辨認法人客戶之「實質受益
人」，下列何者為實質受益人之範圍？
(A)對法人客戶具最終所有權或控制權之自然人
(B)由他人代理交易之自然人或本人
(C)法人客戶中具最終控制權之自然人的子女。然該子女不具任何控
制權或所有權，亦不會代理進行交易，也沒有任何法 律上受益
的設定，單純與該自然人為親屬關係
(D)對法人或法律協議具最終有效控制權之自然人。

( ) **79** 下列何者屬於保險業中對客戶進行盡職調查（CDD）的時機？
(A)要保人購買具洗錢風險的保險商品時
(B)對於保費繳付的來源或理賠支付對象有所懷疑時
(C)每期繳付保險費的時候
(D)懷疑之前所取得之要保人身分資料的真實性或合理性有問題時。

( ) **80** 防制洗錢金融行動工作組織（FATF）建議風險基礎方法
（RBA）應用範圍，包括下列哪幾項？
(A)哪些人須受防制洗錢及打擊資恐系統制約
(B)哪些人應如何遵循防制洗錢及打擊資恐規定
(C)哪些機構須受防制洗錢及打擊資恐系統制約
(D)如何監理，以確保哪些人遵循防制洗錢及打擊資恐規定。

解答與解析

1 (C)

依資恐防制法第4條：
1 主管機關依法務部調查局提報或依職權，認個人、法人或團體有下列情事之一者，經審議會決議後，得指定為制裁名單，並公告之：
一、 涉嫌犯第八條第一項各款所列之罪，以引起不特定人死亡或重傷，而達恐嚇公眾或脅迫政府、外國政府、機構或國際組織目的之行為或計畫。
二、 依資恐防制之國際條約或協定要求，或執行國際合作或聯合國相關決議而有必要。
2 前項指定之制裁名單，不以該個人、法人或團體在中華民國領域內者為限。

3 第一項指定制裁個人、法人或團體之除名，應經審議會決議，並公告之。

2 (C)

依防制洗錢金融行動工作組織（FATF）40項建議（2020）中第16項有關匯款（Wire transfers）：
各國應確保金融機構在電匯及相關訊息上，落實登載規定、且與匯款人及受款人實際相符正確資訊。
（原文如下：Countries should ensure that financial institutions include required and accurate originator information, and required beneficiary information, on wire transfers and related messages, and that the

information remains with the wire transfer or related message throughout the payment chain.……。）

3 (D)

依FATF 40項建議中第12項建議，金融機構對於重要政治性職務人士（PEPs）除了執行一般客戶盡職調查外，還需：

(1)有適當的風險管理系統以判斷客戶或受益人是否為「高知名度政治人物」。

(2)於建立（或與既有客戶持續）業務關係時，報請高階管理階層人員核准。

(3)採取合理措施以確認財富及資金來源。

(4)對業務關係實施持續性的強化監控措施。

(5)與對重要政治性職務人士建立業務關係時，須先報請高階管理階層人員核准，而非先建立關係後再請高階主管審查。

（原文如下：Financial institutions should be required, in relation to foreign politically exposed persons（PEPs）（whether as customer or beneficial owner）, in addition to performing normal customer due diligence measures, to:

(a) have appropriate risk-management systems to determine whether the customer or the beneficial owner is a politically exposed person;

(b) obtain senior management approval for establishing （or continuing, for existing customers） such business relationships;

(c) take reasonable measures to establish the source of wealth and source of funds; and

(d) conduct enhanced ongoing monitoring of the business relationship.）

4 (B)

依金融機構防制洗錢辦法第15條第1、2款：

金融機構對疑似洗錢或資恐交易之申報，應依下列規定辦理：

一、 金融機構對於符合第九條第五款規定之監控型態或其他異常情形，應依同條第四款及第六款規定，儘速完成是否為疑似洗錢或資恐交易之檢視，並留存紀錄。

二、 對於經檢視屬疑似洗錢或資恐交易者，不論交易金額多寡，均應依調查局所定之申報格式簽報，並於專責主管核定後立即向調查局申報，核定後之申報期限不得逾二個營業日。交易未完成者，亦同。

5 (C)

依重要政治性職務之人與其家庭成員及有密切關係之人範圍認定標準第6條：

本法第七條第三項所稱重要政治性職務之人，其家庭成員範圍如下：
一、　一親等直系血親或姻親。
二、　兄弟姊妹。
三、　配偶及其兄弟姊妹。
四、　相當於配偶之同居伴侶。

6 (A)

依金融機構防制洗錢辦法第5條第1款：
金融機構確認客戶身分措施，應包括對客戶身分之持續審查，並依下列規定辦理：
一、　金融機構應依重要性及風險程度，對現有客戶身分資料進行審查，並於考量前次執行審查之時點及所獲得資料之適足性後，在適當時機對已存在之往來關係進行審查。上開適當時機至少應包括：
(一)客戶加開帳戶、新增電子票證記名作業、新增註冊電子支付帳戶、保額異常增加或新增業務往來關係時。
(二)依據客戶之重要性及風險程度所定之定期審查時點。
(三)得知客戶身分與背景資訊有重大變動時。

7 (C)

洗錢活動之目的便係將犯罪所得重新進入合法經濟體系，FATF將洗錢活動過程區分為三階段，分別為處置（Placement）、多層化（Layering）及整合（Integration）等三個階段：「處置」為將大量現金導入金融或非金融體系中；「多層化」係透過各種複雜之金融交易紀錄增強其商業性、機動性與合法性；「整合」是賦予非法資金最後的合法外貌，俾其回歸經濟體系，並使該資金看來如同一般商業收入。

8 (C)

依洗錢防制法第6條第1項：
1　金融機構及指定之非金融事業或人員應依洗錢與資恐風險及業務規模，建立洗錢防制內部控制與稽核制度；其內容應包括下列事項：
一、　防制洗錢及打擊資恐之作業及控制程序。
二、　定期舉辦或參加防制洗錢之在職訓練。
三、　指派專責人員負責協調監督第一款事項之執行。
四、　備置並定期更新防制洗錢及打擊資恐風險評估報告。
五、　稽核程序。
六、　其他經中央目的事業主管機關指定之事項。
※應備置並更新不是國家風險評估報告，而是防制洗錢及打擊資恐風險評估報告。

9 (D)

依洗錢防制法第14條第1項：
1　有第二條各款所列洗錢行為者，處七年以下有期徒刑，併科新臺幣五百萬元以下罰金。

10 (B)

依洗錢防制法第5條第3項：

本法所稱指定之非金融事業或人員，指從事下列交易之事業或人員：

一、銀樓業。

二、地政士及不動產經紀業從事與不動產買賣交易有關之行為。

三、律師、公證人、會計師為客戶準備或進行下列交易時：

(一) 買賣不動產。

(二) 管理客戶金錢、證券或其他資產。

(三) 管理銀行、儲蓄或證券帳戶。

(四) 有關提供公司設立、營運或管理之資金籌劃。

(五) 法人或法律協議之設立、營運或管理以及買賣事業體。

四、信託及公司服務提供業為客戶準備或進行下列交易時：

(一) 關於法人之籌備或設立事項。

(二) 擔任或安排他人擔任公司董事或秘書、合夥之合夥人或在其他法人組織之類似職位。

(三) 提供公司、合夥、信託、其他法人或協議註冊之辦公室、營業地址、居住所、通訊或管理地址。

(四) 擔任或安排他人擔任信託或其他類似契約性質之受託人或其他相同角色。

(五) 擔任或安排他人擔任實質持股股東。

五、其他業務特性或交易型態易為洗錢犯罪利用之事業或從業人員。

11 (D)

依洗錢防制法第6條修法理由（107年）第1點：

「洗錢防制之成效，須有健全之內稽內控制度，FATF四十項建議之第一項建議明文要求金融機構及指定之非金融事業或人員應採取必要程序辨識、評估並瞭解風險，而第十八項建議亦明文指出專責人員、訓練、稽核程序、內控事項等均為內稽內控制度之必要環節。雖就部分金融機構，我國現行法律對其內稽內控有相關強制規定，但本法現行條文有關內稽內控程序之規定僅具行政指導性質，並無強制力，核與國際規範要求不符，亦影響洗錢防制政策推動成效；況觀諸目前各國除向來針對金融機構之內稽內控要求外，更持續在強化指定之非金融事業或人員在洗錢防制執行上之內稽內控要求，蓋洗錢防制不僅是對外風險的控管，更重要的是內部流程制度與警覺，始能達成以風險為基礎之洗錢防制成效，此參諸英國、馬來西亞、香港等地亦均發布相關實務指引文件強化執行作為，爰修正第一項序文應依所涉之洗錢與資恐風險及其業務規模建立內稽內控稽核制度，在所涉風險較高或業務規模較大情形，應採取較高強度的內稽內控，例如完整之內控程序與獨立稽核；在所涉風險較低或業務規模較小情形，可採取簡化方式，例如在僅一至二人之小型商業，可採行自我審視與稽核之簡化

措施,並修正第一款、第三款,增訂第四款及第五款規定,原第四款遞移至第六款,另刪除原第二項。」

12 (A)

依資恐防制法第6條第1項:

1 主管機關得依職權或申請,許可下列措施:

一、 酌留經指定制裁之個人或其受扶養親屬家庭生活所必需之財物或財產上利益。

二、 酌留經指定制裁之個人、法人或團體管理財物或財產上利益之必要費用。

三、 對經指定制裁之個人、法人或團體以外之第三人,許可支付受制裁者於受制裁前對善意第三人負擔之債務。

另依同法第7條第1項:

1 對於依第四條第一項或第五條第一項指定制裁之個人、法人或團體,除前條第一項、第二項所列許可或限制措施外,不得為下列行為:

一、 對其金融帳戶、通貨或其他支付工具,為提款、匯款、轉帳、付款、交付或轉讓。

二、 對其所有財物或財產上利益,為移轉、變更、處分、利用或其他足以變動其數量、品質、價值及所在地。

三、 為其收集或提供財物或財產上利益。

13 (B)

在《防制洗錢與打擊資恐政策及法令解析》第三章第三節「我國資恐防制法規範與相關授權子法」一節「二、目標性金融制裁(Targeted Financial Sanctions)」內即有說明:

所謂「目標性金融制裁」,因係原文轉譯,自字面上難以得知其內涵,白話地說,可以用「斷金流」來說明,亦即透過制裁名單之指定,針對制裁對象,斷絕其一切財產或財產上利益之支配可能,藉此使其社會活動能力下降,而有助於遏止恐怖主義之蔓生或發展毀滅性武器。

(來源:台灣金融研訓院編輯委員會,防制洗錢與打擊資恐政策及法令解析,財團法人台灣金融研訓院,2018年,第2版,頁86。)

14 (C)

依金融機構防制洗錢辦法第15條:

金融機構對疑似洗錢或資恐交易之申報,應依下列規定辦理:

一、 金融機構對於符合第九條第五款規定之監控型態或其他異常情形,應依同條第四款及第六款規定,儘速完成是否為疑似洗錢或資恐交易之檢視,並留存紀錄。

二、 對於經檢視屬疑似洗錢或資恐交易者,不論交易金額多寡,均應依調查局所定之申報格式

簽報，並於專責主管核定後立
即向調查局申報，核定後之申
報期限不得逾二個營業日。交
易未完成者，亦同。

三、對屬明顯重大緊急之疑似洗錢
或資恐交易案件之申報，應立
即以傳真或其他可行方式儘速
向調查局申報，並應補辦書面
資料。但經調查局以傳真資料
確認回條確認收件者，無需補
辦申報書。金融機構並應留存
傳真資料確認回條。

四、前二款申報書及傳真資料確認
回條，應依調查局規定之格式
辦理。

五、向調查局申報資料及相關紀錄
憑證之保存，應依第十二條規
定辦理。

15 (B)

「目標性金融制裁」規範於資恐防制
法第7條，關於目標性金融制裁之範
圍擴及於第三人受指定制裁對象委
任、委託或其他原因而為其持有或管
理之財物或財產上利益；指定之非金
融事業或人員負有通報義務；而同法
第12條針對指定之非金融事業或人員
違反目標性金融制裁之處罰：
洗錢防制法第五條第一項至第三項所
定之機構、事業或人員違反第七條第
一項至第三項規定者，由中央目的
事業主管機關處新臺幣二十萬元以上
一百萬元以下罰鍰。

※依行政罰法第1條前段，違反行
政法上義務而受罰鍰、沒入或其
他種類行政罰之處罰時，適用本
法；是以罰鍰屬於行政罰，而非
刑事責任。

16 (C)

依銀行業及其他經金融監督管理委員
會指定之金融機構防制洗錢及打擊資
恐內部控制與稽核制度實施辦法第6
條第2項：

2　前項第一款洗錢及資恐風險之辨
識、評估及管理，應至少涵蓋客
戶、地域、產品及服務、交易或
支付管道等面向，並依下列規定
辦理：

一、製作風險評估報告。

二、考量所有風險因素，以決定整
體風險等級，及降低風險之適
當措施。

三、訂定更新風險評估報告之機
制，以確保風險資料之更新。

四、於完成或更新風險評估報告時，
將風險評估報告送本會備查。

17 (A)

依金融機構防制洗錢辦法第3條第2款
第2目：
金融機構確認客戶身分措施，應依下
列規定辦理：

二、金融機構於下列情形時，應確
認客戶身分：

(二) 進行下列臨時性交易：

1. 辦理一定金額以上交易（含國內匯款）或一定數量以上電子票證交易時。多筆顯有關聯之交易合計達一定金額以上時，亦同。
2. 辦理新臺幣三萬元（含等值外幣）以上之跨境匯款時。

18 (D)

銀行業及其他經金融監督管理委員會指定之金融機構防制洗錢及打擊資恐內部控制與稽核制度實施辦法第5條第2項第2款第1目：

2　新臺幣境內匯款之匯款金融機構，應依下列規定辦理：

二、　應依金融機構防制洗錢辦法第十二條規定，保存下列匯款人及受款人之必要資訊：

(一) 匯款人資訊應包括：匯款人姓名、扣款帳戶號碼（如無，則提供可供追蹤之交易碼）及下列各項資訊之一：

1. 身分證號。
2. 匯款人地址。
3. 出生日期及出生地。

19 (D)

依行政院洗錢防制辦公室107年國家洗錢及資恐風險評估報告第15頁：

「一、洗錢風險：洗錢威脅辨識結果發現，臺灣深受洗錢非常高度威脅的犯罪共有8大類型，包含毒品販運、詐欺、組織犯罪、貪污、走私、證券犯罪、第三方洗錢、稅務犯罪等。…」

20 (D)

如就洗錢犯罪者慣用之管道而論，大致不外乎下列5項：

(1) 經由銀行系統（Via the Bank），將「黑錢」（Black Money）（即所謂「不法財產」）存入銀行或轉換為銀行支票、國庫券、信用狀等；

(2) 利用非正式銀行系統（Informal Bank Ciruict）如：銀樓、珠寶商、或其他貿易商所組成之嚴密聯絡網，將「黑錢」轉換為其他國家之貨幣或黃金；

(3) 利用中獎之賽馬或樂透彩券（Winning Racing or General Lotteries Tickets），由洗錢者以「黑錢」給付中獎者同額之獎金及利潤（一般約百分之十至十五間），隨後由洗錢者持中獎彩券前往領取獎金；

(4) 利用賭博娛樂場所（Gambling Casino），由洗錢者使用大量小額現鈔之「黑錢」購買賭博籌碼，再經過幾番進場賭博後，即將小額籌碼兌換為大額現鈔；

(5) 走私貨幣（Currency Smuggling），利用陸、海、空各種管道，將「黑錢」私運離開國境。

※(D)所使用的管道，並未有迴避查緝的效果，屬於一般洗錢管道。

（來源：吳秋慧，由國際防制洗錢之理論及實務探究我國防制洗錢之法律建構及施行概況，立法院院聞第26卷第2期，頁45。）

21 (#)

依公告，本題凡作答一律給分。

依金融機構防制洗錢辦法第15條第2款：

金融機構對疑似洗錢或資恐交易之申報，應依下列規定辦理：

二、對於經檢視屬疑似洗錢或資恐交易者，不論交易金額多寡，均應依調查局所定之申報格式簽報，並於專責主管核定後立即向調查局申報，核定後之申報期限不得逾二個營業日。交易未完成者，亦同。

22 (C)

依銀行評估洗錢及資恐風險及訂定相關防制計畫指引第3點第2項第2款：

2 具體的風險評估項目應至少包括地域、客戶、產品及服務、交易或支付管道等面向，並應進一步分析各風險項目，以訂定細部的風險因素。

(二) 客戶風險：

1. 銀行應綜合考量個別客戶背景、職業與社會經濟活動特性、地域、以及非自然人客戶之組織型態與架構等，以識別該客戶洗錢及資恐風險。

2. 於識別個別客戶風險並決定其風險等級時，銀行得依據以下風險因素為評估依據：

(1) 客戶之地域風險：依據銀行所定義之洗錢及資恐風險的區域名單，決定客戶國籍與居住國家的風險評分。

(2) 客戶職業與行業之洗錢風險：依據銀行所定義之各職業與行業的洗錢風險，決定客戶職業與行業的風險評分。高風險行業如從事密集性現金交易業務、或屬易被運用於持有個人資產之公司或信託等。

(3) 個人客戶之任職機構。

(4) 客戶開戶與建立業務關係之管道。

(5) 首次建立業務關係之往來金額。

(6) 申請往來之產品或服務。

(7) 客戶是否有其他高洗錢及資恐風險之表徵，如客戶留存地址與分行相距過遠而無法提出合理說明者、客戶為具隱名股東之公司或可發行無記名股票之公司、法人客戶之股權複雜度，如股權架構是否明顯異常或相對其業務性質過度複雜等。

23 (D)

依證券期貨業及其他經金融監督管理委員會指定之金融機構防制洗錢及打擊資恐內部控制與稽核制度實施辦法第6條第3項：

3 證券期貨業及其他經金融監督管理委員會指定之金融機構總經理應督導各單位審慎評估及檢討防制洗錢及打擊資恐內部控制制度執行情形，由董事長、總經理、稽核主管、防制洗錢及打擊資恐專責主管聯名出具防制洗錢及打

擊資恐之內部控制制度聲明書，並提報董事會通過，於每會計年度終了後三個月內將該內部控制制度聲明書內容揭露於證券期貨業及其他經金融監督管理委員會指定之金融機構網站，並於金融監督管理委員會指定網站辦理公告申報。

24 (D)

依金融機構防制洗錢辦法第5條：

金融機構確認客戶身分措施，應包括對客戶身分之持續審查，並依下列規定辦理：

一、金融機構應依重要性及風險程度，對現有客戶身分資料進行審查，並於考量前次執行審查之時點及所獲得資料之適足性後，在適當時機對已存在之往來關係進行審查。上開適當時機至少應包括：

(一) 客戶加開帳戶、新增電子票證記名作業、新增註冊電子支付帳戶、保額異常增加或新增業務往來關係時。

(二) 依據客戶之重要性及風險程度所定之定期審查時點。

(三) 得知客戶身分與背景資訊有重大變動時。

二、金融機構應對客戶業務關係中之交易進行詳細審視，以確保所進行之交易與客戶及其業務、風險相符，必要時並應瞭解其資金來源。

三、金融機構應定期檢視其辨識客戶及實質受益人身分所取得之資訊是否足夠，並確保該等資訊之更新，特別是高風險客戶，金融機構應至少每年檢視一次。

四、金融機構對客戶身分辨識與驗證程序，得以過去執行與保存資料為依據，無須於客戶每次從事交易時，一再辨識及驗證客戶之身分。但金融機構對客戶資訊之真實性或妥適性有所懷疑、發現客戶涉及疑似洗錢或資恐交易、或客戶之交易或帳戶之運作方式出現與該客戶業務特性不符之重大變動時，應依第三條規定對客戶身分再次確認。

25 (B)

依銀行防制洗錢及打擊資恐注意事項範本第9條第4、5款：

四、帳戶及交易監控政策及程序，至少應包括完整之監控型態、參數設定、金額門檻、預警案件與監控作業之執行程序與監控案件之檢視程序及申報標準，並將其書面化。

五、前款機制應予測試，測試面向包括：

(一) 內部控制流程：檢視帳戶及交易監控機制之相關人員或單位之角色與責任。

(二) 輸入資料與對應之系統欄位正確及完整。

(三) 偵測情境邏輯。

(四) 模型驗證。

(五) 資料輸出。

26 (A)

依保險公司與辦理簡易人壽保險業務之郵政機構及其他經金融監督管理委員會指定之金融機構防制洗錢及打擊資恐內部控制與稽核制度實施辦法第6條第6項：

6　保險公司、辦理簡易人壽保險業務之郵政機構及其他經本會指定機構國外營業單位防制洗錢及打擊資恐主管之設置應符合當地法令規定及當地主管機關之要求，並應具備協調督導防制洗錢及打擊資恐之充分職權，包括可直接向第一項專責主管報告，且除兼任法令 遵循主管外，應為專任，如兼任其他職務，應與當地主管機關溝通，以確認其兼任方式無職務衝突之虞，並報本會備查。

27 (D)

依保險公司與辦理簡易人壽保險業務之郵政機構及其他經金融監督管理委員會指定之金融機構防制洗錢及打擊資恐內部控制與稽核制度實施辦法第3條：

1　本辦法所稱保險公司，包括財產保險公司、人身保險公司、專業再保險公司。

2　本辦法所稱其他經本會指定機構，包括保險代理人公司、保險經紀人公司及個人執業之保險代理人或保險經紀人。

28 (B)

依人壽保險業防制洗錢及打擊資恐注意事項範本第4條第13款第1目：

十三、保險公司、辦理簡易人壽保險業務之郵政機構於確認客戶身分時，應運用適當之風險管理機制，確認客戶及其實質受益人、高階管理人員是否為現任或曾任國內外政府或國際組織之重要政治性職務人士：

(一) 客戶或其實質受益人若為現任國外政府之重要政治性職務人士，應將該客戶直接視為高風險客戶，並採取第六條第一項第一款各目之強化確認客戶身分措施。

※要保人及實質受益人必須進行查證及認定，針對被保險人或受益人或保險標的不盡相同情形，仍需另行評估。

29 (C)

依保險業評估洗錢及資恐風險及訂定相關防制計畫指引第4點：

1　保險業應建立不同之客戶風險等級與分級規則。

2　就客戶之風險等級，至少應有兩級（含）以上之風險級數，即「高風險」與「一般風險」兩種風險等級，作為加強客戶審查措施及持續監控機制執行強度之依據。若僅採

行兩級風險級數之保險業，因「一般風險」等級仍高於本指引第五點與第七點所指之「低風險」等級，故不得對「一般風險」等級之客戶採取簡化措施。

3 保險業不得向客戶或與執行防制洗錢或打擊資恐義務無關者，透露客戶之風險等級資訊。

30 (A)

依金融機構防制洗錢辦法第10條第1項第1款：

1 金融機構於確認客戶身分時，應運用適當之風險管理機制，確認客戶及其實質受益人、高階管理人員是否為現任或曾任國內外政府或國際組織之重要政治性職務人士：

一、 客戶或其實質受益人若為現任國外政府之重要政治性職務人士，應將該客戶直接視為高風險客戶，並採取第六條第一項第一款各目之強化確認客戶身分措施。

31 (B)

依《防制洗錢與打擊資恐實務與案例》一書第一章第二節：「

二、 銀行間支付系統功能強大：……，先進的電子系統仍然有誘人之處及漏洞：

(一) 可以快速且大量地匯款；

(二) 每家銀行對於匯款資料的要求並不一致，要求較鬆者，可能可以提供極佳的洗錢機會；

(三) 每家銀行對於交易資料的保存規定未盡相同；

(四) 每家銀行對可疑交易的定義不同，對陳報「疑似洗錢交易報告」（Suspicious Transaction Report，簡稱 STR）的標準也不同；

(五) 每家銀行的經營策略不同、風險胃納也不同、獲利目標有高有低、管理哲學互異、內部控制鬆緊有別、對法令遵循的重視程度有差異；

(六) 每家銀行的薪酬制度不同、獎金紅利制度不同、業績壓力也不同；

(七) 每家銀行都由人經營，而每個人的價值觀及道德感不同。」

（來源：台灣金融研訓院編輯委員會，防制洗錢與打擊資恐實務與案例，財團法人台灣金融研訓院，2018年，第2版，頁5。）

32 (D)

依《防制洗錢與打擊資恐實務與案例》一書第一章第三節：「

二、 關鍵監控措施要有效防堵洗錢者及恐怖組織利用非營利組織移動資金，以下是關鍵監控措施：

(一) 注意非營利組織與其他有問題的非營利組織之間的關聯性，例如營運或財務有無往來，有無相同的管理者或董事；

(二) 留意非營利組織的管理者或董事有無不良紀錄；

(三) 非營利組織的董事有無外籍人士；

(四) 查核非營利組織與聯合國制裁名單上的個人或團體有無任何往來或關聯；

(五) 媒體有沒有對非營利組織的負面報導；

(六) 非營利組織有沒有被檢舉過有不法行為；

(七) 執法單位有沒有查詢過非營利組織的交易紀錄；

(八) 非營利組織的主管機關或稅務單位是否曾查詢過該組織的交易紀錄；

(九) 非營利組織的巨額資金來源是否屬於高收入族群，如果不是，須加強監控；

(十) 非營利組織的宗旨與活動是否相符；

(十一)非營利組織是否有正常運作，有適當的辦公場所、服務電話及職員；

(十二)非營利組織的帳戶活動是否與歷史紀錄有極大差異（增加或減少），例如交易金額或頻率；

(十三)非營利組織是否有突發、罕見且難以解釋的大額交易；

(十四)非營利組織的捐款是否有相當比重來自境外；

(十五)非營利組織的交易對象是否位於高風險國家；

(十六)非營利組織的交易對象即使在境內，二者之間的電話、地址、管理者、董事、會計師、律師有無任何關聯。」

（來源：台灣金融研訓院編輯委員會，防制洗錢與打擊資恐實務與案例，財團法人台灣金融研訓院，2018年，第2版，頁12-13。）

33 (B)

依《防制洗錢與打擊資恐實務與案例》一書第一章第四節：

「三、保險業陳報可疑交易較少的原因...(一)傳統型保單累積保單價值準備金速度較慢，解約金不多，洗錢成本太高…(四)保險業對洗錢及資恐的交易監控系統欠佳，有些業者甚至沒有自動化監控系統。」。

（來源：防制洗錢與打擊資恐實務與案例，財團法人台灣金融研訓院，2018年，第2版，頁18-19。）

34 (C)

依金融機構防制洗錢辦法第3條第9款前段：

金融機構確認客戶身分措施，應依下列規定辦理：

九、 金融機構完成確認客戶身分措施前，不得與該客戶建立業務關係或進行臨時性交易。

35 (A)

FATF有關防制洗錢金融行動工作組織報告專業洗錢報告（行政院洗錢防

制辦公室2019年11月印製翻譯版）：
錢騾係指透過洗錢活動或實體運送有價值之物，可能是贓款、貨物或其他商品之人。……某些錢騾不知道自己遭利用從事犯罪活動，犯罪組織利用不知情的錢騾，兌現偽造支票及匯票，或利用被盜之信用卡號碼或盜用其他個人身分資料購買商品。在某些情況下，錢騾可能懷疑其移轉的金錢來源並不合法，但囿於經濟困難或自身貪念，他們故意裝作不知情，並經常使用擔任錢騾犯罪賺取的收入，填補其日常支出。

36 (D)

依人壽保險業防制洗錢及打擊資恐注意事項範本附錄疑似洗錢或資恐交易態樣第3點異常交易-密集行為類：
客戶於短期內密集辦理大額之保單借款並還款，借款與還款金額相當，且無法提出合理說明者。故這可能是一個疑似洗錢之警訊，承辦人員應立即陳報督導主管。

37 (B)

依中華民國證券商業同業公會證券商防制洗錢及打擊資恐注意事項範本附錄疑似洗錢、資恐或武擴交易態樣：
二、 交易類：
(二) 客戶未見合理原因，於一定期間內進行鉅額配對交易對象為同一人者。

38 (C)

買受人以外匯方式付款予出賣人，尚屬正常國際貿易方式；反之以現金支付貨款、不配合辦理客戶審查和由無關第三人支付等情況，皆為高風險洗錢活動的徵兆。

39 (A)

依洗錢防制法第7條第4項後段：
前項重要政治性職務之人與其家庭成員及有密切關係之人之範圍，由法務部定之。
另參閱《重要政治性職務之人與其家庭成員及有密切關係之人範圍認定標準第二條、第九條修正總說明（107.10.16 修正）》：
重要政治性職務之人與其家庭成員及有密切關係之人範圍認定標準（以下簡稱本標準）經法務部於一百零六年六月二十六日訂定發布，明確規範洗錢防制法第七條第三項所定之重要政治性職務之人與其家庭成員及有密切關係之人之範圍。茲為配合一百零七年五月二十三日修正公布之法務部組織法第五條、法院組織法增訂第一百十四條之二有關各級檢察機關名銜「去法院化」之相關規定，爰修正第二條相關檢察機關用語規定之文字及於第九條增訂修正條文之施行日。

40 (C)

依洗錢防制法第7條第2項：
2 前項確認客戶身分程序所得資料，應自業務關係終止時起至少

保存五年；臨時性交易者，應自臨時性交易終止時起至少保存五年。但法律另有較長保存期間規定者，從其規定。

41 (A)

依FATF 公布「銀行業風險基礎方法指引」（行政院洗錢防制辦公室2017年10月印製翻譯版）前言：
C.本指引目標受眾、位階及內容：
5.本指引係針對各國及其權責機關，包括銀行監理機關；本指引亦針對銀行業從業人員。

42 (B)

依銀行防制洗錢及打擊資恐注意事項範本第5條第2款：
二、應定期檢視其辨識客戶及實質受益人身分所取得之資訊是否足夠，並確保該等資訊之更新，特別是高風險客戶，應至少每年檢視一次，除前述客戶外，應依風險基礎方法決定檢視頻率。

43 (C)

依金融機構防制洗錢辦法第2條第1項第7款：
七、實質受益人：指對客戶具最終所有權或控制權之自然人，或由他人代理交易之自然人本人，包括對法人或法律協議具最終有效控制權之自然人。

44 (C)

依銀行防制洗錢及打擊資恐注意事項範本附錄疑似洗錢或資恐交易態樣：
四、產品/服務—貿易金融類：
(一) 提貨單與付款單或發票的商品敘述內容不符，如進出口的產品數量或類型不符。
(二) 產品和服務之定價，或於發票中所申報的價值，明顯與該商品的市場公平價值不符（低估或高估）。
(三) 付款方式不符合該交易的風險特性，如預先支付貨款給一個位於洗錢或資恐高風險國家或地區的新供應商。
(四) 交易中所使用的信用狀常頻繁或無合理解釋大幅修改、延期或更換付款地點。
(五) 利用無貿易基礎的信用狀、票據貼現或其他方式於境外融資。
(六) 運送之物品與客戶所屬產業別、營運項目不符或與本身營業性質無關。
(七) 客戶涉及疑似洗錢或資恐高風險之活動，包括輸出入受禁運或限制輸出入貨品者（如外國政府的軍事用品、武器、化學物品，或金屬等天然資源）。
(八) 貨物運至或來自洗錢或資恐高風險國家或地區。
(九) 運輸的貨物類型容易被利用於洗錢或資恐，如高價值但量少之商品（如鑽石、藝術品）。

45 (A)

依銀行防制洗錢及打擊資恐注意事項範本附錄疑似洗錢或資恐交易態樣：
一、產品/服務—存提匯款類：
(一)同一帳戶在一定期間內之現金存、提款交易，分別累計達特定金額以上者。
(二)同一客戶在一定期間內，於其帳戶辦理多筆現金存、提款交易，分別累計達特定金額以上者。
(三)同一客戶在一定期間內以每筆略低於一定金額通貨交易申報門檻之現金辦理存、提款，分別累計達特定金額以上者。
(四)客戶突有達特定金額以上存款者（如將多張本票、支票存入同一帳戶）。
(五)不活躍帳戶突有達特定金額以上資金出入，且又迅速移轉者。
(六)客戶開戶後立即有達特定金額以上款項存、匯入，且又迅速移轉者。
(七)存款帳戶密集存入多筆款項達特定金額以上或筆數達一定數量以上，且又迅速移轉者。
(八)客戶經常於數個不同客戶帳戶間移轉資金達特定金額以上者。
(九)客戶經常以提現為名、轉帳為實方式處理有關交易流程者。
(十)客戶每筆存、提金額相當且相距時間不久，並達特定金額以上者。

(十一)客戶經常代理他人存、提，或特定帳戶經常由第三人存、提現金達特定金額以上者。
(十二)客戶一次性以現金分多筆匯出、或要求開立票據（如本行支票、存放同業支票、匯票）、申請可轉讓定期存單、旅行支票、受益憑證及其他有價證券，其合計金額達特定金額以上者。
(十三)客戶結購或結售達特定金額以上外匯、外幣現鈔、旅行支票、外幣匯票或其他無記名金融工具者。
(十四)客戶經常性地將小面額鈔票兌換成大面額鈔票，或反之者。
(十五)自洗錢或資恐高風險國家或地區匯入（或匯至該等國家或地區）之交易款項達特定金額以上。本範本所述之高風險國家或地區，包括但不限於金融監督管理委員會函轉國際洗錢防制組織所公告防制洗錢及打擊資恐有嚴重缺失之國家或地區、及其他未遵循或未充分遵循國際洗錢防制組織建議之國家或地區。

46 (B)

依金融機構防制洗錢辦法第3條第7款第3目：
金融機構確認客戶身分措施，應依下列規定辦理：

七、第四款第三目規定於客戶為法
　人、團體或信託之受託人時，
　應瞭解客戶或信託之所有權及
　控制權結構，並透過下列資
　訊，辨識客戶之實質受益人，
　及採取合理措施驗證：
(三)客戶或具控制權者為下列身分
　者，除有第六條第一項第三款但
　書情形或已發行無記名股票情形
　者外，不適用第四款第三目辨識
　及驗證實質受益人身分之規定。
1.我國政府機關。
2.我國公營事業機構。
3.外國政府機關。
4.我國公開發行公司或其子公司。
5.於國外掛牌並依掛牌所在地規定，
　應揭露其主要股東之股票上市、上
　櫃公司及其子公司。
6.受我國監理之金融機構及其管理之
　投資工具。
7.設立於我國境外，且所受監理規
　範與防制洗錢金融行動工作組織
　（FATF）所定防制洗錢及打擊資
　恐標準一致之金融機構，及該金融
　機構管理之投資工具。
8.我國政府機關管理之基金。
9.員工持股信託、員工福利儲蓄
　信託。
※非營利組織如慈善機構等，不在上
　述排除之列。

47 (B)

依銀行防制洗錢及打擊資恐注意事項
範本第9條第1項第9款：

1　銀行對帳戶及交易之持續監控,應
　依下列規定辦理：
九、銀行就各項疑似洗錢或資恐交
　易表徵，應以風險基礎方法辨
　別須建立相關資訊系統輔助監
　控者。未列入系統輔助者，銀
　行亦應以其他方式協助員工於
　客戶交易時判斷其是否為疑似
　洗錢或資恐交易；系統輔助並
　不能完全取代員工判斷，銀行
　仍應強化員工之訓練，使員工
　有能力識別出疑似洗錢或資恐
　交易。

48 (C)

依銀行防制洗錢及打擊資恐注意事項
範本附錄疑似洗錢或資恐交易態樣：
十一、跨境交易類：
(一)客戶經常匯款至國外達特定金額
　以上者。
(二)客戶經常由國外匯入大筆金額且
　立即提領現金達特定金額以上
　者。
(三)客戶經常自國外收到達特定金額
　以上款項後，立即再將該筆款項
　匯回同一個國家或地區的另一個
　人，或匯至匯款方在另一個國家
　或地區的帳戶者。
(四)客戶頻繁而大量將款項從高避稅
　風險或高金融保密的國家或地
　區，匯入或匯出者。
※乙、小王僅為「偶爾」從國外匯
　入款項達數千美金，非「經常」或
　「頻繁」。

49 (D)

所謂風險基礎方法，指金融機構應確認、評估及瞭解其暴露之洗錢及資恐風險，並採取適當防制洗錢及打擊資恐措施，以有效降低此類風險。

另以金融機構防制洗錢辦法第10條第1項為例：

1 金融機構於確認客戶身分時，應運用適當之風險管理機制，確認客戶及其實質受益人、高階管理人員是否為現任或曾任國內外政府或國際組織之重要政治性職務人士：

一、客戶或其實質受益人若為現任國外政府之重要政治性職務人士，應將該客戶直接視為高風險客戶，並採取第六條第一項第一款各目之強化確認客戶身分措施。

※現任國外政府之重要政治性職務人士為具有洗錢資恐風險因子之人，亦無直接禁止與任何建立業務關係。

50 (#)

依公告，(B)、(C)選項皆為答案，也就是二者皆不是可以充任國內營業單位防制洗錢及打擊資恐督導主管之資格條件。

依銀行業及其他經金融監督管理委員會指定之金融機構防制洗錢及打擊資恐內部控制與稽核制度實施辦法第9條第2項：

2 銀行業及其他經本會指定之金融機構之防制洗錢及打擊資恐專責主管、專責人員及國內營業單位督導主管應於充任後三個月內符合下列資格條件之一，金融機構並應訂定相關控管機制，以確保符合規定：

一、曾擔任專責之法令遵循或防制洗錢及打擊資恐專責人員三年以上者。

二、參加本會認定機構所舉辦二十四小時以上課程，並經考試及格且取得結業證書者。但已符合法令遵循人員資格條件者，經參加本會認定機構所舉辦十二小時防制洗錢及打擊資恐之教育訓練後，視為具備本款資格條件。

三、取得本會認定機構舉辦之國內或國際防制洗錢及打擊資恐專業人員證照者。

51 (C)

依銀行業及其他經金融監督管理委員會指定之金融機構防制洗錢及打擊資恐內部控制與稽核制度實施辦法規定第6條第2項：

2 前項第一款洗錢及資恐風險之辨識、評估及管理，應至少涵蓋客戶、地域、產品及服務、交易或支付管道等面向，並依下列規定辦理：

一、製作風險評估報告。

二、考量所有風險因素，以決定整體風險等級，及降低風險之適當措施。

三、訂定更新風險評估報告之機制，以確保風險資料之更新。

四、於完成或更新風險評估報告時，將風險評估報告送本會備查。

52 (B)

依證券商評估洗錢及資助恐怖主義風險及訂定相關防制計畫指引第3點第2項第3款第3目：

2 具體的風險評估項目應至少包括地域、客戶與產品三類指標，並應進一步分析各風險項目，以訂定細部的風險因素。

(三) 產品風險：

3.個別產品或服務之風險因素舉例如下：

(1) 與現金之關聯程度。

(2) 是否為面對面業務往來關係或交易。

(3) 是否為高金額之金錢或價值移轉業務。

53 (B)

依金融機構防制洗錢辦法第3條第11款：

金融機構確認客戶身分措施，應依下列規定辦理：

十一、金融機構懷疑某客戶或交易可能涉及洗錢或資恐，且合理相信執行確認客戶身分程序可能對客戶洩露訊息時，得不執行該等程序，而改以申報疑似洗錢或資恐交易。

54 (A)

依FATF 40項建議中第1項：

各國應用風險基礎方法（Risk-based Approach, RBA），亦即權責機關應評估其所面臨之洗錢/資恐風險，並針對風險之程度採取相對應之反制措施，且認為一國的洗錢/資恐風險若能被充分及正確的辨識、評估及瞭解，即能將有限的防制洗錢/打擊資恐資源作最有效之運用。

（原文如下：Based on that assessment, countries should apply a risk-based approach （RBA） to ensure that measures to prevent or mitigate money laundering and terrorist financing are commensurate with the risks identified. This approach should be an essential foundation to efficient allocation of resources across the anti-money laundering and countering the financing of terrorism （AML/CFT） regime and the implementation of risk-based measures throughout the FATF Recommendations.）

55 (A)

(A)依保險業評估洗錢及資恐風險及訂定相關防制計畫指引第6點第1項：

1 對於新建立業務關係的客戶，保險業應在建立業務關係時，確定其風險等級。

(B)依保險業評估洗錢及資恐風險及訂定相關防制計畫指引第5點第1項：

1　除外國政府之重要政治性職務人士與受經濟制裁、外國政府或國際洗錢防制組織認定或追查之恐怖分子或團體，及依資恐防制法指定制裁之個人、法人或團體，應直接視為高風險客戶外，保險業得依自身之業務型態及考量相關風險因素，訂定應直接視為高風險客戶之類型。

(C)依保險業評估洗錢及資恐風險及訂定相關防制計畫指引第4點第2項：

2　就客戶之風險等級，至少應有兩級（含）以上之風險級數，即「高風險」與「一般風險」兩種風險等級，作為加強客戶審查措施及持續監控機制執行強度之依據。若僅採行兩級風險級數之保險業，因「一般風險」等級仍高於本指引第五點與第七點所指之「低風險」等級，故不得對「一般風險」等級之客戶採取簡化措施。

(D)依保險業評估洗錢及資恐風險及訂定相關防制計畫指引第4點第3項：

3　保險業不得向客戶或與執行防制洗錢或打擊資恐義務無關者，透露客戶之風險等級資訊。

56 (D)

依人壽保險業防制洗錢及打擊資恐注意事項範本第13條：

保險公司、辦理簡易人壽保險業務之郵政機構應以紙本或電子資料保存與客戶往來及交易之紀錄憑證，並依下列規定辦理：

一、對國內外交易之所有必要紀錄之保存應至少保存五年。但法律另有較長保存期間規定者，從其規定。前述必要紀錄包括：

(一) 進行交易的各方姓名或帳號或識別號碼。

(二) 交易日期。

(三) 貨幣種類及金額。

(四) 繳交或給付款項之方式，如以現金、支票等。

(五) 給付款項的目的地。

(六) 指示或授權之方式。

二、對達一定金額以上大額通貨交易，其確認紀錄及申報之相關紀錄憑證，以原本方式至少保存五年。確認客戶程序之記錄方法，由保險公司、辦理簡易人壽保險業務之郵政機構依本身考量，根據全公司一致性做法之原則，選擇一種記錄方式。

三、對疑似洗錢或資恐交易之申報，其申報之相關紀錄憑證，以原本方式至少保存五年。

四、下列資料應保存至與客戶業務關係結束後至少五年。但法律另有較長保存期間規定者，從其規定：

(一) 確認客戶身分所取得之所有紀錄，如護照、身分證、駕照或類似之官方身分證明文件影本或紀錄。

(二) 契約文件檔案。

(三) 業務往來資訊，包括對複雜、異常交易進行詢問所取得之背景或目的資訊與分析資料。

五、保存之交易紀錄應足以重建個
　　別交易，以備作為認定不法活
　　動之證據。

六、對權責機關依適當授權要求提
　　供交易紀錄及確認客戶身分等
　　相關資訊時，應確保能夠迅速
　　提供。

57 (A)

依重要政治性職務之人與其家庭成員
及有密切關係之人範圍認定標準第5
條立法理由：

依FATF四十項建議第十二項及第
二十二項、建議指引第四十五條，
金融機構及指定之非金融事業或人
員在評估客戶自重要公眾職務離職
後，是否仍應採用加強客戶審查程
序以降低風險，可能考量之風險因
素為重要政治性職務之人仍能發揮
實質影響力之程度、擔任重要性職
務之時間，及重要政治性職務之人
離職後所任新職，與其先前重要公
眾職務是否有關連性。

另明確告知其擔任的所有職務者，仍
需就其評估發揮實質影響力之程度、
擔任重要性職務之時間和重要公眾職
務是否有關連性等面向評估，並非逐
行認定其屬重要政治性職務之人。

58 (C)

依法務部調查局疑似洗錢或資恐交易
態樣簡稱對照表代碼A1D：
客戶結購或結售達特定金額以上外匯
或其他無記名工具者，即屬疑似洗錢

或資恐交易表徵，是以使用無記名票
據支付款項，既為重要政治性職務人
士在業務關係或交易之洗錢及資恐警
示表徵，反之則否。

59 (B)

依法務部有關「重要政治性職務之人
與其家庭成員及有密切關係之人範圍
認定標準」問答集，有關「重要政治
性職務之人」的資訊要如何取得：

判斷是不是「重要政治性職務之人」
的重點還是在客戶盡職調查程序，包
括員工的訓練與充分的資訊，其中最
寶貴的判斷資訊，就是客戶本人，因
此應善用對於客戶本人之了解方式，
而非單純仰賴第三資源。此外，最重
要的是要確保客戶資訊即時更新、員
工受定期訓練，以及網路及電子媒體
資源之使用，例如財產申報系統也是
重要資源，或也可以由客戶自行聲明
（但客戶聲明不免除金融機構之責
任）以及集團內資訊分享來取得相關
資訊。至於商業資料庫之使用並非國
際規範的強制要求，且使用資料庫本
身也不能取代客戶盡職調查之程序，
畢竟商業資料庫也有其限制。

60 (A)

依FATF「『防制洗錢金融行動工作
組織建議』之技術遵循及防制洗錢/
打擊資恐之效能評鑑」（行政院洗
錢防制辦公室2017年10月印製翻譯
版）：

1. 技術遵循評鑑：針對「FATF建議」之特別規範，主要有關國家法規、體制架構、權責機關權力及程序等，以瞭解該國防制洗錢／打擊資恐體系之基礎。
2. 效能評鑑：評估「FATF建議」執行成效，並辨識該國達到完善防制洗錢／打擊資恐體系應有成果的程度。因此，效能評鑑的重點，在於檢視法規及體制架構所能產生預期成果的程度。

61 (A)(B)(C)(D)

依金融機構防制洗錢辦法第5條第1款：

金融機構確認客戶身分措施，應包括對客戶身分之持續審查，並依下列規定辦理：

一、 金融機構應依重要性及風險程度，對現有客戶身分資料進行審查，並於考量前次執行審查之時點及所獲得資料之適足性後，在適當時機對已存在之往來關係進行審查。上開適當時機至少應包括：

(一) 客戶加開帳戶、新增電子票證記名作業、新增註冊電子支付帳戶、保額異常增加或新增業務往來關係時。
(二) 依據客戶之重要性及風險程度所定之定期審查時點。
(三) 得知客戶身分與背景資訊有重大變動時。

62 (B)(C)(D)

參考行政院網站重要政策公告「洗錢防制新制上路」（106/07/10）：

二、 洗錢防制新法修正重點：

(一) 提升洗錢犯罪追訴可能性：增訂洗錢擴大沒收、放寬洗錢前置犯罪門檻、擴充洗錢行為定義、增訂特殊洗錢犯罪、洗錢犯罪不以前置犯罪經有罪判決為必要等，未來提供人頭帳戶或擔任車手均可能構成洗錢罪，可處6個月以上有期徒刑。
(二) 建立透明化金流軌跡：繼金融機構、銀樓業之後，將不動產經紀業、地政士、律師、會計師和公證人等指定之非金融事業或人員納入防制體系，全面要求確認客戶身分、留存交易紀錄、通報大額或可疑交易，同時加強對重要政治性職務人士之審查、強化邊境金流管制等，如旅客出入境可攜帶限額為現鈔新台幣10萬元、人民幣2萬元、外幣、香港或澳門發行之貨幣等值1萬美元，有價證券總面額等值1萬美元，黃金價值2萬美元，超越自用目的之鑽石、寶石、白金總價值新台幣50萬元。超逾限額未申報或申報不實者，將沒入或處以罰鍰；以貨物運送、快遞、郵寄等方式運送者亦同。
(三) 增強我國洗錢防制體制：強化洗錢防制規範對象之內部管制

程序與教育訓練、設置洗錢防制基金等。

(四) 強化國際合作：如明定《洗錢防制法》與《資恐防制法》之反制措施法源、沒收洗錢犯罪所得之分享與返還、強化我國與外國政府、機構或國際組織之洗錢防制合作等。

63 (A)(B)(D)

依金融機構防制洗錢辦法第14條第1項：

金融機構對下列達一定金額以上之通貨交易，免向調查局申報，但仍應確認客戶身分及留存相關紀錄憑證：

一、 存入政府機關、公營事業機構、行使公權力機構（於受委託範圍內）、公私立學校、公用事業及政府依法設立之基金所開立帳戶之款項。

二、 金融機構代理公庫業務所生之代收付款項。

三、 金融機構間之交易及資金調度。但金融同業之客戶透過金融同業間之同業存款帳戶所生之應付款項，如兌現同業所開立之支票，同一客戶現金交易達一定金額以上者，仍應依規定辦理。

四、 公益彩券經銷商申購彩券款項。

五、 代收款項交易（不包括存入股款代收專戶之交易、代收信用卡消費帳款之交易），其繳款通知書已明確記載交易對象之姓名、身分證明文件號碼（含代號可追查交易對象之身分者）、交易種類及金額者。但應以繳款通知書副聯作為交易紀錄憑證留存。

64 (A)(C)

(B)依資恐防制法第4條第2項：

2 前項指定之制裁名單，不以該個人、法人或團體在中華民國領域內者為限。

(D)依資恐防制法第5條第2項：

2 前項所指定制裁個人、法人或團體之除名，非經聯合國安全理事會除名程序，不得為之。

65 (A)(B)

依金融機構防制洗錢辦法第3條第2款：

金融機構確認客戶身分措施，應依下列規定辦理：

二、 金融機構於下列情形時，應確認客戶身分：

(一) 與客戶建立業務關係時。

(二) 進行下列臨時性交易：

1.辦理一定金額以上交易（含國內匯款）或一定數量以上電子票證交易時。多筆顯有關聯之交易合計達一定金額以上時，亦同。

2.辦理新臺幣三萬元（含等值外幣）以上之跨境匯款時。

66 (A)(B)(D)

金融機構防制洗錢辦法第3條第7款第3目：

金融機構確認客戶身分措施，應依下列規定辦理：

七、第四款第三目規定於客戶為法人、團體或信託之受託人時，應瞭解客戶或信託之所有權及控制權結構，並透過下列資訊，辨識客戶之實質受益人，及採取合理措施驗證：

(三) 客戶或具控制權者為下列身分者，除有第六條第一項第三款但書情形或已發行無記名股票情形者外，不適用第四款第三目辨識及驗證實質受益人身分之規定。

1.我國政府機關。

2.我國公營事業機構。

3.外國政府機關。

4.我國公開發行公司或其子公司。

5.於國外掛牌並依掛牌所在地規定，應揭露其主要股東之股票上市、上櫃公司及其子公司。

6.受我國監理之金融機構及其管理之投資工具。

7.設立於我國境外，且所受監理規範與防制洗錢金融行動工作組織（FATF）所定防制洗錢及打擊資恐標準一致之金融機構，及該金融機構管理之投資工具。

8.我國政府機關管理之基金。

9.員工持股信託、員工福利儲蓄信託。

67 (A)(B)(C)

依銀行防制洗錢及打擊資恐注意事項範本附錄疑似洗錢或資恐交易態樣：

四、產品/服務—貿易金融類：

(五) 利用無貿易基礎的信用狀、票據貼現或其他方式於境外融資。

※故(D)選項應屬銀行貿易金融類，而非保險類。

68 (A)(B)(C)(D)

依銀行評估洗錢及資恐風險及訂定相關防制計畫指引第8點第2項：

2 銀行應依據下列指標，建立定期且全面性之洗錢及資恐風險評估作業：

(一) 業務之性質、規模、多元性及複雜度。

(二) 目標市場。

(三) 銀行交易數量與規模：考量銀行一般交易活動與其客戶之特性等。

(四) 高風險相關之管理數據與報告：如高風險客戶之數目與比例；高風險產品、服務或交易之金額、數量或比例；客戶之國籍、註冊地或營業地、或交易涉及高風險地域之金額或比例等。

69 (B)(C)(D)

依證券期貨業及其他經金融監督管理委員會指定之金融機構防制洗錢及打擊資恐內部控制與稽核制度實施辦法第6條第4項：

4 外國證券期貨業在臺分公司就本辦法關於董事會或監察人之相關事項，由其總公司董事會授權之在臺分公司負責人負責。前項聲明書，由總公司董事會授權之在

臺分公司負責人、防制洗錢及打擊資恐專責主管及負責臺灣地區之稽核業務主管等三人出具。

70 (A)(B)(C)

投保住院日額保險，後佯裝疾病住院，以領取日額保險給付者，係屬以不正當行為或以虛偽之證明、報告、陳述而領取保險給付、申請核退或申報醫療費用之情形，應評價為詐領保險金，而非保險業之洗錢類型。

71 (B)(C)

(A)實務上，透過銀行帳戶陸續以多筆固定金額匯款、或利用小額現金存入方式進行洗錢已屬常見情形，且洗錢活動三階段中，第一階段的處置往往便是將大額金錢化整為零的分散至不同地方，故資恐交易的資金，未必通常是大額。

(D)依中華民國銀行公會銀行防制洗錢及打擊資恐注意事項範本第6條第1項第2款：

1 第四條第三款及前條規定之確認客戶身分措施及持續審查機制，應以風險基礎方法決定其執行強度，包括：

二、對於來自洗錢或資恐高風險國家或地區之客戶，應採行與其風險相當之強化措施。

※可知來自高洗錢資恐風險之國家或地區者，未必為受款人。

72 (A)(B)(C)(D)

(A)參考法務部調查局疑似洗錢或資恐交易態樣簡稱對照表代碼A14，客戶突有達特定金額以上存款，即屬疑似洗錢或資恐交易表徵。

(B)參考法務部調查局疑似洗錢或資恐交易態樣簡稱對照表代碼A1A，客戶每筆存、提金額相當且相距時間不久，並達特定金額以上者，即屬疑似洗錢或資恐交易表徵。

(C)參考法務部調查局疑似洗錢或資恐交易態樣簡稱對照表代碼A15，不活躍帳戶突有達特定金額以上資金出入又迅速移轉，即屬疑似洗錢或資恐交易表徵。

(D)參考法務部調查局疑似洗錢或資恐交易態樣簡稱對照表代碼A1D，客戶結購或結售達特定金額以上外匯、外幣現鈔、旅行支票、外幣匯票或其他無記名金融工具者，即屬疑似洗錢或資恐交易表徵。

73 (A)(B)(D)

依銀行評估洗錢及資恐風險及訂定相關防制計畫指引第3點第2項第3款第3目：

2 具體的風險評估項目應至少包括地域、客戶、產品及服務、交易或支付管道等面向，並應進一步分析各風險項目，以訂定細部的風險因素。

(三) 產品及服務、交易或支付管道風險：

3. 個別產品與服務、交易或支付管道之風險因素舉例如下：

(1) 與現金之關聯程度。

(2) 建立業務關係或交易之管道，包括是否為面對面交易及是否為電子銀行等新型態支付工具等。

(3) 是否為高金額之金錢或價值移轉業務。

(4) 匿名交易。

(5) 收到款項來自於未知或無關係之第三者。

74 (A)(C)

(B) 客戶審查時，應先執行建議10的客戶審查後，再進行檢驗建議12所指的重要政治性職務人士，因為前者審查範圍較後者廣泛。

(D) 若客戶屬建議12重要政治性職務之人士時，應採取屬於預防效果的加強審查，而不是逕提高風險措施作為防堵措施。

75 (A)(D)

依金融機構防制洗錢辦法第9條第4款：

金融機構對帳戶或交易之持續監控，應依下列規定辦理：

四、 金融機構之帳戶或交易監控政策及程序，至少應包括完整之監控型態、參數設定、金額門檻、預警案件與監控作業之執行程序與監控案件之檢視程序及申報標準，並將其書面化。

※名詞解釋：

監控型態：指針對疑似洗錢或資恐態樣進行監控。

參數設定：多為「特定金額」與「一定期間」進行監控之設定。

金額門檻：指足以啟動警示之交易金額門檻。

預警案件：可疑且有具體疑似洗錢或資恐之態樣發生之案件。

監控作業：泛指金融機構針對其業管範圍內進行持續性關注之作業。

故直接影響跳出警示之帳戶與交易數量，是指參數設定及金額門檻。

76 (B)(D)

依中華民國證券商業同業公會證券商防制洗錢及打擊資恐注意事項範本第12點第2項第4款：

於完成或更新風險評估報告時，將風險評估報告送主管機關備查。

而所謂「完成或更新風險評估報告」之時點，依同點第1項第1款：

依據「證券商評估洗錢及資恐風險及訂定相關防制計畫指引」（附件），訂定對洗錢及資恐風險進行辨識、評估、管理之相關政策及程序。

77 (B)(C)

依中華民國銀行公會銀行防制洗錢及打擊資恐注意事項範本第4條第14款：

320　**Part 3** 最新試題解析

十四、確認客戶身分其他應遵循之事項：

(一) 銀行在與客戶建立業務關係或與臨時性客戶進行金融交易超過一定金額或懷疑客戶資料不足以確認身分時，應從政府核發或其他辨認文件確認客戶身分並加以記錄。

(二) 應對委託帳戶、由專業中間人代為處理交易，要特別加強確認客戶身分之作為。

(三) 應加強審查私人理財金融業務客戶。

(四) 應加強審查被其他銀行拒絕金融業務往來之客戶。

(五) 對於非「面對面」之客戶，應該施以具相同效果之確認客戶程序，且必須有特別和足夠之措施，以降低風險。

(六) 以網路方式建立業務關係者，應依本會所訂並經主管機關備查之相關作業範本辦理。

(七) 對採委託授權建立業務關係或建立業務關係後始發現有存疑之客戶應以電話、書面或實地查訪等方式確認。

(八) 採函件方式建立業務關係者，應於建立業務關係手續辦妥後以掛號函復，以便證實。

(九) 在不違反相關法令情形下，銀行如果得知或必須假定客戶往來資金來源自貪瀆或濫用公共資產時，應不予接受或斷絕業務往來關係。

(十) 銀行對於無法完成確認客戶身分相關規定程序者，應考量申報與該客戶有關之疑似洗錢或資恐交易。

78 (A)(D)

依金融機構防制洗錢辦法第2條第7款：

本辦法用詞定義如下：

七、 實質受益人：指對客戶具最終所有權或控制權之自然人，或由他人代理交易之自然人本人，包括對法人或法律協議具最終有效控制權之自然人。

79 (A)(B)(D)

依人壽保險業防制洗錢及打擊資恐注意事項範本第4條第2款：

二、 確認客戶身分時機：

(一) 與客戶建立業務關係時。

(二) 辦理新臺幣五十萬元（含等值外幣）以上之單筆現金收或付（在會計處理上凡以現金收支傳票記帳皆屬之）時。

(三) 發現疑似洗錢或資恐交易時。

(四) 對於過去所取得客戶身分資料之真實性或妥適性有所懷疑時。

80 (A)(B)(C)(D)

依銀行業風險基礎方法之指引文件（行政院洗錢防制辦公室2019年11月印製翻譯版）第一節FATF AML/CFT的風險基礎方法（RBA）：

C.風險基礎方法的應用：

16.建議1舉出了RBA的應用範圍，包括：

- 國家AML/CFT體制規範的對象及事務：除了FATF建議範圍內已包括的產業及活動外，各國應將其體制擴大到有較高ML/TF風險的其他機構、產業或活動。若符合特定條件，例如經評估某些產業或活動的ML/TF風險很低，則各國也可考慮免除該機構、產業或活動的AML/CFT義務。

- 受AML/CFT體制規範之對象應如何監督，以確保其遵守本體制：AML/CFT監理機關應考慮銀行本身的風險評估及降低措施，並承認全國RBA所允許的裁量程度；同時INR進一步要求監理機關也採用RBA在AML/CFT的監理。

- 受AML/CFT體制規範之對象應如何遵循：若某情況的ML/TF風險較高，則權責機關及銀行必須採取強化措施以降低該風險，亦即所進行的控制範圍、程度、頻率或強度將更重；反之，若ML/TF風險較低，則可以降低標準AML/CFT措施，亦即仍然需要採取各項必要措施，但所進行的控制程度、頻率或強度將較輕。

NOTE

⊙110年／第2次防制洗錢與打擊資恐專業人員測驗（上午）

(一)單選題

(　　) **1** 下列何者不是重要政治性職務人士在業務關係或交易之洗錢及資恐警示表徵？　(A)交易金額經常是整數　(B)個人資金與企業相關資金混淆不清　(C)重要政治性職務人士使用記名票據支付款項　(D)重要政治性職務人士曾多次被陳報涉及可疑交易。

(　　) **2** 依「金融機構防制洗錢辦法」規定，下列何者不是銀行應辦理客戶審查之時機？　(A)與客戶建立業務關係時　(B)進行50萬元以上通貨交易　(C)使用ATM轉帳時　(D)發現疑似洗錢或資恐交易時。

(　　) **3** 有關於證券期貨業防制洗錢營業單位督導主管的敘述，下列何者錯誤？　(A)應指派資深管理人員擔任　(B)必須於充任後三個月內符合資格條件　(C)負責督導所屬營業單位執行防制洗錢及打擊資恐相關事宜　(D)只有國內營業單位才要指定。

(　　) **4** 有關對於防制洗錢及打擊資恐之保密規定，下列何者錯誤？(A)疑似洗錢或資恐交易申報事項，各級人員應保守秘密不得任意洩漏　(B)申報事項有關之文書，均應以機密文件處理　(C)銀行應提供員工如何避免資訊洩漏之訓練或教材，避免員工與客戶應對或辦理日常作業時發生資訊洩漏情形　(D)申報疑似洗錢交易後，應通知客戶。

(　　) **5** 證券期貨業防制洗錢及打擊資恐內部控制要點第六點規定，專責主管應至少多久向董事會及監察人（或審計委員會）報告？(A)每月　(B)每季　(C)每半年　(D)每年。

(　　) **6** 銀行經營之業務中，下列何者屬於洗錢較高風險之商品或服務？(A)授信業務　(B)私人銀行　(C)信用卡　(D)保管箱。

(　　) **7** 下列哪一個國家目前屬於洗錢或資恐高風險國家？　(A)伊朗(B)美國　(C)希臘　(D)南非。

(　　) **8** 以下何者非防制洗錢計畫應包含之項目？　(A)姓名檢核　(B)帳戶與交易之持續監控　(C)專責主管負責遵循事宜　(D)同業金流資訊共享機制。

(　　) **9** 有關防制洗錢金融行動工作組織「相互評鑑」有關評鑑員之評估作法的敘述，下列何者正確？　(A)評鑑員應將結構性元素不足記載於相互評鑑報告中　(B)評鑑員對於政府提出的國家洗錢及資恐風險評估報告應照單全收　(C)金融業的規模、整合程度及本質對於評鑑員而言是不重要的評鑑項目　(D)評鑑員於評鑑過程中，不須考量犯罪組織或恐怖組織的型態、活動，僅須注意是否有非法資金的移轉。

(　　) **10** 下列何者並非評估洗錢風險時應納入考量的項目？　(A)客戶性質　(B)組織人員數　(C)業務規模　(D)產品服務複雜度。

(　　) **11** 依洗錢防制相關法規。金融機構事業或人員對法人客戶進行確認客戶身分程序時，所需取得的資料不包括下列何者？　(A)公司登記文件　(B)公司章程　(C)公司財報　(D)公司登記地址。

(　　) **12** 洗錢防制法第二條所稱洗錢，不包括下列哪一項行為？　(A)對恐怖活動、組織、分子之資助行為　(B)意圖掩飾或隱匿特定犯罪所得來源，或使他人逃避刑事追訴，而移轉或變更特定犯罪所得　(C)掩飾或隱匿特定犯罪所得之本質、來源、去向、所在、所有權、處分權或其他權益者　(D)收受、持有或使用他人之特定犯罪所得。

(　　) **13** 保險產品與服務在洗錢及資恐扮演重要的角色，關於該風險因子之判斷，下列敘述何者正確？　(A)公司對於熱賣商品，開放使用ATM轉帳、存現金方式繳保費。因為產品一樣，風險值應皆無改變　(B)壽險公司的所有商品，都應屬於高風險商品　(C)財產保險無現金價值，完全不可能作為洗錢工具　(D)保險業應同步考量「產品」與「服務」分別或併同的風險特性。

(　　) **14** 金融機構依賴第三方進行客戶審查工作，客戶審查之最終責任由誰負責？ (A)金管會 (B)第三方 (C)金融機構 (D)金管機構與第三方共同負擔。

(　　) **15** 銀行識別個別客戶風險並決定其風險等級所依據之風險因素，下列何者非屬之？ (A)職業 (B)國籍 (C)申請之產品或服務 (D)年齡。

(　　) **16** 有關我國資恐防制法所定之目標性制裁措施，下列何者為非？ (A)目標性金融制裁對象係指資恐防制法第4條所定之國內名單及第5條所定之國際名單 (B)我國目前分別有依資恐防制法第4條及第5條所指定制裁之案例各一例 (C)國內名單之審查，係由法務部設置資恐防制審議會，審查是否符合資恐防制法第4條所定之要件 (D)資恐防制法第4條國內名單與第5條國際名單之分別，主要在於國際名單是來自於聯合國安全理事會公告名單，因此一經聯合國安理會公告，即自動生效。

(　　) **17** 依「金融機構防制洗錢辦法」規定，有關客戶審查事項，下列敘述何者錯誤？ (A)不得接受客戶以匿名或使用假名建立或維持業務關係 (B)無法完成確認客戶身分相關規定程序者，應考量申報疑似洗錢或資恐交易 (C)客戶不尋常拖延應補充之身分證明文件，但不需申報疑似洗錢或資恐交易 (D)客戶為法人時，應瞭解客戶之所有權及控制權結構，辨識客戶之實質受益人。

(　　) **18** 要保人（被保險人）是某大型律師事務所的受雇律師，請問下列敘述何者正確？ (A)該客戶職業為律師，故應列為高風險客戶 (B)該客戶任職於大型律師事務所，所以應為高風險客戶 (C)該客戶職業為律師，屬於 DNFBP's，所以應該直接視為高風險客戶 (D)該客戶職業為律師，但並非律師事務所負責人或高階管理人，故應該僅於風險因子計算時納入考量。

( )　**19** 有關判定「重要政治性職務人士」之指引，下列敘述何者錯誤？　(A)持續性的員工訓練，有效教導員工如何判定　(B)完全不可採信客戶自行填報及申報資料　(C)政府公布的重要官員財產申報資料為參考資料之一　(D)要確保客戶資訊即時更新。

( )　**20** 有關FATF技術遵循評鑑準則之判定等級中，輕微缺失（Minor Shortcomings）對應之評鑑等級為：　(A)遵循（Compliant）　(B)大部分遵循（Largely Compliant）　(C)部分遵循（Partially Compliant）　(D)未遵循（Non-compliant）。

( )　**21** 有關資恐罪刑化，請問下列何者錯誤？　(A)金融機構從業人員如為受制裁對象提供借貸、保險等服務，從業人員及金融機構都可能涉犯資恐罪嫌　(B)外國戰士模式是國際恐怖主義之新興手法，目前我國資恐防制法正研議納入規範，以符國際規範　(C)不論是資助恐怖活動或是資助恐怖份子，除了追訴資恐罪外，都可追訴其洗錢犯罪　(D)由於資助恐怖活動的實害更高，因此法定刑較資助恐怖份子罪為高。

( )　**22** 對於交易監控中的疑似洗錢警示觸發，下列敘述何者為非？　(A)觸發警示後即表示應該予以申報　(B)應關注設定合理的情境或態樣　(C)其中可能涉及到設定合宜的金額門檻、頻率、次數、比率等　(D)警示觸發並非所有皆為自動化觸發，人為觀察亦有可能。

( )　**23** 保險業商品與銀行業主要商品「開戶」之間，在面對洗錢風險上最主要的差異點是下列何者？
(A)銀行帳戶原則上沒有存續期間；保險商品大多具有一定存續期間
(B)銀行客戶通常只會進行一次性的交易；保險業客戶則會持續的往來交易
(C)銀行業客戶開戶的甄審程序較複雜；保險業投保購買保單的程序較簡易
(D)銀行業開戶的作業時程通常比較久；保險業核保的時程通常比較快速。

(　　) **24** 下列何者不是金融機構防制洗錢辦法的保險業？　(A)保險代理
　　　　人公司　(B)專業再保險公司　(C)辦理簡易人壽保險業務之郵政機
　　　　構　(D)財產保險公司。

(　　) **25** 下列何者並非客戶風險評估的觀點？　(A)客戶端　(B)地理端
　　　　(C)交易端　(D)系統端。

(　　) **26** 下列何者並非恐怖組織利用非營利組織進行洗錢的原因？
　　　　(A)非營利組織容易受民眾信任，可利用作為公開募款管道　(B)非
　　　　營利組織均無賦稅優惠　(C)非營利組織可依設立宗旨，公開地在特
　　　　定族群或宗教地區中活動　(D)各國法令雖有不同，但是通常對非
　　　　營利組織的成立條件與營運監理要求比較寬鬆。

(　　) **27** 利用人頭於金融機構開戶進行洗錢之手法，較常見的疑似洗錢
　　　　交易態樣中，以下何者錯誤？　(A)資金停泊時間通常較長　(B)存
　　　　款帳戶密集存入多筆款項　(C)存款金額與身分收入、顯不相當
　　　　(D)開戶後立即有特定金額款項存入。

(　　) **28** 對於一定金額以上通貨交易，銀行不須向調查局申報之項目，
　　　　下列哪一項錯誤？　(A)存入股款代收帳戶　(B)公營事業機構存入
　　　　款　(C)代理公庫業務所生之代付款項　(D)公益彩券經銷商申購彩
　　　　券款項。

(　　) **29** 有關為控管或抵減保險公司所判斷的高洗錢／資恐風險情形所
　　　　採行之強化措施，下列何者錯誤？
　　　　(A)提高客戶審查層級
　　　　(B)提高交易監測頻率
　　　　(C)屬較高風險之人壽保險契約，於訂定契約時已採行強化客戶審查
　　　　　　措施，則於給付保險金前，無需再辨識及驗證實質受益人之身分
　　　　(D)不仰賴過去保存的資料，作為身分辨識與驗證依據。

( )　**30** 防制洗錢金融行動工作組織的40項建議，其中對於建議11之紀錄留存，下列敘述何者錯誤？
(A)金融機構留存的紀錄須足以重建個別的交易
(B)金融機構應將所有國內與國際的交易紀錄保存至少3年
(C)金融機構留存的紀錄便於必要時作為起訴犯罪行為的證據
(D)金融機構應確保交易紀錄在主管機關要求時可以立即提供。

( )　**31** 保險業對於較低風險客戶，得採取之簡化確認客戶身分措施，不包含下列何者？　(A)降低客戶身分資訊更新之頻率　(B)對於可推斷其交易目的者，仍然透過電話瞭解業務往來目的　(C)以合理的保單價值準備金作為審查交易之基礎，降低持續性監控之等級　(D)對於客戶增加購買合理之醫療險，無須再執行特別措施。

( )　**32** 以下何者非證券業具有高洗錢風險的原因？　(A)可跨境移轉資金　(B)無買賣額度之限制　(C)不易追查客戶資金來源　(D)證券交易可輕易轉換成現金。

( )　**33** 在洗錢活動的「整合」階段中，由於犯罪者欲將犯罪所得轉移回經濟體系供其運用，下列哪一項敘述符合此階段的描述：
(A)客戶躉繳購買大額保單
(B)客戶具有不明原因的契撤或退保紀錄
(C)客戶欲加保的金額超過其投保的能力
(D)客戶的法定受益人中具有洗錢高風險的對象。

( )　**34** 對於構成洗錢防制法第2條各款所列之洗錢犯罪行為者，依現行洗錢防制法第14條規定之刑責為何？
(A)處三年以下有期徒刑，併科新臺幣三百萬元以下罰金
(B)處五年以下有期徒刑，併科新臺幣三百萬元以下罰金
(C)處七年以下有期徒刑，併科新臺幣五百萬元以下罰金
(D)處十年以下有期徒刑，併科新臺幣八百萬元以下罰金。

（　　）**35** 確認客戶身分機制，應以風險基礎方法決定執行強度。請問於高風險情形，應額外採取之強化措施，下列敘述何者錯誤？ (A)對於業務往來關係應採取強化之持續監督　(B)強制透過中介機構或專業人士辦理確認客戶身分程序　(C)在建立或新增業務往來關係前，應取得高階管理人員同意　(D)應採取合理措施以瞭解客戶財富及資金來源。其中資金來源係指產生該資金之實質來源。

（　　）**36** 銀行行員在辦理貿易金融業務時，下列哪一種情形符合疑似洗錢之態樣？　(A)提貨單與發票的商品敘述內容相符　(B)發票中所申報之商品價值，與該商品的市場公平價值不符　(C)付款方式符合該交易的風險特性　(D)貨運非來自洗錢或資恐高風險國家或地區。

（　　）**37** 張小姐最近經營網購，每月收入甚多，為恐個人所得稅率過高，遂向其鄰居及室友多人租用銀行帳戶，收取客戶支付之貨款，並約定如有收到稅單由張小姐代為繳納，其所為是否構成何種犯罪？　(A)張小姐所為涉及逃稅及洗錢罪　(B)只有逃稅，並未洗錢　(C)張小姐有代為納稅，其所為僅為避稅，不構成逃稅，故亦不會構成洗錢犯罪　(D)張小姐雖然未逃稅，但是利用他人帳戶之行為仍然構成特殊洗錢罪。

（　　）**38** 下列敘述何者正確？　(A)我國洗錢防制相關法規規定，對於客戶風險評級級數至少應有三級　(B)證券期貨業對於客戶風險可以只分為高風險、一般風險　(C)依前述區分兩級時對於屬一般風險的客戶審查，可以採取簡化措施　(D)客戶如果為申請信用交易額度所需，可以向證券期貨商申請知悉自己的風險評級。

（　　）**39** 關於交易監控，何者正確？　(A)由於防火牆及保密義務，單位間不應互相調取及查詢客戶之資料　(B)海外分子行得依循當地規定，選擇不利用全公司系統整合的客戶及交易資料　(C)金融機構得依風險基礎方法，不利用資訊系統發現可疑交易　(D)監控電子支付帳戶間款項移轉，應將收受兩端之所有資訊均納入考量。

( ) **40** 保險公司懷疑客戶甲之交易可能涉及洗錢或資恐，且合理相信
執行確認客戶身分程序可能對客戶洩露訊息時，保險公司應如何處
理為正確？
(A)明白告知客戶公司所懷疑之事項，懇請客戶坦白告知
(B)縱然可能對客戶洩露訊息，仍應執行確認客戶身分程序
(C)執行確認客戶身分程序並告知客戶公司可能會將其申報
(D)保險公司得不執行確認客戶身分程序，而改以申報疑似洗錢或
資恐交易處理。

( ) **41** 關於洗錢者利用守門員協助洗錢的情形，下列敘述何者錯誤？
(A)越來越多洗錢者向專家尋求協助，替他們管理財務　(B)合法的
專業服務，也可能被洗錢者用來協助洗錢　(C)有些洗錢者也會收買
知情的專業人士，為他們設計洗錢架構　(D)買賣房地產時代替客
戶收付款項不可能被洗錢者用來協助洗錢。

( ) **42** 在對OIU業務的防制洗錢與打擊資恐的強化措施中，下列何者
「並非」其中要求：　(A)強化確認客戶身分程序　(B)針對應取得
或驗證之客戶身分文件、資料或資訊，為一致性之規範　(C)允許接
受代辦公司自行簽發的證明　(D)明定保險公司不得勸誘或協助境
內客戶轉換為非居民身分投保。

( ) **43** 保險公司與保險輔助人瞭解客戶目的在確定各個客戶、實質受
益人、保單受益人的真實身分，下列那些程序並不適當？
(A)在建立業務關係之前或過程中，辨識並驗證客戶的身分
(B)在支付保險金時，或保戶欲行使保單既有權利前，辨識並驗證受
益人的身分
(C)通常保險公司對於低風險客群，採取5年1次之風險評估，雖可
能存在該類客戶在第2年因職業改變而與其應有風險程度不相稱
的情況，惟無需再思考相應措施
(D)經由非面對面管道引薦的客戶，應落實客戶身分的辨識或驗證。

(　) **44** 依據我國資恐防制法的現行規定，關於主管機關指定制裁名單前的處理程序，下列敘述何者正確？　(A)主管機關應給予該個人、法人或團體陳述意見之機會　(B)主管機關得不給予該個人、法人或團體陳述意見之機會　(C)主管機關應給予該個人、法人或團體參與程序及陳述意見之機會　(D)主管機關應先行告知，並給予該個人、法人或團體陳述意見之機會。

(　) **45** 有關風險基礎方法及風險評估，下列敘述何者錯誤？
(A)風險評估是銀行風險基礎方法的第一步
(B)內部稽核報告為銀行辨識及評估洗錢及資恐風險時應考慮的因素之一
(C)房貸業務因以房子當抵押品通常為十足擔保，故不會帶來洗錢及資恐風險
(D)利用風險基礎法的風險分級，銀行可有效地分配防制洗錢及打擊資恐資源，以降低風險。

(　) **46** 有關OBU之敘述，下列何者錯誤？　(A)OBU客戶應強化確認客戶身分程序，審慎控管相關風險　(B)OBU之業務屬性係提供境外客戶離岸外幣金融服務，有涉及較高風險之可能性　(C)OBU屬境外業務，不適用我國洗錢防制相關法令及銀行公會自律規範等規定　(D)OBU辦理新開戶時，不得勸誘或協助境內客戶轉換為非居住民身分開戶。

(　) **47** 李小明到金融機構欲進行交易，金融機構在何種情況下必須進行確認客戶身分？　(A)李小明辦理存款新臺幣二萬元存入已開立之存款帳戶時　(B)李小明辦理新臺幣一萬元的跨境匯款時　(C)李小明要購買投資型保單時　(D)李小明繳交兒子李天才學費新臺幣五萬元。

(　) **48** 下列何者不是洗錢或資恐所謂之國內重要政治性職務之人？
(A)台北市長　(B)少校編階　(C)台東縣議長　(D)司法院大法官。

( )　**49** 依照國際規範建議，各國應該設立洗錢防制的金融情報中心，請問下列何者為我國的金融情報中心？　(A)中央銀行　(B)財政部國稅局　(C)法務部調查局　(D)金融監督管理委員會檢查局。

( )　**50** 下列敘述何者正確？　(A)我國不是亞太防制洗錢組織之會員　(B)我國為防制洗錢金融行動工作組織（FATF）的會員，應依該組織要求，遵守亞太防治洗錢組織頒布的相關建議　(C)我國於107年正式接受防制洗錢組織金融行動工作第二輪相互評鑑　(D)防制洗錢金融行動工作組織（FATF）頒布的40項建議為全球洗錢防制與打擊資恐遵循之標準。

( )　**51** 洗錢者常用電匯移轉資金，關於電匯的說明，下列敘述何者錯誤？　(A)電匯必須為跨越國境的國際交易　(B)電匯交易的匯款人與受款人有可能是同一個人　(C)電匯實際上無須移動實體貨幣，它是一個從甲地移轉資金到乙地最快速且安全的方法　(D)指個人透過一個金融機構，以電子傳輸方式，將資金移轉到另一個金融機構的個人或團體。

( )　**52** 下列何者不是洗錢防制法中「指定之非金融機構或人員」？　(A)律師為客戶準備或進行不動產買賣時　(B)地政士從事與不動產買賣交易有關之行為時　(C)銀樓業　(D)旅行業。

( )　**53** 機構剩餘風險不包括下列何者？　(A)國家面臨毒品販運、貪污賄賂等前置犯罪之威脅程度　(B)實質受益人缺乏可驗證之資料　(C)缺乏內部執行標準　(D)系統功能及人員訓練不足。

( )　**54** 客戶以大量假美鈔通過銀行員肉眼與機器檢查，將款項匯往他國，有關主管機關之規定，下列敘述何者錯誤？　(A)銀行發現大量假美鈔來行辦理結匯，應立刻通報當地調查局　(B)對於可疑人士使用之偽鈔，應擦拭乾淨，妥適保管　(C)本案有關之監視錄影系統應妥善保留至結案為止　(D)銀行應檢視驗鈔機辨識功能。

(　　) **55** 請問防制洗錢金融行動工作組織（FATF）係透過何種機制督促
會員落實防制洗錢與打擊資恐國際標準？　(A)經貿互助　(B)法律
制裁　(C)自行調查　(D)相互評鑑。

(　　) **56** 銀行對較高風險的國內重要政治性職務人士，應執行之強化客
戶審查措施，不包括下列何者？
(A)取得高階管理人員的核准
(B)採取合理措施以了解客戶之財富來源及交易資金來源
(C)對業務關係進行持續的強化監控
(D)申報疑似洗錢或資恐交易。

(　　) **57** 依據注意事項範本之規定，證券商對於已發行無記名股票之客
戶，確保實質受益人更新之方式不包括以下何者：
(A)請客戶提供全部持有無記名股票之身分證明文件
(B)請客戶要求具控制權之無記名股票股東辦理登記身分
(C)請客戶於知悉具控制權股東身分發生變動時通知證券商
(D)請客戶於每次股東會後，向證券商更新實質受益人資訊。

(　　) **58** 依金融機構防制洗錢辦法規定，當客戶是法人、團體時，關於
辨識實質受益人之敘述，下列何者正確？
(A)客戶無論是否為公開發行公司，都應辨識實質受益人
(B)所謂具控制權之最終自然人，是指直接、間接持有該法人股份或
資本超過百分之二十五者
(C)對於所有於國外掛牌上市公司之客戶，都應辨識其實質受益人
(D)客戶是台電、中油等公營事業機構，非政府機關，仍應辨識實
質受益人。

(　　) **59** 金融機構應於特定時機進行客戶審查，惟下列哪個時機非屬必
要？　(A)建立業務關係時　(B)終止業務關係時　(C)與客戶進行臨
時性通貨交易且達一定金額以上時　(D)對於過去取得客戶資料之
真實性或妥適性有所懷疑時。

(　) **60** 為降低洗錢及資恐風險，下列敘述何者錯誤？　(A)A國的洗錢防制措施嚴謹，因此就不會有洗錢行為發生　(B)B國缺乏有效地洗錢防制政策、法律及監理機關，因此擁有較高的洗錢及資恐風險　(C)C國的金融體系較健全，有嚴密且周延的內部控制措施，因此擁有較低的洗錢及資恐風險　(D)由於洗錢活動經常涉及跨境交易，因此D國與國際團體或各國政府合作，藉由交換資訊與經驗，可有效降低洗錢及資恐風險。

(二)複選題

(　) **61** 有關銀行對洗錢及資恐的風險評估，下列敘述何者錯誤？(A)銀行採風險基礎方法評估風險　(B)新產品推出前，應進行新產品洗錢及資恐風險評估　(C)銀行的風險評估機制不因其業務性質及規模而有所不同　(D)客戶風險等級不因客戶所處之國籍與居住國家而有所區別。

(　) **62** 雖然專業人士被要求必須陳報可疑交易，但實際上各國收到報告數量極少，防制洗錢專家分析可能的原因為下列何者？　(A)專業人士對防制洗錢的認識不足　(B)專業人士基於傳統觀念，對客戶的隱私嚴加保密　(C)專業人士均會協助洗錢　(D)專業人士對防制洗錢風險意識不足。

(　) **63** 證券商將風險評估報告送主管機關備查，其執行頻率依下列何種因素決定之？　(A)洗錢及資恐法令變動時　(B)由業者依據風險管理決策及程序　(C)國際上發生洗錢資恐重大事件時　(D)證券商有重大改變時。

(　) **64** 證券商防制洗錢與打擊資恐之內部控制制度聲明書，於提報董事會通過後，應揭露並於下列何者辦理公告申報？　(A)證券商營業處所　(B)證券商網站　(C)每日於全國發行之報紙　(D)主管機關指定網站。

(　　)　**65** FATF40項建議最新規範係採用風險基礎方法來貫穿40項建議，在評鑑方法論中，哪些風險評估更受強調？　(A)信用風險評估　(B)系統風險評估　(C)國家風險評估　(D)機構風險評估。

(　　)　**66** 證券期貨業洗錢風險之辨識、評估及管理應包含哪些面向？　(A)客戶　(B)地域　(C)系統　(D)專責單位。

(　　)　**67** 存款帳戶如經認定為疑似不法或顯屬異常交易者，銀行應採取之處理措施，下列敘述何者正確？　(A)應於銀行內部資訊系統中加以註記，提醒各分支機構加強防範　(B)存款帳戶經通報為警示帳戶者，應即暫停該帳戶使用提款卡、語音轉帳、網路轉帳及其他電子支付功能，匯入款項逐以退匯方式退回匯款行　(C)存款帳戶屬衍生管制帳戶者，應即通知財團法人金融聯合徵信中心，並暫停該帳戶全部交易功能，匯入款項逐以退匯方式退回匯款行　(D)存款帳戶如屬偽冒開戶者，應即通知司法警察機關、法務部調查局洗錢防制處及財團法人金融聯合徵信中心，銀行並應即結清該帳戶，其剩餘款項則俟依法可領取者申請給付時處理。

(　　)　**68** 下列決策，何者應採風險基礎方法？　(A)內部風險考量所訂高階管理人員之層級　(B)帳戶及交易監控政策與程序　(C)確認客戶身分措施之執行強度　(D)持續審查機制之執行強度。

(　　)　**69** 非營利組織（NPO）易被恐怖分子利用作為移轉資金之平台，此與NPO之何等特性有關？　(A)無管轄機關　(B)提供跨國平台　(C)可從事公開募款活動　(D)容許匿名捐款，得不開立收據。

(　　)　**70** 下列哪些屬於協助保險業業者判斷是否為疑似洗錢或資恐交易的小技巧？　(A)當要保人為境外的個人或法人時即屬於洗錢　(B)要保人因為婚姻狀況改變而欲改變受益人　(C)當支付保險費的金額來自非要保人或保險關聯人，且無法理解為何由此支付保費時　(D)指定的保險金付款方式、對象等與常理不符，且未具有令人信服的理由。

( ) **71** 金融機構對於大額現金交易，於申報前，應該進行何程序？
(A)告知客戶改為匯款交易，可以免去申報作業　(B)確認客戶身分
(C)詢問交易目的，並要求客戶提供相關資料　(D)請客戶填寫大額
交易申報表。

( ) **72** 保險業接受非保險契約利害關係人繳款或接受ATM繳款等情
形，下列敘述何者正確？　(A)上述繳款人通常非客戶盡職調查對
象或難以得知其身分，會有難以評估被利用於洗錢的風險之可能
(B)保險公司無須統計並評估上述擴大繳費服務情形發生對公司的影
響　(C)保險公司應計算上述擴大繳費服務情形之剩餘風險，並訂定
風險胃納政策及調整客群交易政策　(D)保險公司的產品雖無實質
改變，但因有以未知第三人付款的特性，故保險公司應僅考量上開
服務所衍生之風險屬性。

( ) **73** 下列何者屬於「存款帳戶及其疑似不法或顯屬異常交易管理辦
法」所稱疑似不法或顯屬異常交易之存款帳戶？　(A)屬偽冒開戶
者　(B)屬警示帳戶者　(C)短期間內頻繁申請開立存款帳戶，且無
法提出合理說明者　(D)存款帳戶久未往來，突有異常交易者。

( ) **74** 106年6月28日施行「洗錢防制法」其修正內容，下列敘述何者
正確？　(A)放寬洗錢犯罪之定義　(B)降低洗錢犯罪之前置犯罪門
檻　(C)特殊洗錢犯罪之處罰以前置犯罪為必要條件　(D)引進擴大
沒收制度。

( ) **75** 下列何者為進行客戶審查之合理敘述？　(A)應評估客戶實際保
險需求　(B)考慮客戶的道德風險　(C)瞭解客戶購買保單的資金來
源　(D)客戶過往的理賠紀錄為已發生之歷史資料，無助於瞭解客
戶，可直接忽略。

( ) **76** 客戶或具控制權者如為下列何種對象，得無需適用辨識實質
受益人之查核？　(A)員工持股信託客戶　(B)未公開發行之公司
(C)金融機構辦理之財產保險　(D)我國公開發行公司之子公司。

(　)　**77** 甲公司為一從事進口不同廠牌國外高級二手汽車，再銷售給國
內消費者之公司，在銀行開立一個帳戶。請問下列哪些行為為疑似
洗錢或資恐交易之態樣？　(A)甲公司向銀行申請辦理外匯避險交
易　(B)國內消費者將購車款項匯入甲公司帳戶　(C)甲公司定期匯
款固定金額之美元至落後國家，而無合理理由　(D)甲公司帳戶常
收到國外達特定金額以上之美元匯入款，而無合理理由。

(　)　**78** 下列何者為保險業常見的洗錢類型？　(A)利用躉繳保費洗錢
(B)利用跨境交易洗錢　(C)透過犯罪收益，買賣不動產洗錢　(D)透
過犯罪收益，購買保單洗錢。

(　)　**79** 有關銀行確認客戶身分，下列敘述何者正確？　(A)辨識及驗證
為確認客戶身分之基礎　(B)查證代理之事實及身分資料有困難，應
婉拒建立業務關係　(C)應以風險基礎方法決定其執行強度，分為加
強審查及簡化審查二種　(D)客戶為法人時，應瞭解客戶之所有權
及控制權結構，並辨識客戶之實質受益人。

(　)　**80** 保險公司經過評估後，發現某甲屬於較高風險的國內重要政
治性職務人士，應執行下列哪些步驟？　(A)針對某甲應執行強
化客戶審查措施　(B)對此業務關係應進行持續的強化監控及追蹤
(C)進行核保前應了解某甲的財富或交易資金來源　(D)保險公司承
保後，應立即向法務部調查局申報。

解答與解析

1 (C)

依法務部調查局疑似洗錢或資恐交易
態樣簡稱對照表代碼A1D：
客戶結購或結售達特定金額以上外匯
或其他無記名工具者，即屬疑似洗錢
或資恐交易表徵，是以使用無記名票

據支付款項，既為重要政治性職務人
士在業務關係或交易之洗錢及資恐警
示表徵，反之則否。

2 (C)

依金融機構防制洗錢辦法第3條第
2款：

金融機構確認客戶身分措施,應依下列規定辦理:二、金融機構於下列情形時,應確認客戶身分:

(一) 與客戶建立業務關係時。

(二) 進行下列臨時性交易:

1.辦理一定金額以上交易(含國內匯款)或一定數量以上電子票證交易時。多筆顯有關聯之交易合計達一定金額以上時,亦同。

2.辦理新臺幣三萬元(含等值外幣)以上之跨境匯款時。

(三) 發現疑似洗錢或資恐交易時。

(四) 對於過去所取得客戶身分資料之真實性或妥適性有所懷疑時。

又「一定金額」依本辦法第2條第2款,指新臺幣五十萬元(含等值外幣)。

3 (D)

依中華民國證券商業同業公會證券商防制洗錢及打擊資恐注意事項範本第14條第1項:

本公司國內外營業單位應指派資深管理人員擔任督導主管,負責督導所屬營業單位執行防制洗錢及打擊資恐相關事宜,並依「證券暨期貨市場各服務事業建立內部控制制度處理準則」相關規定辦理自行評估。

又依同範本第15條第2項前段:

證券商之防制洗錢及打擊資恐專責主管、專責人員及國內營業單位督導主管應於充任後三個月內符合下列資格條件之一,並應訂定相關控管機制,以確保符合規定…。

4 (D)

依中華民國銀行公會銀行防制洗錢及打擊資恐注意事項範本第9條第3項:防止申報資料及消息洩露之保密規定:

一、疑似洗錢或資恐交易申報事項,各級人員應保守秘密,不得任意洩露。銀行並應提供員工如何避免資訊洩露之訓練或教材,避免員工與客戶應對或辦理日常作業時,發生資訊洩露情形。

二、本申報事項有關之文書,均應以機密文件處理,如有洩密案件應依有關規定處理。

三、防制洗錢專責單位、法令遵循主管人員或稽核單位人員為執行職務需要,應得及時取得客戶資料與交易紀錄,惟仍應遵循保密之規定。執行帳戶或交易持續監控之情形應予記錄,並依第十五條規定之期限進行保存。

5 (C)

《證券期貨業防制洗錢及打擊資恐內部控制要點》於107年11月9日廢止,並自同月11日生效,合先敘明。

該要點第6點第3款規定如下:

(三) 第一款專責主管應至少每半年向董事會及監察人(或審計委員會)報告,如發現有重大違反法令時,應即時向董事會及監察人(或審計委員會)報告。

另現行依洗錢防制法第6條第3項規定訂定之《證券期貨業及其他經金融監督管理委員會指定之金融機構防制洗錢及打擊資恐內部控制與稽核制度實施辦法》，同事宜規定於第5條第3項：
第一項專責主管應至少每半年向董事會及監察人（或審計委員會）報告，如發現有重大違反法令時，應即時向董事會及監察人（或審計委員會）報告。

6　(B)

依金融監督管理委員會107年4月26日金管銀外字第10702712390號函說明五：
請貴會依據下列原則並參酌銀行實務需求，訂定稅務洗錢風險防制之業界實務建議指引，俾利銀行有效建立稅務洗錢風險防制機制：
(三) 銀行應建立辨識逃漏稅相關之疑似交易態樣或警示指標（red-flag indicators）以察覺高風險客戶，針對國際金融業務、私人銀行、財富管理或跨國企業金融業務等可能涉及較高稅務洗錢風險之業務，應有強化控管措施。

7　(A)

依法務部調查局110年10月25日調錢貳第11035551320號函說明二：
FATF於德國主席Marcus Pleyer任內之第5次大會於本（110）年10月21日

辦理完竣，會終公布提列高風險及加強監督國家或地區名單如次：
(一) 高風險國家或地區（參附件1：High-Risk Jurisdictions subject to a Call for Action-October 2021，即洗錢防制法第11條第2項第1款所指「防制洗錢及打擊資恐有嚴重缺失之國家或地區」）：北韓、伊朗。FATF表示該等國家或地區於防制洗錢及打擊資恐機制存有重大缺失，呼籲各國應加強盡職調查及採取與風險相稱之反制措施，惟FATF因COVID-19暫停高風險國家或地區審核程序，相關呼籲併請參考FATF於109年2月發布之聲明（詳如附件2）。

8　(D)

依中華民國銀行公會「銀行防制洗錢及打擊資恐注意事項範本」第2條第3項：
第一項第二款之防制洗錢及打擊資恐計畫，應包括下列政策、程序及控管機制：
一、 確認客戶身分。
二、 客戶及交易有關對象之姓名及名稱檢核。
三、 帳戶及交易之持續監控。
四、 通匯往來銀行業務。
五、 紀錄保存。
六、 一定金額以上通貨交易申報。
七、 疑似洗錢或資恐交易申報及依據資恐防制法之通報。

八、 指定防制洗錢及打擊資恐專責主管負責遵循事宜。

九、 員工遴選及任用程序。

十、 持續性員工訓練計劃。

十一、測試防制洗錢及打擊資恐制度有效性之獨立稽核功能。

十二、其他依防制洗錢及打擊資恐相關法令及金管會規定之事項。

9 (A)

依FATF評鑑方法論「防制洗錢金融行動工作組織」之技術遵循及防制洗錢/打擊資恐之效能評鑑（行政院洗錢防制辦公室2017年10月印製翻譯版）：

(B)介紹第11點：

評鑑員應考量上揭背景因素，包括：風險、重要性、結構性因素，及其他背景因素，以對該國防制洗錢／打擊資恐系統運作現況有一般性地瞭解。上揭因素會影響評鑑員思考哪些議題具重要性及高度風險性，繼而協助評鑑員於相互評鑑時，判定何者為應著重之處。有些特別重要背景因素，在本評鑑方法論的效能評鑑部分之各「直接成果（immediate outcomes）」項下明確記載。評鑑員於考量該等風險及背景因素，可能影響該國的評鑑，對所使用之資訊應持謹慎態度，尤其是會嚴重影響結論的資訊。評鑑員應將該國的觀點納入考量，但應以批判的態度檢視，並參考其他可靠的資訊（如：來自國際機構或主要政府機關出版品），最好是利用多重資訊來源。依據這些要件，評鑑員對於該國防制洗錢／打擊資恐系統運作狀況做出自己的判斷，並在評鑑報告中提出明確的分析。

(C)介紹第8點：

評鑑員亦應考慮一些重要性議題，如：金融行業及「指定之非金融事業或人員（DNFBPs）」間差異性及重要性；金融業的規模、綜合性及結構；不同金融產品或金融機構的相對重要性；國內或跨境商業總值；以現金往來為主的經濟活動規模；以及未受規範行業及／或地下經濟規模的估計等。評鑑員亦應瞭解該國人口數、國家發展程度、地理因素及貿易或文化的關連。評鑑員評鑑技術遵循及效能時，應考量不同行業及議題的相對重要性。在判定技術遵循評等時，應就該國最重要及相對重要的議題給予較高權重，並在評鑑效能時對最重要的領域更加注意，詳如後述。

(D)介紹第6點：

洗錢／資恐風險對於「第1項建議」及其他以風險為基礎「建議」之技術遵循評鑑及效能評鑑，具有重要的關聯性。在評鑑最初階段及全部過程，評鑑員應考量該國洗錢／資恐風險因子的本質與程度，包括：該國涉及犯罪所得之犯罪類型及嚴重程度、恐怖組織活動及籌資情形、犯罪資產及非法資產跨境流動曝險程度。

10 (B)

依銀行評估洗錢及資恐風險及訂定相關防制計畫指引第3點前段：

三、 銀行應採取合宜措施以識別、評估其洗錢及資恐風險，並依據所辨識之風險訂定具體的風險評估項目，以進一步管控、降低或預防該風險。具體的風險評估項目應至少包括地域、客戶、產品及服務、交易或支付管道等面向，並應進一步分析各風險項目，以訂定細部的風險因素。

11 (C)

依中華民國銀行公會銀行防制洗錢及打擊資恐注意事項範本第4條第6款：
確認客戶身分措施，應依下列規定辦理：

六、 第三款規定於客戶為法人、團體或信託之受託人時，應暸解客戶或信託（包括類似信託之法律協議）之業務性質，並至少取得客戶或信託之下列資訊，辨識及驗證客戶身分：

(一) 客戶或信託之名稱、法律形式及存在證明。

(二) 規範及約束法人、團體或信託之章程或類似之權力文件。但下列情形得不適用：

1. 第七款第三目所列對象，其無第六條第一項第三款但書情形者。

2. 團體客戶經確認其未訂定章程或類似之權力文件者。

(三) 在法人、團體或信託之受託人中擔任高階管理人員（高階管理人員之範圍得包括董事、監事、理事、總經理、財務長、代表人、管理人、合夥人、有權簽章人，或相當於前述高階管理人員之自然人，銀行應運用風險基礎方法決定其範圍）之下列資訊：

1. 姓名。

2. 出生日期。

3. 國籍。

(四) 官方辨識編號：如統一編號、稅籍編號、註冊號碼。

(五) 法人、團體或信託之受託人註冊登記之辦公室地址，及其主要之營業處所地址。

(六) 境外法人、團體或信託之受託人往來目的。

12 (A)

洗錢防制法第2條：
本法所稱洗錢，指下列行為：

一、 意圖掩飾或隱匿特定犯罪所得來源，或使他人逃避刑事追訴，而移轉或變更特定犯罪所得。

二、 掩飾或隱匿特定犯罪所得之本質、來源、去向、所在、所有權、處分權或其他權益者。

三、 收受、持有或使用他人之特定犯罪所得。

13 (D)

依保險業評估洗錢及資恐風險及訂定相關防制計畫指引第3點第2項第3款：

具體的風險評估項目應至少包括地域、客戶、產品及服務、交易或通路等面向，並應進一步分析各風險項目，以訂定細部的風險因素。

(三) 具有保單價值準備金或現金價值之產品及與金錢有關之服務、交易或通路風險：

1.保險業應依據個別產品與服務、交易或通路的性質，識別可能會為其帶來較高的洗錢及資恐風險者。

2.於推出新產品、新服務或辦理新種業務（包括新支付機制、運用新科技於現有或全新之產品或業務）前，應進行洗錢及資恐風險評估，並建立相應之風險管理措施以降低所辨識之風險。

3.個別產品與服務、交易或通路之風險因素舉例如下：

(1) 與現金之關聯程度。

(2) 建立業務關係或交易之管道，包括是否為面對面交易、電子商務、透過國際保險業務分公司交易等新型態交易管道等。

(3) 是否為高額保費或高保單現金價值。

(4) 收到款項來自於未知或無關係之第三者。

14 (C)

依金融機構防制洗錢辦法第7條前段：
金融機構確認客戶身分作業應自行辦理，如法令或本會另有規定金融機構得依賴第三方執行辨識及驗證客戶本人身分、代理人身分、實質受益人身

分或業務關係之目的及性質時，該依賴第三方之金融機構仍應負確認客戶身分之最終責任。

15 (D)

依銀行評估洗錢及資恐風險及訂定相關防制計畫指引第3點第2項第2款：
具體的風險評估項目應至少包括地域、客戶、產品及服務、交易或支付管道等面向，並應進一步分析各風險項目，以訂定細部的風險因素。

(二) 客戶風險：於識別個別客戶風險並決定其風險等級時，銀行得依據以下風險因素為評估依據：

1.客戶之地域風險：依據銀行所定義之洗錢及資恐風險的區域名單，決定客戶國籍與居住國家的風險評分。

2.客戶職業與行業之洗錢風險：依據銀行所定義之各職業與行業的洗錢風險，決定客戶職業與行業的風險評分。高風險行業如從事密集性現金交易業務、或屬易被運用於持有個人資產之公司或信託等。

3.個人客戶之任職機構。

4.客戶開戶與建立業務關係之管道。

5.首次建立業務關係之往來金額。

6.申請往來之產品或服務。

7.客戶是否有其他高洗錢及資恐風險之表徵，如客戶留存地址與分行相距過遠而無法提出合理說明者、客戶為具隱名股東之公司或可發行無記名股票之公司、法人客戶之股權複雜度，如股權架構是否明顯異常或相對其業務性質過度複雜等。

16 (#)

依公告答(B)或(D)或(B)(D)均給分。

依資恐防制法第5條第1項：

主管機關依法務部調查局提報或依職權，應即指定下列個人、法人或團體為制裁名單，並公告之：

一、經聯合國安全理事會資恐相關決議案及其後續決議所指定者。

二、聯合國安全理事會依有關防制與阻絕大規模毀滅性武器擴散決議案所指定者。

17 (C)

依金融機構防制洗錢辦法第4條第7款：

金融機構確認客戶身分時，有下列情形之一者，應予以婉拒建立業務關係或交易：

七、客戶不尋常拖延應補充之身分證明文件。

又依同辦法第3條第10款：

金融機構確認客戶身分措施，應依下列規定辦理：

十、金融機構對於無法完成確認客戶身分相關規定程序者，應考量申報與該客戶有關之疑似洗錢或資恐交易。

18 (D)

依洗錢防制法第5條第3項：

本法所稱指定之非金融事業或人員，指從事下列交易之事業或人員：

三、律師、公證人、會計師為客戶準備或進行下列交易時：

(一) 買賣不動產。

(二) 管理客戶金錢、證券或其他資產。

(三) 管理銀行、儲蓄或證券帳戶。

(四) 有關提供公司設立、營運或管理之資金籌劃。

(五) 法人或法律協議之設立、營運或管理以及買賣事業體。

※可知律師職業僅有於上述情形時才屬DNFBP's、另並非律師或任職於大型事務所即應將該客戶直接視為高風險客戶，而是現任國外政府之重要政治性職務人士方屬之。

19 (B)

依行政院法務部有關重要政治性職務之人與其家庭成員及有密切關係之人範圍認定標準問答集：

判斷是不是「重要政治性職務之人」的重點還是在客戶盡職調查程序，包括員工的訓練與充分的資訊，其中最寶貴的判斷資訊，就是客戶本人，因此應善用對於客戶本人之了解方式，而非單純仰賴第三資源。

此外，最重要的是要確保客戶資訊即時更新、員工受定期訓練，以及網路及電子媒體資源之使用，例如財產申報系統也是重要資源，或也可以由客戶自行聲明（但客戶聲明不免除金融機構之責任）以及集團內資訊分享來取得相關資訊。

至於商業資料庫之使用並非國際規範的強制要求，且使用資料庫本身也無法完全取代客戶盡職調查程序，畢竟商業資料庫也有其限制。

20 (B)

依FATF評鑑方法論「防制洗錢金融行動工作組織」之技術遵循及防制洗錢/打擊資恐之效能評鑑（行政院洗錢防制辦公室2017年10月印製翻譯版）：

介紹：

遵循評等33.對於每一項「建議」，評鑑員應對該國遵循標準的程度做出結論，遵循程度可分為4個等級：遵循、大部分遵循、部分遵循及未遵循，例外情形可能被評為不適用。上述評等僅係依技術遵循評鑑準則判定，內容分述如次：

遵循(C)無缺失

大部分遵循（LC）僅有輕微缺失

部分遵循（PC）有中度之缺失

未遵循（NC）有重大缺失

不適用（NA）由於結構上、法律上或制度的因素，無法適用該項要求

※評鑑員判定每項「建議」遵循缺失程度時，應考量該國背景因素，及準則達成或未達成數目及其相對重要性。

21 (B)

參閱105年資恐防制法第9條修法理由二：

復參考聯合國安全理事會第二一七八號決議，要求各國對於為滲透、規劃、準備或參與恐怖活動，或提供及獲得訓練，而赴其居住國或國籍國以外國家之個人，資助與訓練目的相關之移動、旅行等費用，應課予刑責，即外國恐怖主義戰鬥人員條款（foreign terrorist fighters），爰為第二項規定。

22 (A)

依人壽保險業防制洗錢及打擊資恐注意事項範本第9條第1項第8款：

保險公司、辦理簡易人壽保險業務之郵政機構對交易之持續監控，應依下列規定辦理：

八、前款辨識出之警示交易應就客戶個案情況判斷其合理性（合理性之判斷例如是否有與客戶身分、收入或營業規模顯不相當、與客戶本身營業性質無關、不符合客戶商業模式、無合理經濟目的、無合理解釋、無合理用途、或資金來源不明或交代不清），並留存檢視紀錄。經認定非疑似洗錢或資恐交易者，應當記錄分析排除理由；如認為有疑似洗錢或資恐之交易，除應確認客戶身分並留存相關紀錄憑證外，應於專責主管核定後立即向調查局申報，核定後之申報期限不得逾二個營業日。交易未完成者，亦同。

23 (A)

(B)銀行客戶於開戶後便會持續使用服務，持續進行金融交易往來；反之保險業於保險契約條件成就或解除時，除後續理賠程序，基本上便結束

當次交易。

(C)銀行業客戶開戶甄審程序較保險業投保購買保單的程序較簡易,蓋因保險業尚需確認要保人、受益人等身分,而前者業務關係僅存於開戶客戶及銀行之間。

(D)承上,銀行業開戶的作業時程通常較保險業核保的時間久。

24 (A)

依金融機構防制洗錢辦法第2條第1款第3目:

本辦法用詞定義如下:

一、 金融機構:包括下列之銀行業、證券期貨業、保險業及其他經金融監督管理委員會(以下簡稱本會)指定之金融機構:

(三) 保險業:包括保險公司、專業再保險公司及辦理簡易人壽保險業務之郵政機構。

25 (D)

依銀行評估洗錢及資恐風險及訂定相關防制計畫指引第3點第2項前段:

具體的風險評估項目應至少包括地域、客戶、產品及服務、交易或支付管道等面向,並應進一步分析各風險項目,以訂定細部的風險因素。

26 (B)

金融研訓院出版防制洗錢與打擊資恐實務與案例一書第一章第三節,內有提及恐怖組織利用非營利組織的原因,例如:

(一) 非營利組織容易獲得民眾信任,可以被恐怖份子或恐怖組織利用,作為公開募款管道。

(二) 有些非營利組織是跨國性或世界性組織,提供極佳的國際作業及資金移轉平台。

(三) 各國法令雖有不同,但是通常對非營利組織的成立條件與營運監理要求比較寬鬆。

(四) 許多非營利組織享有賦稅優惠,更是一大誘因。

(五) 非營利組織可依設立宗旨,公開地在特定族群或宗教社區中活動。

(六) 有些人基於宗教或慈善目的捐獻現金,不會堅持非營利組織必須開立收據。

(七) 有些非營利組織設有匿名現金捐款箱,可以不開收據。

(八) 許多金融機構或其員工,對非營利組織極為友善,於作業上會給予方便或協助。

(九) 非營利組織之間的跨國資金移轉通常不會特別引人注目。

(十) 恐怖組織甚至可以掛羊頭賣狗肉,以合法的非營利組織掩飾非法的恐怖活動,跨國公開營運。

來源:台灣金融研訓院編輯委員會,防制洗錢與打擊資恐實務與案例,財團法人台灣金融研訓院,2018年,第2版,頁11-12。

27 (A)

(B)、(D)依中華民國銀行公會銀行防制洗錢及打擊資恐注意事項範本附錄疑似洗錢或資恐交易態樣：

一、產品/服務─存提匯款類：

(六) 客戶開戶後立即有達特定金額以上款項存、匯入，且又迅速移轉者。

(七) 存款帳戶密集存入多筆款項達特定金額以上或筆數達一定數量以上，且又迅速移轉者。

(C)依同範本第9條第8款前段：

(八) 前款辨識出之警示交易應就客戶個案情況判斷其合理性（合理性之判斷例如是否有與客戶身分、收入或營業規模顯不相當、與客戶本身營業性質無關、不符合客戶商業模式、無合理經濟目的、無合理解釋、無合理用途、或資金來源不明或交代不清），儘速完成是否為疑似洗錢或資恐交易之檢視，並留存檢視紀錄。

28 (A)

依金融機構防制洗錢辦法第14條第1項：

金融機構對下列達一定金額以上之通貨交易，免向調查局申報，但仍應確認客戶身分及留存相關紀錄憑證：

一、存入政府機關、公營事業機構、行使公權力機構（於受委託範圍內）、公私立學校、公用事業及政府依法設立之基金所開立帳戶之款項。

二、金融機構代理公庫業務所生之代收付款項。

三、金融機構間之交易及資金調度。但金融同業之客戶透過金融同業間之同業存款帳戶所生之應付款項，如兌現同業所開立之支票，同一客戶現金交易達一定金額以上者，仍應依規定辦理。

四、公益彩券經銷商申購彩券款項。

五、代收款項交易（不包括存入股款代收專戶之交易、代收信用卡消費帳款之交易），其繳款通知書已明確記載交易對象之姓名、身分證明文件號碼（含代號可追查交易對象之身分者）、交易種類及金額者。但應以繳款通知書副聯作為交易紀錄憑證留存。

29 (C)

依金融機構防依金融機構防制洗錢辦法第3條第8款第3目：

金融機構確認客戶身分措施，應依下列規定辦理：

八、保險業應於人壽保險、投資型保險及年金保險契約之保險受益人確定或經指定時，採取下列措施：

(三) 於支付保險金時，驗證該保險受益人之身分。

30 (B)

依防制洗錢金融行動工作組織的40項建議中建議11之紀錄留存：

11. Record keeping.

紀錄保存：

(1) 金融機構應將所有國內外的交易紀錄至少保存5年，並確保在主管機關要求時可立即提供。

(2) 金融機構應留存所有在進行客戶審查時，所取得的官方身分文件副本、帳戶檔案與業務信件，且在帳戶關閉或臨時性交易結束後，至少保存5年。

(3) 金融機構之留存紀錄，必須是足以據此重建個別交易；所謂「足夠據以重建個別交易」的認定標準是指「於必要時可以作為起訴犯罪行為之證據」。

31 (B)

依人壽保險業防制洗錢及打擊資恐注意事項範本第6條第2項：

保險公司、辦理簡易人壽保險業務之郵政機構得採行之簡化確認客戶身分措施如下：

一、降低客戶身分資訊更新之頻率。

二、降低持續性監控之等級，並以合理之金額門檻作為審查交易之基礎。

三、從交易類型或已建立業務往來關係可推斷其目的及性質者，得無須再蒐集特定資訊或執行特別措施以瞭解業務往來關係之目的及其性質。

32 (B)

依中華民國證券商業同業公會會員辦理受託買賣業務瞭解委託人及徵信與額度管理自律規則可知，證券業係有買賣額度之限制，此自不會成為洗錢風險原因。

33 (B)

FATF將洗錢活動過程分為三階段：

(1) 處置：Placement，將大量現金導入金融或非金融體系。

(2) 多層化：Layering，透過各種複雜之金融交易紀錄增強其商業性、機動性與合法性。

(3) 整合：Integration，賦予非法資金最後的合法外貌，俾其回歸經濟體系，並使該資金看來如同一般商業收入。

而客戶具有不明原因的契撤或退保紀錄，在行為無合理的解釋下，考量其可能欲使用保險費返還來洗錢的可能性，以達到將犯罪所得轉移回經濟體系供其運用之效果，是為洗錢活動的「整合」階段。

34 (C)

依洗錢防制法第14條：

1 有第二條各款所列洗錢行為者，處七年以下有期徒刑，併科新臺幣五百萬元以下罰金。

2 前項之未遂犯罰之。

3 前二項情形，不得科以超過其特定犯罪所定最重本刑之刑。

35 (B)

依金融機構防制洗錢辦法第7條前段：
金融機構確認客戶身分作業應自行辦理，如法令或本會（於此指金融監督管理委員會）另有規定金融機構得依賴第三方執行辨識及驗證客戶本人身分、代理人身分、實質受益人身分或業務關係之目的及性質時，該依賴第三方之金融機構仍應負確認客戶身分之最終責任。
※並無強制規定。

36 (B)

依中華民國銀行公會銀行防制洗錢及打擊資恐注意事項範本附錄疑似洗錢或資恐交易態樣：
四、 產品/服務─貿易金融類：
(二) 產品和服務之定價，或於發票中所申報的價值，明顯與該商品的市場公平價值不符（低估或高估）。

37 (A)

依洗錢防制法第15條第1項：
收受、持有或使用之財物或財產上利益，有下列情形之一，而無合理來源且與收入顯不相當者，處六月以上五年以下有期徒刑，得併科新臺幣五百萬元以下罰金：
一、 冒名或以假名向金融機構申請開立帳戶。

二、 以不正方法取得他人向金融機構申請開立之帳戶。
三、 規避第七條至第十條所定洗錢防制程序。
則本題張小姐租用他人銀行帳戶以收取貨款，已構成本法第7條有關金融機構須確認客戶身分程序及留存所得資料之規避；又為避免個人所得稅率過高，而刻意使用數個不同所有人之帳戶將大額金錢拆整為小額，亦違反本法第9條金融機構須對一定金額以上通貨交易之申報規定。故張小姐所為涉及違反本法第15條有關逃稅及特殊洗錢罪。

38 (B)

依證券商評估洗錢及資恐風險及訂定相關防制計畫指引第4點：
1 證券商應建立不同之客戶風險等級與分級規則。
2 就客戶之風險等級，至少應有兩級之風險級數，即「高風險」與「一般風險」兩種風險等級，作為加強客戶審查措施及持續監控機制執行強度之依據。若僅採行兩級風險級數之證券商，因「一般風險」等級仍高於本指引第五點與第七點所指之「低風險」等級，故不得對「一般風險」等級之客戶採取簡化措施。
3 證券商不得向客戶或與執行防制洗錢或打擊資恐義務無關者，透露客戶之風險等級資訊。

39 (D)

依金融機構防制洗錢辦法第9條第5款：

金融機構對帳戶或交易之持續監控，應依下列規定辦理：

五、前款完整之監控型態應依其業務性質，納入各同業公會所發布之態樣，並應參照金融機構本身之洗錢及資恐風險評估或日常交易資訊，增列相關之監控態樣。其中就電子支付帳戶間款項移轉，金融機構監控時應將收受兩端之所有資訊均納入考量，以判定是否申報疑似洗錢或資恐交易。

40 (D)

依金融機構防制洗錢辦法第3條第11款：

金融機構確認客戶身分措施，應依下列規定辦理：

十一、金融機構懷疑某客戶或交易可能涉及洗錢或資恐，且合理相信執行確認客戶身分程序可能對客戶洩露訊息時，得不執行該等程序，而改以申報疑似洗錢或資恐交易。

41 (D)

依洗錢防制法第5條第3項第2、3款：

本法所稱指定之非金融事業或人員，指從事下列交易之事業或人員：

二、地政士及不動產經紀業從事與不動產買賣交易有關之行為。

三、律師、公證人、會計師為客戶準備或進行下列交易時：

(一) 買賣不動產。

(二) 管理客戶金錢、證券或其他資產。

(三) 管理銀行、儲蓄或證券帳戶。

(四) 有關提供公司設立、營運或管理之資金籌劃。

(五) 法人或法律協議之設立、營運或管理以及買賣事業體。

※規範的範圍包括買賣不動產服務，故可知買賣房地產時、代替客戶收付款項，仍有可能被洗錢者用來協助洗錢。

42 (C)

OIU是國際保險業務（Offshore Insurance Unit）的簡稱，合先敘明。

依國際金融業務分行管理辦法第12條第1項：

國際金融業務分行於辦理新開戶時，應注意下列事項：

一、不得將境內客戶推介予代辦公司，或勸誘、協助境內客戶轉換為非居住民身分於國際金融業務分行開戶。

二、應加強瞭解開戶往來目的、帳戶用途及預期之交易活動，境外法人客戶如涉有境內自然人或法人為其股東、董事或實質受益人之情形者，並應取得客戶非經勸誘或非為投資特定商品而轉換為非居住民身分之聲明。

43 (C)

依人壽保險業防制洗錢及打擊資恐注意事項範本第6條第2、3項：

2　保險公司、辦理簡易人壽保險業務之郵政機構得採行之簡化確認客戶身分措施如下：

一、降低客戶身分資訊更新之頻率。

二、降低持續性監控之等級，並以合理之金額門檻作為審查交易之基礎。

三、從交易類型或已建立業務往來關係可推斷其目的及性質者，得無須再蒐集特定資訊或執行特別措施以瞭解業務往來關係之目的及其性質。

3　保險公司、辦理簡易人壽保險業務之郵政機構應依重要性及風險程度，對現有客戶進行客戶審查，並於考量前次執行客戶審查之時點及所獲得資料之適足性後，在適當時機對已存在之往來關係進行審查。

而有關於適當時機，在同範本第5條第1款說明如下：

保險公司、辦理簡易人壽保險業務之郵政機構確認客戶身分措施，應包括對客戶身分之持續審查，並依下列規定辦理：

一、應依重要性及風險程度，對現有客戶身分資料進行審查，並於考量前次執行審查之時點及所獲得資料之適足性後，在適當時機對已存在之往來關係進行審查。上開適當時機至少應包括：

(一) 客戶保額異常增加或新增業務往來關係時。

(二) 依據客戶之重要性及風險程度所定之定期審查時點。

(三) 得知客戶身分與背景資訊有重大變動時。

※故客戶因職業改變而與其應有風險程度不相稱的情況，自須進行客戶身分之持續審查。

44 (B)

依資恐防制法第5-1條：

主管機關依第四條第一項或前條第一項指定制裁名單前，得不給予該個人、法人或團體陳述意見之機會。

45 (C)

依洗錢防制法第5條第3項：

本法所稱指定之非金融事業或人員，指從事下列交易之事業或人員：

三、律師、公證人、會計師為客戶準備或進行下列交易時：

(一) 買賣不動產。

(二) 管理客戶金錢、證券或其他資產。

(三) 管理銀行、儲蓄或證券帳戶。

(四) 有關提供公司設立、營運或管理之資金籌劃。

(五) 法人或法律協議之設立、營運或管理以及買賣事業體。

※可知不動產業務被認為有相當洗錢及資恐風險之涉入，故房貸業務仍會會帶來洗錢及資恐風險。

46 (C)

OBU（Offshore Banking Unit）為境外金融中心或國際金融業務分行之簡稱，合先敘明。

依國際金融業務分行管理辦法第10條第1項：

國際金融業務分行應遵循洗錢防制法、資恐防制法、主管機關所定應取得或驗證之文件、資料或資訊（如附件）、中華民國銀行商業同業公會全國聯合會所定銀行防制洗錢及打擊資助恐怖主義注意事項範本及國際金融業務分行接受境外客戶開戶暨受託投資信託商品自律規範等規定，確實辦理確認客戶身分程序，並納入內部控制及內部稽核項目。

47 (C)

依金融機構防制洗錢辦法第3條第2款：

金融機構確認客戶身分措施，應依下列規定辦理：

二、 金融機構於下列情形時，應確認客戶身分：

(一) 與客戶建立業務關係時。

(二) 進行下列臨時性交易：

1.辦理一定金額以上交易（含國內匯款）或一定數量以上儲值卡交易時。多筆顯有關聯之交易合計達一定金額以上時，亦同。

2.辦理新臺幣三萬元（含等值外幣）以上之跨境匯款時。

(三) 發現疑似洗錢或資恐交易時。

(四) 對於過去所取得客戶身分資料之真實性或妥適性有所懷疑時。

48 (B)

依重要政治性職務之人與其家庭成員及有密切關係之人範圍認定標準第2條：

洗錢防制法第7條第3項所稱國內重要政治性職務之人，其範圍如下：

一、 總統、副總統。

二、 總統府秘書長、副秘書長。

三、 國家安全會議秘書長、副秘書長。

四、 中央研究院院長、副院長。

五、 國家安全局局長、副局長。

六、 五院院長、副院長。

七、 五院秘書長、副秘書長。

八、 立法委員、考試委員及監察委員。

九、 司法院以外之中央二級機關首長、政務副首長、相當中央二級獨立機關委員及行政院政務委員。

十、 司法院大法官。

十一、最高法院院長、最高行政法院院長、公務員懲戒委員會委員長及最高檢察署檢察總長。

十二、直轄市、縣（市）政府之首長、副首長。

十三、直轄市及縣（市）議會正、副議長。

十四、駐外大使及常任代表。

十五、編階中將以上人員。

十六、國營事業相當簡任第十三職等以上之董事長、總經理及其他相當職務。

十七、中央、直轄市及縣（市）民意機關組成黨團之政黨負責人。

十八、擔任前十七款以外職務，對於與重大公共事務之推動、執行，或鉅額公有財產、國家資源之業務有核定權限，經法務部報請行政院核定之人員。

49 (C)

法務部調查局於86年4月23日奉行政院核定之「法務部調查局洗錢防制中心設置要點」成立「洗錢防制中心」執行金融情報中心及防制洗錢所涉相關業務。

50 (D)

我國雖非FATF會員，惟自2006年起以「亞太洗錢防制組織」（APG）會員身分參與FATF會議。

我國於民國85年通過亞洲第1部洗錢防制專法，86年以創始會員加入亞太洗錢防制組織（APG），90年接受APG第1輪相互評鑑因有專法成效良好，96年第2輪評鑑被列為「一般追蹤名單」（註：第2輪評鑑結果從優到劣分別是「減少追蹤」、「一般追蹤」、「加強追蹤」及「不合作國家」），100年因追蹤結果不佳，落入「一般加速追蹤名單」，經完成修正相關規定，103年再回到一般追蹤。104年因第3輪相互評鑑程序展開，進入「過渡追蹤程序」，經種種努力於106年7月順利無條件脫離過渡追蹤程序。

APG對我國第3輪實地相互評鑑已於去（107）年11月完成，今（108年）

6月發布初步報告，我國達最佳的「一般追蹤」等級，於同年8月在澳洲坎培拉APG年會大會中採認通過，最終報告於同年10月2日完成全球審查程序並公布，為亞太地區會員國的最佳成績，顯見我國政府及民間各界協力推動防制洗錢工作的努力成果，獲得國際肯定。

來源：行政院首頁/政策與計畫/重要政策，https://www.ey.gov.tw/Page/5A8A0CB5B41DA11E/bdf44d9a-f4f0-43aa-99f2-771f612983a，最後瀏覽日期：民國111年2月15日。

51 (A)

依《防制洗錢與打擊資恐實務與案例》一書第一章第二節「電匯」：

所謂電匯（Wire Transfer或Funds Transfer）是指個人或團體，透過一個金融機構，以電子傳輸方式，將資金移轉到另一個金融機構的個人或團體。電匯交易的匯款人與受款人有可能是同一個人。電匯可能是國內銀行間的境內交易，也可能是跨越國境的國際交易。由於電匯實際上無須移動實體貨幣，它是一個從甲地移轉資金到乙地最快速且安全的方法

來源：防制洗錢與打擊資恐實務與案例，財團法人台灣金融研訓院，2018年，第2版，頁5。

52 (D)

依洗錢防制法第5條第3項：

本法所稱指定之非金融事業或人員，指從事下列交易之事業或人員：

一、銀樓業。

二、地政士及不動產經紀業從事與不動產買賣交易有關之行為。

三、律師、公證人、會計師為客戶準備或進行下列交易時：

(一) 買賣不動產。

(二) 管理客戶金錢、證券或其他資產。

(三) 管理銀行、儲蓄或證券帳戶。

(四) 有關提供公司設立、營運或管理之資金籌劃。

(五) 法人或法律協議之設立、營運或管理以及買賣事業體。

53 (A)

剩餘風險（Residual Risks）指管理階層在設計及執行控制風險措施後，仍無法達成目標之風險，合先敘明。

依金融監督管理委員會保險局FATF評鑑方法論及保險業推動現況（2018）簡報第14頁：

機構剩餘風險包括：

1.缺乏可靠資料。

2.缺乏可驗證資料。

3.第三方查核發現缺失。

4.缺乏內部執行標準。

5.監理機關檢查缺失。

6.資料遲延/落後。

7.系統功能不足。

8.人員訓練不足。

54 (B)

行政院金融監督管理委員會105年3月8日金管銀控字第10560000600號函說明：

一、各銀行應全面檢視驗鈔機辨識功能，並加強行員訓練及辨識偽鈔能力。

二、請各銀行加強美金及外幣鈔券之篩檢，防止偽鈔流出。若往來客戶請銀行協助確認所持美金或外幣鈔券之真偽，請各銀行提供必要協助。

三、如發現可疑人物以疑似美金、外幣偽鈔來行結售或匯款，請確實依本會銀行局93年8月5日銀局(三)字第0933000603號函如附件辦理。

又銀行局93年8月5日銀局(三)字第0933000603號函說明：

一、依據法務調查局經濟犯罪防制中心九十三年七月三十日電話通知辦理。

二、請轉知所屬會員機構，切實依下列事項辦理：

(一) 發現可疑人物以疑似美金偽鈔來行結售或匯款時，應盡量拖延，並請立即通報當地調查站，俾利捕捉嫌犯。

(二) 現場經可疑人物使用或接觸之偽鈔、紙、筆等相關物品應減少觸摸，並妥適保管，以備調查人員蒐證指紋所需。

(三) 監視錄影系統所錄相關錄影帶或磁碟資料應妥善留存至結案為止。

55 (D)

參考行政院洗錢防制辦公室簡報《簡介FATF相互評鑑制度對我國之重要性》中，關於相互評鑑制度介紹：

相互評鑑目的在於：

一、 瞭解各國執行效能。

二、 界定各種潛在風險。

三、 政府當局建立一套清楚的指引。

四、 給予各國間同儕壓力。

※可知督促會員落實防制洗錢與打擊資恐國際標準之機制，便係相互評鑑。

56 (D)

依金融機構防制洗錢辦法第6條第1項第1款：

第三條第四款與前條規定之確認客戶身分措施及持續審查機制，應以風險基礎方法決定其執行強度，包括：

一、 對於高風險情形，應加強確認客戶身分或持續審查措施，其中至少應額外採取下列強化措施：

(一) 在建立或新增業務往來關係前，應取得高階管理人員同意。

(二) 應採取合理措施以瞭解客戶財富及資金來源。其中資金來源係指產生該資金之實質來源。

(三) 對於業務往來關係應採取強化之持續監督。

57 (A)

依中華民國證券商業同業公會證券商防制洗錢及打擊資恐注意事項範本第2條第12款：

十二、客戶為法人時，應以檢視公司章程或請客戶出具聲明書或其他方式，瞭解其是否可發行無記名股票，並對已發行無記名股票之客戶採取下列措施之一以確保其實質受益人之更新：

(一) 請客戶要求具控制權之無記名股票股東，應通知客戶登記身分，並請客戶於具控制權股東身分發生變動時通知證券商。

(二) 請客戶於每次股東會後，應向證券商更新其實質受益人資訊，並提供持有無記名股票達一定比率以上股東之資料。但客戶因其他原因獲悉具控制權股東身分發生變動時，應即通知證券商。

58 (B)

依金融機構洗錢防制辦法第2條第1項第7款：

本辦法用詞定義如下：

七、 實質受益人：指對客戶具最終所有權或控制權之自然人，或由他人代理交易之自然人本人，包括對法人或法律協議具最終有效控制權之自然人。

另依同辦法第3條第7款：

七、 金融機構確認客戶身分措施，應依下列規定辦理：

第四款第三目規定於客戶為法人、團體或信託之受託人時，應瞭解客戶或信託之所有權及控制權結構，並透過下列資訊，辨識客戶之實質受益人，及採取合理措施驗證：

1.我國政府機關。

2.我國公營事業機構。

3.外國政府機關。

4.我國公開發行公司或其子公司。

5. 於國外掛牌並依掛牌所在地規定，應揭露其主要股東之股票上市、上櫃公司及其子公司。

6. 受我國監理之金融機構及其管理之投資工具。

7. 設立於我國境外，且所受監理規範與防制洗錢金融行動工作組織（FATF）所定防制洗錢及打擊資恐標準一致之金融機構，及該金融機構管理之投資工具。

8. 我國政府機關管理之基金。

9. 員工持股信託、員工福利儲蓄信託。

59 (B)

依FATF 40項建議第10項：

10. Customer due diligence.客戶盡職調查：

(1) 確認客戶身分。

(2) 金融機構應禁止客戶以匿名或假名開戶。

(3) 要求金融機構應於下列情形，執行客戶審查：

A. 建立業務關係。

B. 執行超過一定門檻的臨時性交易。

C. 有疑似洗錢的電匯行為。

D. 對客戶真實身分有疑問時。

E. 具有疑似洗錢或資恐表徵態樣、行為時。

(4) 各國可透過立法或其他可行方式，要求金融機構配合執行特定的客戶審查措施，如辨識實質受益人、客戶為法人時需瞭解其股權與控制結構，查明瞭解客戶建立業務關係之目的與本質。

60 (A)

依《防制洗錢與打擊資恐政策及法令解析》一書第一章第五節：

「…一個國家如果具備嚴謹及周延的政策、法律、監理與執法系統，能否保證可以防堵洗錢或遏止資恐？根據過去的實際經驗，答案是否定的。洗錢者總會發揮創意，找出任何國家的防制漏洞，然後趁虛而入。各國的防制系統一定要保持彈性、隨時更新，以因應洗錢者的新洗錢手法。…」

來源：台灣金融研訓院編輯委員會，防制洗錢與打擊資恐政策及法令解析，財團法人台灣金融研訓院，2018年，第2版，頁17。

61 (C)(D)

依銀行評估洗錢及資恐風險及訂定相關防制計畫指引第2點第4項：

4　本指引所舉例之各項說明並非強制性規範，銀行之風險評估機制應與其業務性質及規模相當。對較小型或業務較單純之銀行，簡單之風險評估即足夠；惟對於產品與服務較複雜之銀行、有多家分公司（或子公司）提供廣泛多樣之產品、或其客戶群較多元者，則需進行較高度的風險評估程序。

62 (A)(B)(D)

參考台灣金融研訓院《防制洗錢與打擊資恐實務與案例》一書第一章第六節「守門員」：

雖然專業人士被要求必須陳報可疑交易，但是實際上各國收到的報告數量極少。防制洗錢專家分析可能的原因是：
(一) 專業人士對防制洗錢的認識及風險意識不足。
(二) 專業人士基於傳統觀念，對客戶的隱私嚴加保密。

63 (B)(D)

依證券商評估洗錢及資恐風險及訂定相關防制計畫指引第8點：

1　證券商應建立定期之全面性洗錢及資恐風險評估作業並製作風險評估報告，使管理階層得以適時且有效地瞭解證券商所面對之整體洗錢與資恐風險、決定應建立之機制及發展合宜之抵減措施。

2　證券商應依據下列指標，建立定期且全面性之洗錢及資恐風險評估作業：
(一) 業務之性質、規模、多元性及複雜度。
(二) 目標市場。
(三) 證券商交易數量與規模：考量證券商一般交易活動與其客戶之特性等。
(四) 高風險相關之管理數據與報告：如高風險客戶之數目與比例；高風險產品、服務或交易之金額、數量或比例；客戶之國籍、註冊地或營業地、或交易涉及高風險地域之金額或比例等。

(五) 業務與產品，包含提供業務與產品予客戶之管道及方式、執行客戶審查措施之方式，如資訊系統使用的程度以及是否委託第三人執行審查等。
(六) 內部稽核與監理機關之檢查結果。

3　證券商於進行前項之全面性洗錢及資恐風險評估作業時，除考量上開指標外，建議輔以其他內部與外部來源取得之資訊，如：
(一) 證券商內部管理階層（如事業單位主管、客戶關係經理等）所提供的管理報告。
(二) 國際防制洗錢組織與他國所發布之防制洗錢及打擊資恐相關報告。
(三) 主管機關發布之洗錢及資恐風險資訊。

4　證券商之全面性洗錢及資恐風險評估結果應做為發展防制洗錢及打擊資恐計畫之基礎；證券商應依據風險評估結果分配適當人力與資源，採取有效的反制措施，以預防或降低風險。

5　證券商有重大改變，如發生重大事件、管理及營運上有重大發展、或有相關新威脅產生時，應重新進行評估作業。

6　證券商應於完成或更新風險評估報告時，將風險評估報告送主管機關備查。

64 (B)(D)

中華民國證券商業同業公會證券商防制洗錢及打擊資恐注意事項範本第14條第4項：

證券商總經理應督導各單位審慎評估及檢討防制洗錢及打擊資恐內部控制制度執行情形，由董事長、總經理、稽核主管、防制洗錢及打擊資恐專責主管聯名出具防制洗錢及打擊資恐之內部控制制度聲明書，並提報董事會通過，於每會計年度終了後三個月內將該內部控制制度聲明書內容揭露於證券商網站，並於主管機關指定網站辦理公告申報。

65 (C)(D)

參考行政院洗錢防制辦公室2018年國家洗錢及資恐風險評估報告：

「…除能符合FATF40項建議之要求，並讓我國擬訂更有效的防制洗錢及打擊資恐政策外，進行風險評估程序之過程，亦為我國政府之寶貴經驗，作為風險評估報告，將是未來國家風險評估、產業風險評估及機構風險評估的極佳指引，不僅在洗錢及資恐方面，在其他類型的風險評估亦能引為參考。…」

有關FATF40項建議之要求，乃係針對未來國家風險評估、產業風險評估及機構風險評估進行風險評估程序。

66 (A)(B)

依中華民國證券投資信託暨顧問商業同業公會證券投資信託事業證券投資

顧問事業防制洗錢及打擊資恐注意事項範本第2條第2項：

前項第一款洗錢及資恐風險之辨識、評估及管理，應至少涵蓋客戶、地域、產品及服務、交易或支付管道等面向，並依下列規定辦理：

一、 製作風險評估報告。

二、 考量所有風險因素，以決定整體風險等級，及降低風險之適當措施。

三、 訂定更新風險評估報告之機制（包括但不限於更新頻率），以確保風險資料之更新。

四、 於完成或更新風險評估報告時，將風險評估報告送金融監督管理委員會（以下簡稱金管會）備查。

67 (A)(D)

依存款帳戶及其疑似不法或顯屬異常交易管理辦法第5條：

存款帳戶依前條之分類標準認定為疑似不法或顯屬異常交易者，銀行應採取下列處理措施：

一、 第一類：

(一) 存款帳戶如屬偽冒開戶者，應即通知司法警察機關、法務部調查局洗錢防制處及財團法人金融聯合徵信中心，銀行並應即結清該帳戶，其剩餘款項則俟依法可領取者申請給付時處理。

(二) 存款帳戶經通報為警示帳戶者，應即通知財團法人金融聯合徵信中心，並暫停該帳戶全部交易功

能，匯入款項逕以退匯方式退回匯款行。

(三) 存款帳戶屬衍生管制帳戶者，應即暫停該帳戶使用提款卡、語音轉帳、網路轉帳及其他電子支付功能，匯入款項逕以退匯方式退回匯款行。

(四) 依其他法令規定之處理措施。

二、 第二類：

(一) 對該等帳戶進行查證及持續進行監控，如經查證有不法情事者，除通知司法警察機關外，並得採行前款之部分或全部措施。

(二) 依洗錢防制法等相關法令規定之處理措施。

另依同辦法第6條：

銀行除依前條所列措施辦理外，並應於內部採取下列措施：

一、 循內部程序通報所屬總行或總管理機構之專責單位。

二、 將已採行及擬採行之處理措施一併陳報總行或總管理機構之專責單位。

三、 於銀行內部資訊系統中加以註記，提醒各分支機構加強防範。

68 (A)(B)(C)(D)

(A)依中華民國銀行公會銀行防制洗錢及打擊資恐注意事項範本第6條第1項第1款：

第4條第3款及前條規定之確認客戶身分措施及持續審查機制，應以風險基礎方法決定其執行強度，包括：

一、 對於高風險情形，應加強確認客戶身分或持續審查措施，其中至少應額外採取下列強化措施：

(一) 在建立或新增業務往來關係前，銀行應取得依內部風險考量，所訂核准層級之高階管理人員同意。

(B)依中華民國銀行公會銀行防制洗錢及打擊資恐注意事項範本第9條第1項第2款：

銀行對帳戶及交易之持續監控，應依下列規定辦理：

二、 應依據以風險基礎方法，建立帳戶及交易監控政策與程序，並利用資訊系統，輔助發現疑似洗錢或資恐交易。

(C)、(D)依金融機構防制洗錢辦法第6條第1項前段：

第三條第四款與前條規定之確認客戶身分措施及持續審查機制，應以風險基礎方法決定其執行強度，包括…。

69 (B)(C)(D)

金融研訓院出版防制洗錢與打擊資恐實務與案例一書第一章第三節，內有提及恐怖組織利用非營利組織（NPO）的原因，例如：

(一) 非營利組織容易獲得民眾信任，可以被恐怖份子或恐怖組織利用，作為公開募款管道。

(二) 有些非營利組織是跨國性或世界性組織，提供極佳的國際作業及資金移轉平台。

(三) 各國法令雖有不同，但是通常對非營利組織的成立條件與營運監理要求比較寬鬆。

(四) 許多非營利組織享有賦稅優惠，更是一大誘因。

(五) 非營利組織可依設立宗旨，公開地在特定族群或宗教社區中活動。

(六) 有些人基於宗教或慈善目的捐獻現金，不會堅持非營利組織必須開立收據。

(七) 有些非營利組織設有匿名現金捐款箱，可以不開收據。

(八) 許多金融機構或其員工，對非營利組織極為友善，於作業上會給予方便或協助。

(九) 非營利組織之間的跨國資金移轉通常不會特別引人注目。

(十) 恐怖組織甚至可以掛羊頭賣狗肉，以合法的非營利組織掩飾非法的恐怖活動，跨國公開營運。

來源：台灣金融研訓院編輯委員會，防制洗錢與打擊資恐實務與案例，財團法人台灣金融研訓院，2018年，第2版，頁11-12。

70 (C)(D)

依《保險業防制洗錢及打擊資恐之實務與案例》一書第五章第二節有關疑似洗錢交易辨識技巧中：

(一) 不尋常的通貨使用。

(二) 無法辨識的資金來源。

(三) 無法了解的交易關係或商業關係。

(四) 不合理的商業決策與需求。

(五) 令人費解的交易行為。

(六) 涉制裁或恐怖活動對象。

(七) 特殊的交易關聯對象與地區。

(八) 累積的犯罪能量。

(九) 異常事件。

來源：朱政龍、林宏義、高旭宏，保險業防制洗錢及打擊資恐之實務與案例，財團法人保險事業發展中心出版，初版，頁132-135。

71 (B)(C)

依金融機構防制洗錢辦法第13條：

金融機構對達一定金額以上之通貨交易，應依下列規定辦理：

一、應確認客戶身分並留存相關紀錄憑證。

二、確認客戶身分措施，應依下列規定辦理：

(一) 憑客戶提供之身分證明文件或護照確認其身分，並將其姓名、出生年月日、住址、電話、交易帳戶號碼、交易金額及身分證明文件號碼等事項加以記錄。但如能確認客戶為交易帳戶本人者，可免確認身分，惟應於交易紀錄上敘明係本人交易。

(二) 交易如係由代理人為之者，應憑代理人提供之身分證明文件或護照確認其身分，並將其姓名、出生年月日、住址、電話、交易帳戶號碼、交易金額及身分證明文件號碼等事項加以記錄。

(三) 交易如係屬臨時性交易者，應依第三條第四款規定確認客戶身分。

三、除第十四條規定之情形外，應依法務部調查局（以下簡稱調查局）所定之申報格式，於交易完成後五個營業日內以媒體申報方式，向調查局申報。無法以媒體方式申報而有正當理由者，得報經調查局同意後，以書面申報之。

四、向調查局申報資料及相關紀錄憑證之保存，應依第十二條規定辦理。

另參照同辦法第14條第1項第5款：

金融機構對下列達一定金額以上之通貨交易，免向調查局申報，但仍應確認客戶身分及留存相關紀錄憑證：

五、代收款項交易（不包括存入股款代收專戶之交易、代收信用卡消費帳款之交易），其繳款通知書已明確記載交易對象之姓名、身分證明文件號碼（含代號可追查交易對象之身分者）、交易種類及金額者。但應以繳款通知書副聯作為交易紀錄憑證留存。

※可知申報內容包括客戶身分、交易種類等資訊，自須於申報前完成該確認程序。

72 (A)(C)

依《防制洗錢與打擊資恐政策及法令解析》一書第六章第三節：

「…倘現在有保險公司決定擴大服務，允許客戶使用ATM以轉帳或存現金的方式繳交保險費。則保險公司的『產品』並沒有實質上的改變，但因為『服務』的改變，而使得該公司的產品具有可以未知身分第三人付款的特性。故，保險業者應該同步考量『產品』與『服務』分別或併同的風險特性…」

來源：台灣金融研訓院編輯委員會，防制洗錢與打擊資恐政策及法令解析，財團法人台灣金融研訓院，2018年，第2版，頁195。

※另依保險業風險管理實務守則2.3風險胃納與限額：

2.3.3-1.保險業應依風險特性與公司之風險胃納，訂定各主要風險限額，並定期監控及落實執行限額超限之處理。

73 (A)(B)(C)(D)

依存款帳戶及其疑似不法或顯屬異常交易管理辦法第4條：

本辦法所稱疑似不法或顯屬異常交易存款帳戶之認定標準及分類如下：

一、第一類：

(一) 屬偽冒開戶者。

(二) 屬警示帳戶者。

(三) 屬衍生管制帳戶者。

二、第二類：

(一) 短期間內頻繁申請開立存款帳戶，且無法提出合理說明者。

(二) 客戶申請之交易功能與其年齡或背景顯不相當者。

(三) 客戶提供之聯絡資料均無法以合理之方式查證者。

(四) 存款帳戶經金融機構或民眾通知，疑為犯罪行為人使用者。

(五) 存款帳戶內常有多筆小額轉出入交易，近似測試行為者。

(六) 短期間內密集使用銀行之電子服務或設備，與客戶日常交易習慣明顯不符者。

(七) 存款帳戶久未往來，突有異常交易者。

(八) 符合銀行防制洗錢注意事項範本所列疑似洗錢表徵之交易者。

(九) 其他經主管機關或銀行認定為疑似不法或顯屬異常交易之存款帳戶。

74 (A)(B)(D)

參考行政院網站重要政策公告「洗錢防制新制上路」（106/07/10）：

二、洗錢防制新法修正重點：

(一) 提升洗錢犯罪追訴可能性：增訂洗錢擴大沒收、放寬洗錢前置犯罪門檻、擴充洗錢行為定義、增訂特殊洗錢犯罪、洗錢犯罪不以前置犯罪經有罪判決為必要等，未來提供人頭帳戶或擔任車手均可能構成洗錢罪，可處6個月以上有期徒刑。

(二) 建立透明化金流軌跡：繼金融機構、銀樓業之後，將不動產經紀業、地政士、律師、會計師和公證人等指定之非金融事業或人員

納入防制體系，全面要求確認客戶身分、留存交易紀錄、通報大額或可疑交易，同時加強對重要政治性職務人士之審查、強化邊境金流管制等，如旅客出入境可攜帶限額為現鈔新台幣10萬元、人民幣2萬元、外幣、香港或澳門發行之貨幣等值1萬美元，有價證券總面額等值1萬美元，黃金價值2萬美元，超越自用目的之鑽石、寶石、白金總價值新台幣50萬元。超逾限額未申報或申報不實者，將沒入或處以罰鍰；以貨物運送、快遞、郵寄等方式運送者亦同。

(三) 增強我國洗錢防制體制：程序與教育訓練、設置洗錢防制基金等。

(四) 強化國際合作：如明定《洗錢防制法》與《資恐防制法》之反制措施法源、沒收洗錢犯罪所得之分享與返還、強化我國與外國政府、機構或國際組織之洗錢防制合作等。

75 (A)(B)(C)

依人壽保險業防制洗錢及打擊資恐注意事項範本第4條第9款：

確認客戶身分措施，應依下列規定辦理：

九、依據保險業洗錢及資恐風險評估相關規範辨識為高風險之客戶，應以下列加強方式擇一執行驗證：

(一) 取得寄往客戶所提供住址之客戶本人/法人或團體之有權人簽署回函或辦理電話訪查。
(二) 取得個人財富及資金來源資訊之佐證資料。
(三) 實地訪查。
(四) 取得過去保險往來資訊。

76 (A)(C)(D)

依金融機構防制洗錢辦法第3條第7款第3目：
金融機構確認客戶身分措施，應依下列規定辦理：
七、 第四款第三目規定於客戶為法人、團體或信託之受託人時，應瞭解客戶或信託之所有權及控制權結構，並透過下列資訊，辨識客戶之實質受益人，及採取合理措施驗證：
(三) 客戶或具控制權者為下列身分者，除有第六條第一項第三款但書情形或已發行無記名股票情形者外，不適用第四款第三目辨識及驗證實質受益人身分之規定。
1.我國政府機關。
2.我國公營事業機構。
3.外國政府機關。
4.我國公開發行公司或其子公司。
5.於國外掛牌並依掛牌所在地規定，應揭露其主要股東之股票上市、上櫃公司及其子公司。
6.受我國監理之金融機構及其管理之投資工具。

7.設立於我國境外，且所受監理規範與防制洗錢金融行動工作組織（FATF）所定防制洗錢及打擊資恐標準一致之金融機構，及該金融機構管理之投資工具。
8.我國政府機關管理之基金。
9.員工持股信託、員工福利儲蓄信託。

77 (C)(D)

依銀行防制洗錢及打擊資恐注意事項範本附錄疑似洗錢或資恐交易態樣：
九、 異常交易活動/行為—客戶身分資訊類：
(三) 辦理國外匯出匯款之匯款人與受款人間無法對雙方關係提出合理解釋者。

78 (A)(B)(D)

依《保險業防制洗錢及打擊資恐之實務與案例》一書第三章第2節：
二、 保險業實務上常見之洗錢類型：
保險業常見的洗錢類型約略整理如下：
1.利用跨境交易洗錢。
2.通過犯罪收益購買保單洗錢。
3.利用提前退保方式洗錢。
4.預付大額年金保費方式洗錢。
5.客戶與保險仲介、保險公司人員夥同洗錢。
6.由第三方支付保費方式洗錢。
7.利用躉繳保費洗錢。
8.利用現金購買保單洗錢。

9.客戶、保險公司與再保險公司夥同
　　欺詐方式洗錢。
10.其他類型的洗錢案例。
來源：朱政龍、林宏義、高旭宏，保
險業防制洗錢及打擊資恐之實務與
案例，財團法人保險事業發展中心出
版，初版，頁98。

79 (A)(B)(D)

依銀行評估洗錢及資恐風險及訂定相
關防制計畫指引第4點第2項：
就客戶之風險等級，至少應有兩級
（含）以上之風險級數，即「高風
險」與「一般風險」兩種風險等級，
作為加強客戶審查措施及持續監控機
制執行強度之依據。若僅採行兩級風
險級數之銀行，因「一般風險」等級
仍高於本指引第五點與第七點所指之
「低風險」等級，故不得對「一般風
險」等級之客戶採取簡化措施。

80 (A)(B)(C)

依金融機構防制洗錢辦法第10條第1
項第2款：
金融機構於確認客戶身分時，應運用
適當之風險管理機制，確認客戶及其

實質受益人、高階管理人員是否為現
任或曾任國內外政府或國際組織之重
要政治性職務人士：
二、 客戶或其實質受益人若為現任
　　　國內政府或國際組織之重要
　　　政治性職務人士，應於與該客
　　　戶建立業務關係時，審視其風
　　　險，嗣後並應每年重新審視。
　　　對於經金融機構認定屬高風險
　　　業務關係者，應對該客戶採取
　　　第六條第一項第一款各目之強
　　　化確認客戶身分措施。
再依同辦法第6條第1項第1款：
第三條第四款與前條規定之確認客戶
身分措施及持續審查機制，應以風險
基礎方法決定其執行強度，包括：
一、 對於高風險情形，應加強確認客
　　　戶身分或持續審查措施，其中至
　　　少應額外採取下列強化措施：
(一) 在建立或新增業務往來關係前，
　　　應取得高階管理人員同意。
(二) 應採取合理措施以瞭解客戶財富
　　　及資金來源。其中資金來源係指
　　　產生該資金之實質來源。
(三) 對於業務往來關係應採取強化之
　　　持續監督。

⊙110年／第2次防制洗錢與打擊資恐專業人員測驗（下午）

(一)單選題

(　　) **1** 防制洗錢金融行動工作組織期待金融機構採取下列何種方法辨識、評估所面臨之洗錢及資恐風險？　(A)原則基礎法　(B)風險基礎法　(C)收益基礎法　(D)市價基礎法。

(　　) **2** 依「金融機構防制洗錢辦法」規定，銀行得先取得辨識客戶身分之資料，建立業務關係後再完成驗證之情形，不含下列何者？(A)洗錢及資恐風險受到有效管理　(B)取得高階管理人員同意(C)為避免對客戶業務之正常運作造成干擾所必須　(D)會在合理可行之情形下儘速完成客戶及實質受益人之身分驗證。

(　　) **3** 金融業於辦理確認客戶身分時，下列何者錯誤？　(A)原則上，完成確認客戶身分措施前，不得與該客戶建立業務關係或進行臨時性交易　(B)依洗錢防制法第7條之規範，確認客戶身分之程序必須以了解為基礎　(C)客戶為已發行無記名股票之法人時，應請客戶於每次股東會後，向機構或事業更新其實質受益人資訊　(D)有關強化確認客戶身分之措施於重要政治性職務人士之家庭成員亦應適用。

(　　) **4** 下列何者非集團層次防制洗錢計畫應包含之資料相關事項？(A)風險評估方法論　(B)資訊分享政策　(C)要求提供資訊　(D)資訊保密安全防護。

(　　) **5** 對較小型或業務較單純之　證券商而言，風險評估程序之敘述何者正確？　(A)另制定一套強化措施　(B)仍須採嚴密措施　(C)容許忽略　(D)可相對簡化。

(　　) **6** 銀行應建立不同之客戶風險等級與分級規則。就客戶之風險等級，至少應有幾級以上之風險級數？　(A)2級以上　(B)3級以上(C)4級以上　(D)5級以上。

(　)　**7** 下列何者在做客戶審查時，不需依「擔任重要政治性職務人士」，強制適用加強客戶審查程序？　(A)行政院長本人　(B)行政院長之配偶　(C)行政院主計處之副科長　(D)與行政院長有密切關係之人。

(　)　**8** 為確保辨識客戶及實質受益人身分資訊之適足性與即時性，公司在訂定審查頻率時，下列考量何者錯誤？
(A)高風險客戶至少每年檢視一次
(B)依重要性及風險程度，對現有客戶身分資料進行審查
(C)根據前次執行審查之時點及所獲得資料之適足性，決定適當時機
(D)由於公司對於具有高風險因子者一律婉拒開戶，已排除高風險客戶存在之可能，故只要訂定中低風險客戶之審查頻率即可。

(　)　**9** 對有效的防制洗錢及打擊資恐系統，通常都具備某些結構性元素，下列哪一項不是結構性元素？　(A)政治穩定性　(B)法律制度建全　(C)司法系統獨立、健全與有效率　(D)銀行服務的親切度。

(　)　**10** 當國外分（子）公司當地防制洗錢與打擊資恐標準與國內不同時，何者敘述為非？
(A)原則上應實施母子／總分公司一致的措施
(B)分／子公司選擇兩地較高標準者依循
(C)標準高低的認定有疑義時，以外國主管機關的認定為依據
(D)外國法規禁止致無法採行與母公司相同標準時，應採取額外措施。

(　)　**11** 有關證券期貨業是由下列何者指派防制洗錢及打擊資恐專責主管？　(A)董事會　(B)董事長　(C)總經理　(D)公司自行規定。

(　)　**12** 有關犯罪洗錢常見的三階段，不包括下列何者？　(A)化整為零的處置（placement）　(B)層層掩飾的多層化（layering）　(C)整合彙整（integration）　(D)法規套利（arbitrage）。

（　） **13** 下列何者不是保險業洗錢及資恐固有風險的評估面向？　(A)保險公司之主要客群　(B)保險商品之淨危險保額　(C)保險公司本身營運內容的複雜度　(D)監管機構對於保險業於防制洗錢與打擊資恐方面的監管程度。

（　） **14** 銀行為判定客戶或實質受益人是否為重要政治性職務人士，應根據下列何項之評估等級，採取合理措施？　(A)業務　(B)風險　(C)職位　(D)時間。

（　） **15** 下列與洗錢防制法資料保存規定有關之敘述何者錯誤？　(A)存款業務於帳戶關閉後5年保存義務才終了　(B)放款業務於客戶結清後5年保存義務才終了　(C)信用卡業務於客戶發卡後5年保存義務才終了　(D)臨時性交易於客戶交易結束後5年保存義務才終了。

（　） **16** 洗錢防制法規定之特定犯罪所得，不包含下列何者？　(A)因特定犯罪而取得之財產上利益　(B)因特定犯罪而變得之財物　(C)因特定犯罪而取得之孳息　(D)因特定犯罪而取得之文件。

（　） **17** 依「金融機構防制洗錢辦法」規定，下列敘述何者錯誤？　(A)疑似洗錢或資恐交易申報標準應書面化　(B)銀行應利用資訊系統，輔助發現疑似洗錢或資恐交易　(C)銀行應依據風險基礎方法，建立帳戶或交易監控政策與程序　(D)監控型態限於同業公會所發布之態樣，各銀行不得增列自行監控態樣。

（　） **18** 國際保險業務分公司（OIU）業務的洗錢風險比較高，主要原因為下列何者？　(A)offshore本身即代表著比較低的透明度　(B)主管機關對於OIU的法規監理密度較鬆綁　(C)OIU商品客戶都是台灣籍客戶在購買　(D)OIU通常做為再保險安排的交易管道。

（　） **19** 下列何者是銀行風險基礎方法的第一步，有助銀行了解其暴露在何種洗錢及資恐風險之下？　(A)資產評估　(B)風險評估　(C)資訊安全評估　(D)法令遵循評估。

(　　) **20** 金融機構在完成確認客戶身分措施前，原則上不得與該客戶建立業務關係。下列何種情形不屬於得先建立業務關係後再完成驗證的例外情況？　(A)屬於臨時性交易　(B)洗錢及資恐風險已受到有效管理　(C)為避免對客戶業務之正常運作造成干擾所必須　(D)可在合理可行之情形下儘速完成客戶及實質受益人之身分驗證。

(　　) **21** 關於洗錢防制法第十七條洩密罪的敘述何者正確？　(A)處罰對象僅限金融機構從業人員　(B)對於違反者科處罰鍰　(C)違反者應負民事、刑事責任　(D)處罰對象包含公務員與金融機構從業人員。

(　　) **22** 下列何者非屬保險業對客戶通常會進行加強盡職調查（EDD）的狀況？　(A)客戶屬於重要政治性職務之人（PEPs）　(B)客戶透過電話行銷購買保險商品　(C)客戶在境外並且透過OIU購買保險商品　(D)客戶在近期曾經被保險公司申報具有疑似洗錢交易。

(　　) **23** 下列何種保險商品屬於洗錢防制高風險商品？　(A)損害填補型保險　(B)健康保險　(C)傷害保險　(D)具高保單價值準備金人身保險商品。

(　　) **24** 有關客戶審查之進行何者正確：　(A)採用風險評估原則全面進行　(B)僅針對來自境外高風險地區之法人，審查實質受益人　(C)所有政治職位之客戶不論現任或卸任，均視為高風險客戶，並一律執行相同之強化審查措施　(D)若非大額交易則執行簡化之客戶盡職審查。

(　　) **25** 依洗錢防制法規定，所稱特定犯罪係指下列何者？　(A)最輕本刑為六月以上有期徒刑以上之刑之罪　(B)最輕本刑為一年以上有期徒刑以上之刑之罪　(C)最輕本刑為三年以上有期徒刑以上之刑之罪　(D)最輕本刑為五年以上有期徒刑以上之刑之罪。

( ) **26** 下列何者不是洗錢者偏好使用電子支付系統之因素？ (A)可以快速且大量匯款 (B)不同銀行經營者之價值觀及道德感不同 (C)電子系統可以自動產生與儲存交易紀錄 (D)不同銀行對法令遵循的重視程度有差異。

( ) **27** 下列何者非為國際貿易被利用作為洗錢手法之疑似洗錢表徵？ (A)以現金替代貿易融資支付貨款 (B)客戶不願配合辦理客戶審查作業 (C)買受人以外匯方式付款予出賣人 (D)進口國為X國，貨款由Y國與無關第三人支付。

( ) **28** 有關防制洗錢及打擊資恐中確認客戶身分措施之敘述，下列何者錯誤？ (A)對於高風險情形，應加強確認客戶身分或持續審查措施 (B)對於來自洗錢或資恐高風險國家之客戶，應採行與其風險相當之強化措施 (C)對於較低風險客戶，仍不得採取簡化確認客戶身分措施 (D)對於高風險客戶，在建立或新增業務往來關係前，應取得銀行高階管理人員同意。

( ) **29** 下列何者不是適用「金融機構辦理國內匯款作業確認客戶身分原則」之金融機構？ (A)外國銀行在臺分行 (B)信用合作社 (C)證券金融公司 (D)中華郵政公司。

( ) **30** 為確保在主管機關提出要求時可以立即提供，防制洗錢金融行動工作組織（FATF）建議金融機構應將所有國內外的交易紀錄保存幾年？ (A)至少一年 (B)至少三年 (C)至少五年 (D)至少七年。

( ) **31** 建立集團層次的洗錢防制與打擊資恐資訊分享機制，下列哪一資訊不包括在得分享的資訊範圍內？ (A)申報疑似洗錢交易報告 (B)風險計算因子與權重 (C)媒體負面報導資訊 (D)客戶國籍是否屬於高風險國家地區。

(　　) **32** 對於外國政府或國際洗錢防制組織認定或追查之恐怖分子或團體，以下何等作為不正確？　(A)凍結資產　(B)新戶應婉拒開戶　(C)舊戶應直接視為高風險　(D)申報疑似洗錢或資恐交易。

(　　) **33** 證券商對帳戶及交易之持續監控作業，下列敘述何者正確？　(A)證券商不會碰到現金，具有低洗錢及資恐風險　(B)證券商防制洗錢及打擊資恐倘已完全依據證券商公會發布之態樣進行監控，則無須再另行增列　(C)客戶為零售業，屬於從事密集性現金交易業務，應直接視為高風險客戶　(D)透過證券商進行內線交易或市場操縱，屬洗錢前置犯罪。

(　　) **34** 金融機構及指定之非金融事業或人員對於達一定金額以上（含等值外幣）之通貨交易應進行申報，此一金額為何？
(A)新臺幣30萬元　　　　　　　　(B)新臺幣50萬元
(C)新臺幣100萬元　　　　　　　(D)新臺幣500萬元。

(　　) **35** 下列何者非檢討並更新帳戶或交易監控政策及程序的依據？
(A)董事會決議　(B)客戶性質　(C)內部或外部的相關趨勢與資訊
(D)內部風險評估結果。

(　　) **36** 請問下列哪一個客戶需辦理實質受益人辨識及驗證？　(A)台北市政府　(B)台灣電力股份有限公司　(C)遠傳電信股份有限公司
(D)中華登山協會。

(　　) **37** 就資恐防制法指定制裁之個人，下列敘述何者錯誤？　(A)不得就其受扶養親屬家庭生活所需之財產上利益為交付　(B)得酌留管理財物之必要費用　(C)他人不得為其提供財物　(D)不得對其金融帳戶為轉帳。

(　　) **38** 下列何職位應為專責／專任而無例外？　(A)總機構洗錢防制主管　(B)總機構洗錢防制人員　(C)國外營業單位洗錢防制主管
(D)國外營業單位法遵主管。

( )　**39** 在國際實踐上，對於未符合或不遵守洗錢防制國際規範之國家，應由國際社會對之採取加強審查或停止金融活動往來，此項措施稱之為何？　(A)預防措施　(B)懲罰措施　(C)補充性措施　(D)金融反制措施。

( )　**40** 國際金融業務之洗錢資恐風險，與以下何等因素無直接關聯？(A)可跨境交易　(B)限高淨值客戶　(C)可非面對面交易　(D)容許境外非居民交易。

( )　**41** 律師、會計師等專業人員陳報可疑交易數量極少的主因為何？(A)絕不受理有洗錢嫌疑之客戶　(B)重視客戶隱私的保密　(C)律師、會計師無協助洗錢之風險　(D)申報可疑交易會遭到報復。

( )　**42** 下列有關保險公司與保險輔助人（保險經紀人或保險代理人）應負義務之敘述，何者有誤？
(A)保險公司既已仰賴保險輔助人執行客戶盡職調查流程環節，則無需負擔確認客戶身分之最終責任
(B)保險輔助人有提供保險公司索取客戶識別資料之義務
(C)保險輔助人應為確認客戶身分資訊之正確性負責
(D)保險輔助人針對其客戶盡職調查流程有紀錄保存義務。

( )　**43** 關於防制洗錢和打擊資恐，下列敘述何者正確？　(A)先進國家因法令完備且制度完善，因此並無洗錢風險存在　(B)因金融業為資金流通的管道，故在防制洗錢上扮演的角色無足輕重　(C)洗錢行為將使消費者對金融機構和監理機關失去信心，對金融業是為一大傷害　(D)因各國風俗民情不同，洗錢防制及打擊資恐係為個別國家之問題，與其他國家無關。

( )　**44** 下列何者達洗錢防制物品出入境申報及通報辦法的申報標準？(A)相當於2萬美金的港幣　(B)新臺幣5萬現鈔　(C)價值1萬美金的黃金　(D)面額8,000美金的匯票。

（　）**45** 為評估防制洗錢金融行動工作組織（FATF）發布40項建議的遵循程度，FATF公布的「方法論」，對於相互評鑑的第一步是什麼？
(A)了解該國的風險及環境　(B)了解該國是否為英語系國家　(C)了解該國人口成長率　(D)了解該國的都市化程度。

（　）**46** 有關假借全權委託投資而透過保管銀行進行洗錢行為之可疑態樣，下列對該類態樣的敘述何項錯誤？
(A)委託投資者之委託資產與其身分、收入顯不相當或與本身營業性質無關
(B)於全權委託投資契約存續期間要求增加委託投資資金且無合理原因
(C)簽訂全權委託投資契約及委任保管契約後即迅速終止契約且無正當原因
(D)委託投資之資產係自某些特定地區如開曼群島、巴哈馬群島等地匯入，或於契約終止後要求直接自我國境內匯往上開地區。

（　）**47** 下列可疑交易態樣何者與股市作手利用人頭戶炒作股票無關？
(A)大額買進一籃子股票　(B)不尋常買賣冷門、小型股　(C)短期內連續大量買賣特定股票　(D)利用擔任代理人之帳戶分散大額交易。

（　）**48** 銀行行員在辦理放款業務時，下列哪一種情形可能有疑似洗錢交易之虞，應進一步調查？　(A)客戶以自住的房屋當擔保品來申請投資理財貸款新臺幣100萬元　(B)客戶以配偶的房屋當擔保品來申請投資理財貸款新臺幣150萬元　(C)客戶以剛認識之朋友提供之土地當擔保品來申請投資週轉金貸款新臺幣5,000萬元　(D)客戶以父親當保證人來申請小額信用貸款新臺幣50萬元。

（　）**49** 甲、乙約定由乙將甲之販毒犯罪共新臺幣（下同）一千萬元所得移轉至海外人頭帳戶，乙則收取手續費五十萬元。今甲、乙二人行為被查獲，乙持有該五十萬元遭政府凍結，是基於以下何種理由？　(A)民事賠償　(B)犯罪所得　(C)行政罰鍰　(D)刑事罰金。

(　) **50** 下列何者不屬於防制洗錢金融行動工作組織40項建議對於客戶審查的時機？　(A)與客戶建立業務關係時　(B)客戶辦理未超過等值美元或歐元15,000元之臨時性轉帳時　(C)發現疑似洗錢表徵態樣時　(D)對於舊有客戶身分真實性懷疑時。

(　) **51** 對於已在我國其他金融同業開戶之客戶，執行盡職調查之必要性及理由，以下何者正確？　(A)有必要，因業務往來關係之目的與性質可能改變　(B)無必要，得合理信賴金融同業已執行盡職調查　(C)有必要，因無從驗證客戶是否已在金融同業開戶　(D)無必要，因交割款係來自於同名帳戶之電匯轉帳。

(　) **52** 客戶甲表示因其身分特殊，故欲利用匿名或假名投保，保險公司應該如何處理？
(A)應予以婉拒建立業務關係
(B)可以允許客戶以假名，但不可匿名投保
(C)可以允許客戶匿名，但不可以假名投保
(D)保險業為金融服務業，應以顧客至上，故應允許客戶以匿名或假名投保，但須註記為高風險客戶。

(　) **53** 甲為A銀行營業單位防制洗錢及打擊資恐督導主管，依規定甲每年應至少參加經專責主管同意之內（外）部訓練單位所辦幾小時防制洗錢及打擊資恐教育訓練？　(A)12小時　(B)24小時　(C)30小時　(D)48小時。

(　) **54** 以下哪個業者經營地下通匯業務的可能性較低？　(A)外勞雜貨店　(B)旅行社　(C)臺南的機車經銷商　(D)貿易公司。

(　) **55** 銀行行員在下列哪一種情形依法不需重新對客戶進行風險評估？
(A)客戶申請開立存款帳戶　(B)客戶臨櫃辦理提款新臺幣十萬元
(C)客戶申請開立網路銀行　(D)客戶申請增貸新臺幣五十萬元。

(　　) **56** 下列何者非銀行辦理授信業務之疑似洗錢或資恐交易態樣？
(A)以無關聯第三方作保證人　(B)出口收到貨款償還銀行借款
(C)以高價住宅做為擔保品申請貸款　(D)利用大量現金作為擔保品
申請貸款。

(　　) **57** 客戶為信託之受託人時，以下驗證客戶身分之方法，何者有
誤？　(A)信託契約　(B)信託登記文件　(C)由律師擔任受託人時，
得以該律師出具之書面文件替代　(D)官方辨識編號，如統一編
號、稅籍編號、註冊號碼等。

(　　) **58** 客戶是否異常密集投保，必須仰賴下述哪一種資訊系統的建
制來做為檢視是否為可疑交易的基礎？　(A)可疑交易申報系統
(B)姓名檢核系統　(C)可疑交易態樣預警系統　(D)客戶姓名與ID總
歸戶系統。

(　　) **59** 當業務員、核保單位或保戶服務單位聯絡客戶洽詢客戶資料與
投保資訊正確性時，倘遇到客戶不配合時，以下敘述何者為錯誤的
做法：　(A)婉轉說明保持資料正確性為提供客戶服務與了解保險
需求必要的作為　(B)旁徵博引以確認該客戶身分與背景上是否有其
他值得注意之處　(C)跟客戶說明不配合就只能將其申報到法務部調
查局　(D)倘真正無法辨識其身分時婉拒業務，並依疑義狀況判斷
是否有需要呈報疑似洗錢交易。

(　　) **60** 防制洗錢行動工作組織防制洗錢及打擊資恐40項建議，當中
的建議10：客戶審查，是最重要的建議之一。關於建議10，下列
敘述何者錯誤？　(A)金融機構應禁止客戶以匿名或明顯假名開戶
(B)金融機構於建立業務關係時應執行客戶審查　(C)金融機構替臨
時性客戶進行交易時，應驗證客戶身分　(D)當金融機構無法透過
可靠的獨立來源文件、資料或資訊，驗證客戶身分之真實性時，應
於完成交易時，立即申報可疑交易。

(二)複選題

(　) **61** 以下何者為法人客戶高洗錢及資恐風險之因子？　(A)有隱名股東　(B)股權結構複雜　(C)屬中小型企業　(D)留存地址欠缺地緣性。

(　) **62** 為有效防堵洗錢者及恐怖組織利用非營利組織移動資金，下列何者為關鍵監控措施？　(A)留意非營利組織的宗旨與活動是否相符　(B)留意非營利組織的董事有無外籍人士　(C)留意非營利組織的管理者及董事背景　(D)留意捐款來源是否來以境外捐款為主。

(　) **63** 防制洗錢與打擊資恐計畫，應包括以下哪些政策、程序及控管機制？
(A)確認客戶身分及客戶交易對象之姓名與名稱之檢驗
(B)針對帳戶交易進行持續監控
(C)針對一定金額以上之通貨與疑似洗錢或資恐交易進行申報
(D)指定防制洗錢及打擊資恐專責主管。

(　) **64** 下列人員何者為證券商防制洗錢及打擊資恐注意事項範本所規範需每年應至少參加經防制洗錢及打擊資恐專責主管同意之內部或外部訓練單位所辦十二小時防制洗錢及打擊資恐教育訓練？
(A)內部稽核人員　(B)專責主管　(C)證券商董事、監察人　(D)國內營業單位督導主管。

(　) **65** 下列何種客戶有可能符合疑似洗錢樣態？　(A)客戶不斷詢問健康保險保障範圍　(B)客戶投保強制汽車責任保險　(C)客戶希望業務員能夠規劃數筆保額較小且不引人注目之保單　(D)客戶不斷詢問如何辦理解除保險契約。

(　) **66** 證券期貨業防制洗錢及打擊資恐之內部控制制度聲明書係由下列何人聯名出具？　(A)董事長　(B)總經理　(C)監察人（或審計委員會）　(D)防制洗錢及打擊資恐專責主管。

(　) **67** 金融機構施行哪些措施有助防堵或偵測重要政治性職務人士之可疑交易？ (A)重要政治性職務人士跟高層熟識，不論本人或其配偶、親屬開戶時，均應特別禮遇 (B)隨時更新重要政治性職務人士名單 (C)重要政治性職務人士開戶時，依照一般客戶審查程序辦理，不應給予特殊禮遇 (D)密切注意媒體或社會上有關重要政治性職務人士之負面新聞，並落實客戶審查、申報可疑交易。

(　) **68** 依洗錢防制法第5條第3項規定，請問本法所稱指定之非金融事業或人員，係指從事下列交易之事業或人員？ (A)銀樓業 (B)運輸業 (C)地政士及不動產經紀業從事與不動產買賣交易有關之行為 (D)律師、公證人、會計師為客戶準備或進行買賣不動產等之交易。

(　) **69** 保險業接受非保險契約利害關係人繳款或接受ATM繳款等情形，下列敘述何者為正確？
(A)上述繳款人通常非客戶盡職調查對象或難以得知其身分，會有難以評估被利用於洗錢的風險之可能
(B)保險公司無須統計並評估上述擴大繳費服務情形發生對公司的影響
(C)保險公司應計算上述擴大繳費服務情形之剩餘風險，並訂定風險胃納政策及調整客群交易政策
(D)保險公司的產品雖無實質改變，但因有以未知第三人付款的特性，故保險公司應僅考量上開服務所衍生之風險屬性。

(　) **70** 保險業在下列哪些時機應該再次審核客戶風險分數與等級？
(A)制裁名單有異動時 (B)客戶申請批改或保全時 (C)客戶住院申請健康險理賠時 (D)低或中風險客戶遭申報疑似洗錢時。

(　) **71** 下列何者具有洗錢或資恐高風險因素？ (A)客戶為位居外國重要政治職位之高知名人物 (B)客戶來自高風險國家 (C)客戶為小吃店基層員工，購買人壽保單，每月繳納保險費2,800元 (D)客戶為學生，每月以現金存款1,500元。

( ) **72** 下列何者為交易監控實務的合理敘述？ (A)客戶所發生的負面新聞，因屬於其個人隱私，無需探究 (B)監控繳款行為 (C)監控持有保單種類的變化 (D)監控客戶保單借還款情形。

( ) **73** 金融機構於推出哪些產品或服務或業務前，應進行產品之洗錢及資恐風險評估，並建立相應之風險管理措施以降低所辨識之風險？ (A)新支付機制 (B)運用新科技於現有之產品 (C)運用新科技於全新之產品 (D)運用新科技於現有之業務。

( ) **74** 為配合防制洗錢及打擊資恐之國際合作，金融目的事業主管機關得對洗錢或資恐高風險國家或地區，採取必要防制措施。請問洗錢或資恐高風險國家或地區，係指下列何者？ (A)發展中國家或第三世界 (B)有具體事證認有洗錢及資恐高風險之國家或地區 (C)經國際防制洗錢組織公告防制洗錢及打擊資恐有嚴重缺失之國家或地區 (D)經國際防制洗錢組織公告未遵循或未充分遵循國際防制洗錢組織建議之國家或地區。

( ) **75** 下列何者為銀行防制洗錢及打擊資恐專責單位掌理之事務？ (A)監控與洗錢及資恐有關之風險 (B)開發銀行新產品及服務 (C)確認防制洗錢及打擊資恐相關法令之遵循 (D)發展防制洗錢及打擊資恐計畫。

( ) **76** 銀行識別個別產品與服務之風險因素，下列何者屬之？ (A)與現金之關聯程度 (B)匿名交易 (C)銀行獲利率 (D)收到款項來自於未知第三者。

( ) **77** 依「銀行評估洗錢及資恐風險及訂定相關防制計畫指引」規定，銀行建立定期且全面性之洗錢及資恐風險評估作業，應依據下列哪些指標？ (A)個別客戶背景、職業 (B)目標市場 (C)銀行交易數量與規模 (D)個人客戶之任職機構。

（　　）**78** 保險業與客戶建立業務關係時應進行盡職調查（又稱客戶審查或CDD）。下列哪些時機適用？　(A)客戶投保時　(B)客戶住院申請理賠時　(C)客戶申請貸款業務放款時　(D)理賠予被保險人以外之第三人時。

（　　）**79** 依防制洗錢金融行動工作組織（FATF）相互評鑑方法論之一般指引，下列何者規定應明訂於法律或其他可執行的工具中？(A)客戶審查　(B)紀錄留存　(C)資訊分享　(D)申報可疑交易。

（　　）**80** 下列何者屬於保險業對於客戶審查之受審查對象？　(A)要保人(B)受益人　(C)被保險人　(D)最終實質受益人。

解答與解析

1 (B)

依金融機構防制洗錢辦法第2條第9款：

本辦法用詞定義如下：

九、風險基礎方法：指金融機構應確認、評估及瞭解其暴露之洗錢及資恐風險，並採取適當防制洗錢及打擊資恐措施，以有效降低此類風險。依該方法，金融機構對於較高風險情形應採取加強措施，對於較低風險情形，則可採取相對簡化措施，以有效分配資源，並以最適當且有效之方法，降低經其確認之洗錢及資恐風險。

2 (B)

依金融機構防制洗錢辦法第3條第9款：

金融機構確認客戶身分措施，應依下列規定辦理：

九、金融機構完成確認客戶身分措施前，不得與該客戶建立業務關係或進行臨時性交易。但符合下列各目情形者，得先取得辨識客戶及實質受益人身分之資料，並於建立業務關係後，再完成驗證：

(一) 洗錢及資恐風險受到有效管理。包括應針對客戶可能利用交易完成後才驗證身分之情形，採取風險管控措施。

(二) 為避免對客戶業務之正常運作造成干擾所必須。

(三) 會在合理可行之情形下儘速完成客戶及實質受益人之身分驗證。如未能在合理可行之時限內完成

客戶及實質受益人之身分驗證，須終止該業務關係，並應事先告知客戶。

3（B）

依洗錢防制法第7條第1項：

金融機構及指定之非金融事業或人員應進行確認客戶身分程序，並留存其確認客戶身分程序所得資料；其確認客戶身分程序應以風險為基礎，並應包括實質受益人之審查。

4（A）

依銀行業及其他經金融監督管理委員會指定之金融機構防制洗錢及打擊資恐內部控制與稽核制度實施辦法第6條第1項：

銀行業及其他經本會指定之金融機構如有分公司（或子公司）者，應訂定集團層次之防制洗錢與打擊資恐計畫，於集團內之分公司（或子公司）施行。內容包括前項政策、程序及控管機制，並應在符合我國及國外分公司（或子公司）所在地資料保密法令規定下，訂定下列事項：

一、 確認客戶身分與洗錢及資恐風險管理目的所需之集團內資訊分享政策及程序。

二、 為防制洗錢及打擊資恐目的，於有必要時，依集團層次法令遵循、稽核及防制洗錢及打擊資恐功能，得要求分公司（或子公司）提供有關客戶、帳戶及交易資訊，並應包括異常交易或活動之資訊及所為之分析；必要時，亦得透過集團管理功能使分公司（或子公司）取得上述資訊。

三、 運用被交換資訊及其保密之安全防護，包括防範資料洩露之安全防護。

5（D）

依證券商評估洗錢及資恐風險及訂定相關防制計畫指引第2點第4項：

本指引所舉例之各項說明並非強制性規範，證券商之風險評估機制應與其業務性質及規模相當。對較小型或業務較單純之證券商，簡單之風險評估即足夠；惟對於產品與服務較複雜之證券商、有多家分公司（或子公司）提供廣泛多樣之產品、或其客戶群較多元者，則需進行較高度的風險評估程序。

6（A）

依銀行評估洗錢及資恐風險及訂定相關防制計畫指引第4點第2項：

就客戶之風險等級，至少應有兩級（含）以上之風險級數，即「高風險」與「一般風險」兩種風險等級，作為加強客戶審查措施及持續監控機制執行強度之依據。若僅採行兩級風險級數之銀行，因「一般風險」等級仍高於本指引第五點與第七點所指之「低風險」等級，故不得對「一般風險」等級之客戶採取簡化措施。

7 (C)

依重要政治性職務之人與其家庭成
員及有密切關係之人範圍認定標準
第2條：
行政院主計處之副科長並未在明示列
舉中，且依同條第18款之立法說明，
擔任前17款以外職務，對於與重大
公共事務之推動、執行，或鉅額公有
財產、國家資源之業務有核定權限，
經法務部報請行政院核定之人員亦屬
之；惟副科長並非有直接核定權限之
人，故行政院主計處之副科長尚不屬
需適用加強客戶審查程序之列。

8 (D)

依金融機構防制洗錢辦法第5條第
3款：
金融機構確認客戶身分措施，應包括
對客戶身分之持續審查，並依下列規
定辦理：
三、 金融機構應定期檢視其辨識客戶
　　及實質受益人身分所取得之資訊
　　是否足夠，並確保該等資訊之更
　　新，特別是高風險客戶，金融機
　　構應至少每年檢視一次。

9 (D)

依FATF「防制洗錢/打擊資恐相關數
據及統計資料」（行政院洗錢防制
辦公室2017年10月印製有翻譯版）
第69點：
結構性元素：政治穩定性；解決防
制洗錢／打擊資恐問題的強烈承

諾；穩定且可靠、誠信而透明的機
構；法治；有能力、獨立且有效的
司法體系。

10 (C)

依銀行業及其他經金融監督管理委員
會指定之金融機構防制洗錢及打擊資
恐內部控制與稽核制度實施辦法第6
條第5項：
銀行業及其他經本會指定之金融機構
應確保其國外分公司（或子公司），
在符合當地法令情形下，實施與總公
司（或母公司）一致之防制洗錢及打
擊資恐措施。當總公司（或母公司）
與分公司（或子公司）所在地之最低
要求不同時，分公司（或子公司）應
就兩地選擇較高標準者作為遵循依
據，惟就標準高低之認定有疑義時，
以銀行業及其他經本會指定之金融機
構總公司（或母公司）所在地之主
管機關之認定為依據；倘因外國法規
禁止，致無法採行與總公司（或母公
司）相同標準時，應採取合宜之額外
措施，以管理洗錢及資恐風險，並向
本會申報。

11 (A)

中華民國證券投資信託暨顧問商業同
業公會證券投資信託事業證券投資顧
問事業防制洗錢及打擊資恐注意事項
範本第13條第1項：
本公司應依規模、風險等配置適足之
防制洗錢及打擊資恐專責人員及資

源，並由董事會指派高階主管一人擔任專責主管，賦予協調監督防制洗錢及打擊資恐之充分職權，及確保該等人員及主管無與其防制洗錢及打擊資恐職責有利益衝突之兼職。

12 (D)

洗錢活動之目的便係將犯罪所得重新進入合法經濟體系，FATF將活動過程區分為3個階段，分別為處置（Placement）、多層化（Layering）及整合（Integration）等三個階段：「處置」為將大量現金導入金融或非金融體系中；「多層化」係透過各種複雜之金融交易紀錄增強其商業性、機動性與合法性；「整合」是賦予非法資金最後的合法外貌，俾其回歸經濟體系，並使該資金看來如同一般商業收入。

13 (B)

依金融機構防制洗錢辦法第9條第3款：
金融機構對帳戶或交易之持續監控，應依下列規定辦理：
三、金融機構應依據防制洗錢與打擊資恐法令規範、其客戶性質、業務規模及複雜度、內部與外部來源取得之洗錢與資恐相關趨勢與資訊、金融機構內部風險評估結果等，檢討其帳戶或交易監控政策及程序，並定期更新之。

14 (B)

依FATF 40項建議中第12項建議，金融機構對於PEPs除了執行一般客戶盡職調查外，還需：
(1) 有適當的風險管理系統以判斷客戶或受益人是否為「高知名度政治人物」。
(2) 於建立（或與既有客戶持續）業務關係時，報請高階管理階層人員核准。
(3) 採取合理措施以確認財富及資金來源。
(4) 對業務關係實施持續性的強化監控措施。
(5) 與對重要政治性職務人士建立業務關係時，須先報請高階管理階層人員核准，而非先建立關係後再請高階主管審查。
（原文如下：Financial institutions should be required, in relation to foreign politically exposed persons (PEPs) (whether as customer or beneficial owner), in addition to performing normal customer due diligence measures, to:
(a) have appropriate risk-management systems to determine whether the customer or the beneficial owner is a politically exposed person;
(b) obtain senior management approval for establishing (or continuing, for existing customers) such business relationships;

(c)take reasonable measures to establish the source of wealth and source of funds; and

(d)conduct enhanced ongoing monitoring of the business relationship.）

15 (C)

依洗錢防制法第7條第2項：

前項確認客戶身分程序所得資料，應自業務關係終止時起至少保存五年；臨時性交易者，應自臨時性交易終止時起至少保存五年。但法律另有較長保存期間規定者，從其規定。

16 (D)

依洗錢防制法第4條第1項：

本法所稱特定犯罪所得，指犯第三條所列之特定犯罪而取得或變得之財物或財產上利益及其孳息。

17 (D)

依金融機構防制洗錢辦法第9條第5款：

金融機構對帳戶或交易之持續監控，應依下列規定辦理：

五、前款完整之監控型態應依其業務性質，納入各同業公會所發布之態樣，並應參照金融機構本身之洗錢及資恐風險評估或日常交易資訊，增列相關之監控態樣。其中就電子支付帳戶間款項移轉，金融機構監控時應將收受兩端之所有資訊均納

入考量，以判定是否申報疑似洗錢或資恐交易。

18 (A)

OIU是國際保險業務（Offshore Insurance Unit）的簡稱，合先敘明。

依保險業防制洗錢及打擊資恐最佳實務指引（主題：OIU業務之洗錢及資恐風險）中，有關OIU業務威脅與弱點辨識建議做法：

「OIU業務係以外幣收付之保險業務，並以境外客戶為銷售對象之保險業務，交易涉及跨境服務，相關身分確認文件真實性不易辨識或需支付高額成本；…境外客戶所提供之相關身分確認文件較不易辨識其真實性，以及客戶可透過保險經紀人或保險代理人通路進行交易，保險公司無法直接接觸面對客戶等，皆構成OIU業務之主要弱點……」可知offshore本身即代表著比較低的透明度。

19 (B)

依FATF「銀行業風險基礎方法指引」（行政院洗錢防制辦公室2017年10月印製翻譯版）附件1：

各國實施銀行業風險基礎方法監管實務範例中便有說明，風險基礎方法的第一步驟就是透過不同來源確認ML/TF（洗錢/資恐）風險。

20 (A)

依金融機構防制洗錢辦法第3條第9款：

金融機構確認客戶身分措施，應依下列規定辦理：

九、金融機構完成確認客戶身分措施前，不得與該客戶建立業務關係或進行臨時性交易。但符合下列各目情形者，得先取得辨識客戶及實質受益人身分之資料，並於建立業務關係後，再完成驗證：

(一) 洗錢及資恐風險受到有效管理。包括應針對客戶可能利用交易完成後才驗證身分之情形，採取風險管控措施。

(二) 為避免對客戶業務之正常運作造成干擾所必須。

(三) 會在合理可行之情形下儘速完成客戶及實質受益人之身分驗證。如未能在合理可行之時限內完成客戶及實質受益人之身分驗證，須終止該業務關係，並應事先告知客戶。

21 (D)

依洗錢防制法第17條：

1　公務員洩漏或交付關於申報疑似犯第十四條、第十五條之罪之交易或犯第十四條、第十五條之罪嫌疑之文書、圖畫、消息或物品者，處三年以下有期徒刑。

2　第五條第一項至第三項不具公務員身分之人洩漏或交付關於申報疑似犯第十四條、第十五條之罪之交易或犯第十四條、第十五條之罪嫌疑之文書、圖畫、消息或物品者，處二年以下有期徒刑、拘役或新臺幣五十萬元以下罰金。

22 (B)

依保險業保險代理人公司保險經紀人公司辦理電話行銷業務應注意事項，並無要求對客戶進行加強盡職調查的狀況。

23 (D)

依人壽保險業防制洗錢及打擊資恐注意事項範本附錄疑似洗錢或資恐交易態樣中，具高保單價值準備金之保險商品，係被列為客戶異常行為標的或異常交易要件之一，而認有較高參與洗錢活動風險。

24 (A)

參考銀行全面性洗錢及資恐風險評估作業之實務參考做法：

緣起：全面性洗錢及資恐風險評估作業係透過辨識所面臨之一般性及特定洗錢、資恐風險，評估銀行之相關風險管控措施，以瞭解剩餘風險（residual risk）之機制，俾進一步採取適當措施，以有效管理洗錢及資恐風險。

25 (A)

依洗錢防制法第3條第1款：

本法所稱特定犯罪，指下列各款之罪：

一、最輕本刑為六月以上有期徒刑以上之刑之罪。

26 (C)

依《防制洗錢與打擊資恐實務與案例》一書第一章第二節：

二、銀行間支付系統功能強大：

…，先進的電子系統仍然有誘人之處及漏洞：

(一) 可以快速且大量地匯款；

(二) 每家銀行對於匯款資料的要求並不一致，要求較鬆者，可能可以提供極佳的洗錢機會；

(三) 每家銀行對於交易資料的保存規定未盡相同；

(四) 每家銀行對可疑交易的定義不同，對陳報「疑似洗錢交易報告」（Suspicious Transaction Report，簡稱STR）的標準也不同；

(五) 每家銀行的經營策略不同、風險胃納也不同、獲利目標有高有低、管理哲學互異、內部控制鬆緊有別、對法令遵循的重視程度有差異；

(六) 每家銀行的薪酬制度不同、獎金紅利制度不同、業績壓力也不同；

(七) 每家銀行都由人經營，而每個人的價值觀及道德感不同。

27 (C)

買受人以外匯方式付款予出賣人，尚屬正常國際貿易方式；反之以現金支付貨款、不配合辦理客戶審查和由無關第三人支付等情況，皆為高風險洗錢活動的徵兆。

28 (C)

依金融機構防制洗錢辦法第6條第1項第3款前段：

第三條第四款與前條規定之確認客戶身分措施及持續審查機制，應以風險基礎方法決定其執行強度，包括：

三、對於較低風險情形，得採取簡化措施，該簡化措施應與其較低風險因素相當。

29 (C)

「金融機構辦理國內匯款作業確認客戶身分原則」於一百零八年一月一日起修正為「金融機構辦理國內匯款及無摺存款作業確認客戶身分原則」，合先敘明。

另依上開原則第2點：

本原則所稱金融機構，指本國銀行、外國銀行在臺分行、信用合作社及中華郵政公司。

30 (C)

依FATF 40項建議（2020）中第11項：

有關紀錄之保存，金融機構應將所有國內外的交易紀錄至少保存5年，以確保在主管機關提出要求時可立即提供。

（原文如下：Record-keeping：Financial institutions should be required to maintain, for at least five years, all necessary records on transactions, both domestic and international, to enable them to comply swiftly with information requests from the competent authorities.）

31 (A)

參考金融監督管理委員會金控集團防制洗錢及打擊資恐資訊分享實務參考做法第4點：

關於金控集團資訊分享類型，舉例參考如下：

(一) 既有客戶（含實質受益人）之盡職調查資訊分享

1. 子公司得基於防制洗錢及打擊資恐目的，並遵守本文件第五項所列之控管措施，就既有客戶（含實質受益人）之盡職調查資訊，直接與其他子公司或間接透過金控公司，於必要範圍內向另一方請求分享。

2. 本文件所稱「既有客戶（含實質受益人）之盡職調查資訊」，係指子公司於既有客戶盡職調查時所需並得用以辨識或驗證客戶或實質受益人身分之資訊，如：姓名（或名稱）、性別、生日（或設立日期）、電子郵件、證件編號、行職業、職位、任職機構、國籍等；但不含客戶之交易或帳戶資訊。

(二) 疑似洗錢交易資訊分享

1. 金控集團內不得明確分享客戶已被申報疑似洗錢交易之資訊。但如與拒絕往來戶、高風險客戶或其他特定類型之名單共同納入關注名單，以避免第三人可明確推斷客戶曾被申報疑似洗錢交易之情形下，得將該關注名單於集團內各金融機構進行資訊分享。

2. 疑似洗錢交易類型或案例之分享，有助提升金融機構AML/CFT機制，爰疑似洗錢交易得在去識別化之情形下，以個案或類型化之方式，進行分享。

(三) 各子公司AML/CFT專責人員及稽核人員於交易監控、客戶盡職調查或辦理相關查核時，如認涉及其他子公司且有進一步調查之必要，得向其他子公司之AML/CFT專責主管請求提供客戶（含實質受益人）資訊及其交易、帳戶資訊，或建議其他子公司進行調查，但應注意不得有違反前述可疑交易申報禁止分享之規定。

(四) 其他相關資訊分享金控集團得依風險基礎方法，配合其內部管理需求，訂定並分享其他相關資訊。例如：重大負面新聞等與防制洗錢及打擊資恐相關之資訊。

32 (A)

依資恐防制法第7條第1項：

對於依第四條第一項或第五條第一項指定制裁之個人、法人或團體，除前條第一項、第二項所列許可或限制措施外…；可知以凍結資產造成資助恐怖組織金流的斷點是制裁方式之一，而制裁名單的認定前提，便係依同法第4、5條規定辦理。則並非對於外國政府或國際洗錢防制組織認定或追查之恐怖分子或團體即可逕行為之。

33 (D)

(A)證券業仍有違法情形，如內線交易或市場操縱，故仍有相當的洗錢及資恐風險。

(B)依中華民國證券商業同業公會證券商防制洗錢及打擊資恐注意事項範本第7點第7款：柒、證券商對帳戶及交易之持續監控，應依下列規定辦理：

七、附錄所列為可能產生之疑似洗錢或資恐交易態樣，惟並非詳盡無遺，證券商應依本身資產規模、地域分布、業務特點、客群性質及交易特徵，並參照證券商內部之洗錢及資恐風險評估或日常交易資訊等，選擇或自行發展契合證券商本身之態樣，以辨識出可能為洗錢或資恐之警示交易。

(C)縱使零售業屬於密集性現金交易業務，仍須綜合考量個別客戶背景、職業與社會經濟活動特性、地域、以及非自然人客戶之組織型態與架構等，以識別該客戶高風險等級，不宜直接視為高風險客戶。

34 (B)

依金融機構防制洗錢辦法第2條第2款：

本辦法用詞定義如下：

二、一定金額：指新臺幣五十萬元（含等值外幣）。

35 (A)

依金融機構防制洗錢辦法第9條第3款：

金融機構對帳戶或交易之持續監控，應依下列規定辦理：

三、金融機構應依據防制洗錢與打擊資恐法令規範、其客戶性質、業務規模及複雜度、內部與外部來源取得之洗錢與資恐相關趨勢與資訊、金融機構內部風險評估結果等，檢討其帳戶或交易監控政策及程序，並定期更新之。

36 (D)

依金融機構防制洗錢辦法第3條第7款第3目：

客戶或具控制權者為下列身分者，除有第六條第一項第三款但書情形或已發行無記名股票情形者外，不適用第四款第三目辨識及驗證實質受益人身分之規定。

1.我國政府機關。

2.我國公營事業機構。

3.外國政府機關。

4.我國公開發行公司或其子公司。

5.於國外掛牌並依掛牌所在地規定，應揭露其主要股東之股票上市、上櫃公司及其子公司。

6.受我國監理之金融機構及其管理之投資工具。

7.設立於我國境外，且所受監理規範與防制洗錢金融行動工作組織

（FATF）所定防制洗錢及打擊資恐標準一致之金融機構，及該金融機構管理之投資工具。

8.我國政府機關管理之基金。

9.員工持股信託、員工福利儲蓄信託。

台北市政府為我國政府機關、台灣電力股份有限公司為我國公營事業機構、遠傳電信股份有限公司為我國公開發行公司或其子公司，故以上三者不適用第四款第三目辨識及驗證實質受益人身分之規定。

37 (A)

依資恐防制法第6條第1項：

主管機關得依職權或申請，許可下列措施：

一、酌留經指定制裁之個人或其受扶養親屬家庭生活所必需之財物或財產上利益。

二、酌留經指定制裁之個人、法人或團體管理財物或財產上利益之必要費用。

三、對經指定制裁之個人、法人或團體以外之第三人，許可支付受制裁者於受制裁前對善意第三人負擔之債務。

38 (A)

依銀行業及其他經金融監督管理委員會指定之金融機構防制洗錢及打擊資恐內部控制與稽核制度實施辦法第7條第1項：

銀行業及其他經本會指定之金融機構應依其規模、風險等配置適足之防制

洗錢及打擊資恐專責人員及資源，並由董（理）事會指派高階主管一人擔任專責主管，賦予協調監督防制洗錢及打擊資恐之充分職權，及確保該等人員及主管無與其防制洗錢及打擊資恐職責有利益衝突之兼職。其中本國銀行並應於總經理、總機構法令遵循單位或風險控管單位下設置獨立之防制洗錢及打擊資恐專責單位，該單位不得兼辦防制洗錢及打擊資恐以外之其他業務。

39 (D)

依行政院洗錢防制辦公室就106年6月28日洗錢防制法修正說明簡報：

明定洗錢防制法與資恐防制法之反制措施。透過會員國相互評鑑，將評鑑結果不佳之會員國，進行加強審查或停止往來金融活動，即進行金融反制措施（counter-measure）。

40 (B)

依國際金融業務分行管理辦法立法總說明：

「…惟國際金融業務分行之業務屬性係提供境外客戶離岸外幣金融服務，有涉及較高風險之可能性，爰應就確認客戶身分程序強化規範，以審慎控管相關風險。」

由上可知，可提供跨境交易、可非面對面交易及容許境外非居民交易，皆為國際金融業務涉及較高風險之因素。

41 (B)

依FATF 40項建議中解釋性說明第23點（DNFBPS–其他措施）：

若律師、公證人、其他獨立法律專業人員及會計師對可疑交易相關資訊負有專業上保密義務或通訊特權時，不要求申報可疑交易報告。

（原文如下：1.Lawyers, notaries, other independent legal professionals, and accountants acting as independent legal professionals, are not required to report suspicious transactions if the relevant information was obtained in circumstances where they are subject to professional secrecy or legal professional privilege.）

另我國刑法第316條有規範洩漏業務上知悉他人秘密罪、刑事訴訟法第182條亦有因業務關係得拒絕證言之規定，加上前開專業從業人員所屬之特別法規、職業道德規範、倫理規範等均有保密義務的規定，是以相關之專業人員陳報可疑交易數量極少，原因係來自於此。

42 (A)

依人壽保險業防制洗錢及打擊資恐注意事項範本第19條：

1　保險公司應於與保險代理人或保險經紀人之合作推廣、共同行銷、保險代理人或保險經紀人契約中，約定其應遵守防制洗錢及打擊資恐規定並配合保險公司辦理客戶身分資訊蒐集或驗證作業。

2　保險公司應向業務往來之保險代理人及保險經紀人充分要求及確認需配合辦理業務招攬之防制洗錢及打擊資恐事項。

條文訂立目的便係為規範保經與保代等保險輔助人，顯見其等並非毫無風險問題。

43 (C)

參考台灣金融研訓院出版《防制洗錢與打擊資恐政策及法令解析》第一章第3節：

…如果犯罪所得的非法資金可以輕易地透過任何一間金融機構漂白，不論是因為職員收賄放水，或是內部控制欠佳以致疏於監控，都會導致消費者對所有金融機構，甚至對監理機關，失去信心，對整個行業造成巨大的傷害。

來源：台灣金融研訓院編輯委員會，防制洗錢與打擊資恐政策及法令解析，財團法人台灣金融研訓院，2018年，第2版，頁13。

44 (A)

依洗錢防制物品出入境申報及通報辦法第3條第1項：

旅客或隨交通工具服務之人員出入境，同一人於同日單一航（班）次攜帶下列物品，應依第四條規定向海關申報；海關受理申報後，應依第五條規定向法務部調查局通報：

一、總價值逾等值一萬美元之外幣、香港或澳門發行之貨幣現鈔。

二、 總價值逾新臺幣十萬元之新臺幣現鈔。

三、 總面額逾等值一萬美元之有價證券。

四、 總價值逾等值二萬美元之黃金。

五、 總價值逾等值新臺幣五十萬元，且有被利用進行洗錢之虞之物品。

45 (A)

依FATF有關評鑑方法論「防制洗錢金融行動工作組織建議」之技術遵循及防制洗錢/打擊資恐之效能評鑑（行政院洗錢防制辦公室2017年10月印製翻譯版）第43點：

相互評鑑的11項成果，第1項便是瞭解洗錢與資恐風險，並在適當情形下，協調國內打擊洗錢、資恐及資助武擴之措施。

46 (B)

民國90年6月19日財政部金融局（90）台融局(一)第90239874號函訂定發布「假借全權委託投資而透過保管銀行進行洗錢行為之態樣」共9點：

(1) 委託投資者之委託資產與其身分、收入顯不相當或與本身營業性質無關者。

(2) 委託投資之資產係自某些特定地區如開曼群島、巴哈馬群島、中南半島、中南美洲、香港等地匯入，或於契約終止後要求直接自我國境內匯往上開地區。

(3) 以現金存入或自他人之帳戶匯入，或於契約終止後要求匯入他人帳戶，而無法釋明合理之資金來源或用途者。

(4) 簽訂全權委託投資契約及委任保管契約後即迅速終止契約且無正當原因者。

(5) 於全權委託投資契約存續期間增加大額之委託投資資金或密集增加委託投資資金，而該款項與客戶之身分、收入顯不相當者。

(6) 於全權委託投資契約存續期間要求減少委託投資資金且無合理原因者。

(7) 客戶否認有全權委託投資或有相當之證據或事實使人確信該客戶係被他人冒用之人頭戶。

(8) 客戶申請書件內容有偽造，虛偽不實之情形。

(9) 客戶於全權委託投資契約存續期間，有密集增減其委託金額之異常情形。

47 (A)

依證券商評估洗錢及資恐風險及訂定相關防制計畫指引附錄疑似洗錢、資恐或武擴交易態樣魚交易類提及的部分態樣：

二、 交易類：

(七) 使用數個非本人或擔任代理人之帳戶分散大額交易者。

(九) 無正當理由短期內連續大量買賣特定股票。

(十一)無正當理由客戶申請大幅調整單日買賣額度且於市場大額買進一籃子股票或其他有價證券。

(十二)客戶突然大額匯入或買賣冷門、小型或財務業務不佳之有價證券，且無合理原因者。

48 (C)

依銀行防制洗錢及打擊資恐注意事項範本附錄疑似洗錢或資恐

交易態樣：

二、 產品/服務—授信類：

(二) 客戶利用大量現金、約當現金、高價值商品、或不動產等，或使用無關連之第三方的資金、資產或信用，作為擔保品或保證申請貸款者。

49 (B)

乙持有之新臺幣50萬元，係與甲約定「將販毒犯罪所得移轉至海外人頭帳戶」之手續費，而乙移轉犯罪所得的行為，既然屬於洗錢活動的一部分，則該手續費自然也是犯罪所得，而可被納入法院扣押、凍結帳戶的範圍內。

50 (B)

依防制洗錢金融行動工作組織（FATF）40項建議（2020版）中第10項有關客戶盡職調查部分（Customer due diligence）：

金融機構應採取客戶盡職調查（CDD）措施的時機：

(1) 建立業務關係；

(2) 進行臨時性交易：

A.超過適用的指定門檻（美元/歐元15,000）；或

B.在以下情況（建議16的解釋性說明）下電匯；

(3) 涉嫌洗錢或恐怖分子資助；或者

(4) 金融機構對先前的真實性或充分性有疑問獲得客戶識別數據。

（原文如下：Financial institutions should be required to undertake customer due diligence(CDD)measures when：

(i)establishing business relations;

(ii)carrying out occasional transactions：

(i) above the applicable designated threshold(USD/EUR 15,000); or (ii) that are wire transfers in the circumstances covered by theInterpretive Note to Recommendation 16;

(iii)there is a suspicion of money laundering or terrorist financing; or

(iv)the financial institution has doubts about the veracity or adequacy of previously obtained customer identification data.

51 (A)

依銀行評估洗錢及資恐風險及訂定相關防制計畫指引第7點第3項：

除有本範本第六條第一項第三款但書情形者，對於較低風險情形，得由銀行依據其風險防制政策及程序，採取

簡化措施。該簡化措施應與其較低風險因素相稱，簡化措施得採行如下：

(一) 降低客戶身分資訊更新之頻率。

(二) 降低持續性監控之等級，並以合理的金額門檻作為審查交易之基礎。

(三) 從交易類型或已建立業務往來關係可推斷其目的及性質者，得無須再針對瞭解業務往來關係之目的及其性質，蒐集特定資訊或執行特別措施。

※ 則反面解釋，無法從交易類型或已建立業務往來關係可推斷其目的及性質者，自不得採行簡化措施。

52 (A)

依金融機構防制洗錢辦法第4條：

金融機構確認客戶身分時，有下列情形之一者，應予以婉拒建立業務關係或交易：

一、疑似使用匿名、假名、人頭、虛設行號或虛設法人團體開設帳戶、投保或辦理儲值卡記名作業。

二、客戶拒絕提供審核客戶身分措施相關文件。

三、對於由代理人辦理開戶、儲值卡記名作業、註冊電子支付帳戶、投保、保險理賠、保險契約變更或交易者，且查證代理之事實及身分資料有困難。

四、持用偽、變造身分證明文件。

五、出示之身分證明文件均為影本。但依規定得以身分證明文件影本或影像檔，輔以其他管控措施辦理之業務，不在此限。

六、提供文件資料可疑、模糊不清，不願提供其他佐證資料或提供之文件資料無法進行查證。

七、客戶不尋常拖延應補充之身分證明文件。

八、建立業務關係對象為資恐防制法指定制裁之個人、法人或團體，以及外國政府或國際組織認定或追查之恐怖分子或團體。但依資恐防制法第六條第一項第一款至第三款所為支付不在此限。

九、建立業務關係或交易時，有其他異常情形，客戶無法提出合理說明。

53 (A)

依銀行業及其他經金融監督管理委員會指定之金融機構防制洗錢及打擊資恐內部控制與稽核制度實施辦法第9條第3項：

銀行業及其他經本會指定之金融機構之防制洗錢及打擊資恐專責主管、專責人員及國內營業單位督導主管，每年應至少參加經第七條第一項專責主管同意之內部或外部訓練單位所辦十二小時防制洗錢及打擊資恐教育訓練，訓練內容應至少包括新修正法令、洗錢及資恐風險趨勢及態樣。當年度取得本會認定機構舉辦之國內或國際防制洗錢及打擊資恐專業人員證照者，得抵免當年度之訓練時數。

54 (C)

地下通匯又稱地下銀行系統（Underground Banking System, UBS），實質上是一種不受任何權責機關管理、監督及審計可將資金自不同國家轉移的非正規金融系統。

依題幹選項中，僅有在地機車經銷商於一般業務中較不常出現跨國交易，經營地下通匯業務的可能性較低。

55 (B)

依銀行評估洗錢及資助恐怖主義風險及訂定相關防制計畫指引第6點第3項：

雖然銀行在建立業務關係時已對客戶進行風險評估，但就某些客戶而言，必須待客戶透過帳戶進行交易，其全面風險狀況才會變得明確，爰此，銀行應依重要性及風險程度，對現有客戶身分資料進行審查，並於考量前次執行審查之時點及所獲得資料之適足性後，在適當時機對已存在之往來關係進行審查及適時調整風險等級。上開適當時機至少應包括：

(一) 客戶加開帳戶或新增業務往來關係時。

(二) 依據客戶之重要性及風險程度所定之定期客戶審查時點。

(三) 得知客戶身分與背景資訊有重大變動時。

(四) 經申報疑似洗錢或資恐交易等，可能導致客戶風險狀況發生實質性變化的事件發生時。

56 (B)

依銀行評估洗錢及資恐風險及訂定相關防制計畫指引附錄疑似洗錢或資恐交易態樣：

二、 產品/服務—授信類：

(一) 客戶突以達特定金額之款項償還放款，而無法釋明合理之還款來源者。

(二) 客戶利用大量現金、約當現金、高價值商品、或不動產等，或使用無關連之第三方的資金、資產或信用，作為擔保品或保證申請貸款者。

(三) 以現金、約當現金或易於變現之資產所擔保之貸款發生違約事件，意圖使銀行處分擔保品。

57 (C)

依金融機構防制洗錢辦法第3條第5款：

金融機構確認客戶身分措施，應依下列規定辦理：

五、 前款規定於客戶為法人、團體或信託之受託人時，應瞭解客戶或信託（包括類似信託之法律協議）之業務性質，並至少取得客戶或信託之下列資訊，辨識及驗證客戶身分：

(一) 客戶或信託之名稱、法律形式及存在證明。

(二) 規範及約束客戶或信託之章程或類似之權力文件。但下列情形得不適用：

1. 第七款第三目所列對象及辦理第七款第四目所列保險商品，其無第六條第一項第三款但書情形者。
2. 辦理儲值卡記名業務者。
3. 團體客戶經確認其未訂定章程或類似之權力文件者。
(三) 在客戶中擔任高階管理人員者之姓名。
(四) 客戶註冊登記之辦公室地址，及其主要之營業處所地址。

58 (D)

參閱《保險業防制洗錢及打擊資恐之實務與案例》第三章第一節有關中防制洗錢及打擊資恐資訊系統之建置：
…(二)客戶風險因子資料鍵入與彙整計算風險分數：
實務上必須先於單一保險業者內建立「保險客戶總歸戶」的系統，再以系統控管…
來源：朱政龍、林宏義、高旭宏，保險業防制洗錢及打擊資恐之實務與案例，財團法人保險事業發展中心出版，初版，頁87。

59 (C)

依金融機構防制洗錢辦法第4條前段：
金融機構確認客戶身分時，有下列情形之一者，應予以婉拒建立業務關係或交易…。
題幹(C)選項之作法，顯然不符合本條所稱應予以婉轉之措施。

60 (D)

依防制洗錢金融行動工作組織（FATF）40項建議（2020版）
中第10項有關客戶盡職調查部分（Customer due diligence）：
金融機構應採取客戶盡職調查（CDD）措施的時機：
(1) 建立業務關係；
(2) 進行臨時性交易：
A. 超過適用的指定門檻（美元/歐元15,000）；或
B. 在以下情況（建議16的解釋性說明）下電匯；
(3) 涉嫌洗錢或恐怖分子資助；或者
(4) 金融機構對先前的真實性或充分性有疑問獲得客戶識別數據。
（原文如下：Financial institutions should be required to undertake customer due diligence(CDD)measures when：
(i)establishing business relations;
(ii)carrying out occasional transactions:
　(i)above the applicable designated threshold (USD/EUR 15,000) ; or
　(ii) that are wire transfers in the circumstances covered by theInterpretive Note to Recommendation 16;
(iii)there is a suspicion of money laundering or terrorist financing; or
(iv)the financial institution has doubts about the veracity or adequacy of previously obtained customer identification data.

當金融機構無法透過可靠的獨立來源
文件、資料或資訊，驗證客戶身分
之真實性時，應採取客戶盡職調查
（CDD）措施，並非立即申報可疑
交易。

61 (A)(B)(D)

依銀行評估洗錢及資恐風險及訂定相
關防制計畫指引第3點第2項第2款第2
目第7小目：
具體的風險評估項目應至少包括地
域、客戶、產品及服務、交易或支付
管道等面向，並應進一步分析各風險
項目，以訂定細部的風險因素。
(二) 客戶風險：
2.於識別個別客戶風險並決定其風險
　等級時，銀行得依據以下風險因素
　為評估依據：
(7) 客戶是否有其他高洗錢及資恐風
　　險之表徵，如客戶留存地址與分
　　行相距過遠而無法提出合理說明
　　者、客戶為具隱名股東之公司或
　　可發行無記名股票之公司、法人
　　客戶之股權複雜度，如股權架構
　　是否明顯異常或相對其業務性質
　　過度複雜等。

62 (A)(B)(C)(D)

參考金融研訓院出版《防制洗錢與打
擊資恐實務與案例》一書第一章第3
節，內容有提及恐怖組織利用非營利
組織的原因，例如：
(1) 非營利組織容易獲得民眾信任，
　　可被恐怖分子或恐怖組織利用，
　　作為公開募款管道。

(2) 有些非營利組織是跨國性或世界
　　性組織，提供極佳的國際作業及
　　資金移轉平台。
(3) 各國法令雖有不同，但是通常對
　　非營利組織的成立條件與營運監
　　理要求比較寬鬆。
(4) 許多非營利組織享有賦稅優惠，
　　更是一大誘因。
(5) 非營利組織可依設立宗旨，公開地
　　在特定族群或宗教社區中活動。
(6) 有些人基於宗教或慈善目的捐獻
　　現金，不會堅持非營利組織必須
　　開立收據。
(7) 有些非營利組織設有匿名現金捐
　　款箱，可以不開收據。
(8) 許多金融機構或其員工，對非營
　　利組織極為友善，於作業上會給
　　予方便或協助。
(9) 非營利組織之間的跨國資金移轉
　　通常不會特別引人注目。
(10) 恐怖組織甚至可以掛羊頭賣狗
　　　肉，以合法的非營利組織掩飾非
　　　法的恐怖活動，跨國公開營運。
來源：台灣金融研訓院編輯委員會，
防制洗錢與打擊資恐實務與案例，財
團法人台灣金融研訓院，2018年，第
2版，頁11-12。

63 (A)(B)(C)(D)

依銀行業及其他經金融監督管理委員
會指定之金融機構防制洗錢及打擊資
恐內部控制與稽核制度實施辦法第6
條第3項：

第一項第二款之防制洗錢及打擊資恐計畫，應包括下列政策、程序及控管機制：

一、確認客戶身分。

二、客戶及交易有關對象之姓名及名稱檢核。

三、帳戶及交易之持續監控。

四、通匯往來銀行業務。

五、紀錄保存。

六、一定金額以上通貨交易申報。

七、疑似洗錢或資恐交易申報。

八、指定防制洗錢及打擊資恐專責主管負責遵循事宜。

九、員工遴選及任用程序。

十、持續性員工訓練計畫。

十一、測試防制洗錢及打擊資恐制度有效性之獨立稽核功能。

十二、其他依防制洗錢及打擊資恐相關法令及本會規定之事項。

64 (B)(D)

依中華民國證券商業同業公會證券商防制洗錢及打擊資恐注意事項範本第15點第2項第2款：

證券商之防制洗錢及打擊資恐專責主管、專責人員及國內營業單位督導主管應於充任後三個月內符合下列資格條件之一，並應訂定相關控管機制，以確保符合規定：

二、防制洗錢及打擊資恐專責專責主管及人員參加主管機關認定機構所舉辦二十四小時以上課程，並經考試及格且取得結業

證書；國內營業單位督導主管參加主管機關認定機構所舉辦十二小時以上課程，並經考試及格且取得結業證書。但由法令遵循主管兼任防制洗錢及打擊資恐專責主管，或法令遵循人員兼任防制洗錢及打擊資恐專責人員者，經參加主管機關認定機構所舉辦十二小時防制洗錢及打擊資恐之教育訓練後，視為具備本款資格條件。

65 (C)(D)

依人壽保險業防制洗錢及打擊資恐注意事項範本附錄疑似洗錢或資恐交易態樣：

(C)六、異常交易-規避申報類

(一) 客戶以現金、他人支票或透過不同銀行帳戶，刻意拆分款項以繳交保費、償還保單借款或抵押貸款，且無法提出合理說明者。

(D)一、交易前-客戶異常行為類：

(二) 客戶購買保險商品時，對於保障內容或給付項目完全不關心，抑或對於具高保單價值準備金或具高現金價值或躉繳保費之保險商品，僅關注保單借款、解約或變更受益人等程序。

而健康保險或強制汽車責任保險等保單，因屬於損失填補類型，本身洗錢活動風險較低，所以只是詢問保障範圍或投保行為，不會就此認為屬於疑似洗錢樣態。

66 (A)(B)(D)

依證券期貨業及其他經金融監督管理委員會指定之金融機構防制洗錢及打擊資恐內部控制與稽核制度實施辦法第6條第3項：
證券期貨業及其他經本會指定之金融機構總經理應督導各單位審慎評估及檢討防制洗錢及打擊資恐內部控制制度執行情形，由董事長、總經理、稽核主管、防制洗錢及打擊資恐專責主管聯名出具防制洗錢及打擊資恐之內部控制制度聲明書（附表），並提報董事會通過。

67 (B)(D)

依金融機構防制洗錢辦法第7條第3項：
金融機構及指定之非金融事業或人員對現任或曾任國內外政府或國際組織重要政治性職務之客戶或受益人與其家庭成員及有密切關係之人，應以風險為基礎，執行加強客戶審查程序。
※另依法務部有關「重要政治性職務之人與其家庭成員及有密切關係之人範圍認定標準」問答集，有關「重要政治性職務之人」的資訊：
判斷是不是「重要政治性職務之人」的重點還是在客戶盡職調查程序，包括員工的訓練與充分的資訊，其中最寶貴的判斷資訊，就是客戶本人，因此應善用對於客戶本人之了解方式，而非單純仰賴第三資源。此外，最重要的是要確保客戶資訊即時更新、員工受定期訓練，以及網路及電子媒體資源之使用，例如財產申報系統也是重要資源，或也可以由客戶自行聲明（但客戶聲明不免除金融機構之責任）以及集團內資訊分享來取得相關資訊。

68 (A)(C)(D)

依洗錢防制法第5條第3項第3款：
本法所稱指定之非金融事業或人員，指從事下列交易之事業或人員：
三、律師、公證人、會計師為客戶準備或進行下列交易時：
(一) 買賣不動產。
(二) 管理客戶金錢、證券或其他資產。
(三) 管理銀行、儲蓄或證券帳戶。
(四) 有關提供公司設立、營運或管理之資金籌劃。
(五) 法人或法律協議之設立、營運或管理以及買賣事業體。

69 (A)(C)

依保險業評估洗錢及資恐風險及訂定相關防制計畫指引第3點第2項第3款：
具體的風險評估項目應至少包括地域、客戶、產品及服務、交易或通路等面向，並應進一步分析各風險項目，以訂定細部的風險因素。
(三) 具有保單價值準備金或現金價值之產品及與金錢有關之服務、交易或通路風險：
1.保險業應依據個別產品與服務、交易或通路的性質，識別可能會為其帶來較高的洗錢及資恐風險者。

2.於推出新產品、新服務或辦理新種業務（包括新支付機制、運用新科技於現有或全新之產品或業務）前，應進行洗錢及資恐風險評估，並建立相應之風險管理措施以降低所辦識之風險。

3.個別產品與服務、交易或通路之風險因素舉例如下：

(1) 與現金之關聯程度。

(2) 建立業務關係或交易之管道，包括是否為面對面交易、電子商務、透過國際保險業務分公司交易等新型態交易管道等。

(3) 是否為高額保費或高保單現金價值。

(4) 收到款項來自於未知或無關係之第三者。

70 (A)(B)(D)

人壽保險業防制洗錢及打擊資恐注意事項範本第5條第1款：

保險公司、辦理簡易人壽保險業務之郵政機構確認客戶身分措施，應包括對客戶身分之持續審查，並依下列規定辦理：

一、 應依重要性及風險程度，對現有客戶身分資料進行審查，並於考量前次執行審查之時點及所獲得資料之適足性後，在適當時機對已存在之往來關係進行審查。上開適當時機至少應包括：

(一) 客戶保額異常增加或新增業務往來關係時。

(二) 依據客戶之重要性及風險程度所定之定期審查時點。

(三) 得知客戶身分與背景資訊有重大變動時。

※因健康險為實支實付保險商品，適用損害填補原則，其所受之損害往往難以透過金錢計算，而無複保險或超額保險適用可能，洗錢活動風險較低。

71 (A)(B)

依金融機構防制洗錢辦法第6條第1項第2款：

第三條第四款與前條規定之確認客戶身分措施及持續審查機制，應以風險基礎方法決定其執行強度，包括：

二、 對於來自洗錢或資恐高風險國家或地區之客戶，應採行與其風險相當之強化措施。

另依同辦法第10條第1項第1款：

金融機構於確認客戶身分時，應運用適當之風險管理機制，確認客戶及其實質受益人、高階管理人員是否為現任或曾任國內外政府或國際組織之重要政治性職務人士：

一、 客戶或其實質受益人若為現任國外政府之重要政治性職務人士，應將該客戶直接視為高風險客戶，並採取第六條第一項第一款各目之強化確認客戶身分措施。

※則此二者既為須特別採取與風險相當措施之對象，自屬須高風險洗錢或資恐因素者。

72 (B)(C)(D)

依保險業防制洗錢及打擊資恐最佳實務指引（主題：保險業運用風險基礎方法執行強化及簡化客戶審查及持續監控機制之實務參考作法）第3點第2項第2款：

三、強化客戶審查及持續監控措施：

(二)高風險客戶之強化審查及持續監控方式：

2.高風險客戶之持續監控對於高風險客戶，宜對於業務往來關係採取下列之持續監控措施：

(1)持續監控宜全面性考量與客戶間之業務關係，包括客戶盡職調查、加強客戶審查之資訊和客戶之交易活動內容，並注意任何交易內容之變化或客戶不尋常之交易狀況。

(2)適當執行客戶及交易有關對象之姓名及名稱檢核，以偵測、比對、篩檢客戶、客戶之高階管理人員、實質受益人或交易有關對象是否為媒體報導之特殊重大案件涉案人、現任或曾任國內外政府或國際組織之重要政治性職務人士、資恐防制法指定制裁之個人、法人或團體，以及外國政府或國際組織認定或追查之恐怖分子或團體，而採取凍結、疑似洗錢或資恐交易申報或其他相對應之風險管理措施。

(3)除定期檢視（宜至少每年一次）其高風險客戶身分所取得之資訊

是否足夠，並確保該等資訊之更新外，於高風險客戶辦理契約變更或保險給付時，檢視其身分資訊內容。

73 (A)(B)(C)(D)

依銀行業及其他經金融監督管理委員會指定之金融機構防制洗錢及打擊資恐內部控制與稽核制度實施辦法第4條及該條立法說明：

銀行業及其他經本會指定之金融機構於推出新產品或服務或辦理新種業務前，應進行產品之洗錢及資恐風險評估，並建立相應之風險管理措施以降低所辦識之風險。

※而所謂新種業務，依該辦法條文對照表第4條說明，包括新支付機制、運用新科技於現有或全新之產品或業務。

74 (B)(C)(D)

依洗錢防制法第11條第2項：

前項所稱洗錢或資恐高風險國家或地區，指下列之一者：

一、經國際防制洗錢組織公告防制洗錢及打擊資恐有嚴重缺失之國家或地區。

二、經國際防制洗錢組織公告未遵循或未充分遵循國際防制洗錢組織建議之國家或地區。

三、其他有具體事證認有洗錢及資恐高風險之國家或地區。

75 (A)(C)(D)

依銀行防制洗錢及打擊資恐注意事項範本第16條第2項：

前項專責單位或專責主管掌理下列事務：

一、督導洗錢及資恐風險之辨識、評估及監控政策及程序之規劃與執行。

二、協調督導全面性洗錢及資恐風險辨識及評估之執行。

三、監控與洗錢及資恐有關之風險。

四、發展防制洗錢及打擊資恐計畫。

五、協調督導防制洗錢及打擊資恐計畫之執行。

六、確認防制洗錢及打擊資恐相關法令之遵循，包括所屬金融同業公會所定並經金管會准予備查之相關自律規範。

七、督導向法務部調查局進行疑似洗錢及資恐交易申報及資恐防制法指定對象之財物或財產上利益及其所在地之通報事宜。

76 (A)(B)(D)

銀行評估洗錢及資恐風險及訂定相關防制計畫指引第3點第2項第3款第3目：

具體的風險評估項目應至少包括地域、客戶、產品及服務、交易或支付管道等面向，並應進一步分析各風險項目，以訂定細部的風險因素。

(三) 產品及服務、交易或支付管道風險：

3.個別產品與服務、交易或支付管道之風險因素舉例如下：

(1) 與現金之關聯程度。

(2) 建立業務關係或交易之管道，包括是否為面對面交易及是否為電子銀行等新型態支付工具等。

(3) 是否為高金額之金錢或價值移轉業務。

(4) 匿名交易。

(5) 收到款項來自於未知或無關係之第三者。

77 (B)(C)

依銀行評估洗錢及資恐風險及訂定相關防制計畫指引第8點第2項：

銀行應依據下列指標，建立定期且全面性之洗錢及資恐風險評估作業：

(一) 業務之性質、規模、多元性及複雜度。

(二) 目標市場。

(三) 銀行交易數量與規模：考量銀行一般交易活動與其客戶之特性等。

(四) 高風險相關之管理數據與報告：如高風險客戶之數目與比例；高風險產品、服務或交易之金額、數量或比例；客戶之國籍、註冊地或營業地、或交易涉及高風險地域之金額或比例等。

(五) 業務與產品，包含提供業務與產品予客戶之管道及方式、執行客戶審查措施之方式，如資訊系統使用的程度以及是否委託第三人執行審查等。

(六) 內部稽核與監理機關之檢查結果。

78 (A)(C)(D)

依保險業評估洗錢及資恐風險及訂定相關防制計畫指引第6點第3項：

雖然保險業在建立業務關係時已對客戶進行風險評估，但就某些客戶而言，必須待保險事故發生，客戶申請理賠時，其全面風險狀況才會變得明確，爰此，保險業應依重要性及風險程度，對現有客戶身分資料進行審查，並於考量前次執行審查之時點及所獲得資料之適足性後，在適當時機對已存在之往來關係進行審查及適時調整風險等級。上開適當時機至少應包括：

(一) 客戶保額異常增加或新增業務往來關係時。

(二) 依據客戶之重要性及風險程度所定之定期審查時點。

(三) 得知客戶身分與背景資訊有重大變動時。

79 (A)(B)(D)

依FATF之評鑑方法論（行政院洗錢防制辦公室2017年9月翻譯印製版）：

有關第21點法律或強制性規範：

「對金融機構及指定之非金融事業或人員要求的法律基礎」註解（附於FATF建議之註釋末節），列出執行相關要求所需的法源依據。評鑑員應衡量該等用於執行相關要求之機制是否合於前述註解中所界定「強制性規範」之規定。評鑑員應明白「建議第10、11及20項」所涵蓋之要求必須以法律明定，而其他要求則可以法律抑或強制性規範訂定。其他認定為非「強制性規範」之文件或措施，亦可能對增進效能有所幫助，可在效能分析時納入考量，但不計入符合技術遵循要求（如由私部門發布的行為自律規範，或監理機關頒布的無約束性指引）。

※其中第10項客戶審查、第11項紀錄留存、以及第20項申報疑似洗錢或資恐交易等建議事項，於註釋內皆有強調應以法律定之，是以上述項目應明訂於法律或其他可執行的工具中。

80 (A)(B)(C)(D)

依《防制洗錢與打擊資恐政策及法令解析》一書第六章第三節：

三、透過對客戶的盡職調查：

…須注意的是，保險業除了以要保人惟其審查對象外，保單中的被保險人（保險標的）與受益人亦為保險業業者須併同要保人一起審查的範圍。其主要原因是要保人透過被保險人與標的，以及受益人的角色，可以達到財務與財產轉移的目的。

來源：台灣金融研訓院編輯委員會，防制洗錢與打擊資恐政策及法令解析，財團法人台灣金融研訓院，2018年，第2版，頁200。

⊙110年／第3次防制洗錢與打擊資恐專業人員測驗

(一)單選題

(　)　***1*** 犯罪者將不法所得之現金或資產滲透進入的金融體系，係指下列何者之洗錢階段？　(A)法規套利（arbitrage）　(B)整合（integration）　(C)處置（placement）　(D)多層化（layering）。

(　)　***2*** 有關防制洗錢金融行動工作組織（FATF）頒布40項建議中之第24項及第25項有關法人與法律協議透明度的要求，下列何者敘述正確？　(A)各國應禁止發行無記名股票與無記名認股權證　(B)各國應確保主管機關針對信託可查詢到足夠且正確的信託人、受託人、受益人資訊　(C)各國針對法律協議的防制洗錢措施應以由金融機構擔任的信託業者為規範重點，而非民事信託　(D)考量到個資的保護，實質受益權的資訊應由金融機構取得，主管機關不宜取得或保有相關資訊。

(　)　***3*** 下列何者非屬防制洗錢金融行動工作組織（FATF）針對重要政治性職務人士（PEPs）提出防制洗錢建議？　(A)採用風險管理系統機制來判定客戶或實質受益人是否擔任PEPs　(B)採取確認客戶財富與資金來源的合理措施　(C)強化且持續地監控相關業務關係(D)先建立關係後再請高階主管審查。

(　)　***4*** 關於FATF建議10「客戶審查」規定金融機構執行客戶審查時機，下列敘述何者錯誤？　(A)客戶進行臨時性轉帳超過一定門檻時　(B)發現客戶有疑似洗錢或資恐表徵態樣、行為時　(C)對於過去取得客戶身分資料之真實性或妥適性有所懷疑時　(D)原則上在客戶與金融機構完成業務關係後，才需進行客戶審查。

(　)　***5*** 下列何者非屬在特殊情況外，無須進行實質受益人身分之驗證者？　(A)我國政府機關　(B)我國公營事業機構　(C)外國政府機關(D)外國公營事業機構。

( ) **6** 關於金融機構應訂定之防制洗錢注意事項，內容不包括下列何者？ (A)機構內部之各部門間分享關於可疑交易申報之客戶資訊並經驗交流 (B)防制洗錢及打擊資恐之作業及內部管制程序 (C)定期舉辦或參加防制洗錢之在職訓練 (D)指派專責人員負責協調監督防制洗錢之執行。

( ) **7** 依洗錢防制法規定，所稱特定犯罪係指下列何者？ (A)最輕本刑為六月以上有期徒刑以上之刑之罪 (B)最輕本刑為一年以上有期徒刑以上之刑之罪 (C)最輕本刑為三年以上有期徒刑以上之刑之罪 (D)最輕本刑為五年以上有期徒刑以上之刑之罪。

( ) **8** 下列何者不是洗錢防制法第七條第三項所稱之國內重要政治性職務之人？ (A)總統、副總統 (B)司法院大法官 (C)編階中校人員 (D)五院院長、副院長。

( ) **9** 甲、乙約定由乙將甲之販毒犯罪共新臺幣（下同）一千萬元所得移轉至海外人頭帳戶，乙則收取手續費五十萬元。今甲、乙二人行為被查獲，乙持有該五十萬元遭政府凍結，是基於以下何種理由？ (A)民事賠償 (B)犯罪所得 (C)行政罰鍰 (D)刑事罰金。

( ) **10** 資恐防制法中，國際與國內制裁名單的主要區別為下列何者？ (A)指定方式 (B)除名方式 (C)生效要件 (D)提名方式。

( ) **11** 我國於民國107年11月7日修正洗錢防制法，新增納入下列何者業務於洗錢防制規範？ (A)銀樓業務 (B)融資性租賃業務 (C)郵政儲金匯兌業務 (D)虛擬通貨平台及交易業務。

( ) **12** 金融機構從業人員對於洗錢防制新制的理解，下列何者不適當？ (A)金融機構對於國際制裁應有一定之敏捷度，如有歐盟發布資恐名單，應即執行凍結措施 (B)金融機構於目的事業主管機關禁止與洗錢或資恐高風險國家或地區為匯款或交易時，應即配合執

行反制措施 (C)金融機構於執行目標性金融制裁措施時，不能僅以制裁名單對象為限，對於第三人受託而為制裁對象持有財產情形，亦應執行 (D)國家風險評估主要是協助金融機構檢視其風險因子與參數設定之合理性。金融機構不宜將國家風險評估中高風險部分一律拒絕交易。

( ) **13** 有關「資恐罪刑化」，下列敘述何者正確？ (A)我國的「資恐防制法」尚未納入資恐罪刑化條款 (B)資恐罪刑化之內容為「資助恐怖活動罪刑化」 (C)資恐罪刑化對資恐犯罪之成立，以證明該財物或財產上利益為供特定恐怖活動為必要 (D)資恐罪刑化是對於「資恐者」之刑事追訴，以徹底達到遏止資恐之目標。

( ) **14** 為遏止資助恐怖主義犯罪，下列敘述何者錯誤？ (A)就指定制裁之個人，不得為其移轉財產上之利益 (B)事業單位依據洗錢防制法規定，因業務知悉管理經指定制裁之個人之財物，而通報法務部調查局者，免除其業務上應保守秘密之義務 (C)主管機關不得許可酌留受經指定制裁之個人扶養親屬家庭生活所必需之財物 (D)我國法律已將資助制裁對象之行為罪刑化。

( ) **15** 有關為控管或抵減保險公司所判斷的高洗錢、資恐風險情形所採行之強化措施，下列何者錯誤？ (A)提高客戶審查層級 (B)提高交易監測頻率 (C)屬較高風險之人壽保險契約，於訂定契約時已採行強化客戶審查措施，則於給付保險金前，無需再辨識及驗證實質受益人之身分 (D)不仰賴過去保存的資料，作為身分辨識與驗證依據。

( ) **16** 金融機構防制洗錢及打擊資恐專責主管、專責人員及國內營業單位督導主管每年應至少參加經專責主管同意之內（外）部訓練單位所辦幾小時防制洗錢及打擊資恐教育訓練？ (A)十小時 (B)十二小時 (C)十五小時 (D)三十小時。

( )　**17** 下列何者不是適用「金融機構辦理國內匯款作業確認客戶身分原則」之金融機構？　(A)外國銀行在臺分行　(B)信用合作社　(C)證券金融公司　(D)中華郵政公司。

( )　**18** 中央銀行掌理我國外匯業務，因此銀行辦理跨境匯款時應依「銀行業辦理外匯業務作業規範」辦理，下列敘述何者錯誤？(A)匯出匯款時，應憑客戶填具有關文件及查驗身分文件或基本登記資料後辦理　(B)應憑客戶之匯入匯款通知書、外幣票據或外幣現鈔及查驗身分文件或基本登記資料後辦理　(C)應訂定風險管理程序，並加強審查　(D)如擔任中介行之角色，應確保轉匯過程中，所有資訊保留於轉匯出之電文中，並保留最多5年。

( )　**19** 保險公司與保險輔助人瞭解客戶目的在確定各個客戶、實質受益人、保單受益人的真實身分，下列哪項程序並不適當？　(A)在建立業務關係之前或過程中，辨識並驗證客戶的身分　(B)在支付保險金時，或保戶欲行使保單既有權利前，辨識並驗證受益人的身分　(C)通常保險公司對於低風險客群，採取5年1次之風險評估，雖可能存在該類客戶在第2年因職業改變而與其應有風險程度不相稱的情況，惟無需再思考相應措施　(D)經由非面對面管道引薦的客戶，應落實客戶身分的辨識或驗證。

( )　**20** 下列何者非金融機構防制洗錢辦法所稱實質受益人之定義？(A)客戶之未成年子女　(B)對客戶具最終所有權或控制權之自然人(C)由他人代理交易之自然人本人　(D)對法人或法律協議具最終有效控制權之自然人。

( )　**21** 有關證券期貨業是由下列何者指派防制洗錢及打擊資恐專責主管？　(A)董事會　(B)董事長　(C)總經理　(D)公司自行規定。

( )　**22** 在客戶為法人時進行認識客戶，應先查具控制權最終自然人身分。具控制權係指持有該法人股份或資本超過多少者？　(A)百分之十者　(B)百分之二十者　(C)百分之二十五者　(D)百分之三十者。

( ) **23** 為確保辨識客戶及實質受益人身分資訊之適足性與即時性，公司在訂定審查頻率時，下列考量何者錯誤？
(A)高風險客戶至少每年檢視一次
(B)依重要性及風險程度，對現有客戶身分資料進行審查
(C)根據前次執行審查之時點及所獲得資料之適足性，決定適當時機
(D)由於公司對於具有高風險因子者一律婉拒開戶，已排除高風險客戶存在之可能，故只要訂定中低風險客戶之審查頻率即可。

( ) **24** 確認客戶身分時，對於採函件方式建立業務關係者，應於建立業務關係手續辦妥後採何一方式證實？ (A)電話 (B)傳真 (C)掛號函復 (D)實地查訪。

( ) **25** 對於法人實質受益人之辨識與驗證，下列敘述何者錯誤？
(A)對於我國公開發行公司與非公開發行公司之實質受益人，應適用相同的規則
(B)若實質受益人為現任國外政府之重要政治性職務人士，應直接視法人客戶為高風險客戶
(C)若實質受益人為現任國外政府之重要政治性職務人士之家庭成員，應直接視法人客戶為高風險客戶
(D)若為現任國內政府之重要政治性職務人士，應與客戶建立業務關係時，審視其風險。

( ) **26** 國際保險業務分公司（OIU）業務的洗錢風險比較高，主要原因為下列何者？ (A)offshore本身即代表著比較低的透明度 (B)主管機關對於OIU的法規監理密度較鬆綁 (C)OIU商品客戶都是外國籍客戶在購買 (D)OIU通常做為再保險安排的交易管道。

( ) **27** 在洗錢防制與打擊資恐的抵減措施中，所謂「客群政策調整」是指下列何者？ (A)針對商品通路類別的調整 (B)針對客戶本身風險屬性的識別以及選擇接受與否的調整 (C)對於外國籍客戶的核保政策調整 (D)對於團體保險被保險人風險屬性的調整。

(　　) **28** 保險公司或保險代理人、保險經紀人應用風險基礎方法，應考慮到各種針對特定客戶或交易的風險變數，下列敘述何者錯誤？ (A)保險公司的高風險客戶占比過高，須檢討為何有業務比重過度傾向高風險客戶的情況　(B)保險公司各張保單中，雖有些要保人是相同的，惟針對被保險人或受益人或保險標的不盡相同情形，無需另行評估　(C)除保險公司應考量保險經紀人與保險代理人作為其銷售通路之風險，保險經紀人與保險代理人本身亦具有其他通路與平台銷售商品，保險經紀人與保險代理人亦應將通路與平台納入自身風險評估中　(D)經由非面對面管道引薦的客戶，應落實客戶身分的辨識或驗證。

(　　) **29** 保險業依據洗錢及資恐風險、業務規模，訂定防制洗錢及打擊資恐計畫，以管理及降低已辨識出之風險。對於其中之較高風險，應採取下列何者措施？　(A)一般管控措施　(B)簡化管控措施　(C)強化管控措施　(D)禁止管控措施。

(　　) **30** 保險產品與服務在洗錢及資恐扮演重要的角色，關於該風險因子之判斷，下列敘述何者正確？　(A)公司對於熱賣商品，開放使用ATM轉帳、存現金方式繳保費。因為產品一樣，風險值應皆無改變　(B)壽險公司的所有商品，都應屬於高風險商品　(C)財產保險無現金價值，完全不可能作為洗錢工具　(D)保險業應同步考量「產品」與「服務」分別或併同的風險特性。

(　　) **31** 電匯（Wire Transfer）具有某些特性或漏洞，易被洗錢者或恐怖分子利用為移轉資金之管道，下列何者不屬之？　(A)可跨境交易　(B)可快速大量匯款　(C)不會留下交易紀錄　(D)得以非面對面方式操作。

(　　) **32** 有關打擊資恐需特別注意的特點，下列何者錯誤？　(A)資恐交易的金額並無固定規則，可大可小　(B)資恐交易的匯款人許多有正當職業與合法收入的個人　(C)資恐交易的受款人所在國家一定是高風險國家　(D)資恐交易的匯款人不一定是犯罪組織。

( ) **33** 關於洗錢者利用守門員協助洗錢的情形，下列敘述何者錯誤？
(A)越來越多洗錢者向專家尋求協助，替他們管理財務　(B)合法的
專業服務，也可能被洗錢者用來協助洗錢　(C)有些洗錢者也會收買
知情的專業人士，為他們設計洗錢架構　(D)買賣房地產時代替客
戶收付款項不可能被洗錢者用來協助洗錢。

( ) **34** 以下何項表徵，與操縱股價並利用帳戶移轉資金之洗錢手法不
符？　(A)每筆存、提金額相當　(B)交易相距時間不長　(C)每筆交
易達特定金額以上　(D)利用單一帳戶進行大額交易。

( ) **35** 下列何者為金融交易跨國洗錢常見洗錢手法？甲.將不法所得兌
換為流通性高之美元現金以運輸方式出境；乙.將不法所得兌換為
流通性高之外幣旅行支票以便攜帶出境；丙.將不法所得購買鑽石
珠寶等高價值、易攜帶物品移轉出境　(A)僅甲、乙　(B)僅甲、丙
(C)僅乙、丙　(D)甲、乙、丙。

( ) **36** 某甲利用某乙等人之帳戶以分散資金、密集且集中式地買賣X公
司股票，請問此最有可能涉及下列何等洗錢手法？　(A)對作交易
(B)美化財報　(C)操縱股價　(D)掏空資產。

( ) **37** 客戶甲購買保險商品時，對於保障內容或給付項目完全不關
心，僅關注保單借款成數、解約費用高低或變更受益人等程序，此
時業務員乙應採取何等作為？　(A)只要客戶能負擔得起保費，都
應接受其投保申請　(B)這可能是一個疑似洗錢之警訊，故應更了解
客戶甲的投保動機　(C)監控疑似洗錢是保險公司的事，業務員只負
責讓客戶甲在要保書上簽名　(D)客戶甲對於保障內容或給付項目
完全不關心，代表客戶已完全了解商品，而無須了解投保動機。

( ) **38** 下列何者不是疑似股市作手操縱股價意圖跨國洗錢案之手法表
徵？　(A)利用證券公司營業員、金主提供人頭戶分散下單　(B)進
行特定股票交易，相對買賣或操縱股價　(C)不法所得匯往香港，再
以假外資身分流回市場，買賣特定股票　(D)買賣零股。

(　) **39** 銀行應於完成或更新風險評估報告時，將報告送下列哪一單位
備查？ (A)金管會 (B)銀行公會 (C)法務部調查局 (D)行政院
洗錢防制辦公室。

(　) **40** 有關客戶風險等級之風險級數規定，下列敘述何者錯誤？
(A)至少應有兩級（含）以上之風險級數 (B)銀行應向客戶說明其
風險等級，以利業務推展 (C)國外重要政治性職務人士應直接視為
高風險客戶 (D)對於新建立業務關係的客戶，應在建立業務關係
時確定其風險等級。

(　) **41** 銀行應在適當時機對已存在往來關係之客戶，進行審查及適時
調整風險等級，上開適當時機不包括下列何者？
(A)客戶終止業務往來關係時
(B)經申報疑似洗錢或資恐交易等，可能導致客戶風險狀況發生實質
性變化的事件發生時
(C)依據客戶之重要性及風險程度所定之定期客戶審查時點
(D)得知客戶身分與背景資訊有重大變動時。

(　) **42** 「銀行評估洗錢及資恐風險及訂定相關防制計畫指引」指出
風險基礎方法（Risk-Based Approach）之目的與下列何者無直
接關係？
(A)協助銀行發展與洗錢及資恐風險相當之防制與抵減措施
(B)以利銀行確認客戶身分
(C)以利銀行決定其防制洗錢及打擊資恐資源之配置、建置其內部控
制制度
(D)以利銀行訂定和執行防制洗錢及打擊資恐計畫應有之政策、程
序及控管措施。

(　) **43** 金融機構依賴第三方進行客戶審查，請問應由何人負客戶審查
最終責任？ (A)金管會 (B)第三方 (C)視契約內容而定 (D)金
融機構。

( ) **44** 依「金融機構防制洗錢辦法」規定，銀行得先取得辨識客戶身分之資料，建立業務關係後再完成驗證之情形，不含下列何者？ (A)洗錢及資恐風險受到有效管理 (B)取得高階管理人員同意 (C)為避免對客戶業務之正常運作造成干擾所必須 (D)會在合理可行之情形下儘速完成客戶及實質受益人之身分驗證。

( ) **45** 依「金融機構防制洗錢辦法」規定，銀行對客戶及交易有關對象之姓名及名稱檢核政策與程序，下列敘述何者錯誤？ (A)執行姓名及名稱檢核情形應予記錄 (B)至少應包括比對與篩檢邏輯、檢核作業之執行程序，以及檢視標準 (C)無須書面化 (D)應依據風險基礎方法，建立檢核政策及程序。

( ) **46** 大通貿易公司以低估商品價值之發票向復國銀行申請融資，請問該行為符合下列銀行哪一項業務種類之疑似洗錢交易表徵？ (A)通匯銀行類 (B)存提匯款類 (C)一般授信類 (D)貿易金融類。

( ) **47** 甲、小美經常匯款到國外達數十萬美金；乙、小王偶爾從國外匯入款項達數千美金；丙、王董經常從高避稅風險國家匯回款項達數十萬美金，請問上述行為何者符合跨境交易類之疑似洗錢態樣，銀行應進一步進行調查？ (A)僅甲、乙 (B)僅乙、丙 (C)僅甲、丙 (D)甲、乙、丙。

( ) **48** 有關防制洗錢金融行動工作組織重要政治性職務人士指引，下列敘述何者錯誤？甲、重要政治性職務人士定義範圍與聯合國反貪腐協議相同；乙、重要政治性職務人士的範圍僅限於重要公眾職務及重要政治性職務人士本身；丙、金融機構之內部控制包括員工訓練；丁、可利用商業資料庫軟體取代傳統客戶審查流程 (A)僅甲、丁 (B)僅乙、丁 (C)僅丙、丁 (D)僅乙、丙。

( ) **49** 以下何者較不可能是高洗錢資恐之職業或行業？ (A)證券投資顧問 (B)從事密集性現金交易業務 (C)會計師、律師、公證人 (D)易被運用為持有個人資產之公司或信託。

( )　**50** 對證券商而言，辨識、評估防制洗錢及打擊資恐風險，是展開
一系列管控機制的首要，下列敘述何者錯誤？　(A)外國分支機構
和子公司應納入風險評估範圍　(B)各項風險抵減措施，應考慮相關
的風險因子　(C)風險評估每二年固定更新一次　(D)應將風險評估
報告送主管機關備查。

( )　**51** 證券商如有合理理由懷疑客戶欲進行之交易與洗錢或資恐有關
者，於下列何種情況，應對客戶身分進一步審查？　(A)交易完成
後　(B)交易金額超過公司設定之門檻　(C)不論金額大小或交易完
成與否　(D)如交易金額與客戶身分、收入或營業規模顯不相當。

( )　**52** 下列何者為金融機構防制洗錢辦法第3條第7款第3目規定，得
豁免辨識實質受益人？　(A)大方儲蓄互助社　(B)財團法人互惠保
險基金　(C)友情薩摩亞群島公司　(D)小明銀行為信託專戶之受託
人，且具有帳戶實質控制權。

( )　**53** 我國金融機構防制洗錢辦法中第9條對交易持續監控的相關規
定，係主要參考下述哪個組織的相關要求？　(A)FATF　(B)美國紐
約州金融署　(C)BCBS　(D)FRB。

( )　**54** 下列何者不屬於保險之個別產品與服務、交易或通路之風險因
素？　(A)客戶居住之國家　(B)與現金之關聯程度　(C)收到款項是
否來自於未知或無關係之第三人　(D)是否為面對面交易、電子商
務或透過OIU進行之交易。

( )　**55** 客戶審查之說明，下列何者錯誤？　(A)實質受益人係指對客戶
具最終所有權或控制權之自然人　(B)金融機構依賴第三方進行客戶
審查，仍須對客戶審查負最終責任　(C)對於法人、團體或信託等
法律協議之客戶審查，目的在查證直接持股逾股份或資本25%之自
然人　(D)客戶為法人、團體或信託之受託人，應進行雙層客戶審
查，分別對客戶及其實質受益人進行審查。

(　) **56** 下列何者屬於人壽保險死亡理賠之實質受益人？　(A)保險受益人之配偶　(B)未成年受益人之法定代理人　(C)被保險人之所有未成年子女　(D)要保人之配偶與所有已成年子女。

(　) **57** 對有效的防制洗錢及打擊資恐系統，通常都具備某些結構性元素，下列哪一項不是結構性元素？　(A)政治穩定性　(B)法律制度建全　(C)司法系統獨立、健全與有效率　(D)銀行服務的親切度。

(　) **58** 有關判定「重要政治性職務人士」之指引，下列敘述何者錯誤？　(A)持續性的員工訓練，有效教導員工如何判定　(B)完全不可採信客戶自行填報及申報資料　(C)政府公布的重要官員財產申報資料為參考資料之一　(D)要確保客戶資訊即時更新。

(　) **59** 下列何者不是重要政治性職務人士在業務關係或交易之洗錢及資恐警示表徵？　(A)交易金額經常是整數　(B)個人資金與企業相關資金混淆不清　(C)重要政治性職務人士使用記名票據支付款項　(D)重要政治性職務人士曾多次被陳報涉及可疑交易。

(　) **60** 有關防制洗錢金融行動工作組織「相互評鑑」有關評鑑員之評估作法的敘述，下列何者正確？
(A)評鑑員應將結構性元素不足記載於相互評鑑報告中
(B)評鑑員對於政府提出的國家洗錢及資恐風險評估報告應照單全收
(C)金融業的規模、整合程度及本質對於評鑑員而言是不重要的評鑑項目
(D)評鑑員於評鑑過程中，不須考量犯罪組織或恐怖組織的型態、活動，僅須注意是否有非法資金的移轉。

(二)複選題

(　) **61** 關於資恐應予罪刑化之範圍，包括下列何者？　(A)資助政治異議份子　(B)資助恐怖活動　(C)資助共產主義　(D)資助制裁對象。

(　　) **62** 有關犯罪所得之敘述，下列何者正確？　(A)因犯罪而取得或變得之財物或財產上利益及其孳息　(B)洗錢犯罪之構成及犯罪所得之沒收，以特定犯罪經判決有罪為前提　(C)犯罪所得變得之物或財產上利益亦為犯罪所得，第三人即使善意取得，亦應沒收　(D)為犯罪組織工作所取得之薪資亦為犯罪所得。

(　　) **63** 關於國際組織重要政治性職務之人，下列敘述何者錯誤？　(A)國際組織包含聯合國、軍事國際組織　(B)文化、科學等領域之國際組織不屬之　(C)離職後即無影響力　(D)副主管屬之。

(　　) **64** 我國洗錢防制法所稱洗錢或資恐高風險國家或地區，係指下列何者之情形？　(A)有具體事證認有洗錢及資恐高風險之國家或地區　(B)國際貨幣基金依有關經濟紓困決議案所指定之國家或地區　(C)經國際防制洗錢組織公告防制洗錢及打擊資恐有嚴重缺失之國家或地區　(D)經國際防制洗錢組織公告未遵循或未充分遵循國際防制洗錢組織建議之國家或地區。

(　　) **65** 有關風險基礎方法（Risk-Based Approach）的敘述，下列何者正確？　(A)FATF四十項建議第1項建議指出，各國應辨識、評估及瞭解該國之洗錢及資恐風險　(B)對於防制洗錢及打擊資恐機制之資源有效分配與有效執行FATF四十項建議而言，風險基礎方法是選項之一　(C)銀行應用風險基礎方法，對於經確認之洗錢及資恐風險，擬定相配合的預防與降低風險措施　(D)大型，提供多樣化產品或有多家分公司的銀行，因產品、客戶多元，須經過較審慎之洗錢及資恐風險評估。

(　　) **66** 依「銀行防制洗錢及打擊資恐注意事項範本」規定，客戶為法人時，至少應取得下列哪項資訊？　(A)不論任何情形下一定要徵提規範及約束法人之章程　(B)在法人中擔任高階管理人員之姓名、出生日期、國籍　(C)法人註冊登記之辦公地址　(D)法人之主要營業處所地址。

( ) **67** 下列何者符合機構風險評估之要求？ (A)考慮業務性質、多元性及複雜度 (B)僅需依公司內規所定期限辦理風險評估，無需考慮因特定事件而予以更新評估頻率 (C)統計並分析高風險客戶之數量與比例 (D)參考國際組織發布之洗錢與資恐風險態樣。

( ) **68** 存款帳戶如經認定為疑似不法或顯屬異常交易者，銀行應採取之處理措施，下列敘述何者正確？
(A)應於銀行內部資訊系統中加以註記，提醒各分支機構加強防範
(B)存款帳戶經通報為警示帳戶者，應即暫停該帳戶使用提款卡、語音轉帳、網路轉帳及其他電子支付功能，匯入款項逐以退匯方式退回匯款行
(C)存款帳戶屬衍生管制帳戶者，應即通知財團法人金融聯合徵信中心，並暫停該帳戶全部交易功能，匯入款項逐以退匯方式退回匯款行
(D)存款帳戶如屬偽冒開戶者，應即通知司法警察機關、法務部調查局洗錢防制處及財團法人金融聯合徵信中心，銀行並應即結清該帳戶，其剩餘款項則俟依法可領取者申請給付時處理。

( ) **69** 有關證券期貨業防制洗錢及打擊資恐之內部控制制度，下列敘述何者正確？ (A)內部控制制度應經股東會通過；修正時亦同 (B)內部控制制度應就洗錢及資恐風險進行辨識、評估 (C)內部控制制度應依據洗錢及資恐風險、業務規模等，訂定防制洗錢及打擊資恐計畫 (D)內部控制制度應納入自行查核及內部稽核項目，且於必要時予以強化。

( ) **70** 保險業推出下列何種商品或服務前，應進行洗錢及資恐風險評估，並建立相應之風險管理措施以降低所識別之風險？ (A)具有保單價值準備金或現金價值之新產品或與金錢有關之服務 (B)辦理新種業務（包括新支付機制、運用新科技於現有或全新之產品或業務） (C)具高保險金額之火災保險 (D)具高保險金額之責任保險。

(　　) **71** 雖然專業人士被要求必須陳報可疑交易,但實際上各國收到報告數量極少,防制洗錢專家分析可能的原因為下列何者?　(A)專業人士對防制洗錢的認識不足　(B)專業人士基於傳統觀念,對客戶的隱私嚴加保密　(C)專業人士均會協助洗錢　(D)專業人士對防制洗錢風險意識不足。

(　　) **72** 公職人員收受賄賂時,可能採取下列何項方式洗錢?　(A)拆成多筆小額存款　(B)使用人頭帳戶進行交易　(C)利用親屬或多個帳戶掩飾現金匯款　(D)結匯匯往境外後,以賭博彩金名義匯回可洗清不法所得。

(　　) **73** 客戶或具控制權者如為下列何種對象,得無需適用辨識實質受益人之查核?　(A)員工持股信託客戶　(B)未公開發行之公司　(C)金融機構辦理之財產保險　(D)我國公開發行公司之子公司。

(　　) **74** 甲公司為一從事進口不同廠牌國外高級二手汽車,再銷售給國內消費者之公司,在銀行開立一個帳戶。請問下列哪些行為為疑似洗錢或資恐交易之態樣?
(A)甲公司向銀行申請辦理外匯避險交易
(B)國內消費者將購車款項匯入甲公司帳戶
(C)甲公司定期匯款固定金額之美元至落後國家,而無合理理由
(D)甲公司帳戶常收到國外達特定金額以上之美元匯入款,而無合理理由。

(　　) **75** 銀行將因下列何者而直接影響跳出警示之帳戶與交易數量?
(A)參數設定　(B)監控型態　(C)預警案件　(D)金額門檻。

(　　) **76** 證券商將風險評估報告送主管機關備查,其執行頻率依下列何種因素決定之?　(A)洗錢及資恐法令變動時　(B)由業者依據風險管理決策及程序　(C)國際上發生洗錢資恐重大事件時　(D)證券商有重大改變時。

( )　**77** 證券商防制洗錢與打擊資恐之內部控制制度聲明書，於提報董事會通過後，應揭露並於下列何者辦理公告申報？　(A)證券商營業處所　(B)證券商網站　(C)每日於全國發行之報紙　(D)主管機關指定網站。

( )　**78** 保險業在下列哪些時機應該再次審核客戶風險分數與等級？(A)制裁名單有異動時　(B)客戶申請批改或保全時　(C)客戶住院申請健康險理賠時　(D)低或中風險客戶遭申報疑似洗錢時。

( )　**79** 保險業與風險控管關係密切，故防制洗錢金融行動工作組織（FATF）建議的風險基礎方法更有利保險業執行下列何措施？(A)建置其內部控制制度　(B)計算自有資本及風險資本之範圍(C)決定其防制洗錢及打擊資恐資源的配置　(D)訂定其防制洗錢及打擊資恐計畫應有的政策、程序及控管措施。

( )　**80** 防制洗錢金融行動工作組織（FATF）建議對判定「重要性政治職務人士」之資訊來源，包含下列哪幾項？　(A)網路與媒體搜尋(B)客戶自行申報　(C)商業資料庫　(D)金融主管機關提供。

解答與解析

1 (C)

洗錢活動之目的便係將犯罪所得重新進入合法經濟體系，FATF將活動過程區分為3個階段，分別為處置（Placement）、多層化（Layering）及整合（Integration）等三個階段：處置為將大量現金導入金融或非金融體系中；多層化係透過各種複雜之金融交易紀錄增強其商業性、機動性與合法性；整合是賦予非法資金最後的合法外貌，俾其回歸經濟體系，並使該資金看來如同一般商業收入。

2 (B)

依FATF 40項建議：
第24項：法人的透明度與實質受益權建議24規定，各國應強化防止法人被利用於洗錢或資恐的相關措施；
各國應確保主管機關可於需要時，即時取得或查詢到足夠的、正確的與最新的有關法人實質受益權

（Beneficial Ownership）與控制權的資訊；

為防止被利用於洗錢或資恐活動，允許名義股東（董事）、可以發行「無記名股票」（Bearer Share）或「無記名股份證書」（Bearer Share Warrant，亦稱「無記名股權證書」或「無記名認股證」）的國家，應特別採取有效措施。

第25項：法律協議的透明度與實質受益權

建議25規定，各國應強化防止法律協議被利用於洗錢或資恐的相關措施；

各國應確保主管機關可於需要時，即時取得或查詢到足夠的、正確的與最新的有關任意信託之信託人（Settlor）、受託人（Trustee）及受益人（Beneficiary）資訊。

（原文如下：

24.Transparency and beneficial ownership of legal persons *
Countries should take measures to prevent the misuse of legal persons for money laundering or terrorist financing. Countries should ensure that there is adequate, accurate and timely information on the beneficial ownership and control of legal persons that can be obtained or accessed in a timely fashion by competent authorities. In particular, countries that have legal persons that are able to issue bearer shares or bearer share warrants, or which allow nominee shareholders or nominee directors, should take effective measures to ensure that they are not misused for money laundering or terrorist financing. Countries should consider measures to facilitate access to beneficial ownership and control information by financial institutions and DNFBPs undertaking the requirements set out in Recommendations 10 and 22.

25. Transparency and beneficial ownership of legal arrangements *
Countries should take measures to prevent the misuse of legal arrangements for money laundering or terrorist financing. In particular, countries should ensure that there is adequate, accurate and timely information on express trusts, including information on the settlor, trustee and beneficiaries, that can be obtained or accessed in a timely fashion by competent authorities. Countries should consider measures to facilitate access to beneficial ownership and control information by financial institutions and DNFBPs undertaking the requirements set out in Recommendations 10 and 22.）

3 (D)

依防制洗錢金融行動工作組織（FATF）40項建議中的第12項建議：

12.Politically exposed persons.
重要政治性職務人士（簡稱PEPs）：
(1) 金融機構必須對PEPs進行除一般
客戶審查外，不論其身分為客戶
本人或實質受益人，都應另採取
以下措施：
A.採用風險管理系統機制來判定客戶
或實質受益人是否擔任PEPs。
B.獲得高階主管批准後，方能與其建
立業務關係。
C.採取確認客戶財富與資金來源的合
理措施。
D.強化且持續地監控相關業務關係。
(2) 適用於擔任PEPs的各項強化審查
措施，也適用於其他家庭成員及
有密切關係之人。

4 (D)

依防制洗錢金融行動工作組織（FATF）
40項建議中的第10項建議：
10.Customer due diligence.
客戶盡職調查：
(1) 確認客戶身分。
(2) 金融機構應禁止客戶以匿名或假
名開戶。
(3) 要求金融機構應於下列情形，執
行客戶審查：
A.建立業務關係。
B.執行超過一定門檻的臨時性交易。
C.有疑似洗錢的電匯行為。
D.對客戶真實身分有疑問時。
E.具有疑似洗錢或資恐表徵態樣、行
為時。

(4) 各國可透過立法或其他可行方
式，要求金融機構配合執行特定
的客戶審查措施，如辨識實質受
益人、客戶為法人時需瞭解其股
權與控制結構，查明瞭解客戶建
立業務關係之目的與本質。

5 (D)

依金融機構防制洗錢辦法第3條第7款
第3目：
金融機構確認客戶身分措施，應依下
列規定辦理：七、第四款第三目規定
於客戶為法人、團體或信託之受託人
時，應瞭解客戶或信託之所有權及控
制權結構，並透過下列資訊，辨識客
戶之實質受益人，及採取合理措施驗
證：
(三) 客戶或具控制權者為下列身分
者，除有第六條第一項第三款但
書情形或已發行無記名股票情形
者外，不適用第四款第三目辨識
及驗證實質受益人身分之規定。
1.我國政府機關。
2.我國公營事業機構。
3.外國政府機關。
4.我國公開發行公司或其子公司。
5.於國外掛牌並依掛牌所在地規定，
應揭露其主要股東之股票上市、上
櫃公司及其子公司。
6.受我國監理之金融機構及其管理之
投資工具。
7.設立於我國境外，且所受監理規
範與防制洗錢金融行動工作組織
（FATF）所定防制洗錢及打擊資

恐標準一致之金融機構，及該金融機構管理之投資工具。

8.我國政府機關管理之基金。

9.員工持股信託、員工福利儲蓄信託。

6 (A)

依洗錢防制法第6條第1項：

金融機構及指定之非金融事業或人員應依洗錢與資恐風險及業務規模，建立洗錢防制內部控制與稽核制度；其內容應包括下列事項：

一、 防制洗錢及打擊資恐之作業及控制程序。

二、 定期舉辦或參加防制洗錢之在職訓練。

三、 指派專責人員負責協調監督第一款事項之執行。

四、 備置並定期更新防制洗錢及打擊資恐風險評估報告。

五、 稽核程序。

六、 其他經中央目的事業主管機關指定之事項。

7 (A)

依洗錢防制法第3條第1款：

本法所稱特定犯罪，指下列各款之罪：

一、 最輕本刑為六月以上有期徒刑以上之刑之罪。

8 (C)

依重要政治性職務之人與其家庭成員及有密切關係之人範圍認定標準第2條：

洗錢防制法第7條第3項所稱國內重要政治性職務之人，其範圍如下：

一、 總統、副總統。

二、 總統府秘書長、副秘書長。

三、 國家安全會議秘書長、副秘書長。

四、 中央研究院院長、副院長。

五、 國家安全局局長、副局長。

六、 五院院長、副院長。

七、 五院秘書長、副秘書長。

八、 立法委員、考試委員及監察委員。

九、 司法院以外之中央二級機關首長、政務副首長、相當中央二級獨立機關委員及行政院政務委員。

十、 司法院大法官。

十一、最高法院院長、最高行政法院院長、公務員懲戒委員會委員長及最高檢察署檢察總長。

十二、直轄市、縣（市）政府之首長、副首長。

十三、直轄市及縣（市）議會正、副議長。

十四、駐外大使及常任代表。

十五、編階中將以上人員。

十六、國營事業相當簡任第十三職等以上之董事長、總經理及其他相當職務。

十七、中央、直轄市及縣（市）民意機關組成黨團之政黨負責人。

十八、擔任前十七款以外職務，對於與重大公共事務之推動、執行，或鉅額公有財產、國家資源之業務有核定權限，經法務部報請行政院核定之人員。

9 (B)

乙持有之新臺幣50萬元，係與甲約定「將販毒犯罪所得移轉至海外人頭帳戶」之手續費，而乙移轉犯罪所得的行為，既然屬於洗錢活動的一部分，則該手續費自然也是犯罪所得，而可被納入法院扣押、凍結帳戶的範圍內。

10 (B)

依資恐防制法第4條第3項：
第一項指定制裁個人、法人或團體之除名，應經審議會決議，並公告之。
又依資恐防制法第5條第2項：
前項所指定制裁個人、法人或團體之除名，非經聯合國安全理事會除名程序，不得為之。

11 (D)

參考洗錢防制法第5條107年11月2日修法理由說明：

一、原第一項第七款僅規範「辦理儲金匯兌之郵政機構」，惟實際上郵政機構亦辦理簡易人壽保險業務，應併予規範，爰予修正。

二、依防制洗錢金融行動工作組織（以下簡稱FATF）四十項建議之第二十二項建議，原第三項第三款第四目律師、公證人、會計師適用本法範圍應與「資金籌劃」（organization of contributions）有關，原規定不

明，酌為修正，以資明確；第二目酌作文字修正。

三、原第三項第四款第一目擔任法人之名義代表人，所包含之內容未完全符合FATF四十項建議，修正為「關於法人之籌備或設立事項」，是以不僅包括代辦公司登記，亦包括公司籌備設立過程中之所有文件或其他程序準備等事項；第二目合夥人之用語為臻明確，明定為「合夥之合夥人」；第三目信託及公司服務提供業所為提供經註冊辦公室、營業地址、居住所、通訊或管理地址，並不包括「信託」，為避免疏漏，爰予增列並酌修文字。

四、原第二項修正為「辦理融資性租賃、虛擬通貨平台及交易業務之事業，適用本法關於金融機構之規定。」；第四項句首修正為「第二項辦理融資性租賃、虛擬通貨平台及交易業務事業之範圍、」。

五、防制洗錢金融行動工作組織（Financial Action Task Force on Money Laundering，以下簡稱FATF）對於虛擬通貨之洗錢風險已曾警示，並於2015年6月間即已發布虛擬貨幣風險基礎方法指引，而參考相關國家立法例，多數在法制架構上至少納入洗錢防制之低度規範，我國之洗錢防制規範亦有正視

此風險，予以最低度規範之必要，爰修正第二項。至於虛擬通貨平台及交易業務事業之定義、範圍及其他相關事項之規範，待行政院指定目的事業主管機關後，立即規範，附此敘明。

六、依FATF四十項建議之第二十二項建議，原第三項第三款第四目律師、公證人、會計師適用本法範圍應與「資金籌劃」（organization of contributions）有關，原規定不明，酌為修正，以資明確；第二目酌作文字修正。

七、原第三項第四款第一目擔任法人之名義代表人，所包含之內容未完全符合FATF四十項建議，修正為「關於法人之籌備或設立事項」，是以不僅包括代辦公司登記，亦包括公司籌備設立過程中之所有文件或其他程序準備等事項；第二目合夥人之用語為臻明確，明定為「合夥之合夥人」，亦包含民法及特別法規範之合夥類型，如有限合夥；第三目信託及公司服務提供業所為提供經註冊辦公室、營業地址、居住所、通訊或管理地址，並不包括「信託」，為避免疏漏，爰予增列並酌修文字。

八、第五項至第七項未修正。

12 (A)

依洗錢防制法第11條第1項：

為配合防制洗錢及打擊資恐之國際合作，金融目的事業主管機關及指定之非金融事業或人員之中央目的事業主管機關得自行或經法務部調查局通報，對洗錢或資恐高風險國家或地區，為下列措施：

一、令金融機構、指定之非金融事業或人員強化相關交易之確認客戶身分措施。

二、限制或禁止金融機構、指定之非金融事業或人員與洗錢或資恐高風險國家或地區為匯款或其他交易。

三、採取其他與風險相當且有效之必要防制措施。

※以上並無應即執行凍結之措施。

13 (D)

依資恐防制法第9條民國105年7月27日修法理由說明：

一、依FATF國際標準之第五項建議，各國應以反資恐公約為基礎，將資恐犯罪予以罪刑化，其罪刑化之範圍應為資助恐怖活動罪、資助恐怖組織罪及資助恐怖分子罪三者。現行洗錢防制法第十一條第三項規定須以資助特定恐怖活動為要件，屬資助恐怖活動罪，惟亞太防制洗錢組織（Asia/Pacific Group on Money Laundering,

APG）於二〇一一年分析報告亦指出，上開規定之處罰係與特定恐怖活動相連結，並未包含單純資助恐怖組織及恐怖分子之犯罪類型。為完備我國資恐防制體系，並呼應相關國際組織要求，參酌加拿大刑法第八十三條第三項立法例，爰於第一項規定資助恐怖組織與其成員罪。

二、復參考聯合國安全理事會第二一七八號決議，要求各國對於為滲透、規劃、準備或參與恐怖活動，或提供及獲得訓練，而赴其居住國或國籍國以外國家之個人，資助與訓練目的相關之移動、旅行等費用，應課予刑責，即外國恐怖主義戰鬥人員條款（foreign terrorist fighters），爰為第二項規定。

三、又資恐犯罪之偵辦著重在資助行為本身之可責性，是以行為人只須明知個人、法人或團體屬於第一項及第二項所列之個人、法人或團體，而仍為其收集或提供財物或財產上利益者，即應獨立予以處罰，而不以其提供資金係為支付特定恐怖活動之用途為必要，爰為第三項規定。

四、因反資恐公約第二條第四項要求對於資恐行為之未遂犯應予以刑罰化，爰為第四項規定。

14 (C)

依資恐防制法第6條第1項：

主管機關得依職權或申請，許可下列措施：

一、酌留經指定制裁之個人或其受扶養親屬家庭生活所必需之財物或財產上利益。

二、酌留經指定制裁之個人、法人或團體管理財物或財產上利益之必要費用。

三、對經指定制裁之個人、法人或團體以外之第三人，許可支付受制裁者於受制裁前對善意第三人負擔之債務。

15 (C)

依金融機構防依金融機構防制洗錢辦法第3條第8款第3目：

金融機構確認客戶身分措施，應依下列規定辦理：

八、保險業應於人壽保險、投資型保險及年金保險契約之保險受益人確定或經指定時，採取下列措施：

(三) 於支付保險金時，驗證該保險受益人之身分。

16 (B)

依銀行業及其他經金融監督管理委員會指定之金融機構防制洗錢及打擊資恐內部控制與稽核制度實施辦法第9條第3項：

銀行業及其他經本會指定之金融機構之防制洗錢及打擊資恐專責主管、

專責人員及國內營業單位督導主管，每年應至少參加經第七條第一項專責主管同意之內部或外部訓練單位所辦十二小時防制洗錢及打擊資恐教育訓練，訓練內容應至少包括新修正法令、洗錢及資恐風險趨勢及態樣。當年度取得本會認定機構舉辦之國內或國際防制洗錢及打擊資恐專業人員證照者，得抵免當年度之訓練時數。

17 (C)

「金融機構辦理國內匯款作業確認客戶身分原則」於一百零八年一月一日起修正為「金融機構辦理國內匯款及無摺存款作業確認客戶身分原則」，合先敘明。
另依上開原則第2點：
本原則所稱金融機構，指本國銀行、外國銀行在臺分行、信用合作社及中華郵政公司。

18 (D)

依銀行業辦理外匯業務作業規範第4點第3款：
三、 指定銀行及中華郵政股份有限公司所屬郵局辦理境內及跨境之一般匯出及匯入匯款業務，除應依洗錢防制法、資恐防制法及其相關規定辦理外，並依下列規定辦理。但上述機構間為其本身資金移轉及清算所為之匯款，不在此限：

(三) 中介行：
1.應確保轉匯過程中，所有附隨該匯款電文之匯款人及受款人資訊完整保留於轉匯出之電文中。
2.若因技術限制而無法將附隨跨境電匯之前述必要資訊轉入國內電匯作業時，對於收到源自匯款行或其他中介行之所有資訊，應依洗錢防制法及相關規定留存紀錄。
3.準用前款第二目規定。

19 (C)

依人壽保險業防制洗錢及打擊資恐注意事項範本第6條第2、3項：
2 保險公司、辦理簡易人壽保險業務之郵政機構得採行之簡化確認客戶身分措施如下：
一、 降低客戶身分資訊更新之頻率。
二、 降低持續性監控之等級，並以合理之金額門檻作為審查交易之基礎。
三、 從交易類型或已建立業務往來關係可推斷其目的及性質者，得無須再蒐集特定資訊或執行特別措施以瞭解業務往來關係之目的及其性質。
3 保險公司、辦理簡易人壽保險業務之郵政機構應依重要性及風險程度，對現有客戶進行客戶審查，並於考量前次執行客戶審查之時點及所獲得資料之適足性後，在適當時機對已存在之往來關係進行審查。

而有關於適當時機，在同範本第5條第1款說明如下：

保險公司、辦理簡易人壽保險業務之郵政機構確認客戶身分措施，應包括對客戶身分之持續審查，並依下列規定辦理：

一、應依重要性及風險程度，對現有客戶身分資料進行審查，並於考量前次執行審查之時點及所獲得資料之適足性後，在適當時機對已存在之往來關係進行審查。上開適當時機至少應包括：

(一) 客戶保額異常增加或新增業務往來關係時。

(二) 依據客戶之重要性及風險程度所定之定期審查時點。

(三) 得知客戶身分與背景資訊有重大變動時。

故客戶因職業改變而與其應有風險程度不相稱的情況，自須進行客戶身分之持續審查。

20 (A)

依金融機構防制洗錢辦法第2條第1項第7款：

本辦法用詞定義如下：

七、實質受益人：指對客戶具最終所有權或控制權之自然人，或由他人代理交易之自然人本人，包括對法人或法律協議具最終有效控制權之自然人。

21 (A)

依證券期貨業及其他經金融監督管理委員會指定之金融機構防制洗錢及打擊資恐內部控制與稽核制度實施辦法第5條第1項：

證券期貨業及其他經本會指定之金融機構應依其規模、風險等配置適足之防制洗錢及打擊資恐專責人員及資源，並由董事會指派高階主管一人擔任專責主管，賦予協調監督防制洗錢及打擊資恐之充分職權，及確保該等人員及主管無與其防制洗錢及打擊資恐職責有利益衝突之兼職。

22 (C)

依金融機構防制洗錢辦法第3條第7款第1目第1小目：

金融機構確認客戶身分措施，應依下列規定辦理：

七、第四款第三目規定於客戶為法人、團體或信託之受託人時，應瞭解客戶或信託之所有權及控制權結構，並透過下列資訊，辨識客戶之實質受益人，及採取合理措施驗證：

(一) 客戶為法人、團體時：

1.具控制權之最終自然人身分。所稱具控制權係指直接、間接持有該法人股份或資本超過百分之二十五者，金融機構得請客戶提供股東名冊或其他文件協助完成辨識。

23 (D)

依金融機構防制洗錢辦法第5條第3款：

金融機構確認客戶身分措施，應包括對客戶身分之持續審查，並依下列規定辦理：

三、金融機構應定期檢視其辦識客戶及實質受益人身分所取得之資訊是否足夠，並確保該等資訊之更新，特別是高風險客戶，金融機構應至少每年檢視一次。

24 (C)

依中華民國銀行公會銀行防制洗錢及打擊資恐注意事項範本第4條第14款第8目：

確認客戶身分措施，應依下列規定辦理：

十四、確認客戶身分其他應遵循之事項：

(八) 採函件方式建立業務關係者，應於建立業務關係手續辦妥後以掛號函復，以便證實。

25 (A)

依金融機構防制洗錢辦法第3條第7款第3目：

金融機構確認客戶身分措施，應依下列規定辦理：

七、第四款第三目規定於客戶為法人、團體或信託之受託人時，應瞭解客戶或信託之所有權及控制權結構，並透過下列資訊，辨識客戶之實質受益人，及採取合理措施驗證：

(三) 客戶或具控制權者為下列身分者，除有第六條第一項第三款但書情形或已發行無記名股票情形者外，不適用第四款第三目辨識及驗證實質受益人身分之規定。

1. 我國政府機關。
2. 我國公營事業機構。
3. 外國政府機關。
4. 我國公開發行公司或其子公司。
5. 於國外掛牌並依掛牌所在地規定，應揭露其主要股東之股票上市、上櫃公司及其子公司。
6. 受我國監理之金融機構及其管理之投資工具。
7. 設立於我國境外，且所受監理規範與防制洗錢金融行動工作組織（FATF）所定防制洗錢及打擊資恐標準一致之金融機構，及該金融機構管理之投資工具。
8. 我國政府機關管理之基金。
9. 員工持股信託、員工福利儲蓄信託。

公開發行公司與非公開發行公司之實質受益人，顯非適用相同的規則。

26 (A)

OIU是國際保險業務（Offshore Insurance Unit）的簡稱，合先敘明。

依保險業防制洗錢及打擊資恐最佳實務指引（主題：OIU業務之洗錢及資恐風險）中，有關OIU業務威脅與弱點辨識建議做法：

「OIU業務係以外幣收付之保險業務，並以境外客戶為銷售對象之保險業務，交易涉及跨境服務，相關身分確認文件真實性不易辨識或需支付高額成本；…境外客戶所提供之相關身分確認文件較不易辨識其真實性，以及客戶可透過保險經紀人或保險代理人通路進行交易，保險公司無法直接接觸面對客戶等，皆構成OIU業務之主要弱點…」可知offshore本身即代表著比較低的透明度。

27 (B)

依行政院金融監督管理委員會107年5月7日保局（綜）字第10704562060號函說明一：

(三) 確認客戶身分及強化客戶審查流程方面各公司應持續落實客戶身分審查，例如：

1. 強化國際保險業務分公司（OIU）業務確認客戶身分程序。
2. 落實授信業務交易對象之身分審查。
3. 交易款項來源不明時，客群交易政策之調整因應。
4. 就法人客戶實質受益人之審查方法，建議可參考他國作法，輔以驗證法人之相關增資義務人、履約義務人、擔保提供人等作法，以提升審查品質。

由上可知「客群政策調整」是指與確認客戶身分及強化客戶審查有關，依題幹選項選針對客戶本身風險屬性的識別，而接受與否係指對於選擇該政策是否接受之調整。

28 (B)

依人壽保險業防制洗錢及打擊資恐注意事項範本第4條第13款：

確認客戶身分措施，應依下列規定辦理：

十三、保險公司、辦理簡易人壽保險業務之郵政機構於確認客戶身分時，應運用適當之風險管理機制，確認客戶及其實質受益人、高階管理人員是否為現任或曾任國內外政府或國際組織之重要政治性職務人士：

(一) 客戶或其實質受益人若為現任國外政府之重要政治性職務人士，應將該客戶直接視為高風險客戶，並採取第六條第一項第一款各目之強化確認客戶身分措施。

可知要保人及實質受益人仍需進行查證及認定，則針對被保險人或受益人或保險標的不盡相同情形，仍需另行評估。

29 (C)

依人壽保險業防制洗錢及打擊資恐注意事項範本第6條第4項：

保險公司、辦理簡易人壽保險業務之郵政機構應將人壽保險契約之受益人納為是否執行強化確認客戶身分措施之考量因素。人壽保險契約之保險受益人為法人或信託之受託人，經評估屬較高風險者，應採取強化確認客戶身分措施，包括於給付保險金前，採取合理措施辨識及驗證實質受益人身分。

30 (D)

依保險業評估洗錢及資恐風險及訂定相關防制計畫指引第3點，在推出新產品、新服務或辦理新種業務（包括新支付機制、運用新科技於現有或全新之產品或業務）前，應進行洗錢及資恐風險評估，並建立相應之風險管理措施以降低所辨識之風險，故理應同步考量「產品」與「服務」分別或併同的風險特性，以擔任洗錢及資恐防制的重要角色。

31 (C)

參考台灣金融研訓院出版《防制洗錢與打擊資恐實務與案例》第一章第2節內容，提及所謂電匯（Wire Transfer）是指個人或團體，透過一個金融機構，以電子傳輸方式，將資金移轉到另一個金融機構的個人或團體。屬於非面對面的服務，可能是國內交易，也可能是國際交易。雖因其透過電子傳輸，會產生電子交易紀錄，而可用來追蹤個別交易，但仍是洗錢者快速且大量移轉資金的有效工具。
來源：台灣金融研訓院編輯委員會，防制洗錢與打擊資恐實務與案例，財團法人台灣金融研訓院，2018年，第2版，頁5。

32 (C)

參考台灣金融研訓院出版《防制洗錢與打擊資恐實務與案例》第一章內容，於三、資恐交易的特點一節中提到：
「…打擊資恐要特別注意以下幾個容易令人困惑的特點：
(一) 資恐交易的金額並無固定規則，可大可小；
(二) 資恐交易的匯款人不一定是罪犯或犯罪組織，許多是有正當職業與合法收入的個人或法人團體；
(三) 資恐交易的受款人不一定是罪犯或犯罪組織，而可能是普通上班族或合法登記的法人團體；
(四) 匯款人與受款人所在國家不一定是高敏感國家、高風險國家或被制裁國家。…」
來源：台灣金融研訓院編輯委員會，防制洗錢與打擊資恐實務與案例，財團法人台灣金融研訓院，2018年，第2版，頁8。

33 (D)

所謂洗錢防制工作上的「守門員」（Gatekeepers），指洗錢防制法第5條所稱金融機構及指定之非金融事業或人員。該類成員因其等具專業知識與技術，而有洗錢者或犯罪組織欲利用進行洗錢諮詢，甚至設計及執行洗錢計畫，是以條文包括從事地政士及不動產經紀業從事與不動產買賣交易有關之行為者，是以買賣房地產時代替客戶收付款項仍有被洗錢者用來協助洗錢之風險。

34 (D)

依中華民國銀行公會銀行防制洗錢及打擊資恐注意事項範本附錄：

產品/服務-存提匯款類第10款：

客戶每筆存、提金額相當且相距時間不久，並達特定金額以上者。

※此既屬疑似洗錢或資恐交易態樣，則僅有利用單一帳戶進行大額交易之情狀，尚非可認與操縱股價並利用帳戶移轉資金之洗錢手法有關。

35 (D)

依洗錢防制物品出入境申報及通報辦法第2條：

1 本辦法所稱有價證券，指無記名之旅行支票、其他支票、本票、匯票或得由持有人在本國或外國行使權利之其他有價證券。

2 本辦法所稱有被利用進行洗錢之虞之物品，指超越自用目的之鑽石、寶石及白金。

另同辦法第3條第1項：

旅客或隨交通工具服務之人員出入境，同一人於同日單一航（班）次攜帶下列物品，應依第四條規定向海關申報；海關受理申報後，應依第五條規定向法務部調查局通報：

一、 總價值逾等值一萬美元之外幣、香港或澳門發行之貨幣現鈔。

二、 總價值逾新臺幣十萬元之新臺幣現鈔。

三、 總面額逾等值一萬美元之有價證券。

四、 總價值逾等值二萬美元之黃金。

五、 總價值逾等值新臺幣五十萬元，且有被利用進行洗錢之虞之物品。

由上可知，關於有被利用進行洗錢之虞的物品，除美元外幣、旅行支票（有價證券）、鑽石、寶石及白金等，皆屬之。

36 (C)

依證券交易法第155條第1項：

對於在證券交易所上市之有價證券，不得有下列各款之行為：

一、 在集中交易市場委託買賣或申報買賣，業經成交而不履行交割，足以影響市場秩序。

二、 （刪除）

三、 意圖抬高或壓低集中交易市場某種有價證券之交易價格，與他人通謀，以約定價格於自己出售，或購買有價證券時，使約定人同時為購買或出售之相對行為。

四、 意圖抬高或壓低集中交易市場某種有價證券之交易價格，自行或以他人名義，對該有價證券，連續以高價買入或以低價賣出，而有影響市場價格或市場秩序之虞。

五、 意圖造成集中交易市場某種有價證券交易活絡之表象，自行或以他人名義，連續委託買賣或申報買賣而相對成交。

六、 意圖影響集中交易市場有價證
　　 券交易價格，而散布流言或不
　　 實資料。

七、 直接或間接從事其他影響集中
　　 交易市場有價證券交易價格之
　　 操縱行為。

則依該條文列舉之行為態樣，以分散
資金、密集且集中式的買賣特定公司
股票行為會造成意圖抬高或壓低有價
證券交易價格，該手法應判斷為操縱
股價。

37 (B)

依人壽保險業防制洗錢及打擊資恐注
意事項範本附錄疑似洗錢或資恐交易
態樣：

一、 交易前-客戶異常行為類：

(二) 客戶購買保險商品時，對於保障
　　 內容或給付項目完全不關心，抑
　　 或對於具高保單價值準備金或具
　　 高現金價值或躉繳保費之保險商
　　 品，僅關注保單借款、解約或變
　　 更受益人等程序。

38 (D)

(A)依中華民國證券商業同業公會證
券商防制洗錢及打擊資恐注意事項範
本附錄疑似洗錢、資恐或武擴交易態
樣：

二、 交易類：

2.全權委託投資：

(5)透過數個非本人分散委託投資達
　 特定金額以上者。

(B)參考中華民國證券商業同業公會
證券商防制洗錢及打擊資恐注意事項
範本附錄中，有關交易類第6項和第9
項，交易帳戶連續大額以高價只買進
不（或少量）賣出、以低價只賣出不
（或少量）買進，或將股票維持在一
定價位，以及無正當理由短期內連續
大量買賣特定股票者，皆被列為疑似
洗錢、資恐或武擴交易態樣，故進行
特定股票交易，相對買賣或操縱股價
自屬之。

(C)參考法務部調查局105年出版經濟
犯罪防制工作年報，已有提及先將資
金匯至國外，再以外資身分在國內證
券市場買賣股票，藉以拉抬特定股票
價格或達成其他目的者，即屬會引發
經濟犯罪問題之假外資行為；另透過
連續大量買賣特定股票，依前述提已
屬疑似洗錢、資恐或武擴交易態樣。

39 (A)

依銀行評估洗錢及資恐風險及訂定相
關防制計畫指引第8點第6項：

銀行應於完成或更新風險評估報告
時，將風險評估報告送金管會備查。

40 (B)

依銀行評估洗錢及資恐風險及訂定相
關防制計畫指引第4點：

1 銀行應建立不同之客戶風險等級
　 與分級規則。

2 就客戶之風險等級，至少應有兩級
　 （含）以上之風險級數，即「高風
　 險」與「一般風險」兩種風險等

級，作為加強客戶審查措施及持續監控機制執行強度之依據。若僅採行兩級風險級數之銀行，因「一般風險」等級仍高於本指引第五點與第七點所指之「低風險」等級，故不得對「一般風險」等級之客戶採取簡化措施。

3 銀行不得向客戶或與執行防制洗錢或打擊資恐義務無關者，透露客戶之風險等級資訊。

41 (A)

依銀行評估洗錢及資助恐怖主義風險及訂定相關防制計畫指引第6點第3項：

雖然銀行在建立業務關係時已對客戶進行風險評估，但就某些客戶而言，必須待客戶透過帳戶進行交易，其全面風險狀況才會變得明確，爰此，銀行應依重要性及風險程度，對現有客戶身分資料進行審查，並於考量前次執行審查之時點及所獲得資料之適足性後，在適當時機對已存在之往來關係進行審查及適時調整風險等級。上開適當時機至少應包括：

(一) 客戶加開帳戶或新增業務往來關係時。

(二) 依據客戶之重要性及風險程度所定之定期客戶審查時點。

(三) 得知客戶身分與背景資訊有重大變動時。

(四) 經申報疑似洗錢或資恐交易等，可能導致客戶風險狀況發生實質性變化的事件發生時。

42 (B)

依銀行評估洗錢及資恐風險及訂定相關防制計畫指引第2點第2項：

風險基礎方法（risk-based approach）旨在協助發展與洗錢及資恐風險相當之防制與抵減措施，以利銀行決定其防制洗錢及打擊資恐資源之配置、建置其內部控制制度、以及訂定和執行防制洗錢及打擊資恐計畫應有之政策、程序及控管措施。而與確認客戶身分無關。

43 (D)

依金融機構防制洗錢辦法第7條前段：

金融機構確認客戶身分作業應自行辦理，如法令或本會另有規定金融機構得依賴第三方執行辨識及驗證客戶本人身分、代理人身分、實質受益人身分或業務關係之目的及性質時，該依賴第三方之金融機構仍應負確認客戶身分之最終責任…。

44 (B)

依金融機構防制洗錢辦法第3條第9款：

金融機構確認客戶身分措施，應依下列規定辦理：

九、 金融機構完成確認客戶身分措施前，不得與該客戶建立業務關係或進行臨時性交易。但符合下列各目情形者，得先取得辨識客戶及實質受益人身分之資料，並於建立業務關係後，再完成驗證：

(一) 洗錢及資恐風險受到有效管理。包括應針對客戶可能利用交易完成後才驗證身分之情形，採取風險管控措施。

(二) 為避免對客戶業務之正常運作造成干擾所必須。

(三) 會在合理可行之情形下儘速完成客戶及實質受益人之身分驗證。如未能在合理可行之時限內完成客戶及實質受益人之身分驗證，須終止該業務關係，並應事先告知客戶。

45 (C)

依金融機構防制洗錢辦法第8條：

金融機構對客戶及交易有關對象之姓名及名稱檢核，應依下列規定辦理：

一、 金融機構應依據風險基礎方法，建立客戶及交易有關對象之姓名及名稱檢核政策及程序，以偵測、比對、篩檢客戶、客戶之高階管理人員、實質受益人或交易有關對象是否為資恐防制法指定制裁之個人、法人或團體，以及外國政府或國際組織認定或追查之恐怖分子或團體。

二、 金融機構之客戶及交易有關對象之姓名及名稱檢核政策及程序，至少應包括比對與篩檢邏輯、檢核作業之執行程序，以及檢視標準，並將其書面化。

三、 金融機構執行姓名及名稱檢核情形應予記錄，並依第十二條規定之期限進行保存。

46 (D)

依銀行防制洗錢及打擊資恐注意事項範本附錄疑似洗錢或資恐交易態樣：

四、 產品/服務—貿易金融類：

(二) 產品和服務之定價，或於發票中所申報的價值，明顯與該商品的市場公平價值不符（低估或高估）。

47 (C)

依中華民國銀行公會銀行防制洗錢及打擊資恐注意事項範本附錄疑似洗錢或資恐交易態樣第11點：

跨境交易類：

(一) 客戶經常匯款至國外達特定金額以上者。

(二) 客戶經常由國外匯入大筆金額且立即提領現金達特定金額以上者。

(三) 客戶經常自國外收到達特定金額以上款項後，立即再將該筆款項匯回同一個國家或地區的另一個人，或匯至匯款方在另一個國家或地區的帳戶者。

(四) 客戶頻繁而大量將款項從高避稅風險或高金融保密的國家或地區，匯入或匯出者。

故「甲、小美經常匯款到國外達數十萬美金」和「丙、王董經常從高避稅風險國家匯回款項達數十萬美金」，二者符合跨境交易類之疑似洗錢態樣，銀行應進一步進行調查。

48 (B)

甲、參考法務部調查局洗錢防制處有關「重要政治性職務之人與其家庭成員及有密切關係之人範圍認定標準」問答集，內有提及FATF為了和聯合國反貪腐公約（UNCAC）第52條之規範一致，對於「重要政治性職務之人」強制規範擴及「國內」與「國際組織」，是以其政治性職務人士定義範圍與聯合國反貪腐協議相同。

乙、法務部依洗錢防制法第7條第4項授權，訂有重要政治性職務之人與其家庭成員及有密切關係之人範圍認定標準，重要政治性職務人士的範圍明顯不僅限於重要公眾職務及重要政治性職務人士本身。

丙、根據銀行業及其他經金融監督管理委員會指定之金融機構防制洗錢及打擊資恐內部控制與稽核制度實施辦法第6條規定，防制洗錢及打擊資恐計畫應包括持續性員工訓練計畫。

丁、商業資料庫可以用來協助判斷客戶是否擔任重要政治性職務人士，但不可以用來取代傳統的客戶審查流程。

49 (A)

依銀行評估洗錢及資恐風險及訂定相關防制計畫指引第3點第2項第2款第2目第2小目：

具體的風險評估項目應至少包括地域、客戶、產品及服務、交易或支付管道等面向，並應進一步分析各風險項目，以訂定細部的風險因素。

(二) 客戶風險：

2.於識別個別客戶風險並決定其風險等級時，銀行得依據以下風險因素為評估依據：

(2) 客戶職業與行業之洗錢風險：依據銀行所定義之各職業與行業的洗錢風險，決定客戶職業與行業的風險評分。高風險行業如從事密集性現金交易業務、或屬易被運用於持有個人資產之公司或信託等。

50 (C)

依中華民國證券投資信託暨顧問商業同業公會證券投資信託事業證券投資顧問事業防制洗錢及打擊資恐注意事項範本第2條第2項：

前項第一款洗錢及資恐風險之辨識、評估及管理，應至少涵蓋客戶、地域、產品及服務、交易或支付管道等面向，並依下列規定辦理：

一、製作風險評估報告。

二、考量所有風險因素，以決定整體風險等級，及降低風險之適當措施。

三、訂定更新風險評估報告之機制（包括但不限於更新頻率），以確保風險資料之更新。

四、於完成或更新風險評估報告時，將風險評估報告送金融監

督管理委員會（以下簡稱金管
會）備查。
另同條第5項前段：
本公司應確保國外分公司（或子公
司），在符合當地法令情形下，實施
與總公司（或母公司）一致之防制洗
錢及打擊資恐措施。

51 (C)

依中華民國證券投資信託暨顧問商業
同業公會證券投資信託事業證券投資
顧問事業防制洗錢及打擊資恐注意事
項範本第9條第1項第6款：
本公司對帳戶及交易之持續監控，應
依下列規定辦理：
六、 本公司發現或有合理理由懷疑
　　　客戶、客戶之資金、資產或其
　　　欲/已進行之交易與洗錢或資恐
　　　等有關者，不論金額或價值大
　　　小或交易完成與否，均應對客
　　　戶身分進一步審查。

52 (D)

依金融機構防制洗錢辦法第3條第7款
第3目：
金融機構確認客戶身分措施，應依下
列規定辦理：
七、 第四款第三目規定於客戶為法
　　　人、團體或信託之受託人時，
　　　應暸解客戶或信託之所有權及
　　　控制權結構，並透過下列資
　　　訊，辨識客戶之實質受益人，
　　　及採取合理措施驗證：

(三) 客戶或具控制權者為下列身分
　　者，除有第六條第一項第三款但
　　書情形或已發行無記名股票情形
　　者外，不適用第四款第三目辨識
　　及驗證實質受益人身分之規定。
1.我國政府機關。
2.我國公營事業機構。
3.外國政府機關。
4.我國公開發行公司或其子公司。
5.於國外掛牌並依掛牌所在地規定，
　應揭露其主要股東之股票上市、上
　櫃公司及其子公司。
6.受我國監理之金融機構及其管理之
　投資工具。
7.設立於我國境外，且所受監理規
　範與防制洗錢金融行動工作組織
　（FATF）所定防制洗錢及打擊資
　恐標準一致之金融機構，及該金融
　機構管理之投資工具。
8.我國政府機關管理之基金。
9.員工持股信託、員工福利儲蓄信託。

53 (B)

依金融機構防制洗錢辦法105年的立
法說明：
參考本注意事項第九點第二款至第六
款及美國紐約州金融署PART五○四
「防制洗錢之交易監控與篩選程序最
終規範」，訂定第二款至第五款有關
帳戶及交易持續監控之相關規範。另
第五款後段並參考FATF第十六項建
議之評鑑準則第十七點(A)，增訂對
電子支付帳戶間款項移轉，金融機構
監控時應將收受兩端之所有資訊均納

入考量，以判定是否申報疑似洗錢或資恐交易。

54 (A)

依保險業評估洗錢及資恐風險及訂定相關防制計畫指引第3點第2項第3款第3目：

具體的風險評估項目應至少包括地域、客戶、產品及服務、交易或通路等面向，並應進一步分析各風險項目，以訂定細部的風險因素。

(三) 具有保單價值準備金或現金價值之產品及與金錢有關之服務、交易或通路風險：

3.個別產品與服務、交易或通路之風險因素舉例如下：

(1) 與現金之關聯程度。

(2) 建立業務關係或交易之管道，包括是否為面對面交易、電子商務、透過國際保險業務分公司交易等新型態交易管道等。

(3) 是否為高額保費或高保單現金價值。

(4) 收到款項來自於未知或無關係之第三者。

55 (C)

依金融機構防制洗錢辦法第3條第7款第1目：

金融機構確認客戶身分措施，應依下列規定辦理：

七、 第四款第三目規定於客戶為法人、團體或信託之受託人時，

應瞭解客戶或信託之所有權及控制權結構，並透過下列資訊，辨識客戶之實質受益人，及採取合理措施驗證：

(一) 客戶為法人、團體時：

1.具控制權之最終自然人身分。所稱具控制權係指直接、間接持有該法人股份或資本超過百分之二十五者，金融機構得請客戶提供股東名冊或其他文件協助完成辨識。

2.依前小目規定未發現具控制權之自然人，或對具控制權自然人是否為實質受益人有所懷疑時，應辨識有無透過其他方式對客戶行使控制權之自然人。

3.依前二小目規定均未發現具控制權之自然人時，金融機構應辨識高階管理人員之身分。

※客戶審查目的，不僅有在查證直接持股逾股份或資本25%之自然人。

56 (B)

依人壽保險業防制洗錢及打擊資恐注意事項範本第3條第5款：

本範本用詞定義如下：

五、 實質受益人：指對客戶具最終所有權或控制權之自然人，或由他人代理交易之自然人本人，包括對法人或法律協議具最終有效控制權之自然人。

又依保險業防制洗錢及打擊資恐最佳實務指引（主題：辨識及驗證法人之實質受益人）：

二、實務參考作法：

(六) 以未成年人為要保人或被保險人
　　 之法定代理人身分確認：若自然
　　 人之要保人或被保險人為未成年
　　 人，並由法定代理人簽名時，保
　　 險公司將其視為得實際控制保單
　　 價值者，而為保單價值之實際持
　　 有人（Policyowner）。

57 (D)

依FATF「防制洗錢/打擊資恐相關數
據及統計資料」（行政院洗錢防制
辦公室2017年10月印製有翻譯版）
第69點：

結構性元素：政治穩定性；解決防
制洗錢／打擊資恐問題的強烈承
諾；穩定且可靠、誠信而透明的機
構；法治；有能力、獨立且有效的
司法體系。

58 (B)

依行政院法務部有關重要政治性職務
之人與其家庭成員及有密切關係之人
範圍認定標準問答集：

判斷是不是「重要政治性職務之人」
的重點還是在客戶盡職調查程序，包
括員工的訓練與充分的資訊，其中最
寶貴的判斷資訊，就是客戶本人，因
此應善用對於客戶本人之了解方式，
而非單純仰賴第三資源。

此外，最重要的是要確保客戶資訊即
時更新、員工受定期訓練，以及網路
及電子媒體資源之使用，例如財產申
報系統也是重要資源，或也可以由客

戶自行聲明（但客戶聲明不免除金融
機構之責任）以及集團內資訊分享來
取得相關資訊。

至於商業資料庫之使用並非國際規範
的強制要求，且使用資料庫本身也無
法完全取代客戶盡職調查程序，畢竟
商業資料庫也有其限制。

59 (C)

依法務部調查局疑似洗錢或資恐交易
態樣簡稱對照表代碼A1D：

客戶結購或結售達特定金額以上外匯
或其他無記名工具者，即屬疑似洗錢
或資恐交易表徵，是以使用無記名票
據支付款項，既為重要政治性職務人
士在業務關係或交易之洗錢及資恐警
示表徵，反之則否。

60 (A)

依FATF評鑑方法論「防制洗錢金融
行動工作組織」之技術遵循及防制洗
錢/打擊資恐之效能評鑑（行政院洗
錢防制辦公室2017年10月印製翻譯
版）：

(B)介紹第11點：

評鑑員應考量上揭背景因素，包括：
風險、重要性、結構性因素，及其
他背景因素，以對該國防制洗錢／打
擊資恐系統運作現況有一般性地瞭
解。上揭因素會影響評鑑員思考哪
些議題具重要性及高度風險性，繼而
協助評鑑員於相互評鑑時，判定何
者為應著重之處。有些特別重要背
景因素，在本評鑑方法論的效能評

鑑部分之各「直接成果（immediate outcomes）」項下明確記載。評鑑員於考量該等風險及背景因素，可能影響該國的評鑑，對所使用之資訊應持謹慎態度，尤其是會嚴重影響結論的資訊。評鑑員應將該國的觀點納入考量，但應以批判的態度檢視，並參考其他可靠的資訊（如：來自國際機構或主要政府機關出版品），最好是利用多重資訊來源。依據這些要件，評鑑員對於該國防制洗錢／打擊資恐系統運作狀況做出自己的判斷，並在評鑑報告中提出明確的分析。

(C)介紹第8點：

評鑑員亦應考慮一些重要性議題，如：金融行業及「指定之非金融事業或人員（DNFBPs）」間差異性及重要性；金融業的規模、綜合性及結構；不同金融產品或金融機構的相對重要性；國內或跨境商業總值；以現金往來為主的經濟活動規模；以及未受規範行業及／或地下經濟規模的估計等。評鑑員亦應瞭解該國人口數、國家發展程度、地理因素及貿易或文化的關連。評鑑員評鑑技術遵循及效能時，應考量不同行業及議題的相對重要性。在判定技術遵循評等時，應就該國最重要及相對重要的議題給予較高權重，並在評鑑效能時對最重要的領域更加注意，詳如後述。

(D)介紹第6點：

洗錢／資恐風險對於「第1項建議」及其他以風險為基礎「建議」之技術遵循評鑑及效能評鑑，具有重要的關聯性。在評鑑最初階段及全部過程，評鑑員應考量該國洗錢／資恐風險因子的本質與程度，包括：該國涉及犯罪所得之犯罪類型及嚴重程度、恐怖組織活動及籌資情形、犯罪資產及非法資產跨境流動曝險程度。

61 (B)(D)

依資恐防制法第8條第1項前段：

明知他人有實行下列犯罪之一以引起人員死亡或重傷，而達恐嚇公眾或脅迫政府、外國政府、機構或國際組織之目的之具體計畫或活動，直接或間接為其收集或提供財物或財產上利益者，處一年以上七年以下有期徒刑，得併科新臺幣一千萬元以下罰金…。

又依資恐防制法第9條第1項前段：

明知為下列個人、法人或團體，而仍直接或間接為其收集或提供財物或財產上利益者，處六月以上五年以下有期徒刑，得併科新臺幣五百萬元以下罰金…。

故可知資恐應予罪刑化範圍為資助恐怖活動及制裁對象。

62 (A)(D)

依洗錢防制法第4條：

1　本法所稱特定犯罪所得，指犯第三條所列之特定犯罪而取得或變得之財物或財產上利益及其孳息。

2　前項特定犯罪所得之認定，不以其所犯特定犯罪經有罪判決為必要。

63 (B)(C)

依重要政治性職務之人與其家庭成員及有密切關係之人範圍認定標準第4條：

1 本法第七條第三項所稱國際組織重要政治性職務之人，指在國際組織擔任正、副主管及董事或其他相類似職務之高階管理人員。

2 前項國際組織，指下列依條約、協定或相類之國際書面協定所成立之組織：

一、聯合國及其附隨國際組織。

二、區域性國際組織。

三、軍事國際組織。

四、國際經濟組織。

五、其他文化、科學、體育等領域具重要性之國際組織。

64 (A)(C)(D)

依洗錢防制法第11條第2項：

前項所稱洗錢或資恐高風險國家或地區，指下列之一者：

一、經國際防制洗錢組織公告防制洗錢及打擊資恐有嚴重缺失之國家或地區。

二、經國際防制洗錢組織公告未遵循或未充分遵循國際防制洗錢組織建議之國家或地區。

三、其他有具體事證認有洗錢及資恐高風險之國家或地區。

65 (A)(C)(D)

FATF四十項建議第1項建議：

Assessing risks & applying a risk-based approach.

以風險基礎方法（Risk-Based Approach, RBA）評估風險：

風險評估及風險基礎方法之應用，各國應分辨、評估並瞭解國內的洗錢與資恐風險。

原文：「1. The risk-based approach (RBA) is an effective way to combat money laundering and terrorist financing. In determining how the RBA should be implemented in a sector, countries should consider the capacity and anti-money laundering/countering the financing of terrorism (AML/CFT) experience of the relevant sector.」

對於防制洗錢及打擊資恐機制之資源有效分配與有效執行FATF四十項建議而言，風險基礎方法是應執行且必要的，並非作為選項。

66 (B)(C)(D)

依銀行防制洗錢及打擊資恐注意事項範本第4條第6款第5目：

六、第三款規定於客戶為法人、團體或信託之受託人時，應瞭解客戶或信託（包括類似信託之法律協議）之業務性質，並至少取得客戶或信託之下列資訊，辨識及驗證客戶身分：

(五) 法人、團體或信託之受託人註冊登記之辦公室地址，及其主要之營業處所地址。

67 (A)(C)(D)

依銀行評估洗錢及資恐風險及訂定相關防制計畫指引第8點第2、3項：

2 銀行應依據下列指標，建立定期且全面性之洗錢及資恐風險評估作業：
(一) 業務之性質、規模、多元性及複雜度。
(二) 目標市場。
(三) 銀行交易數量與規模：考量銀行一般交易活動與其客戶之特性等。
(四) 高風險相關之管理數據與報告：如高風險客戶之數目與比例；高風險產品、服務或交易之金額、數量或比例；客戶之國籍、註冊地或營業地、或交易涉及高風險地域之金額或比例等。
(五) 業務與產品，包含提供業務與產品予客戶之管道及方式、執行客戶審查措施之方式，如資訊系統使用的程度以及是否委託第三人執行審查等。
(六) 內部稽核與監理機關之檢查結果。
3 銀行於進行前項之全面性洗錢及資恐風險評估作業時，除考量上開指標外，建議輔以其他內部與外部來源取得之資訊，如：
(一) 銀行內部管理階層（如事業單位主管、客戶關係經理等）所提供的管理報告。
(二) 國際防制洗錢組織與他國所發布之防制洗錢及打擊資恐相關報告。
(三) 主管機關發布之洗錢及資恐風險資訊。

68 (A)(D)

依存款帳戶及其疑似不法或顯屬異常交易管理辦法第5條：
存款帳戶依前條之分類標準認定為疑似不法或顯屬異常交易者，銀行應採取下列處理措施：
一、第一類：
(一) 存款帳戶如屬偽冒開戶者，應即通知司法警察機關、法務部調查局洗錢防制處及財團法人金融聯合徵信中心，銀行並應即結清該帳戶，其剩餘款項則俟依法可領取者申請給付時處理。
(二) 存款帳戶經通報為警示帳戶者，應即通知財團法人金融聯合徵信中心，並暫停該帳戶全部交易功能，匯入款項逐以退匯方式退回匯款行。
(三) 存款帳戶屬衍生管制帳戶者，應即暫停該帳戶使用提款卡、語音轉帳、網路轉帳及其他電子支付功能，匯入款項逐以退匯方式退回匯款行。
(四) 依其他法令規定之處理措施。
二、第二類：
(一) 對該等帳戶進行查證及持續進行監控，如經查證有不法情事者，除通知司法警察機關外，並得採行前款之部分或全部措施。
(二) 依洗錢防制法等相關法令規定之處理措施。
另依同辦法第6條：
銀行除依前條所列措施辦理外，並應於內部採取下列措施：

一、循內部程序通報所屬總行或總
　　管理機構之專責單位。
二、將已採行及擬採行之處理措施
　　一併陳報總行或總管理機構之
　　專責單位。
三、於銀行內部資訊系統中加以註
　　記，提醒各分支機構加強防範。

69 (B)(C)(D)

依中華民國證券投資信託暨顧問商業
同業公會證券投資信託事業證券投資
顧問事業防制洗錢及打擊資恐注意事
項範本第2條第1項：
本公司依「證券期貨業及其他經金融
監督管理委員會指定之金融機構防制
洗錢及打擊資恐內部控制與稽核制度
實施辦法」第四條規定建立防制洗錢
及打擊資恐之內部控制制度，應經董
事會通過；修正時，亦同。其內容並
應包括下列事項：
一、依據「證券投資信託事業證券
　　投資顧問事業評估洗錢及資
　　恐風險及訂定相關防制計畫指
　　引」（以下簡稱本指引）（附
　　件），訂定對洗錢及資恐風險
　　進行辨識、評估、管理之相關
　　政策及程序。
二、依該指引與風險評估結果及業
　　務規模，訂定防制洗錢及打擊
　　資恐計畫，以管理及降低已辨
　　識出之風險，並對其中之較高
　　風險，採取強化控管措施。
三、監督控管防制洗錢及打擊資恐
　　法令遵循及防制洗錢與打擊資

恐計畫執行之標準作業程序，
並納入自行評估及內部稽核項
目，且於必要時予以強化。

70 (A)(B)

依保險業評估洗錢及資恐風險及訂定
相關防制計畫指引第3點第2項第3款
第3目：
具體的風險評估項目應至少包括地
域、客戶、產品及服務、交易或通路
等面向，並應進一步分析各風險項
目，以訂定細部的風險因素。
(三) 具有保單價值準備金或現金價值
　　之產品及與金錢有關之服務、交
　　易或通路風險：
3.個別產品與服務、交易或通路之風
　險因素舉例如下：
(1) 與現金之關聯程度。
(2) 建立業務關係或交易之管道，包
　　括是否為面對面交易、電子商
　　務、透過國際保險業務分公司交
　　易等新型態交易管道等。
(3) 是否為高額保費或高保單現金
　　價值。
(4) 收到款項來自於未知或無關係之
　　第三者。

71 (A)(B)(D)

參考台灣金融研訓院《防制洗錢與打
擊資恐實務與案例》一書第一章第六
節「守門員」：
雖然專業人士被要求必須陳報可疑
交易，但是實際上各國收到的報告
數量極少。防制洗錢專家分析可能
的原因是：

(一) 專業人士對防制洗錢的認識及風
　　險意識不足。
(二) 專業人士基於傳統觀念，對客戶
　　的隱私嚴加保密。
來源：台灣金融研訓院編輯委員會，
防制洗錢與打擊資恐實務與案例，財
團法人台灣金融研訓院，2018年，第
2版，頁29-31。

72 (A)(B)(C)(D)

參考台灣金融研訓院《防制洗錢與打
擊資恐實務與案例》一書第二章第八
節「公務員、公職人員貪汙瀆職洗錢
相關案例」：
四十八、法官收賄利用親友名義投資
　　　　洗錢案。
四十九、官員違背職務收賄利用親屬
　　　　帳戶藏匿不法所得案。
五十、民意代表參與土地徵收補償金
　　　舞弊利用親友資金借貸洗錢
　　　案。
五十一、公職人員經辦工程收受回扣
　　　　跨國洗錢案。
五十二、里長侵吞獨居里民財產案。
具體手法可從各行業疑似洗錢或資恐
交易態樣觀之。
來源：台灣金融研訓院編輯委員會，
防制洗錢與打擊資恐實務與案例，財
團法人台灣金融研訓院，2018年，第
2版，頁104-110。

73 (A)(C)(D)

依金融機構防制洗錢辦法第3條第7款
第3目：

金融機構確認客戶身分措施，應依下
列規定辦理：
七、第四款第三目規定於客戶為法
　　人、團體或信託之受託人時，
　　應瞭解客戶或信託之所有權及
　　控制權結構，並透過下列資
　　訊，辦識客戶之實質受益人，
　　及採取合理措施驗證：
(三) 客戶或具控制權者為下列身分
　　者，除有第六條第一項第三款但
　　書情形或已發行無記名股票情形
　　者外，不適用第四款第三目辦識
　　及驗證實質受益人身分之規定。
1.我國政府機關。
2.我國公營事業機構。
3.外國政府機關。
4.我國公開發行公司或其子公司。
5.於國外掛牌並依掛牌所在地規定，
　應揭露其主要股東之股票上市、上
　櫃公司及其子公司。
6.受我國監理之金融機構及其管理之
　投資工具。
7.設立於我國境外，且所受監理規
　範與防制洗錢金融行動工作組織
　（FATF）所定防制洗錢及打擊資
　恐標準一致之金融機構，及該金融
　機構管理之投資工具。
8.我國政府機關管理之基金。
9.員工持股信託、員工福利儲蓄信託。

74 (C)(D)

依銀行防制洗錢及打擊資恐注意事項
範本附錄疑似洗錢或資恐交易態樣：

九、 異常交易活動/行為─客戶身分
　　　資訊類：
(三) 辦理國外匯出匯款之匯款人與受
　　款人間無法對雙方關係提出合理
　　解釋者。

75 (A)(D)

依金融機構防制洗錢辦法第9條第4
款：
金融機構對帳戶或交易之持續監控，
應依下列規定辦理：
四、 金融機構之帳戶或交易監控政
　　　策及程序，至少應包括完整之
　　　監控型態、參數設定、金額門
　　　檻、預警案件與監控作業之執
　　　行程序與監控案件之檢視程序
　　　及申報標準，並將其書面化。
※名詞解釋：
監控型態：指針對疑似洗錢或資恐態
樣進行監控。
參數設定：多為「特定金額」與「一
定期間」進行監控之設定。
金額門檻：指足以啟動警示之交易金
額門檻。
預警案件：可疑且有具體疑似洗錢或
資恐之態樣發生之案件。
監控作業：泛指金融機構針對其業管
範圍內進行持續性關注之作業。
故直接影響跳出警示之帳戶與交易數
量，是指參數設定及金額門檻。

76 (B)(D)

依證券商評估洗錢及資恐風險及訂定
相關防制計畫指引第8點第5項：

證券商有重大改變，如發生重大事
件、管理及營運上有重大發展、或有
相關新威脅產生時，應重新進行評估
作業。

77 (B)(D)

證券期貨業及其他經金融監督管理委
員會指定之金融機構防制洗錢及打擊
資恐內部控制與稽核制度實施辦法第
6條第3項：
證券期貨業及其他經金融監督管理委
員會指定之金融機構總經理應督導各
單位審慎評估及檢討防制洗錢及打擊
資恐內部控制制度執行情形，由董事
長、總經理、稽核主管、防制洗錢及
打擊資恐專責主管聯名出具防制洗錢
及打擊資恐之內部控制制度聲明書，
並提報董事會通過，於每會計年度終
了後三個月內將該內部控制制度聲明
書內容揭露於證券期貨業及其他經金
融監督管理委員會指定之金融機構網
站，並於金融監督管理委員會指定網
站辦理公告申報。

78 (A)(B)(D)

依金融機構防制洗錢辦法第5條第1款
第3目：
金融機構確認客戶身分措施，應包括
對客戶身分之持續審查，並依下列規
定辦理：
一、 金融機構應依重要性及風險程
　　　度，對現有客戶身分資料進行
　　　審查，並於考量前次執行審查
　　　之時點及所獲得資料之適足性

後，在適當時機對已存在之往來關係進行審查。上開適當時機至少應包括：

(三) 得知客戶身分與背景資訊有重大變動時。

而制裁名單有異動時、客戶申請批改或保全時、以及低或中風險客戶遭申報疑似洗錢時，皆屬於客戶身分與背景資訊有重大變動時，而應再次審核客戶風險分數與等級。

79 (A)(C)(D)

依保險業評估洗錢及資恐風險及訂定相關防制計畫指引第2點第2項：

風險基礎方法（risk-basedapproach）旨在協助發展與洗錢及資恐風險相當之防制與抵減措施，以利保險業決定其防制洗錢及打擊資恐資源之配置、建置其內部控制制度、以及訂定和執行防制洗錢及打擊資恐計畫應有之政策、程序及控管措施。

80 (A)(B)(C)

依行政院法務部有關重要政治性職務之人與其家庭成員及有密切關係之人範圍認定標準問答集：

判斷是不是「重要政治性職務之人」的重點還是在客戶盡職調查程序，包括員工的訓練與充分的資訊，其中最寶貴的判斷資訊，就是客戶本人，因此應善用對於客戶本人之了解方式，而非單純仰賴第三資源。

此外，最重要的是要確保客戶資訊即時更新、員工受定期訓練，以及網路及電子媒體資源之使用，例如財產申報系統也是重要資源，或也可以由客戶自行聲明（但客戶聲明不免除金融機構之責任）以及集團內資訊分享來取得相關資訊。

至於商業資料庫之使用並非國際規範的強制要求，且使用資料庫本身也無法完全取代客戶盡職調查程序，畢竟商業資料庫也有其限制。

⊙111年／第1次防制洗錢與打擊資恐專業人員測驗

(　　) **1** 有關政府於「防制洗錢」裡所扮演之角色，下列敘述何者錯誤？
(A)為使各機構分享資訊與經驗之內容更為豐富，不必設有權責機關統籌相關事宜　(B)推動政府單位及民間機構認識防制洗錢之重要性 (C)為制定符合實務運作之有效政策，立相關法規時應廣邀執法單位、金融監理、金融機構等共同參與 (D)訂定防制相關法律及規定時，應將協助或進行洗錢視為犯罪行為。

(　　) **2** 防制洗錢金融行動工作組織2012年的40項建議，其中建議20有關陳報可疑交易之規定，下列敘述何者錯誤？　(A)只要案件可疑，不論金額大小，金融機構都應陳報金融情報中心　(B)金融情報中心通常不建議金融機構耗費太多時間與資源，去討論要不要陳報個案 (C)金融機構若懷疑資金為犯罪所得或與資恐有關，皆應依法立即向金融情報中心陳報　(D)為避免浪費司法資源，若僅可疑但不確定與洗錢或資恐有關之案件，金融機構都應避免陳報。

(　　) **3** 有關亞太防制洗錢組織（Asia/Pacific Group on Money Laundering, APG），下列敘述何者錯誤？　(A)1997年成立於泰國曼谷、祕書處設於澳大利亞雪梨，我國為創始成員國之一　(B)「相互評鑑、技術協助與訓練、洗錢及資恐態樣研究、參與制定全球防制洗錢及打擊資恐政策、作為民間機構溝通平台」為APG五大主要功能　(C)APG對於執行防制洗錢金融行動工作組織0項建議，採保留態度　(D)APG亦會積極協助會員國建立全國性協調機制。

(　　) **4** 依據防制洗錢金融行動工作組織（Financial Action Task Force, FATF）所公布之40項建議，其中有關於主管機關之權責相關規範，下列敘述何者錯誤？　(A)金融監理機關應採必要措施，防止罪犯成為金融機構之實質受益人　(B)金融監理機關應即時分析可疑交易報告並分送　(C)金融監理機關應具備適當權限監理，例如執行金融檢查　(D)金融監理機關應提供指引或相關反饋資訊，以利於洗錢防制。

(　　) **5** 洗錢防制基金的主管機關為何？　(A)內政部　(B)金管會　(C)司法院　(D)法務部。

(　　) **6** 甲為A股份有限公司（下稱A公司）股東，當甲持有多少比率以上A公司股份時，會被認定為A公司實質受益人？　(A)10%　(B)15%　(C)20%　(D)25%。

(　　) **7** 有關確認客戶身分，下列敘述何者錯誤？　(A)以可靠、獨立來源之文件為之　(B)由代理人辦理者，應查證代理之事實　(C)使用可靠來源之資料辨識實質受益人　(D)只有在高風險情形才需要瞭解業務關係之目的與性質。

(　　) **8** 對於洗錢高風險國家應為之措施，下列何者錯誤？
(A)金融目的事業主管機關得令金融機構強化相關交易之確認客戶身分措施
(B)金融機構應向法院聲請凍結高風險地區之交易
(C)金融機構得依風險評估決定採取與風險相當且有效之必要防制措施
(D)金融目的事業主管機關得限制或禁止金融機構與洗錢或資恐高風險國家為匯款。

(　　) **9** 洗錢犯罪行為者，其所移轉、變更、掩飾、隱匿、收受、取得、持有、使用之財物或財產上利益，依法應該如何處置？　(A)抵充其賠償金額　(B)沒收之　(C)由其法定繼承人繼受　(D)撥交於犯罪受害人保護基金。

(　　) **10** 有關FATF40項建議要求各國之洗錢犯罪前置特定犯罪應包括之特定犯罪類型，下列敘述何者錯誤？　(A)參與組織犯罪　(B)酒駕與交通肇事逃逸　(C)內線交易及市場操作　(D)恐怖主義行為（含資助恐怖主義）。

（　）　***11*** 金融機構對高風險客戶之確認客戶身分措施及持續審查機制，應採強化措施，至少應包括下列何者？　(A)要求客戶每次交易均需由本人或負責人親自臨櫃辦理　(B)在建立或新增業務往來關係前，應取得高階管理人員同意　(C)要求客戶出具切結書，確保其形式資金及財富來源合法　(D)定期要求客戶出具出入境資料，確認客戶有無進出洗錢或資恐高風險國家或地區。

（　）　***12*** 依資恐防制法規定，有關國內制裁名單指定對象之敘述，下列何者錯誤？　(A)國內制裁名單之指定，以我國人民為限　(B)國內制裁名單之指定，不以在中華民國境內者為限　(C)國內制裁名單之指定，包含團體在內　(D)國內制裁名單之指定，包含法人在內。

（　）　***13*** 下列何者非屬免申報一定金額以上通貨交易？　(A)繳納房屋稅　(B)公益彩券經銷商申購彩券　(C)代收信用卡消費帳款　(D)繳納學費。

（　）　***14*** 下列何者並非洗錢防制法規範之內容？　(A)洗錢行為之定義及處罰　(B)金融機構、指定非金融事業或人員之範圍及防制義務　(C)辦理洗錢防制得設立基金　(D)金融機構相互間得基於洗錢防制目的，分享交換因洗錢防制而搜集或評估客戶及交易洗錢風險之相關資訊。

（　）　***15*** 金融機構在客戶持續審查時，對於高風險客戶應至少多久要檢視一次？　(A)六個月　(B)一年　(C)三年　(D)五年。

（　）　***16*** 銀行業之何者對確保建立及維持適當有效之防制洗錢及打擊資恐內部控制負最終責任？　(A)董事會　(B)股東會　(C)審計委員會　(D)總經理。

（　）　***17*** 依金融機構防制洗錢辦法規定，金融機構辦理幾張以上電子票證之臨時性交易時，應確認客戶身分？　(A)10張　(B)15張　(C)50張　(D)100張。

( ) **18** 依「銀行業及其他經金融監督管理委員會指定之金融機構防制洗錢及打擊資恐內部控制與稽核制度實施辦法」規定，新台幣境內匯款之匯款金融機構，在收到受款金融機構或權責機關請求時，需於幾個營業日內提供匯款人及受款人資訊？ (A)二個營業日 (B)三個營業日 (C)五個營業日 (D)十個營業日。

( ) **19** 重要政治性職務人士為何屬於高風險族群？ (A)知名度高 (B)交易金額往往很高 (C)多委託他人進行銀行交易 (D)對政府的政策或計畫有一定的權力、影響力，如果濫用職權，可能貪汙或受賄。

( ) **20** 有關可能判定某個國家具較高的國家／地理風險之因素，下列敘述何者錯誤？
(A)經防制洗錢金融行動工作組織（FATF）認定為防制洗錢及打擊資恐制度有漏洞的國家或地區
(B)便於建立空殼公司或發行無記名股票的國家或地區
(C)接受國際機構或各國政府制裁、禁運或發出關切聲明的國家或地區
(D)客戶隱私權過度保護的國家或地區，原則上並無礙於有效執行防制洗錢及打擊資恐機制。

( ) **21** 下列何者並非評估個別客戶風險時得考量之因素？ (A)個人客戶的任職機構 (B)建立業務關係之目的 (C)法人客戶的資本額 (D)申請往來之產品或服務。

( ) **22** 證券商如允許客戶未完成身分驗證前即建立業務關係，下列何者為應採取之風險管控措施？
(A)以2個月為限，訂定客戶身分驗證完成期限
(B)限制客戶交易次數及交易類型
(C)防制洗錢及打擊資恐專責主管應定期檢視與該客戶之往來關係
(D)定期向董事會報告客戶身分驗證處理進度。

(　)　**23** 關於證券期貨業防制洗錢及打擊資恐之專責主管之例行報告，下列敘述何者正確？　(A)至少每半年向董事會及監察人（或審計委員會）報告　(B)至少每半年向董事會或監察人（或審計委員會）報告　(C)至少每年向董事會及監察人（或審計委員會）報告　(D)至少每年向董事會或監察人（或審計委員會）報告。

(　)　**24** 經姓名檢核發現為資恐防制法指定制裁之個人、法人或團體，或為外國政府或國際組織認定或追查之恐怖分子或團體時，下列何種處理方式顯有不當？　(A)婉拒開戶　(B)拒絕業務往來關係　(C)申報疑似洗錢或資恐交易　(D)視有無完成交易決定是否申報可疑交易。

(　)　**25** 下列敘述何者正確？
(A)我國洗錢防制相關法規規定，對於客戶風險評級級數至少應有三級
(B)證券期貨業對於客戶風險可以只分為高風險、一般風險
(C)有效的風險評估可透過一次性程序完成，無須持續執行
(D)客戶如果為申請信用交易額度所需，可以向證券期貨商申請知悉自己的風險評級。

(　)　**26** 在保險業之範疇，人壽保險業普遍被認為需要考量的洗錢及資恐風險最全面，係基於下列何項理由？　(A)具有高度的國際保險業務　(B)具有複雜的交易及通路風險　(C)易推出新產品或辦理新種業務　(D)具有高保單價值／現金價值的保險商品。

(　)　**27** 依據公司規模及風險，「保險公司」依法應於總經理、總機構法令遵循單位或風險控管單位下設置獨立之 防制洗錢及打擊資恐專責單位，且該單位不得兼辦防制洗錢及打擊資恐以外之其他業務者。請問前述之「保險公司」，係指下列何者？　(A)本國人身保險公司　(B)本國財產保險公司　(C)外國人身保險公司　(D)國際保險業務分公司（OIU）。

( ) **28** 不法份子欲利用低保價金或無保價金的保險商品（例如健康險）來獲取不法利益，大多會被歸類為哪一類型的行為而為保險業所熟悉並加以控管？ (A)侵害消費者權益 (B)保險詐欺 (C)招攬爭議 (D)告知不實。

( ) **29** 保險業應於人壽保險、投資型保險及年金保險契約給付保險金前，採取何種措施？ A.對於經指定為受益人之自然人、法人或信託之受託人，應取得其姓名或名稱 B.對於依據契約特性或其他方式指定為受益人者，應取得充分資訊，以確認受益人身分 (A)僅A (B)僅B (C)AB皆要 (D)AB皆不用。

( ) **30** 下列何者不是保險業應該採行的風險控管措施？ (A)熟知保險產品可用作洗錢的方式 (B)良好的內部警示與調查機制 (C)透過盡職審查篩選出好客戶，以避免自身成為動機不明客戶利用對象 (D)判定可疑交易背後是否隱藏有犯罪行為。

( ) **31** 電匯是洗錢者快速且大量移轉資金的有效工具，下列何項非屬洗錢者為了躲避監控採取的作法？
(A)將一筆資金透過多人進行多次電匯至多個帳戶，讓金融機構不容易看出資金的來源及去處
(B)找一個可以提供真實身份證明與無不良紀錄的第三者充當匯款人或受款人
(C)透過多家銀行的多個白手套，將非法資金化整為零
(D)將非法資金進行一次性電匯以避免支出多次手續費。

( ) **32** 有關恐怖組織利用非營利組織洗錢的原因，下列敘述何者錯誤？ (A)有些非營利組織設有匿名現金捐款箱，可以不開收據 (B)非營利組織容易獲得民眾信任，可能被恐怖份子利用，作為公開募款管道 (C)非營利組織之間的跨國資金移轉通常會引人注目，有助於資恐資金之募集 (D)各國法令雖有不同，但是通常對非營利組織的成立條件與營運監理要求比較寬鬆。

( ) **33** 律師、會計師等專業人士陳報可疑交易數量極少最可能的主因
為何？　(A)絕不受理有洗錢嫌疑之客戶　(B)重視客戶隱私的保密
(C)律師、會計師無協助洗錢之風險　(D)申報可疑交易會遭到報
復。

( ) **34** 防制洗錢金融行動工作組織（FATF）要求各會員國應舉行相互
評鑑。評鑑員認識受評鑑國風險的第一步參考資訊為何？　(A)國
際新聞報導　(B)該國之國家洗錢及資恐風險評估報告　(C)信用評
等公司所發布之報告　(D)受評鑑國近2年來股匯市之表現。

( ) **35** 各國防制洗錢金融行動工作組織評鑑人員，於評鑑過程中，應
考量該國的洗錢及資恐的本質與各個風險因子的嚴重性，不包括下
列何者？　(A)貪腐程度及反貪措施的強度　(B)犯罪組織的型態及
猖獗程度　(C)恐怖組織活動及募款的普遍性　(D)跨境移轉犯罪不
法資產的嚴重性。

( ) **36** 若重要政治性職務人士涉及高風險產業，金融機構與該位重要
政治性職務人士之業務關係風險將會升高，下列何者不是重要政治
性職務人士主管之高風險產業？　(A)產物保險業　(B)武器貿易及
國防工業　(C)營造及大型公共工程　(D)與政府採購相關之企業。

( ) **37** 依防制洗錢金融行動工作組織重要政治性職務之人的指引，下
列敘述何者錯誤？
(A)「重要政治性職務之人」是指目前或曾經被委任「重要」公眾
　　職務的人士
(B)重要政治性職務之人的「家庭成員」是指血親或姻親
(C)重要政治性職務之人的「有密切關係之人」指與重要政治性職務
　　之人有緊密社交或專業關係的人士
(D)指引文件明確的訂定了「重要」公眾職務範圍，供金融機構及
　　指定之非金融事業或人員統一遵循。

( ) **38** 有關FATF重要政治性職務之人的指引，下列敘述何者錯誤？ A.指引文件具約束力 B.對政治性職務之人士定義範圍與聯合國反貪腐協議相同 C.重要政治性職務之人不包括中低階人員 D.可利用商業資料 庫軟體取代傳統客戶審查流程 (A)僅AB (B)僅AD (C)僅BD (D)僅CD。

( ) **39** 下列何種疑似洗錢或資恐交易態樣，亦常見用於洗錢防制法所指特定犯罪之逃漏稅捐所運用之手法？
(A)客戶結購或結售達特定金額以上外匯、外幣現鈔、旅行支票、外幣匯票或其他無記名金融工具者
(B)產品和服務之定價，或於發票中所申報的價值，明顯於該商品的市場公平價值不符（低估或高估）
(C)與通匯銀行間的現金運送模式有重大改變
(D)數人夥同至銀行辦理存款、提款或匯款等交易。

( ) **40** 下列何者不屬於個別產品與服務、交易或支付管道之風險因素？ (A)與現金之關聯程度 (B)客戶之居住國家 (C)建立業務關係或交易之管道 (D)高金額之金錢或價值移轉業務。

( ) **41** 除法律另有規定外，下列何種法人應辨識其實質受益人？
(A)政府機構 (B)國營事業 (C)員工持股信託 (D)已發行無記名股票之公開發行公司。

( ) **42** 根據「銀行評估洗錢及資恐風險及訂定相關防制計畫指引」，下列敘述何者錯誤？
(A)防制洗錢及打擊資恐內控制度應由總經理核定
(B)內控制度應包含風險辨識、評估、管理
(C)金融機構應該根據風險評估之結果制定風險抵減計畫
(D)風險抵減計畫應以風險基礎方法（RBA），以利資源之配置。

(　) 　**43** 下列何者不是金管會准予備查有關「授信類」之洗錢及資恐交易表徵？
(A)客戶突以達特定金額之款項償還放款而無合理之理由
(B)客戶利用大量現金或使用無關連第三方的資金，作為擔保申請放款
(C)以現金或易於變現之資產所擔保之貸款發生違約，意圖使銀行處分擔保品
(D)負責人提供不動產作擔保，由公司向銀行辦理借款，以供經營週轉使用。

(　) 　**44** 有關通匯往來銀行業務之管理，下列敘述何者錯誤？
(A)是由委託銀行Respondent Bank對通匯銀行Correspondent Bank提供銀行業務服務
(B)其業務涵蓋現金管理、國際電匯、票據清算、外匯服務等
(C)該業務未經通匯銀行自行驗證客戶身分且未獲得客戶的第一手資訊
(D)通匯銀行可能無法獲得實際交易方的資訊來辨識交易是否合理。

(　) 　**45** 依「金融機構防制洗錢辦法」規定，下列哪一類重要政治性職務之人（PEP）應直接視為高風險客戶？　(A)現任國外政府之PEP (B)現任國內政府PEP　(C)現任國際組織之PEP　(D)非現任PEP。

(　) 　**46** 銀行全面性評估洗錢及資恐風險應考慮之指標，不包含下列何者？　(A)業務性質　(B)銀行交易數量與規模　(C)目標市場 (D)銀行內部管理階層。

(　) 　**47** 有關帳戶與交易之持續監控，下列敘述何者錯誤？　(A)金融機構應整合客戶之基本資料及交易資料，以強化交易監控功能　(B)交易監控時應利用資訊系統，輔助發現疑似洗錢交易，但觀察臨櫃交易行為是否異常也很重要　(C)交易監控態樣應納入公會態樣，不可自行增列監控表徵　(D)對於風險等級較低之客戶，可以以合理較寬鬆之金額門檻作為審查交易之基礎。

( ) **48** 有關金融機構防制洗錢及打擊資恐執行實務，下列敘述何者錯誤？ (A)數人夥同至銀行辦理存款、提款或匯款等交易者，為疑似洗錢或資恐交易態樣 (B)執行客戶初次審查時機，包含對過去取得之客戶身分資料之真實性有所懷疑時 (C)疑似洗錢或資恐交易申報標準應書面化 (D)經認定疑似洗錢或資恐交易時，應向金管會辦理疑似洗錢或資恐交易申報。

( ) **49** 在證券商防制洗錢及打擊資恐計畫中，有關國內外交易記錄保存的方式，下列敘述何者錯誤？
(A)原則上以紙本或電子資料來保存
(B)資料保存內容應包括進行交易的各方姓名或帳號、交易日期與貨幣種類及金額
(C)應至少保存3年，但法律另有較長保存期間規定者，從其規定
(D)在依法進行調查中的案件，雖其相關交易紀錄已達保存年限，但在其結案前仍不得予以銷毀。

( ) **50** 客戶為法人、團體或信託之受託人時，有關身分辨識方法之敘述，下列何者錯誤？ (A)應瞭解客戶或信託之業務性質 (B)應取得高階管理人員之姓名及其他必要資訊 (C)客戶已在我國其他金融同業開戶者，得免重覆辨識身分 (D)高階管理人員之範圍依風險基礎方法決定之，無絕對標準。

( ) **51** 下列何者非屬具高洗錢及資恐風險之客戶表徵？ (A)留存地址與分支機構相距過遠而無法提出合理說明 (B)可發行無記名股票之公司 (C)客戶從事密集性現金交易業務 (D)客戶委託代理人下單，代理人身分可辨識。

( ) **52** 「客戶申請往來之產品或服務」，屬於下列何種風險面向之風險因素？ (A)地域風險 (B)客戶風險 (C)產品及服務風險 (D)交易或支付管道風險。

( ) **53** 對於金融機構採取風險基礎方法（Risk-based Approach）的敘述，下列何者錯誤？ (A)真實認知自身於洗錢及資恐上之風險 (B)針對認知的風險導入相對應的資源配置 (C)針對認知的風險採取相對應的風險抵減措施 (D)依循業界已採行最嚴格的風險評估結果辦理。

( ) **54** 保險業業者對於投保過程中已經發現有疑似洗錢及資恐交易疑慮並拒絕承保者，下列敘述何者正確？
(A)既然已經婉拒，則沒有建立業務關係，不須處置
(B)告訴客戶其具有洗錢與資恐交易疑慮，故公司拒絕承保
(C)考慮疑似洗錢及資恐交易的金額後，再決定是否要申報給法務部調查局
(D)不論金額大小，確認客戶有洗錢或資恐交易的疑慮時，即應申報給法務部調查局。

( ) **55** 保險業在下列哪一種時機，無須對客戶進行盡職調查？ (A)要保人投保時 (B)大額保費由境外不知名第三人轉帳繳交 (C)客戶從事與投保時職業不符之工作，卻未主動告知 (D)客戶申請透過信用卡自動扣款繳納定期人壽保險續期保費。

( ) **56** 在保險公司進行客戶審查（核保）時往往也會注意「保險關係」是否合理，在防制洗錢與打擊資恐的領域下，這樣的關注最有助於瞭解哪方面的洗錢風險？
(A)可以理解到客戶洗錢的動機與能力
(B)可以瞭解到客戶是不是曾有過異常的交易行為
(C)可以瞭解到潛在的道德風險，或是可能使用人頭來移轉資產
(D)可以理解到客戶是否有行、職業與年收入上的變化。

( ) **57** 某甲利用證券公司營業員、金主提供人頭戶、法人戶，進行特定股票交易，請問此最有可能涉及下列何種洗錢手法？ (A)操縱股價 (B)掏空資產 (C)不法吸金 (D)美化財報。

( ) **58** 某甲透過A公司轉投資子公司進行內線交易，下列何者非屬其有關疑似洗錢表徵？ (A)利用非本人帳戶分散大額交易 (B)利用公司員工集體開立之帳戶大額且頻繁交易者 (C)存入多筆款項且達特定金額以上，後續並無提領 (D)開戶後立即有達特定金額以上款項匯入，且又迅速移轉者。

( ) **59** 陳先生為國際毒品犯罪組織成員，透過會計師李先生尋找最有利的投資目標與最適當的財務技術，將所得分散多國投資，並取得最佳獲利。此種形式為何種洗錢態樣？ (A)利用守門員協助洗錢 (B)利用保險公司洗清資金 (C)利用重要政治性職務人士漂白不法所得 (D)犯罪組織利用非營利組織取得資金後洗清不法所得。

( ) **60** 有關不法吸金犯罪特徵，不包括下列何者？
(A)大額買進一籃子股票
(B)以定期固定金額高利率為幌，對外向不特定人收受存款
(C)以投資、發行股票招募股東等方式，約定給付顯不相當之紅利、股息或其他報酬為名，對外募集資金
(D)以多層次傳銷方式經營，與會員約定投資期、投資單位金額、紅利與介紹抽佣。

(二)複選題

( ) **61** 有關資恐防制法，下列敘述何者正確？ (A)主管機關為法務部調查局 (B)制裁名單以在中華民國領域內者為限 (C)資恐防制審議會成員包括中央銀行 (D)經指定為制裁名單者，除個人及親屬生活所需外，不得對其金融帳戶提存款。

( ) **62** 依洗錢防制法第5條第3項規定，本法所稱指定之非金融事業或人員，係指從事下列哪些交易之事業或人員？ (A)銀樓業 (B)運輸業 (C)地政士及不動產經紀業從事與不動產買賣交易有關之行為 (D)律師、公證人、會計師為客戶準備或進行買賣不動產等之交易。

452 **Part 3** 最新試題解析

（　）　**63** 對我國產生非常高度威脅之洗錢犯罪類型，包含下列何種類型？
(A)毒品販運　(B)組織犯罪　(C)第三方洗錢　(D)人口販賣。

（　）　**64** 有關客戶審查之進行，實務上應從哪些層面評估其風險高低？
(A)從地理端了解業務關係之建立在地緣關係上之合理性　(B)從時間端了解何時是高風險時間並就開戶者強化審查　(C)從客戶端了解客戶背景，以風險為基礎進行客戶審查程序　(D)從交易端了解交易是否符合可疑表徵，有無異常交易等情形。

（　）　**65** 有關為控管或抵減保險公司所判斷的高洗錢／資恐風險情形所採行之強化措施，下列敘述何者錯誤？　(A)提高客戶審查層級　(B)提高交易監測頻率　(C)屬較高風險之人壽保險契約，於訂定契約時已採行強化客戶審查措施，則於給付保險金前，無需再辨識及驗證實質受益人之身分　(D)以過去保存資料為身分辨識與驗證依據。

（　）　**66** 存款帳戶如經認定為疑似不法或顯屬異常交易者，銀行應採取之處理措施，下列敘述何者正確？　(A)應於銀行內部資訊系統中加以註記，提醒各分支機構加強防範　(B)存款帳戶經通報為警示帳戶者，應即暫停該帳戶使用提款卡、語音轉帳、網路轉帳及其他電子支付功能，匯入款項逐以退匯方式退回匯款行　(C)存款帳戶屬衍生管制帳戶者，應即通知財團法人金融聯合徵信中心，並暫停該帳戶全部交易功能，匯入款項逐以退匯方式退回匯款行　(D)存款帳戶如屬偽冒開戶者，應即通知司法警察機關、法務部調查局洗錢防制處及財團法人金融聯合徵信中心，銀行並應即結清該帳戶，其剩餘款項則俟依法可領取者申請給付時處理。

（　）　**67** 金融機構於推出哪些產品、服務或業務前，應進行產品之洗錢及資恐風險評估，並建立相應之風險管理措施以降低所辨識之風險？　(A)新支付機制　(B)運用新科技於現有之產品　(C)運用新科技於全新之產品　(D)運用新科技於現有之業務。

( ) **68** 一名客戶到銀行辦理開立公司帳戶，下列哪些情況屬於可疑行為？ (A)客戶不斷提出警示帳戶通報相關問題 (B)客戶在開立公司帳戶的同時開立個人理財帳戶 (C)客戶公司地址與分行距離較遠，且無法提出合理解釋 (D)客戶只關心公司戶與個人戶間移轉資金相關問題，但與投資無關。

( ) **69** 有關大額交易之敘述，下列何者正確？ (A)發生一定金額以上之通貨交易時，應確認客戶身分並留存相關紀錄憑證 (B)對於一定金額以上之通貨交易，應於交易完成後十個營業日內向法務部調查局申報 (C)一定金額以上之通貨交易係指新臺幣一百萬元（含等值外幣）以上之單筆現金收或付 (D)如能確認客戶為交易帳戶本人者，可免確認身分，但應於交易紀錄上敘明係本人交易。

( ) **70** 為消弭或抵減洗錢與資恐的風險，保險業應採取下列哪些手段？ (A)強化法令遵循與內稽內控制度 (B)進行可疑交易申報 (C)透過對客戶的盡職調查 (D)運用金融商品交叉行銷。

( ) **71** 有關洗錢及資恐，下列敘述何者正確？ (A)白手套是指可以提供無不良紀錄與真實身份證明的第三人 (B)由第三方間接銷售保單的模式，較傳統直接由聘僱之業務員銷售，管理上更為直接有效 (C)全球銀行代碼系統（SWIFT）的建置，提升支付系統的效率性 (D)保險費由境外匯入也屬於洗錢表徵之一。

( ) **72** 下列何種因素是銀行辨識及評估洗錢及資恐風險時，應考慮的因素？ (A)銀行業務的本質規模商品及服務的多樣性與複雜度 (B)該國地下經濟的規模 (C)該銀行的正常交易筆數及金額 (D)該國人口總數與開發程度。

( ) **73** 下列何者為銀行對於高風險客戶所採取之強化措施？ (A)一律婉拒交易 (B)取得較高管理階層核准 (C)增加客戶審查之頻率 (D)加強客戶審查（EDD）。

( ) **74** 銀行業訂定的具體風險評估項目,至少應包括下列何面向?
(A)地域　(B)客戶　(C)產品及服務　(D)交易或支付管道。

( ) **75** 銀行對於現有客戶在適當時機應對已存在往來關係進行審查及
適時調整風險等級,請問下列哪些情形符合前述「適當時機」?
(A)客戶加開存款帳戶時　(B)得知客戶身分與背景資訊有重大變動
(C)客戶提領存款時　(D)客戶定期審查時。

( ) **76** 依金融機構防制洗錢辦法規定,下列何者符合實質受益人之定
義?　(A)由他人代理交易之法人　(B)對客戶具最終控制權之自然
人　(C)對客戶具最終所有權之自然人　(D)對法人或法律協議具控
制權之母公司。

( ) **77** 下列何者應辨識為重要政治性職務人士?　(A)中華民國海軍上
將　(B)中央研究院副院長　(C)租稅正義聯盟(TJN)執行長　(D)外
國國營企業副總裁。

( ) **78** 保險業在下列哪些時機應該再次審核客戶風險分數與等級?
(A)制裁名單有異動時
(B)客戶申請批改或保全時
(C)客戶住院申請健康險理賠時
(D)低或中風險客戶遭申報疑似洗錢時。

( ) **79** 有關保險業交易監控實務上重點,下列敘述何者正確?　(A)監
控保單質押的金額　(B)監控持有保單的變化　(C)監控客戶行為的
異常　(D)監控可議事件的發生。

( ) **80** 進行客戶是否為重要政治職務人士之風險評估時,應考量下列
哪些風險因子?　(A)客戶之子女人數　(B)客戶能發揮之政治影響
力　(C)客戶擔任政治性職務時的職位重要性　(D)客戶的前職與目
前從事的工作有無任何關聯。

解答與解析

1 (A)

參考《防制洗錢與打擊資恐政策及法令解析》第一章第五節中，三、政府的角色即有介紹：

各國政府在洗錢防制議題上，可以做許多事，扮演著非常重要的角色：…

(四) 指定權責機關負責統籌、協調防　　制洗錢及打擊資恐相關事務。…

來源：防制洗錢與打擊資恐政策及法令解析，財團法人台灣金融研訓院，2018年，第2版，頁16-17。

2 (D)

依FATF 40項建議中第20點（可疑交易報告）：

申報疑似洗錢或資恐交易：

(1) 強烈鼓勵金融機構申報可疑交易　　報告。

(2) 當金融機構懷疑某些資金為犯罪　　所得，或與資恐有關，皆應被要　　求依法陳報。

（原文如下：20. Reporting of suspicious transactions *

If a financial institution suspects or has reasonable grounds to suspect that funds are the proceeds of a criminal activity, or are related to terrorist financing, it should be required, by law, to report promptly its suspicions to the financial intelligence unit (FIU). ）

3 (C)

參考《防制洗錢與打擊資恐政策及法令解析》第二章第四節：

…亞太區有16個國家與地區出席，並支持與同意執行防制洗錢金融行動工作組織的40項建議。

來源：防制洗錢與打擊資恐政策及法令解析，財團法人台灣金融研訓院，2018年，第2版，頁29。

4 (B)

依FATF 40項建議中第30點（執法與調查機關之責任）：

各國應確保有關執法與調查機關，可在國家的洗錢防制與打擊資恐政策架構下，落實進行洗錢和資恐活動之調查；且這些部門單位應主動進行調查，確保主管機關能即時有效識別、追查和採取行動（如凍結或沒收財產），必要時也能進行跨國合作。

（原文如下：30.Responsibilities of law enforcement and investigative authorities *

Countries should ensure that designated law enforcement authorities have responsibility for money laundering and terrorist financing investigations within the framework of national AML/CFT policies. At least in all cases related to major proceeds-generating offences, these designated law enforcement authorities should develop a pro-active parallel financial investigation when pursuing money laundering, associated predicate offences and terrorist financing. This should include cases where the associated predicate offence occurs outside their jurisdictions. Countries should ensure that competent authorities have responsibility for expeditiously identifying, tracing and initiating actions to freeze and seize property that is, or may become, subject to confiscation, or is suspected of being proceeds of crime. Countries should also make use, when necessary, of permanent or temporary multi-disciplinary groups specialised in financial or asset investigations. Countries should ensure that, when necessary, cooperative investigations with appropriate competent authorities in other countries take place.）

※而進行即時分析可疑交易報告並分送的單位是金融情報中心，並非金融監理機關。

5 (D)

依洗錢防制法第20條：
法務部辦理防制洗錢業務，得設置基金。

6 (D)

依金融機構防制洗錢辦法第2條第1項第7款：

本辦法用詞定義如下：

七、實質受益人：指對客戶具最終所有權或控制權之自然人，或由他人代理交易之自然人本人，包括對法人或法律協議具最終有效控制權之自然人。

再依同辦法第3條第7款第1目第1小目：

金融機構確認客戶身分措施，應依下列規定辦理：

七、第四款第三目規定於客戶為法人、團體或信託之受託人時，應瞭解客戶或信託之所有權及控制權結構，並透過下列資訊，辨識客戶之實質受益人，及採取合理措施驗證：

(一)客戶為法人、團體時：

1.具控制權之最終自然人身分。所稱具控制權係指直接、間接持有該法人股份或資本超過百分之二十五者，金融機構得請客戶提供股東名冊或其他文件協助完成辨識。

7 (D)

依金融機構防制洗錢法第3條第4款：
金融機構確認客戶身分措施，應依下列規定辦理：

四、金融機構確認客戶身分應採取下列方式：

(一)以可靠、獨立來源之文件、資料或資訊，辨識及驗證客戶身分，並保存該身分證明文件影本或予以記錄。

(二)對於由代理人辦理者，應確實查證代理之事實，並以可靠、獨立

來源之文件、資料或資訊,辨識及驗證代理人身分,並保存該身分證明文件影本或予以記錄。

(三) 辨識客戶實質受益人,並以合理措施驗證其身分,包括使用可靠來源之資料或資訊。

(四) 確認客戶身分措施,應包括瞭解業務關係之目的與性質,並視情形取得相關資訊。

8 (B)

依洗錢防制法第11條第1項:

為配合防制洗錢及打擊資恐之國際合作,金融目的事業主管機關及指定之非金融事業或人員之中央目的事業主管機關得自行或經法務部調查局通報,對洗錢或資恐高風險國家或地區,為下列措施:

一、 令金融機構、指定之非金融事業或人員強化相關交易之確認客戶身分措施。

二、 限制或禁止金融機構、指定之非金融事業或人員與洗錢或資恐高風險國家或地區為匯款或其他交易。

三、 採取其他與風險相當且有效之必要防制措施。

9 (B)

依洗錢防制法第18條第1項:

犯第十四條之罪,其所移轉、變更、掩飾、隱匿、收受、取得、持有、使用之財物或財產上利益,沒收之;犯第十五條之罪,其所收受、持有、使用之財物或財產上利益,亦同。

10 (B)

依FATF 40項建議中,在通用詞彙一章(GENERAL GLOSSARY)中有對「指定之犯罪行為(Designated categories of offences)」進行說明:指定的犯罪類別是指:■參加組織的犯罪集團和敲詐勒索;■進行恐怖主義,包括資助恐怖主義;■人口販運和偷運移民;■性剝削,包括對兒童的性剝削;■非法販運麻醉藥品和精神藥物;■非法武器販運;■非法販運贓物和其他物品;■貪污和賄賂;■詐欺;■偽造貨幣;■偽造產品和盜版;■環保犯罪;■謀殺,嚴重身體傷害;■綁架,非法拘禁和挾持人質;■搶劫或竊盜;■走私;■稅收犯罪;■勒索;■內幕交易和市場操縱。

(原文如下:

Designated categories of offences means: ■ participation in an organised criminal group and racketeering; ■terrorism, including terrorist financing; ■trafficking in human beings and migrant smuggling; ■sexual exploitation, including sexual exploitation of children; ■illicit trafficking in narcotic drugs and psychotropic substances; ■illicit arms trafficking; ■illicit trafficking in stolen and other goods; ■corruption and bribery; ■fraud; ■counterfeiting currency; ■counterfeiting and piracy of products;■environmental crime;■murder, grievous bodily injury;■kidnapping, illegal restraint and hostage-taking;■robbery or theft;■smuggling;（including in relation to customs and excise duties and taxes）;■tax crimes（related to direct taxes and indirect taxes）;■extortion;■forgery;■piracy; and■insider trading and market manipulation.）

11 **(B)**

依金融機構防制洗錢辦法第6條第1項：

第三條第四款與前條規定之確認客戶身分措施及持續審查機制，應以風險基礎方法決定其執行強度，包括：

一、對於高風險情形，應加強確認客戶身分或持續審查措施，其中至少應額外採取下列強化措施：

(一)在建立或新增業務往來關係前，應取得高階管理人員同意。

(二)應採取合理措施以瞭解客戶財富及資金來源。其中資金來源係指產生該資金之實質來源。

(三)對於業務往來關係應採取強化之持續監督。

二、對於來自洗錢或資恐高風險國家或地區之客戶，應採行與其風險相當之強化措施。

三、對於較低風險情形，得採取簡化措施，該簡化措施應與其較低風險因素相當。但有下列情形者，不得採取簡化確認客戶身分措施：

(一)客戶來自未採取有效防制洗錢或打擊資恐之高風險地區或國家，包括但不限於本會函轉國際防制洗錢組織所公告防制洗錢與打擊資恐有嚴重缺失之國家或地區，及其他未遵循或未充分遵循國際防制洗錢組織建議之國家或地區。

(二)足資懷疑該客戶或交易涉及洗錢或資恐。

12 **(A)**

依資恐防制法第4條：

1　主管機關依法務部調查局提報或依職權，認個人、法人或團體有下列情事之一者，經審議會決議後，得指定為制裁名單，並公告之：

一、涉嫌犯第八條第一項各款所列之罪，以引起不特定人死亡或重傷，而達恐嚇公眾或脅迫政府、外國政府、機構或國際組織目的之行為或計畫。

二、依資恐防制之國際條約或協定要求，或執行國際合作或聯合國相關決議而有必要。

2　前項指定之制裁名單，不以該個人、法人或團體在中華民國領域內者為限。

3　第一項指定制裁個人、法人或團體之除名，應經審議會決議，並公告之。

13 (C)

依金融機構防制洗錢辦法第14條第1項：

金融機構對下列達一定金額以上之通貨交易，免向調查局申報，但仍應確認客戶身分及留存相關紀錄憑證：

一、 存入政府機關、公營事業機構、行使公權力機構（於受託範圍內）、公私立學校、公用事業及政府依法設立之基金所開立帳戶之款項。

二、 金融機構代理公庫業務所生之代收付款項。

三、 金融機構間之交易及資金調度。但金融同業之客戶透過金融同業間之同業存款帳戶所生之應付款項，如兌現同業所開立之支票，同一客戶現金交易達一定金額以上者，仍應依規定辦理。

四、 公益彩券經銷商申購彩券款項。

五、 代收款項交易（不包括存入股款代收專戶之交易、代收信用卡消費帳款之交易），其繳款通知書已明確記載交易對象之姓名、身分證明文件號碼（含代號可追查交易對象之身分者）、交易種類及金額者。但應以繳款通知書副聯作為交易紀錄憑證留存。

14 (D)

參考行政院106年公告洗錢防制新法修正重點：

(一) 提升洗錢犯罪追訴可能性：增訂洗錢擴大沒收、放寬洗錢前置犯罪門檻、擴充洗錢行為定義、增訂特殊洗錢犯罪、洗錢犯罪不以前置犯罪經有罪判決為必要等，未來提供人頭帳戶或擔任車手均可能構成洗錢罪，可處6個月以上有期徒刑。

(二) 建立透明化金流軌跡：繼金融機構、銀樓業之後，將不動產經紀業、地政士、律師、會計師和公證人等指定之非金融事業或人員納入防制體系，全面要求確認客戶身分、留存交易紀錄、通報大額或可疑交易，同時加強對重要政治性職務人士之審查、強化邊境金流管制等，如旅客出入境可攜帶限額為現鈔新台幣10萬元、人民幣2萬元、外幣、香港或澳門發行之貨幣等值1萬美元，有價證券總面額等值1萬美元，黃金價值2萬美元，超越自用目的之鑽石、寶石、白金總價值新台幣50萬元。超逾限額未申報或申報不實者，將沒入或處以罰鍰；以貨物運送、快遞、郵寄等方式運送者亦同。

(三) 增強我國洗錢防制體制：強化洗錢防制規範對象之內部管制程序與教育訓練、設置洗錢防制基金等。

(四) 強化國際合作：如明定《洗錢防制法》與《資恐防制法》之反制措施法源、沒收洗錢犯罪所得之

分享與返還、強化我國與外國政府、機構或國際組織之洗錢防制合作等。
來源：行政院，洗錢防制新制上路，https://www.ey.gov.tw/Page/5A8A0CB5B41DA11E/c935e972-67f5-4625-80b6-0e775a846cad，最後瀏覽日:111/03/28

15 (B)

依金融機構防制洗錢法第5條第3款：
金融機構確認客戶身分措施，應包括對客戶身分之持續審查，並依下列規定辦理：
三、 金融機構應定期檢視其辨識客戶及實質受益人身分所取得之資訊是否足夠，並確保該等資訊之更新，特別是高風險客戶，金融機構應至少每年檢視一次。

16 (A)

依銀行業及其他經金融監督管理委員會指定之金融機構防制洗錢及打擊資恐內部控制與稽核制度實施辦法第6條第6項：
銀行業及其他經本會指定之金融機構之董（理）事會對確保建立及維持適當有效之防制洗錢及打擊資恐內部控制負最終責任。董（理）事會及高階管理人員應瞭解其洗錢及資恐風險，及防制洗錢及打擊資恐計畫之運作，並採取措施以塑造重視防制洗錢及打擊資恐之文化。

17 (C)

依金融機構防制洗錢辦法第3條第2款第2目第1小目：
金融機構確認客戶身分措施，應依下列規定辦理：
二、 金融機構於下列情形時，應確認客戶身分：
(二) 進行下列臨時性交易：
1.辦理一定金額以上交易（含國內匯款）或一定數量以上電子票證交易時。多筆顯有關聯之交易合計達一定金額以上時，亦同。
而依同辦法第2條第1項第3款，一定數量：指50張電子票證。

18 (B)

依銀行業及其他經金融監督管理委員會指定之金融機構防制洗錢及打擊資恐內部控制與稽核制度實施辦法第5條第2項第1款第2目：
新臺幣境內匯款之匯款金融機構，應依下列規定辦理：
一、 應採下列方式之一提供必要且正確之匯款人資訊及必要之受款人資訊：
(二) 隨匯款交易提供匯款人及受款人之帳戶號碼或可供追蹤之交易碼，並於收到受款金融機構或權責機關請求時，於三個營業日內提供匯款人及受款人資訊。但檢察機關及司法警察機關要求立即提供時，應配合辦理。

19 (D)

參考《防制洗錢與打擊資恐實務與案例》第一章第五節重要政治性職務人士內容即有介紹：

重要政治性職務人士與洗錢有何關係？根據過去經驗，幾乎任何國家與地區都曾發現不法案例，這些人士屬於洗錢高風險族群，因為他們具有以下特點：

(一) 具有一定的權力、影響力或特殊人際關係，可以促成或阻攔一些國內、國際政策或政府計畫，因此常常淪為利益團體或犯罪組織賄賂的對象；

(二) 有權力決定外包廠商或供應商，因此有機會向廠商索取回扣；

(三) 如果濫用權力或貪腐，極有機會挪用或竊取政府、政黨或國際組織的公款；

(四) 由於知名度高，行蹤容易引人注意，因此無論是合法或非法交易，往往透過第三者並以第三者名義進行，使得客戶審查不具實際意義；

(五) 如果出面替重要政治職務人士進行交易的第三者具有特殊身分，例如外交豁免權，會使風險更為增高。

(六) 如果有非法所得，勢必要進行洗錢；

(七) 如果開設境外銀行或信託帳戶或成立境外空殼公司，將使本國的廉政單位難以監控；

(八) 如果擔任國際組織官員，可能享有外交豁免權，進出海關可以不接受檢查；

(九) 如果出國訪問，不論於本國或目的地國家，進出境都會受到禮遇，海關免檢；

來源：防制洗錢與打擊資恐實務與案例，財團法人台灣金融研訓院，2018年，第2版，頁22-23

20 (D)

依FATF「壽險業風險基礎方法指引」（行政院洗錢防制辦公室2017年10月印製翻譯版）第110點：

國家風險和其他風險因子併用時能在評估洗錢和資恐風險方面提供實用的資訊。可能導致判定某個國家呈現較高風險的因素包括：

‧在防制洗錢金融行動工作組織聲明中被認為防制洗錢／打擊資恐制度有漏洞並且金融機構應特別注意與其往來的企業關係和交易的國家。

‧接受國際機構（如：聯合國[UN]、防制洗錢金融行動工作組織或各國政府）制裁、禁運或發出關切聲明的國家或地理區域。此外，有時候，因為實施方的可信度和措施的性質，壽險公司或保險仲介人還是可以信任接受類似於諸如UN等機構實施但可能未受普遍認同的制裁或措施的國家。

‧經可靠來源認定缺乏相關防制洗錢／打擊資恐法律、規範和其他措施的國家或地理區域。

· 經可靠來源認定贊助或支援恐怖活動並有指定的恐怖組織在其境內運作的國家或地理區域。

· 經可靠來源認定有明顯腐敗或其他犯罪活動的國家或地理區域。

· 客戶隱私權的保護使得無法有效執行防制洗錢／打擊資恐規定和／或方便建立空殼公司或發行無記名股票的國家或地理區域。

· 跨國要素，如：保險人、客戶以及契約的受益人分屬不同轄區等。

21 (C)

依銀行評估洗錢及資恐風險及訂定相關防制計畫指引第3點第2項第2款第2目：

具體的風險評估項目應至少包括地域、客戶、產品及服務、交易或支付管道等面向，並應進一步分析各風險項目，以訂定細部的風險因素。

(二) 客戶風險：

2.於識別個別客戶風險並決定其風險等級時，得依以下風險因素為評估依據：

(1) 客戶之地域風險。

(2) 客戶職業與行業之洗錢風險。

(3) 個人客戶之任職機構。

(4) 客戶開戶與建立業務關係之管道。

(5) 首次建立業務關係之往來金額。

(6) 申請往來之產品或服務。

(7) 客戶是否有其他高洗錢及資恐風險之表徵。

22 (B)

依中華民國證券商業同業公會證券商防制洗錢及打擊資恐注意事項範本第2點11款：

十一、證券商如允許客戶未完成身分驗證前建立業務關係，則應採取相關的風險管控措施，包括：

(一) 訂定客戶身分驗證完成期限。

(二) 於客戶身分驗證完成前，營業單位督導主管應定期檢視與該客戶之往來關係，並定期向高階主管報告客戶身分驗證處理進度。

(三) 於客戶身分驗證完成前，限制該客戶之交易次數與交易類型。

(四) 前款第三目「合理可行之時限」證券商應以風險基礎方法依不同風險等級訂定。釋例如下：

1.應在建立業務關係後，不遲於30個工作天內完成客戶身分驗證程序。

2.倘在建立業務關係30個工作天後，仍未能完成客戶身分驗證程序，則證券商應暫時中止與客戶的業務關係，及避免進行進一步的交易。

3.倘在建立業務關係120天後，仍未能完成客戶身分驗證程序，則證券商應終止與客戶之業務關係。

23 (A)

依證券期貨業及其他經金融監督管理委員會指定之金融機構防制洗錢及打擊資恐內部控制與稽核制度實施辦法第5條第3項：

第一項專責主管應至少每半年向董事會及監察人（或審計委員會）報告，如發現有重大違反法令時，應即時向董事會及監察人（或審計委員會）報告。

24 (D)

依金融機構防制洗錢辦法第3條第11款：

金融機構確認客戶身分措施，應依下列規定辦理：

十一、金融機構懷疑某客戶或交易可能涉及洗錢或資恐，且合理相信執行確認客戶身分程序可能對客戶洩露訊息時，得不執行該等程序，而改以申報疑似洗錢或資恐交易。

又依同辦法第4條第8款：

金融機構確認客戶身分時，有下列情形之一者，應予以婉拒建立業務關係或交易：

八、建立業務關係對象為資恐防制法指定制裁之個人、法人或團體，以及外國政府或國際組織認定或追查之恐怖分子或團體。但依資恐防制法第六條第一項第二款至第四款所為支付不在此限。

25 (B)

依證券商評估洗錢及資恐風險及訂定相關防制計畫指引第4點：

1　證券商應建立不同之客戶風險等級與分級規則。

2　就客戶之風險等級，至少應有兩級之風險級數，即「高風險」與「一般風險」兩種風險等級，作為加強客戶審查措施及持續監控機制執行強度之依據。若僅採行兩級風險級數之證券商，因「一般風險」等級仍高於本指引第五點與第七點所指之「低風險」等級，故不得對「一般風險」等級之客戶採取簡化措施。

3　證券商不得向客戶或與執行防制洗錢或打擊資恐義務無關者，透露客戶之風險等級資訊。

26 (D)

參考《防制洗錢與打擊資恐政策及法令解析》第六章第一節中即有介紹：

…壽險由於具有具高保單價值/現金價值的保險商品，而普遍被認為在保險業中需要考量的風險最全面。

來源：防制洗錢與打擊資恐政策及法令解析，財團法人台灣金融研訓院，2018年，第2版，頁187。

27 (A)

依保險公司與辦理簡易人壽保險業務之郵政機構及其他經金融監督管理委員會指定之金融機構防制洗錢及打擊資恐內部控制與稽核制度實施辦法第6條第1項後段：

…其中本國人身保險公司並應於總經理、總機構法令遵循單位或風險控管單位下設置獨立之防制洗錢及打擊資恐專責單位，該單位不得兼辦防制洗錢及打擊資恐以外之其他業務。

28 (B)

參考《防制洗錢與打擊資恐政策及法令解析》第六章第一節中即有介紹：

…而產險業由於多為損失填補型的保險商品，並無高額保單價值/現金價值，而被視為普遍風險較低，但卻須要額外關注保險標的物及與持有人/控制人的關係，也須要特別關注保險犯罪的產生。

又依保險業保險詐欺風險管理工作指引第3點：

保險詐欺可分為下列類型：

1. 外部詐欺，係指保單持有人（如要保人、被保險人、受益人及其他保險金請求權人）、保險輔助人（如保險經紀人、保險代理人及保險公證人）或其他往來對象於投保、理賠申請及保險契約存續期間行使保險詐欺之行為。
2. 內部詐欺，係指保險業之董事會成員、高階經理人、員工或保險業務員勾結內、外部人士行使保險詐欺之行為。

則利用低保價金或無保價金的保險商品來獲取不法利益的方式，大多會被保險業歸類為保險詐欺加以控管。

來源：防制洗錢與打擊資恐政策及法令解析，財團法人台灣金融研訓院，2018年，第2版，頁187。

29 (C)

依金融機構防制洗錢辦法第3條第8款：

金融機構確認客戶身分措施，應依下列規定辦理：

保險業應於人壽保險、投資型保險及年金保險契約之保險受益人確定或經指定時，採取下列措施：

(一) 對於經指定為保險受益人者，應取得其姓名或名稱及身分證明文件號碼或註冊設立日期。

(二) 對於依據契約特性或其他方式指定為保險受益人者，應取得充分資訊，以使保險業於支付保險金時得藉以辨識該保險受益人身分。

(三) 於支付保險金時，驗證該保險受益人之身分。

30 (D)

依金融機構防制洗錢辦法第15條：

金融機構對疑似洗錢或資恐交易之申報，應依下列規定辦理：

一、 金融機構對於符合第九條第五款規定之監控型態或其他異常情形，應依同條第四款及第六款規定，儘速完成是否為疑似洗錢或資恐交易之檢視，並留存紀錄。

二、 對於經檢視屬疑似洗錢或資恐交易者，不論交易金額多寡，均應依調查局所定之申報格式簽報，並於專責主管核定後立即向調查局申報，核定後之申報期限不得逾二個營業日。交易未完成者，亦同。

三、對屬明顯重大緊急之疑似洗錢或資恐交易案件之申報，應立即以傳真或其他可行方式儘速向調查局申報，並應補辦書面資料。但經調查局以傳真資料確認回條確認收件者，無需補辦申報書。金融機構並應留存傳真資料確認回條。

四、前二款申報書及傳真資料確認回條，應依調查局規定之格式辦理。

五、向調查局申報資料及相關紀錄憑證之保存，應依第十二條規定辦理。

※由本條文可知申報可疑交易之要求，將不論該交易是否隱藏於其他事件中或僅涉及稅務案件，構成前開法條要件即已足。

31 (D)

參考《防制洗錢與打擊資恐實務與案例》第一章第二節電匯內容即有介紹：

為了躲避交易監控，有些洗錢者會將一筆資金進行多次電匯，企圖使金流複雜化，不容易讓人輕易看出資金來源及去處。洗錢者也常常使用「白手套」（編注：英文稱為StrawMen，意思是「稻草人」或「假人」），找一個可以提供無不良紀錄與真實身份證明的第三者充當匯款人或受款人，目的也是規避監控。

另一個手法是透過多家銀行的多個白手套，將非法資金化整為零，以小額匯款方式匯到洗錢者指定的帳戶。

但以上操作皆與手續費無關。

來源：防制洗錢與打擊資恐實務與案例，財團法人台灣金融研訓院，2018年，第2版，頁5。

32 (C)

金融研訓院出版防制洗錢與打擊資恐實務與案例一書第一章第三節，內有提及恐怖組織利用非營利組織的原因，例如：

(一) 非營利組織容易獲得民眾信任，可以被恐怖份子或恐怖組織利用，作為公開募款管道。

(二) 有些非營利組織是跨國性或世界性組織，提供極佳的國際作業及資金移轉平台。

(三) 各國法令雖有不同，但是通常對非營利組織的成立條件與營運監理要求比較寬鬆。

(四) 許多非營利組織享有賦稅優惠，更是一大誘因。

(五) 非營利組織可依設立宗旨，公開地在特定族群或宗教社區中活動。

(六) 有些人基於宗教或慈善目的捐獻現金，不會堅持非營利組織必須開立收據。

(七) 有些非營利組織設有匿名現金捐款箱，可以不開收據。

(八) 許多金融機構或其員工，對非營利組織極為友善，於作業上會給予方便或協助。

(九) 非營利組織之間的跨國資金移轉通常不會特別引人注目。

(十) 恐怖組織甚至可以掛羊頭賣狗肉，以合法的非營利組織掩飾非法的恐怖活動，跨國公開營運。

來源：台灣金融研訓院編輯委員會，防制洗錢與打擊資恐實務與案例，財團法人台灣金融研訓院，2018年，第2版，頁11-12。

33 (B)

依FATF 40項建議中解釋性說明第23點（DNFBPS–其他措施）：

若律師、公證人、其他獨立法律專業人員及會計師對可疑交易相關資訊負有專業上保密義務或通訊特權時，不要求申報可疑交易報告。

（原文如下：1.Lawyers, notaries, other independent legal professionals, and accountants acting as independent legal professionals, are not required to report suspicious transactions if the relevant information was obtained in circumstances where they are subject to professional secrecy or legal professional privilege.）

另我國刑法第316條有規範洩漏業務上知悉他人秘密罪、刑事訴訟法第182條亦有因業務關係得拒絕證言之規定，加上前開專業從業人員所屬之特別法規、職業道德規範、倫理規範等均有保密義務的規定，是以相關之專業人員陳報可疑交易數量極少，原因係來自於此。

34 (B)

依FATF評鑑方法論「防制洗錢金融行動工作組織」之技術遵循及防制洗錢/打擊資恐之效能評鑑（行政院洗錢防制辦公室2017年10月印製翻譯版）介紹第6點：

洗錢／資恐風險對於「第1項建議」及其他以風險為基礎「建議」之技術遵循評鑑及效能評鑑，具有重要的關聯性。在評鑑最初階段及全部過程，評鑑員應考量該國洗錢／資恐風險因子的本質與程度，包括：該國涉及犯罪所得之犯罪類型及嚴重程度、恐怖組織活動及籌資情形、犯罪資產及非法資產跨境流動曝險程度。

35 (A)

參考行政院洗錢防制辦公室2017年10月印製FATF有關評鑑方法論「防制洗錢金融行動工作組織建議」之技術遵循及防制洗錢/打擊資恐之效能評鑑之翻譯文件第6點：

洗錢／資恐風險對於「第1項建議」及其他以風險為基礎「建議」之技術遵循評鑑及效能評鑑，具有重要的關聯性。在評鑑最初階段及全部過程，評鑑員應考量該國洗錢／資恐風險因子的本質與程度，包括：該國涉及犯罪所得之犯罪類型及嚴重程度、恐怖組織活動及籌資情形、犯罪資產及非法資產跨境流動曝險程度。

36 (A)

參考行政院洗錢防制辦公室2017年10月印製FATF有關重要政治性職務人士（第12項及第22項建議）之翻譯文件附錄1：

依Ⅱ-D-7，高風險產業的範例包括：
■武器買賣與國防產業。■銀行與金融業。■政府採購產業，亦即：將產品售予政府或國有機構的產業。■營造與（大型）基礎建設。■開發與其他種類援助。■人類健康活動。■採礦與探勘。■私有化企業。■提供公共商品、水電設施。

37 (D)

參考有關「重要政治性職務之人與其家庭成員及有密切關係之人範圍認定標準」問答集：

法務部列的標準會不會掛一漏萬？
法務部列出的重要公眾職務範圍其實是最核心範圍，便於政府與執行者之間有最基礎之執行共識，但並不表示不在範圍之內者，就不需要依照洗錢防制法第7條進行客戶審查及辨識「重要政治性職務之人」之程序。例如：縣市局處首長、鎮代表等，依照金融機構或非金融機構之弱點，進行風險評估之結果，評估為高風險者，亦應認屬「重要政治性職務之人」，採取相關強化措施。雖有建議法務部應公告「重要政治性職務之人」之特定名單，但國際防制洗錢金融行動工作組織（FATF）並不肯定此種作法。

指引文件並無明確的訂定「重要」公眾職務範圍。

38 (B)

參考法務部調查局洗錢防制處有關「重要政治性職務之人與其家庭成員及有密切關係之人範圍認定標準」問答集，內有提及FATF為了和聯合國反貪腐公約（UNCAC）第52條之規範一致，對於「重要政治性職務之人」強制規範擴及「國內」與「國際組織」，是以其政治性職務人士定義範圍與聯合國反貪腐協議相同。

39 (B)

依法務部調查局疑似洗錢或資恐交易態樣簡稱對照表代碼A42：
產品和服務之定價，或於發票中所申報的價值，明顯與該商品的市場公平價值不符（低估或高估）。

40 (B)

依銀行評估洗錢及資恐風險及訂定相關防制計畫指引第3點第2項第3款第3目：
具體的風險評估項目應至少包括地域、客戶、產品及服務、交易或支付管道等面向，並應進一步分析各風險項目，以訂定細部的風險因素。
(三) 產品及服務、交易或支付管道風險：
3.個別產品與服務、交易或支付管道之風險因素舉例如下：

(1) 與現金之關聯程度。

(2) 建立業務關係或交易之管道，包括是否為面對面交易及是否為電子銀行等新型態支付工具等。

(3) 是否為高金額之金錢或價值移轉業務。

(4) 匿名交易。

(5) 收到款項來自於未知或無關係之第三者。

41 (D)

依金融機構防制洗錢辦法第3條第7款第3目：

七、客戶或具控制權者為下列身分者，除有第六條第一項第三款但書情形或已發行無記名股票情形者外，不適用第四款第三目辨識及驗證實質受益人身分之規定。

1. 我國政府機關。

2. 我國公營事業機構。

3. 外國政府機關。

4. 我國公開發行公司或其子公司。

5. 於國外掛牌並依掛牌所在地規定，應揭露其主要股東之股票上市、上櫃公司及其子公司。

6. 受我國監理之金融機構及其管理之投資工具。

7. 設立於我國境外，且所受監理規範與防制洗錢金融行動工作組織（FATF）所定防制洗錢及打擊資恐標準一致之金融機構，及該金融機構管理之投資工具。

8. 我國政府機關管理之基金。

9. 員工持股信託、員工福利儲蓄信託。

42 (A)

依銀行評估洗錢及資恐風險及訂定相關防制計畫指引第2點第1項前段：

銀行之內部控制制度，應經董（理）事會通過；修正時，亦同。

43 (D)

依中華民國銀行公會銀行防制洗錢及打擊資恐注意事項範本附錄：

二、產品/服務—授信類：

(一) 客戶突以達特定金額之款項償還放款，而無法釋明合理之還款來源者。

(二) 客戶利用大量現金、約當現金、高價值商品、或不動產等，或使用無關連之第三方的資金、資產或信用，作為擔保品或保證申請貸款者。

(三) 以現金、約當現金或易於變現之資產所擔保之貸款發生違約事件，意圖使銀行處分擔保品。

44 (A)

通匯往來銀行業務（Cross-border Correspondent Banking）是指一家銀行（通匯銀行，Correspondent Bank）對另外一家銀行（委託銀行，Respondent Bank）提供銀行業務服務稱之…由於銀行可能無法獲得實際交易方的資訊來辨識交易是否合理，提升辦理此項業務之風險。

來源：防制洗錢與打擊資恐政策及法令解析，財團法人台灣金融研訓院，2018年，第2版，頁142。

45 (A)

依金融機構防制洗錢辦法第10條第1項第1款：

金融機構於確認客戶身分時，應運用適當之風險管理機制，確認客戶及其實質受益人、高階管理人員是否為現任或曾任國內外政府或國際組織之重要政治性職務人士：

一、客戶或其實質受益人若為現任國外政府之重要政治性職務人士，應將該客戶直接視為高風險客戶，並採取第六條第一項第一款各目之強化確認客戶身分措施。

46 (D)

依銀行評估洗錢及資恐風險及訂定相關防制計畫指引第8點第2項：

銀行應依據下列指標，建立定期且全面性之洗錢及資恐風險評估作業：

(一) 業務之性質、規模、多元性及複雜度。

(二) 目標市場。

(三) 銀行交易數量與規模：考量銀行一般交易活動與其客戶之特性等。

(四) 高風險相關之管理數據與報告：如高風險客戶之數目與比例；高風險產品、服務或交易之金額、數量或比例；客戶之國籍、註冊地或營業地、或交易涉及高風險地域之金額或比例等。

(五) 業務與產品，包含提供業務與產品予客戶之管道及方式、執行客戶審查措施之方式，如資訊系統使用的程度以及是否委託第三人執行審查等。

(六) 內部稽核與監理機關之檢查結果。

47 (C)

依金融機構防制洗錢辦法第9條第5款：

金融機構對帳戶或交易之持續監控，應依下列規定辦理：

五、前款完整之監控型態應依其業務性質，納入各同業公會所發布之態樣，並應參照金融機構本身之洗錢及資恐風險評估或日常交易資訊，增列相關之監控態樣。其中就電子支付帳戶間款項移轉，金融機構監控時應將收受兩端之所有資訊均納入考量，以判定是否申報疑似洗錢或資恐交易。

48 (D)

依金融機構防制洗錢辦法第15條第2款：

金融機構對疑似洗錢或資恐交易之申報，應依下列規定辦理：

二、對於經檢視屬疑似洗錢或資恐交易者，不論交易金額多寡，均應依調查局所定之申報格式簽報，並於專責主管核定後立即向調查局申報，核定後之申報期限不得逾二個營業日。交易未完成者，亦同。

49 (C)

依中華民國證券商業同業公會證券商防制洗錢及打擊資恐注意事項範本第11點第1款前段：

證券商應以紙本或電子資料保存與客戶往來及交易之紀錄憑證，並依下列規定辦理：

一、對國內外交易之所有必要紀錄，應至少保存五年。但法律另有較長保存期間規定者，從其規定。

50 (C)

依金融機構防制洗錢辦法第3條第5款：

金融機構確認客戶身分措施，應依下列規定辦理：

五、前款規定於客戶為法人、團體或信託之受託人時，應瞭解客戶或信託（包括類似信託之法律協議）之業務性質，並至少取得客戶或信託之下列資訊，辨識及驗證客戶身分：

(一) 客戶或信託之名稱、法律形式及存在證明。

(二) 規範及約束客戶或信託之章程或類似之權力文件。但下列情形得不適用：

1.第七款第三目所列對象及辦理第七款第四目所列保險商品，其無第六條第一項第三款但書情形者。

2.辦理儲值卡記名業務者。

3.團體客戶經確認其未訂定章程或類似之權力文件者。

(三) 在客戶中擔任高階管理人員者之姓名。

(四) 客戶註冊登記之辦公室地址，及其主要之營業處所地址。

另依同辦法第8條第1款：

金融機構對客戶及交易有關對象之姓名及名稱檢核，應依下列規定辦理：

一、金融機構應依據風險基礎方法，建立客戶及交易有關對象之姓名及名稱檢核政策及程序，以偵測、比對、篩檢客戶、客戶之高階管理人員、實質受益人或交易有關對象是否為資恐防制法指定制裁之個人、法人或團體，以及外國政府或國際組織認定或追查之恐怖分子或團體。

51 (D)

依銀行評估洗錢及資恐風險及訂定相關防制計畫指引第3點第2項第2款：

具體的風險評估項目應至少包括地域、客戶、產品及服務、交易或支付管道等面向，並應進一步分析各風險項目，以訂定細部的風險因素。

(二) 客戶風險：

1.銀行應綜合考量個別客戶背景、職業與社會經濟活動特性、地域、以及非自然人客戶之組織型態與架構等，以識別該客戶洗錢及資恐風險。

2.於識別個別客戶風險並決定其風險等級時，銀行得依據以下風險因素為評估依據：

(1) 客戶之地域風險：依據銀行所定義之洗錢及資恐風險的區域名

單，決定客戶國籍與居住國家的
風險評分。

(2) 客戶職業與行業之洗錢風險：依
據銀行所定義之各職業與行業的
洗錢風險，決定客戶職業與行業
的風險評分。高風險行業如從事
密集性現金交易業務、或屬易被
運用於持有個人資產之公司或信
託等。

(3) 個人客戶之任職機構。

(4) 客戶開戶與建立業務關係之管道。

(5) 首次建立業務關係之往來金額。

(6) 申請往來之產品或服務。

(7) 客戶是否有其他高洗錢及資恐風
險之表徵，如客戶留存地址與分
行相距過遠而無法提出合理說明
者、客戶為具隱名股東之公司或
可發行無記名股票之公司、法人
客戶之股權複雜度，如股權架構
是否明顯異常或相對其業務性質
過度複雜等。

52 (B)

依銀行評估洗錢及資恐風險及訂定相
關防制計畫指引第3點第2款第2目：
具體的風險評估項目應至少包括地
域、客戶、產品及服務、交易或支付
管道等面向，並應進一步分析各風險
項目，以訂定細部的風險因素。

(二) 客戶風險：

2.於識別個別客戶風險並決定其風險
等級時，銀行得依據以下風險因素
為評估依據：

(1) 客戶之地域風險：依據銀行所定
義之洗錢及資恐風險的區域名
單，決定客戶國籍與居住國家的
風險評分。

(2) 客戶職業與行業之洗錢風險：依
據銀行所定義之各職業與行業的
洗錢風險，決定客戶職業與行業
的風險評分。高風險行業如從事
密集性現金交易業務、或屬易被
運用於持有個人資產之公司或信
託等。

(3) 個人客戶之任職機構。

(4) 客戶開戶與建立業務關係之管道。

(5) 首次建立業務關係之往來金額。

(6) 申請往來之產品或服務。

(7) 客戶是否有其他高洗錢及資恐風
險之表徵，如客戶留存地址與分
行相距過遠而無法提出合理說明
者、客戶為具隱名股東之公司或
可發行無記名股票之公司、法人
客戶之股權複雜度，如股權架構
是否明顯異常或相對其業務性質
過度複雜等。

53 (D)

依金融機構防制洗錢辦法第2條第
9款：

本辦法用詞定義如下：

九、風險基礎方法：指金融機構應
確認、評估及瞭解其暴露之洗
錢及資恐風險，並採取適當防
制洗錢及打擊資恐措施，以有
效降低此類風險。依該方法，
金融機構對於較高風險情形應

採取加強措施，對於較低風險情形，則可採取相對簡化措施，以有效分配資源，並以最適當且有效之方法，降低經其確認之洗錢及資恐風險。

54 (D)

依人壽保險業防制洗錢及打擊資恐注意事項範本第9條第2項：

疑似洗錢或資恐交易申報：

一、各單位承辦人員發現異常交易，應立即陳報督導主管。

二、督導主管應儘速裁決是否確屬應行申報事項。如裁定應行申報，應立即交由原承辦人員填寫申報書（格式請至法務部調查局網站下載）。

三、將申報書呈經單位主管核定後轉送專責單位。

四、由專責單位簽報專責主管核定後立即向調查局申報，核定後之申報期限不得逾二個營業日。交易未完成者，亦同。

五、前揭申報如屬明顯重大緊急案，應以傳真或其他可行方式儘速向法務部調查局申報，並立即補辦書面資料。但經法務部調查局以傳真資料確認回條回傳確認收件者，無需補辦申報書。保險公司、辦理簡易人壽保險業務之郵政機構並應留存傳真資料確認回條。

55 (D)

依人壽保險業防制洗錢及打擊資恐注意事項範本第4條第2款：

確認客戶身分時機：

(一) 與客戶建立業務關係時。

(二) 辦理新臺幣五十萬元（含等值外幣）以上之單筆現金收或付（在會計處理上凡以現金收支傳票記帳皆屬之）時。

(三) 發現疑似洗錢或資恐交易時。

(四) 對於過去所取得客戶身分資料之真實性或妥適性有所懷疑時。

56 (C)

保險關係指的是「要保人與被保險人，在保險利益方面的關係」，而實務上常見的保險關係有以下幾種類型：

(1) 直系親屬或配偶：在保險契約中，要保人必須是被保險人的直系親屬，諸如：父母、子女、爺孫、或者是配偶。

(2) 生活費用供給之人：在保險契約中，要保人若是被保險人的兄、弟、姐、妹、監護人…者，通常是基於該被保險人的年齡較低，尚無工作能力或有其他特殊原因等情況之下，才能夠順利成立保險契約。

(3) 債權、債務關係：要保人與被保險人之間若為債權、債務關係者，亦可以成立保險契約，在投保時應該附上法院證明文件

（為了避免保險契約中的道德風險），以證明彼此的債權、債務關係，而該契約的保險金額不得大於債務的金額。

(4)雇傭關係：要保人可以是被保險人所任職的公司，也就是在保險契約中，公司可以做為要保人，員工可以做為被保險人。

※所以透過了解保險關係，可以瞭解到潛在的道德風險，或是可能使用人頭來移轉資產。

57 (A)

依證券交易法第155條第1項：

對於在證券交易所上市之有價證券，不得有下列各款之行為：

一、 在集中交易市場委託買賣或申報買賣，業經成交而不履行交割，足以影響市場秩序。

二、 （刪除）

三、 意圖抬高或壓低集中交易市場某種有價證券之交易價格，與他人通謀，以約定價格於自己出售，或購買有價證券時，使約定人同時為購買或出售之相對行為。

四、 意圖抬高或壓低集中交易市場某種有價證券之交易價格，自行或以他人名義，對該有價證券，連續以高價買入或以低價賣出，而有影響市場價格或市場秩序之虞。

五、 意圖造成集中交易市場某種有價證券交易活絡之表象，自行或以他人名義，連續委託買賣或申報買賣而相對成交。

六、 意圖影響集中交易市場有價證券交易價格，而散布流言或不實資料。

七、 直接或間接從事其他影響集中交易市場有價證券交易價格之操縱行為。

※是以意圖抬高或壓低有價證券交易價格是為操縱股價，依該條文列舉之行為態樣，以分散資金、密集且集中式的買賣特定公司股票行為會造成此類結果，該行為應評價為操縱股價。

58 (C)

(A)(B)依中華民國證券商業同業公會證券商防制洗錢及打擊資恐注意事項範本附錄疑似洗錢、資恐或武擴交易態樣：

二、 與交易有關者：

(一) 基金

6.利用公司員工或特定團體成員集體開立之基金帳戶頻繁交易，且達特定金額以上者。

8.透過數個非本人或擔任代理人之帳戶分散交易達特定金額以上者。

(C)(D)依銀行防制洗錢及打擊資恐注意事項範本附錄疑似洗錢或資恐交易態樣：

一、 產品/服務—存提匯款類：

(六) 客戶開戶後立即有達特定金額以上款項存、匯入，且又迅速移轉者。

(七) 存款帳戶密集存入多筆款項達特定金額以上或筆數達一定數量以上，且又迅速移轉者。

59 (A)

洗錢防制工作上的「守門員」（Gatekeepers），主要指洗錢防制法第5條所稱金融機構及指定之非金融事業或人員。

是類成員應認真執行驗明客戶身分、客戶審查、監控交易及陳報可疑交易等基本的防制洗錢內部控制程序，而不應利用專業知識與技術，為洗錢者或犯罪組織提供洗錢諮詢，甚至設計及執行洗錢計畫。

60 (A)

依證券商評估洗錢及資恐風險及訂定相關防制計畫指引附錄疑似洗錢、資恐或武擴交易態樣魚交易類提及的部分態樣：

二、交易類：

(七) 使用數個非本人或擔任代理人之帳戶分散大額交易者。

(九) 無正當理由短期內連續大量買賣特定股票。

(十一)無正當理由客戶申請大幅調整單日買賣額度且於市場大額買進一籃子股票或其他有價證券。

(十二)客戶突然大額匯入或買賣冷門、小型或財務業務不佳之有價證券，且無合理原因者。

61 (C)(D)

依資恐防制法第3條第2項：

主管機關應設資恐防制審議會（以下簡稱審議會），為個人、法人或團體列入制裁名單或除名與相關措施之審議；由法務部部長擔任召集人，並為當然委員；其餘委員由下列機關副首長兼任之：

一、國家安全局。

二、內政部。

三、外交部。

四、國防部。

五、經濟部。

六、中央銀行。

七、金融監督管理委員會。

八、其他經行政院指定之機關。

另依同法第6條第1項第1款：

主管機關得依職權或申請，許可下列措施：

一、酌留經指定制裁之個人或其受扶養親屬家庭生活所必需之財物或財產上利益。

62 (A)(C)(D)

依洗錢防制法第5條第3項：

本法所稱指定之非金融事業或人員，指從事下列交易之事業或人員：

一、銀樓業。

二、地政士及不動產經紀業從事與不動產買賣交易有關之行為。

三、律師、公證人、會計師為客戶準備或進行下列交易時：

(一) 買賣不動產。

(二) 管理客戶金錢、證券或其他資產。

(三) 管理銀行、儲蓄或證券帳戶。

(四) 有關提供公司設立、營運或管理之資金籌劃。

(五) 法人或法律協議之設立、營運或管理以及買賣事業體。

四、 信託及公司服務提供業為客戶準備或進行下列交易時：

(一) 關於法人之籌備或設立事項。

(二) 擔任或安排他人擔任公司董事或秘書、合夥之合夥人或在其他法人組織之類似職位。

(三) 提供公司、合夥、信託、其他法人或協議註冊之辦公室、營業地址、居住所、通訊或管理地址。

(四) 擔任或安排他人擔任信託或其他類似契約性質之受託人或其他相同角色。

(五) 擔任或安排他人擔任實質持股股東。

五、 其他業務特性或交易型態易為洗錢犯罪利用之事業或從業人員。

63 (A)(B)(C)

參考行政院洗錢防制辦公室107年提出的國家洗錢及資恐風險評估報告第15頁有關洗錢風險提到：

洗錢威脅辨識結果發現，臺灣深受洗錢非常高度威脅的犯罪共有8大類型，包含毒品販運、詐欺、組織犯罪、貪污、走私、證券犯罪、第三方洗錢、稅務犯罪等。

64 (A)(C)(D)

依銀行評估洗錢及資恐風險及訂定相關防制計畫指引第3點第2項前段：

具體的風險評估項目應至少包括地域、客戶、產品及服務、交易或支付管道等面向，並應進一步分析各風險項目，以訂定細部的風險因素。

65 (C)(D)

依金融機構防依金融機構防制洗錢辦法第3條第8款第3目：

金融機構確認客戶身分措施，應依下列規定辦理：

八、 保險業應於人壽保險、投資型保險及年金保險契約之保險受益人確定或經指定時，採取下列措施：

(三) 於支付保險金時，驗證該保險受益人之身分。

另依同辦法第5條第4款但書：

金融機構確認客戶身分措施，應包括對客戶身分之持續審查，並依下列規定辦理：

四、 金融機構對客戶身分辨識與驗證程序，得以過去執行與保存資料為依據，無須於客戶每次從事交易時，一再辨識及驗證客戶之身分。但金融機構對客戶資訊之真實性或妥適性有所懷疑、發現客戶涉及疑似洗錢或資恐交易、或客戶之交易或帳戶之運作方式出現與該客戶業務特性不符之重大變動時，

應依第三條規定對客戶身分再
次確認。

66 (A)(D)

依存款帳戶及其疑似不法或顯屬異常
交易管理辦法第5條：
存款帳戶依前條之分類標準認定為疑
似不法或顯屬異常交易者，銀行應採
取下列處理措施：
一、第一類：
(一) 存款帳戶如屬偽冒開戶者，應即
　　通知司法警察機關、法務部調查
　　局洗錢防制處或財團法人金融聯
　　合徵信中心，銀行並應即結清該
　　帳戶，其剩餘款項則俟依法可領
　　取者申請給付時處理。
(二) 存款帳戶經通報為警示帳戶者，
　　應即通知財團法人金融聯合徵信
　　中心，並暫停該帳戶全部交易功
　　能，匯入款項逐以退匯方式退回
　　匯款行。
(三) 存款帳戶屬衍生管制帳戶者，應
　　即暫停該帳戶使用提款卡、語音
　　轉帳、網路轉帳及其他電子支付
　　功能，匯入款項逐以退匯方式退
　　回匯款行。
(四) 依其他法令規定之處理措施。
二、第二類：
(一) 對該等帳戶進行查證及持續進行
　　監控，如經查證有不法情事者，
　　除通知司法警察機關外，並得採
　　行前款之部分或全部措施。
(二) 依洗錢防制法等相關法令規定之
　　處理措施。

另依同辦法第6條：
銀行除依前條所列措施辦理外，並應
於內部採取下列措施：
一、循內部程序通報所屬總行或總
　　管理機構之專責單位。
二、將已採行及擬採行之處理措施
　　一併陳報總行或總管理機構之
　　專責單位。
三、於銀行內部資訊系統中加以註
　　記，提醒各分支機構加強防範。

67 (A)(B)(C)(D)

依銀行業及其他經金融監督管理委員
會指定之金融機構防制洗錢及打擊資
恐內部控制與稽核制度實施辦法第4
條及該條立法說明：
銀行業及其他經本會指定之金融機構
於推出新產品或服務或辦理新種業務
前，應進行產品之洗錢及資恐風險評
估，並建立相應之風險管理措施以降
低所辨識之風險。
而「新種業務」依該辦法條文對照表
第4條說明，包括新支付機制、運用
新科技於現有或全新之產品或業務。

68 (A)(C)(D)

(A)警示帳戶為法院、檢察署或司法
警察機關為偵辦刑事案件需要，通報
金融機構將當事人的存款帳戶列為警
示用。故新開立之帳戶於正常使用前
提下，尚不需考慮有警示帳戶問題，
刻意詢問顯不正常。
(C)依銀行評估洗錢及資恐風險及訂
定相關防制計畫指引第3點，客戶如

留存地址與分行相距過遠而無法提出合理說明者，屬高洗錢及資恐風險之表徵。

(D)公司戶與個人戶間移轉資金之情形，屬於稅捐稽徵案件中常見逃漏稅的行為態樣之一，如客戶似乎只關心公司戶與個人戶間移轉資金相關問題，自然是可疑行為表現。

69 (A)(D)

依金融機構洗錢防制法第13條：

金融機構對達一定金額以上之通貨交易，應依下列規定辦理：

一、 應確認客戶身分並留存相關紀錄憑證。

二、 確認客戶身分措施，應依下列規定辦理：

(一) 憑客戶提供之身分證明文件或護照確認其身分，並將其姓名、出生年月日、住址、電話、交易帳戶號碼、交易金額及身分證明文件號碼等事項加以記錄。但如能確認客戶為交易帳戶本人者，可免確認身分，惟應於交易紀錄上敘明係本人交易。

(二) 交易如係由代理人為之者，應憑代理人提供之身分證明文件或護照確認其身分，並將其姓名、出生年月日、住址、電話、交易帳戶號碼、交易金額及身分證明文件號碼等事項加以記錄。

(三) 交易如係屬臨時性交易者，應依第三條第四款規定確認客戶身分。

三、 除第十四條規定之情形外，應依法務部調查局（以下簡稱調查局）所定之申報格式，於交易完成後五個營業日內以媒體申報方式，向調查局申報。無法以媒體方式申報而有正當理由者，得報經調查局同意後，以書面申報之。

四、 向調查局申報資料及相關紀錄憑證之保存，應依第十二條規定辦理。

70 (A)(B)(C)

參閱《保險業防制洗錢及打擊資恐之實務與案例》第三章第一節有關風險控制與抵減：

…至於保險業對於洗錢與資恐風險的抵減措施，則需進一步由業務人員調查客戶：1.交易目的、2.資金來源、3.是否涉及負面新聞或不法犯罪、4.是否具其他可疑情形。對於發現疑似洗錢或從事資恐活動的交易，必須婉拒交易、凍結保單變更或給付，或進而向法務部調查局依法申報。…

來源：朱政龍、林宏義、高旭宏，保險業防制洗錢及打擊資恐之實務與案例，財團法人保險事業發展中心出版，初版，頁84。

71 (A)(C)(D)

保險商品之銷售透過第三方平台的發展，雖有利於實現保險經營環節的專業化分工，銷售外包將有利於保險公司機構部門精簡。但因涉及監管風險、第三方渠道不穩定等風險，就洗

錢防制的角度而言，較傳統直接由聘僱之業務員銷售，管理上更為困難。

72 (A)(C)

依銀行評估洗錢及資恐風險及訂定相關防制計畫指引第8點第2項：

銀行應依據下列指標，建立定期且全面性之洗錢及資恐風險評估作業：

(一) 業務之性質、規模、多元性及複雜度。

(二) 目標市場。

(三) 銀行交易數量與規模：考量銀行一般交易活動與其客戶之特性等。

(四) 高風險相關之管理數據與報告：如高風險客戶之數目與比例；高風險產品、服務或交易之金額、數量或比例；客戶之國籍、註冊地或營業地、或交易涉及高風險地域之金額或比例等。

(五) 業務與產品，包含提供業務與產品予客戶之管道及方式、執行客戶審查措施之方式，如資訊系統使用的程度以及是否委託第三人執行審查等。

(六) 內部稽核與監理機關之檢查結果。

73 (B)(C)(D)

依金融機構防制洗錢辦法第6條第1項第1款：

第三條第四款與前條規定之確認客戶身分措施及持續審查機制，應以風險基礎方法決定其執行強度，包括：

一、對於高風險情形，應加強確認客戶身分或持續審查措施，其中至少應額外採取下列強化措施：

(一) 在建立或新增業務往來關係前，應取得高階管理人員同意。

(二) 應採取合理措施以瞭解客戶財富及資金來源。其中資金來源係指產生該資金之實質來源。

(三) 對於業務往來關係應採取強化之持續監督。

74 (A)(B)(C)(D)

依銀行評估洗錢及資恐風險及訂定相關防制計畫指引第3點第2項前段：

具體的風險評估項目應至少包括地域、客戶、產品及服務、交易或支付管道等面向，並應進一步分析各風險項目，以訂定細部的風險因素。

75 (A)(B)(D)

依金融機構防制洗錢辦法第5條第1款：

金融機構確認客戶身分措施，應包括對客戶身分之持續審查，並依下列規定辦理：

一、金融機構應依重要性及風險程度，對現有客戶身分資料進行審查，並於考量前次執行審查之時點及所獲得資料之適足性後，在適當時機對已存在之往來關係進行審查。上開適當時機至少應包括：

(一) 客戶加開帳戶、新增電子票證記名作業、新增註冊電子支付帳

戶、保額異常增加或新增業務往
來關係時。

(二) 依據客戶之重要性及風險程度所
定之定期審查時點。

(三) 得知客戶身分與背景資訊有重大
變動時。

76 (B)(C)

依金融機構防制洗錢辦法第2條第1項
第7款：

本辦法用詞定義如下：

七、 實質受益人：指對客戶具最終
所有權或控制權之自然人，
或由他人代理交易之自然人本
人，包括對法人或法律協議具
最終有效控制權之自然人。

77 (A)(B)(D)

依重要政治性職務之人與其家庭成
員及有密切關係之人範圍認定標準
第2條：

本法第七條第三項所稱國內重要政治
性職務之人，其範圍如下：

一、 總統、副總統。

二、 總統府秘書長、副秘書長。

三、 國家安全會議秘書長、副秘書
長。

四、 中央研究院院長、副院長。

五、 國家安全局局長、副局長。

六、 五院院長、副院長。

七、 五院秘書長、副秘書長。

八、 立法委員、考試委員及監察委
員。

九、 司法院以外之中央二級機關首

長、政務副首長、相當中央二
級獨立機關委員及行政院政務
委員。

十、 司法院大法官。

十一、最高法院院長、最高行政法院
院長、公務員懲戒委員會委員
長及最高檢察署檢察總長。

十二、直轄市、縣（市）政府之首
長、副首長。

十三、直轄市及縣（市）議會正、副
議長。

十四、駐外大使及常任代表。

十五、編階中將以上人員。

十六、國營事業相當簡任第十三職等
以上之董事長、總經理及其他
相當職務。

十七、中央、直轄市及縣（市）民意
機關組成黨團之政黨負責人。

十八、擔任前十七款以外職務，對於
與重大公共事務之推動、執
行，或鉅額公有財產、國家資
源之業務有核定權限，經法務
部報請行政院核定之人員。

78 (A)(B)(D)

(A)依亞太防制洗錢組織APG實地評
鑑模擬問答，兼營保險代理人業務銀
行之管控措施，如接獲法務部調查局
通報之制裁名單，會於內部制裁名
單資料庫建檔，發函公告各單位周
知，清查該戶於銀行內（含海外分/
子行）之往來情形，凍結帳戶、停止
一切交易往來，並通報「疑似洗錢案
件」及「資恐通報」，所以制裁名單

有異動時，自應再次審核客戶風險分數與等級。

(B)客戶申請批改或保全時，可能涉及保險標的變更，故需重新評估客戶風險分數與等級。

(C)而健康險屬於實支實付保險商品，因為適用損害填補原則，客戶所受之損害往往難以透過金錢計算，而無複保險或超額保險適用，洗錢活動風險較低。

(D)依保險業評估洗錢及資恐風險及訂定相關防制計畫指引，於105年版第6點有明文保戶經申報疑似洗錢交易等，需重新進行保戶風險評估；後108年版將相關重新評估時機統稱「得知客戶身分與背景資訊有重大變動時」。

79 (B)(C)(D)

參閱《保險業防制洗錢及打擊資恐之實務與案例》第四章第三節有關保險業的交易持續監控執行重點：

…故所謂的交易持續監控，對於保險業而言，由於沒有帳戶內的頻繁金流交易需要監控，所以應該只能算是對於「客戶身分的改變」、「每次投保商品內容的改變」，以及「疑似洗錢態樣（表徵）」的持續監控…

※可知保單質押的金額不在保險業交易監控實務的重點內。

來源：朱政龍、林宏義、高旭宏，保險業防制洗錢及打擊資恐之實務與案例，財團法人保險事業發展中心出版，初版，頁87。

80 (B)(C)(D)

依重要政治性職務之人與其家庭成員及有密切關係之人範圍認定標準第5條：

1 金融機構及指定之非金融事業或人員，於前三條所列之重要政治性職務之人離職後，仍應以風險為基礎評估其影響力，認定其是否仍適用本法第七條第三項之規定。

2 金融機構及指定之非金融事業或人員，對於前項之風險評估，至少應考量下列要件：

一、擔任重要政治性職務之時間。

二、離職後所擔任之新職務，與其先前重要政治性職務是否有關連性。

信託業務｜銀行內控｜
初階授信｜初階外匯｜
理財規劃｜保險人員推薦用書

千華出品
有口皆碑

2F021121	初階外匯人員專業測驗重點整理+模擬試題	蘇育群	510元
2F031111	債權委外催收人員專業能力測驗重點整理+模擬試題	王文宏 邱雯瑄	470元
2F041101	外幣保單證照 7日速成	陳宣仲	430元
2F051111	無形資產評價師(初級、中級)能力鑑定速成	陳善	460元
2F061111	證券商高級業務員(重點整理+試題演練)	蘇育群	650元
2F071111	證券商業務員(重點整理+試題演練)	金永瑩	590元
2F081101	金融科技力知識檢定(重點整理+模擬試題)	李宗翰	390元
2F091101	風險管理基本能力測驗一次過關	金善英	470元
2F101121	理財規劃人員專業證照10日速成	楊昊軒	390元
2F111101	外匯交易專業能力測驗一次過關	蘇育群	390元

2F141121	防制洗錢與打擊資恐(重點整理+試題演練)	成琳	630元
2F151111	金融科技力知識檢定主題式題庫(含歷年試題解析)	黃秋樺	390元
2F161121	防制洗錢與打擊資恐7日速成	艾辰	550元
2F171111	14堂人身保險業務員資格測驗課	陳宣仲 李元富	410元
2F181111	證券交易相關法規與實務	尹安	590元
2F191121	投資學與財務分析	王志成	570元
2F201121	證券投資與財務分析	王志成	460元
2F621111	信託業務專業測驗考前猜題及歷屆試題	龍田	590元
2F791121	圖解式金融市場常識與職業道德	金融編輯小組	430元
2F811121	銀行內部控制與內部稽核測驗焦點速成+歷屆試題	薛常湧	590元
2F851101	信託業務人員專業測驗一次過關	蔡季霖	650元
2F861101	衍生性金融商品銷售人員資格測驗一次過關	可樂	430元
2F881121	理財規劃人員專業能力測驗一次過關	可樂	600元
2F901121	初階授信人員專業能力測驗重點整理+歷年試題解析二合一過關寶典	艾帕斯	560元
2F911101	投信投顧相關法規(含自律規範)重點統整+歷年試題解析二合一過關寶典	陳怡如	470元
2F951101	財產保險業務員資格測驗(重點整理+試題演練)	楊昊軒	490元
2F121121	投資型保險商品第一科7日速成	葉佳洺	590元
2F131121	投資型保險商品第二科7日速成	葉佳洺	近期出版
2F991081	企業內部控制基本能力測驗(重點統整+歷年試題)	高瀅	450元

千華數位文化股份有限公司

■新北市中和區中山路三段136巷10弄17號　■千華公職資訊網 http://www.chienhua.com.tw
■TEL: 02-22289070　FAX: 02-22289076

學習方法 系列

如何有效率地準備並順利上榜，學習方法正是關鍵！

榮登新書快銷榜

—— 連三金榜 黃禕 ——

翻轉思考 破解道聽塗説	適合的最好 調整習慣來應考	一定學得會 萬用邏輯訓練

三次上榜的國考達人經驗分享！

運用邏輯記憶訓練，教你背得有效率！

記得快也記得牢，從方法變成心法！

作者在投入國考的初期也曾遭遇過書中所提到類似的問題，因此在第一次上榜後積極投入記憶術的研究，並自創一套完整且適用於國考的記憶術架構，此後憑藉這套記憶術架構，在不被看好的情況下先後考取司法特考監所管理員及移民特考三等，印證這套記憶術的實用性。期待透過此書，能幫助同樣面臨記憶困擾的國考生早日金榜題名。

最強校長 謝龍卿

榮登博客來暢銷榜

—————▶

經驗分享＋考題破解

帶你讀懂考題的know-how！

open your mind！

讓大腦全面啟動，做你的防彈少年！

108課綱是什麼？考題怎麼出？試要怎麼考？書中針對學測、統測、分科測驗做統整與歸納。並包括大學入學管道介紹、課內外學習資源應用、專題研究技巧、自主學習方法，以及學習歷程檔案製作等。書籍內容編寫的目的主要是幫助中學階段後期的學生與家長，涵蓋普高、技高、綜高與單高。也非常適合國中學生超前學習、五專學生自修之用，或是學校老師與社會賢達了解中學階段學習內容與政策變化的參考。

國家圖書館出版品預行編目(CIP)資料

(金融證照)防制洗錢與打擊資恐 7 日速成/艾辰編著. --
第二版. -- 新北市 ：千華數位文化股份有限公司,
2022.11
　　面 ；　公分
ISBN 978-626-337-417-1 (平裝)

1.CST: 洗錢防制法

561.2　　　　　　　　　　　111017599

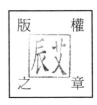

[金融證照] **防制洗錢與打擊資恐7日速成**

編 著 者：艾 辰

發 行 人：廖 雪 鳳
登 記 證：行政院新聞局局版台業字第 3388 號
出 版 者：千華數位文化股份有限公司
　　　　　地址／新北市中和區中山路三段 136 巷 10 弄 17 號
　　　　　電話／ (02)2228-9070　　傳真／ (02)2228-9076
　　　　　郵撥／第 19924628 號　千華數位文化公司帳戶
　　　　　千華公職資訊網：http://www.chienhua.com.tw
　　　　　千華網路書店：http://www.chienhua.com.tw/bookstore
　　　　　網路客服信箱：chienhua@chienhua.com.tw

法律顧問：永然聯合法律事務所
編輯經理：甯開遠
主　　編：甯開遠
執行編輯：廖信凱
校　　對：千華資深編輯群
排版主任：陳春花
排　　版：蕭韻秀

出版日期：2022 年 11 月 10 日　　第二版／第一刷

本書如有勘誤或其他補充資料，
將刊於千華公職資訊網　http://www.chienhua.com.tw
歡迎上網下載。